ESSAI HISTORIQUE

SUR L'IDENTITÉ MORALE

DE LA LIBERTÉ

AVEC LA RELIGION.

A PÉRIGUEUX,

Chez LAFOND, libraire, Place de la Clôtre;
Et aux bureaux de la GAZETTE DU PÉRIGORD.

A LIMOGES,

Chez F. LAURENT, rédacteur-gérant de la GAZETTE DU LIMOUSIN,
rue Montant-Manigne.

Imprimerie de Baudouin, rue Mignon, 2.

ESSAI HISTORIQUE

SUR

L'IDENTITÉ MORALE

DE LA LIBERTÉ

AVEC LA RELIGION.

PAR

L'ABBÉ BARET, DU DIOCÈSE DE PÉRIGUEUX.

A PARIS,

AUX BUREAUX DU JOURNAL LA DOMINICALE,

RUE DE SEINE-SAINT-GERMAIN, 16.

ET CHEZ
PAUL MÉQUIGNON, libraire-éditeur, rue des Saints-Pères, 16 ;
A. JEANTHON, libraire, Place Saint-André-des-Arts, 11 ;
PÉRISSE FRÈRES, libraires-commissionnaires, rue du Pot-de-Fer, 16.

1853.

VIVE LA LIBERTÉ !

Sans la loi des préjugés, cette acclamation, qu'adopte l'esprit religieux, vaudrait à elle seule toute une introduction, placée au frontispice d'un ouvrage, où l'auteur chercherait le plus social des faits historiques.

Voilà bien, en effet, le cri auquel il est donné de remuer les âmes dans la vieillesse du monde ; c'est à ces mots que les cœurs se dilatent, au milieu des entraves qu'a nouées le cours des siècles. Mais, ne faudrait-il pas en sonder la source, si l'on voulait avoir la raison exacte de leur puissance ; et tant qu'ils resteront dans leur acception vague, les passions ne trouveront-elles pas un facile abri sous la magie de leur retentissement ?

Vive la liberté ! Voilà sans doute des accens d'une juste fierté ; mais, on sent qu'ils doivent être le mot d'une fête, et non le mot d'une émeute. Quand l'écume de la colère les associe à l'imprécation, on éprouve un déplaisir amer de voir dégénérer en clameurs brutales ce qui va si bien à une expansive joie. Ce n'est pas là le langage du véritable enthousiasme.

Vive la liberté ! ne doit être autre chose qu'un appel à je ne sais quoi d'inviolable. C'est comme une égide à une bonne cause ; c'est un oubli du passé, un oubli du présent ; c'est un hommage à l'avenir ; c'est un témoin que l'équité invoque ; un protecteur que la faiblesse implore ; un rempart que la société élève ; en un mot, c'est un gage de durée, dont le sens équivaut à cette autre acclamation : *dure notre triomphe ! durent à jamais nos droits ! qu'à toujours dure la vertu qui saura les défendre !*

Les poètes eux-mêmes avaient fait résonner leur lyre de ce sentiment de la liberté ; ils ne chantèrent jamais mieux leurs pastorales, qu'après avoir recommandé aux échos d'une nature constante, la liberté de leur génie. Ils suspendaient leurs chalumeaux à quelques branches de hêtre, puis, ils s'écriaient : *Invite silvæ !* (Virg.)

Dans l'enfance du monde, lorsque les idées sur le pouvoir conservateur étaient dans toute leur vigueur mâle et gigantesque ; quand les luttes étaient interminables encore entre la force aveugle et les droits naissans, les hommes vainqueurs de l'injustice, disaient : *Vive Dieu !* leurs yeux regardaient le ciel, leurs cœurs émus l'interrogeaient, et ce regard était synonime d'affranchissement.

Ces idées se corrompirent : l'oubli, qui monta jusqu'au trône de Dieu, n'épargna pas la foi en son intervention immédiate et salutaire. Des sociétés diverses prirent des formes plus tranchées. On personnifia la divinité, on attacha son auréole à la tête d'un audacieux ; un homme eut la place de l'invisible modérateur. On crut faire descendre ainsi la justice sur la terre, et il fut convenu que celui-là serait le conservateur des droits humains, qui porterait le glaive en sa main, un diadème autour de son front. Les hommes furent appelés ses sujets ; il en fut appelé le tyran. *Vive le tyran !* s'écrièrent les peuples dans l'enthousiasme de leur liberté. Le tyran ou le roi, car ces mots étaient les mêmes dans les sociétés primitives, résumait dans l'appareil de sa tente, d'abord champêtre, puis entourée de lambris dorés, cette autorité du ciel, que les hommes ne retrouvaient plus au travers de leurs luttes brutales : en poussant leurs acclamations autour d'un char triomphal, ils voulaient que leur liberté eût une expression terrestre comme l'étaient leurs sens et leurs cœurs. Leur maître était leur Dieu ; une taille haute et majestueuse était son imposant emblème : une épée hors du fourreau semblait la foudre toujours prête : par cet éclat de la puissance d'un seul, la société avait tâché de rapprocher d'elle l'action divine.

La liberté s'alliait avec le plein domaine du monarque sur les personnes et sur les biens, sur la guerre et sur la paix, sur les deniers communs, sur l'industrie et les arts naissans. On avait compris que, si un tel maître pouvait abuser de son autorité, il n'en convenait pas moins de lui laisser une pleine indépendance, afin qu'elle pût être paternelle, et protéger, quand il le voudrait, l'indépendance des siens. On avait compris que, quoi qu'il arrivât, ses caprices, ses crimes même seraient une moindre plaie dans l'Etat, que les crimes de plusieurs dominateurs, despotes à la fois, à la fois vicieux.

Nous savons, répondaient à leurs orateurs, les tribus assemblées dans Rama, nous savons ce qui nous attend en recevant un maître comme les nations. N'importe, la crainte de Dieu ne suffit plus à nos juges : ils reçoivent des présens, et ne sont plus libres. Et nous, pouvons-nous l'être! Qu'un maître nous soit donné, sa liberté sera le gage de la nôtre. Seul, il règnera sur nous! qu'importe encore! *Vive le roi!*

Mais, comme la puissance était descendue d'un degré, la liberté sa compagne avait dû suivre la même pente, c'est que rien ne remplace la majesté incommunicable. La terre a bien pu fournir ses Prométhées : elle ne fournit jamais le feu du ciel. La liberté avait donc dépéri, dès qu'on avait cessé de tirer d'en haut son aliment et sa vie ; en même temps qu'elle dégénérait en usurpation funeste, le nom d'un homme substitué au nom de Dieu d'une part, de l'autre le spectacle de l'humaine faiblesse plongeaient les âmes dans je ne sais quel morne silence de déception. On finit par croire que la liberté, sous les rois, se ressentait de leurs décevantes prouesses, de leur fol héroïsme. Les peuples végétèrent long-temps sous leurs pesantes mains : un jour ils essayèrent de grandir à la hauteur même de leurs maîtres, ce fut alors que la liberté se trouva aux prises. Il arriva ce qu'avaient prédit les Sages : *les sujets des rois se plaignirent à Dieu, et les rois parlèrent* à leurs sujets la langue de la domination ; alors s'ouvrit le grand drame où se débattirent despostes et esclaves, où le rôle de la liberté fut constamment celui de la faiblesse contre la force ; les serfs eurent beau gémir de la glèbe, implorer l'indépendance : ils l'avaient perdue avec les croyances, elle n'était plus qu'une idole sans divinité ; c'était la liberté retombant sur elle-même ; et les potentats eurent, pendant des siècles, le plaisir barbare de voir rouler, dans un cercle vicieux, leurs sujets mutinés. Ainsi la liberté, sous les rois devenus despotes, en était à son troisième chaînon.

Le cri des hommes se réduisit, à cette époque, au cri impuissant de *vive la liberté !* celle-ci fut obligée de se nommer, quand ses représentans, Dieu et le roi furent méconnus ; mais ce cri si pur dans sa source, devint, par son impuissance même, l'aliment grossier des tortueux complots. La liberté ne fut plus la pensée de l'enthousiasme, la raison de l'ordre ; mais le génie des conspirations, l'âme de la fureur, le nerf du fanatisme. *Vive la liberté !* ne fut plus le mot de l'admiration, comme jadis : *vive Dieu !* Ce fut un son nouveau qui n'exprima que le rugissement du crime.

Les Hypparque de la Grèce, le tyran des Philippiques, le monstre des Catilinaires, voilà des noms, plus qu'il n'en faut pour constater la puissance tragique de la liberté nommée. Une réflexion soudaine saute à l'esprit, c'est qu'il en est d'elle comme de tant d'autres choses qui ne se nomment pas, quand elles sont. La liberté, quand elle exista, ne savait pas son nom ; elle ne l'a appris qu'avec les serfs. Lors donc que les hommes en viennent à nommer la liberté, ils font une négation solennelle ; ils cherchent la drachme perdue, la société en est bouleversée : *mulier evertit domum.* Alors le cri de *vive la liberté* n'est que la prosopopée des esclaves.

Quand parut le Christianime, la liberté fut relevée de son abjection : elle reprit le gouvernement du monde, parce qu'elle descendit du ciel une seconde fois. On sait que les premiers pas du Christ furent couverts de palmes. Sa douce royauté se distingua par l'emploi qu'il fit pour son service

du suppôt le plus bas de la servitude. *Venit rex mansue-*
tus.... super pullum filium asinæ, par là, la royauté rede-
vint l'expression de l'affranchissement et de la liberté : à son
aspect, ce ne fut pas une acclamation isolée, comme on en
avait entendu, dans les divers âges de la société. Les Israëlites
ne s'écrièrent ni *vive Dieu*, ni *vive le roi*, ni *vive la liberté ;*
ils trouvèrent un mot dans leur langue divine, un mot inouï
qui réunissait tous ces cris à la fois, et ils le trouvèrent d'inspiration ; car leurs pères l'avaient ignorée.... *Hosanna !* ré-
pétèrent-ils à l'envi sous les murs de leur ville appelée vision
de paix. *Salut et gloire !* Salut à notre liberté recouvrée !
gloire à celui par qui elle nous est rendue ! *Hosanna !* parole
surhumaine, qu'il n'était donné à la terre d'entendre qu'une
fois quand il fallut lui rappeler d'où venait sa liberté.

Ce fut de ce moment que data le véritable affranchissement des hommes. Liberté d'esprit, car auparavant la
pensée était enchaînée au char des triomphateurs ; liberté
des cœurs, car jusqu'alors les passions aveugles avaient tenu
les âmes captives ; liberté de langage, car de l'aveu d'un
grave historien (Tacite), le baillon stupide rendait immobile la lèvre des Sages ; liberté de culte, car les apothéoses
des dieux ou les oracles muets de la synagogue étaient encore
les seuls interprètes du sentiment religieux ; liberté des corps,
car jusqu'à cette époque, le commerce des hommes était
porté jusqu'à l'infamie, jusqu'à l'abrutissement. Les grands
génies n'en avaient pas été exempts, Virgile fut l'esclave d'un
César.

La religion du Christ imprima donc un mouvement social
qui tendait à réhabiliter les rapports des hommes : bientôt ceux
d'entre eux qui portaient le sceptre surent qu'ils n'avaient
qu'un pouvoir emprunté. Dieu régna par les rois, tant qu'ils
demeurèrent chrétiens ; leurs exploits passèrent pour ceux
de sa puissante main ; leur sceau royal fut empreint d'une
croix ; la société sentit que sa liberté serait en sûreté sous
une tête couronnée du symbole de la servitude ; elle se livra
à son vieil enthousiasme, aussitôt qu'à un front vénéré en

succéda un autre chargé du diadème. On s'écria : *vive le roi*, avec un transport nouveau, avec la sincérité que l'on retrouve dans le port, à côté des rescifs.

L'ère chrétienne fut, à proprement parler l'ère monarchique ; et jusqu'à nos jours, la souveraineté du peuple n'avait pas eu de place dans les annales d'aucune nation. Mais c'est un fait désormais consommé que la royauté n'est plus, nulle part, dans notre Europe, selon les conditions de son existence. Il a fallu de grandes infidélités pour en venir à cette décadence. Aussi, les hommes ne cessent-ils de pousser des gémissemens vers la liberté, qu'ils ne retrouvent plus à l'ombre des trônes délaissés solitaires eux-mêmes. Les trônes ne sont plus ombragés de la croix, qui avait tenu fixés sur eux les respects des peuples : aux uns et aux autres il n'est resté que le cri de *vive la liberté*, comme ressource sociale, et la liberté sourde à leur voix ne ne se montra point. C'est que les nations modernes ont, comme les peuples corrompus de l'antiquité, répudié l'héritage des siècles ; elles veulent à la liberté des traits humains, sans ce prestige sacré que lui conféra la foi des âges ; elles la conçoivent passionnée comme les mortels, à la taille juvénile, au regard léger ; elles la façonnent, la mesurent au niveau de leur ambition stupide........ Cette liberté ne viendra pas.

Il s'agit donc d'examiner dans cet ouvrage, non seulement si la religion n'est pas incompatible avec la liberté, mais aussi si elle n'en serait pas la source la plus pure, et comme le terme de leur identité même ; question hérissée de difficultés ; question surannée avec toute l'apparence d'un paradoxe ; question néanmoins nécessitée par le désordre jeté dans les intelligences, dans la politique, dans les mœurs, dont les plus simples notions perdent aujourd'hui toute leur force. Pourtant une chose est rassurante en France, où l'on voit circuler avec fureur toutes les productions de la pensée : c'est que toute intelligence y est appelée à jouir de la liberté des écrits ; par là même, il ne devrait pas y être permis de juger, sans l'entendre, le mot antique de religion, qui vaut bien celui d'opinion quand il ne serait pas divin. Dans un siècle éclairé, le feu sacré serait-il le seul dont on contesterait la lumière?

Au reste, loin de vouloir imposer nos conditions, en vertu du prétendu droit d'opinion, nous déclarons nous-mêmes n'en pas vouloir user. Que servirait-il de parler d'opinion devant des faits tels que les offrent les annales du monde? D'ailleurs, il faut plus que de la suffisance pour étaler ses jugemens, et les donner comme preuves acquises, capables de porter le nom d'opinion, nom toujours respectable, puisque dans son acception vraie, il rappelle ces décisions doctrinales qui font règle en morale, jurisprudence au barreau, axiôme dans les sciences. Les Sages d'autrefois le savaient. Aussi enseignaient-ils que l'ami de la sagesse n'objecte jamais son opinion : *sapientem nil opinari.* Cicéron se plaignait de sa propre faiblesse sur ce point, en se nommant *magnus opinator.* Après lui, un orateur, devenu chrétien, avait pensé que cette faiblesse pouvait aller jusqu'à la honte : *opinari duas ob res*, dit-il, *turpissimum est, quòd qui sibi jam se scire persuasit, discere non potest; et per se ipsa temeritas non bene affecti animi signum est.* (Saint Aug., *de util. credendi.*)

D'ailleurs le plan de cet ouvrage se recommande déjà par son simple aspect, dégagé de toute couleur de mysticisme, de toute forme ascétique, d'abstractions, de bigotisme enfin. Il n'y figure ni phylactères, ni exorcismes, ni amulètes, ni aucun de ces grands mots qui ne font tant fortune dans un certain monde, que parce qu'on y a un si grand intérêt à ridiculiser une religion, toujours au sérieux invulnérable. Ce plan est historique, il n'en appelle qu'à l'observation, il n'étale que des faits, il ne s'anime que de situations, il ne vit que de personnages; c'est un coup d'œil qui interroge l'univers entier sur ses gestes, plutôt selon les lois de l'optique, qu'avec le compas du raisonnement. Celui-ci n'y est pourtant point négligé. Il appartenait à son arbitrage sûr et impartial de juger les coïncidences, les proportions, les différences, les similitudes de l'histoire morale des hommes, de coordonner toutes les parties de ce tout immense, et d'en composer un corps plein d'ensemble et d'unité. Le lecteur prononcera si nous avons réussi, en réduisant toutes les phases de la vie des peuples à cette trinité sociale : Dieu, le roi, la liberté.

Ce que nous pourrons donc, dans cet objet, hasarder de recherches et de réflexions, nous aura été conseillé sans doute par la libre faculté d'écrire; mais surtout inspiré par l'amour de la vérité que nous voudrions voir vengée autant du préjugé que du sophisme. S'il est vrai que rien, en France, pas même la qualité de prêtre français, ne doive empêcher de tracer quelques sillons dans le champ de la liberté, nous l'oserons en exprimant le vœu que la main qui les aura tracés pût être oubliée, quand les vestiges en resteront encore. Porter une pierre à l'édifice social a été la seule tentation, et peut-être le seul espoir auquel nous n'avons pas su résister, nous le répétons.

Quelques expositions historiques, quelques essais du raisonnement, quelques applications des effets à leurs causes, des hommages pareils à la liberté et à la religion trop méconnues : voilà notre but.

Ce Traité aura quatre grandes divisions : *les Temps Sacrés, les Temps Fabuleux, les Temps Historiques,* et *les Temps Chrétiens.*

Au nom de la liberté, nous demandons une servitude qui est d'avoir à répondre de nos intentions, nous rassurant sur le mot de Leibnitz : *Incivile est, nisi totâ lege inspectâ, judicare.* (Codex Juris.)

ESSAI HISTORIQUE

SUR

L'IDENTITÉ MORALE DE LA LIBERTÉ

AVEC LA RELIGION.

CHAPITRE PREMIER.

TEMPS SACRÉS.

§ I.

DÉFINITION DE LA LIBERTÉ.

Expliquer tous les mystères de l'égarement humain : dire pourquoi tant d'orages ont été soulevés, pourquoi tant de sang a coulé, pourquoi tant de maux ont inondé la terre, n'appartient point à la liberté. Les passions seules, que la folie envoie, selon l'heureuse expression de Cicéron, ces brutales Euménides, que les païens croyaient chargés de tourmenter les hommes, les passions seules pourraient raconter les ravages qu'a subis la société, et que le soleil a vus. Elles seules, reconnaissant leur œuvre ténébreuse, exprimeraient de leurs horribles sifflemens leur maligne joie d'avoir flagellé les mortels. Pour la liberté, fille du ciel, elle ne connut que leurs larmes, n'eut de regards que pour les plaindre, de pouvoir que pour les consoler; en vain la licence captiva-t-elle long-temps leurs cœurs; elle usurpa le nom de liberté; elle fut belle dans le monde païen : mais on ne lui accorda que des îles escarpées, pour exercer son règne tyrannique. Elle ne traîna à sa suite que la Discorde coiffée de ses couleuvres.

Telle ne fut pas la liberté. Amie de l'homme, vraiment faite pour son cœur, elle dut l'éclairer au lieu de le séduire, le conduire au lieu de l'égarer, le protéger au lieu de l'abattre, le calmer au lieu de l'aigrir, l'élever au lieu de le confondre.

Or, voilà la méthode même de la religion, sous quelque nom qu'on la défigure. Elle a, comme la liberté, sa popularité qui l'approprie à tous les temps et à tous les âges : comme elle, son égalité qui ne fait acception de personne, comme elle enfin l'horreur du sang, l'amour de la justice. Voilà ce que tous les hommes entendirent par religion.

On peut donc définir la liberté (*liberi status*), *l'état de l'homme rendu à lui-même et à la société :* à lui même, quand il est maitre de ses propres passions : à la société, quand il est supérieur aux passions d'autrui. Pour opérer l'un et l'autre, il ne fallait que rendre l'homme meilleur par des préceptes, des rites, des exemples : si l'on convient que le monde entier a vu successivement tout cela, n'importe sous quels emblèmes : nous dirons que le monde entier a donc été travaillé par un constant besoin de guérir et de dégager l'humanité des passions qui tendent à l'asservir : nous ne disputerons pas sur les termes : nous laisserons les uns nommer ce travail, *fatalisme,* si cela leur plait : *préjugés, hasard,* si le cœur leur en dit : nous, ce travail, nous l'appellerons religion.

Or, notre définition embrasse positivement les devoirs du citoyen qui vit sous un droit commun, comme ceux du serf qui gémit sous un joug particulier. Vainement l'esclave, victime de sa faiblesse s'affranchirait-il de la domination, qui humilie, s'il usait à son tour de la force qui opprime; il n'obtiendrait qu'une demi-liberté : la servitude ne ferait que changer, pour passer sur une autre tête; pour lui-même, ce serait encore l'esclavage, de tous le plus tyrannique, celui de sa propre violence. De même, ce serait, dans le citoyen, un fol amour d'indépendance que de la vouloir sans répression, sans ses règles de décence et de crainte qui font l'ordre et la paix : une telle liberté ne peut être long-temps, sans devenir tumultueuse, et alors, que d'esclavages pour un seul ! La liberté existe, quand elle est pour tous : on n'est vraiment libre, que quand on jouit soi-même d'une liberté dont les autres n'ont pas à souffrir. C'est la liberté de la civilisation : c'est la liberté de la vertu. On peut l'obtenir, même dans les fers, comme ce prisonnier de Carthage, l'admiration du sénat romain; comme ce roi croisé, la terreur du geôlier musulman ; comme ce pontife chrétien, défiant ainsi son persécuteur : « Par quels coups prétendriez-vous m'at-
« teindre? par l'exil? mais, ma patrie est partout avec le Dieu que je
« sers ; par la confiscation de mes biens? mais je n'ai qu'un bien que
« vous ne pouvez me ravir; par la mort? mais vous ne feriez que chan-
« ger en une vie que j'attends, la mort que je méprise. »

Ainsi définie, la liberté offre un vaste champ à moissonner : de mauvais ouvriers n'ont su en recueillir que des ronces hérissées ; une main religieuse en retirerait des trésors. Elle montre, 1° que c'est la religion qui a donné à la liberté son premier essor, *en rendant l'homme à lui-même ;* 2° que c'est encore la religion qui a servi de base aux constitutions des Etats, *en rendant l'homme à la société ;* 3° qu'enfin c'est la religion qui a soufflé successivement l'amour vrai de l'indépendance chez tous les peuples, *en montrant l'homme maître de ses propres passions et de celles d'autrui.*

O religion, souveraine ennemie de toute servitude, comment donc as-tu pu te dérober à la gratitude des zélateurs de la liberté !... S'il fut un bien sur la terre, n'est-ce pas ton pouvoir qui le fit éclore ? et quand le mal régna, abandonnas-tu les malheureux mortels... Je le sais, c'est ton destin de les aimer, et d'en être méconnue. Voile-toi !... mais permets de révéler tes bienfaits.

§ II.

LA RELIGION A DONNÉ A LA LIBERTÉ SON PREMIER ESSOR, EN RENDANT L'HOMME A LUI-MÊME.

La liberté était faite pour l'homme. Elle devait donc éclairer la terre, comme l'astre des intelligences. Il ne tenait qu'à lui, sans doute, d'en ressentir la douce influence, s'il eût voulu marcher sous son véritable horizon : mais, dans la préoccupation des choses caduques de la vie, il détourna ses regards d'où lui venait la lumière. *Homines in aliud intenti,* dit un philosophe qui n'avait pas toujours été chrétien, *perdiderunt considerationem operum Dei* (Saint Augustin, *Trait. 8, in Joan.,* n° 1 et 3) ; Il ne la vit plus qu'au travers d'épais nuages. Alors il se demanda : Où donc la liberté est-elle ? Seul et sans autre secours que la lumière de nature, il en chercha les traces. En attendant, elle s'enveloppa dans la profondeur des âges avec le berceau de la société ; le vacillant flambeau de cette lumière naturelle ne lui a rapporté que des idées ténébreuses de l'état des premiers hommes. Ici, d'immenses peuplades paraissent livrées, dès le commencement, au plus honteux esclavage, celui de l'idolâtrie. Telles les races arabes : là, des royaumes antiques semblent avoir salué de bonne heure l'aurore d'un affranchissement lointain ; tels les grands noms de l'Assyrie, réunis sous la puissance d'un conquérant; tels les déserts et les fertiles vallées de l'Egypte, rangées sous la loi des premiers philosophes. Plus loin des nations favorisées d'un climat, pour ainsi dire observateur, se croient appelées aux conseils suprêmes, et professent, dès l'enfance du monde, une sagesse pompeuse à côté de systèmes absurdes. Telles, les sociétés primitives qui eurent pour maîtres les Mages persans, ou les bracmanes indiens. Plus près, des empires tyranniques ne s'élèvent, ne se soutiennent que par le culte des passions, honteusement représentées par d'ignobles divinités, en même temps que des fêtes sont décernées à l'humanité, à la pudeur. Telles, les colonies errantes que l'ancienne Europe vit aborder presque sans chefs sur ses côtes, et se diviser bientôt en troupeaux de sauvages, sortant de leurs huttes, le fer dans une main, de sales allégories dans l'autre, puis prenant pour souverain le plus audacieux de la bande. Voilà quelles sont les premières aventures de l'humanité que les recherches de la plus haute antiquités nous montrent marchant ainsi à des destinées inconnues, d'un pas inégal, tremblant ou téméraire : aventures toujours fatales, sans liaison comme sans dénouement, avec lesquelles on ne s'explique pas comment, sous le même ciel, le mortel est appelé à étudier en même temps l'Etre Suprême, et à adorer le reptile venimeux, à être éclairé avec bienveillance, au même instant où il est sacrifié avec barbarie, à inventer des arts utiles, et à briser les liens de la nature, à croire et à trembler, à tout espérer et à tout craindre : aventures révoltantes de contradictions inextricables, où l'homme paraît toujours comme ennemi de l'homme, constamment contraire à lui-même, et dont il fournit la meilleure part de sa carrière, jusque dans les pays de la plus vantée et de la plus hâtive civilisation. Partout l'homme est forcé de subir les inconciliables honneurs de la turpitude et de la décence, du servage et de la protection. Le monde de la loi naturelle et de l'histoire profane est un horizon qui n'offre pas un jour sans tempête. Les humains en sont donc réduits à ne savoir d'où date la première heure de cette liberté, qui dut régner un jour, qui fait battre tout cœur mortel. Aussi le chef d'une école des sages de la nature en avait-il pris dès long-temps son parti. Aristote, après des recherches infinies et sans succès avait laissé-la l'ignorante érudition des explorateurs profanes : il n'avait pas cru pouvoir s'expliquer la liberté des premiers âges, toute incomplète qu'il la soupçonnait, autrement que *par la croyance universelle de la Divinité qui embrasse toute la nature* (Métaph. liv, 12, chap. 8.). *Ce célèbre penseur* en avait conclu que *c'était à cette croyance qu'on devait la première obéissance des hommes aux lois, le premier commerce de la persuasion avec l'ignorance, le premier fondement de la paix publique.*

On le voit, il faut consentir à dérouler le papyrus enfumé d'encens, où l'antiquité respire ce *Dieu qui embrasse toute la nature*, répertoire poudreux où le doigt de la vérité a caché son empreinte, puisque tout s'y explique, tout s'y coordonne, et Dieu et ses vengeances, et l'homme et ses égaremens. C'est là qu'on trouve la véritable indépendance de l'esprit, la vraie élévation du cœur, l'égalité des particuliers, la dignité ANS DU MONDE. d'un peuple. C'est-là que sont tracés par une main amie les termes du Contrat social, bien avant qu'un sophiste misérable fît usurper ce nom par sa plume perfide. C'est-là que les sages puisèrent tout ce qu'ils ont connu de prudence ; les législateurs , tout ce qu'ils ont montré de justice; les nations, tout ce qu'elles ont eu de sacré; les monarques, tout ce qu'ils ont exercé d'autorité; les hommes et les choses, tout ce qu'ils ont obtenu de stabilité et d'avenir.

Ce que l'on apprend d'abord, en tête du Livre Saint, c'est qu'il est né un monarque à la terre : que si un immense intervalle sépare ce monarque de son Créateur, il n'en a pas moins une impression noble sur sa face imposante, et plus encore dans les émotions de son âme. Tel est le germe fécond de cette grandeur originaire qui a poussé dans le genre humain les racines profondes de liberté ; grandeur qu'il revendique sans cesse, quoique toujours avec impuissance. Bientôt après, dans le tableau de l'humanité, on aperçoit, triste et sombre, la raison de cette impuissance même. On lit une élévation confondue, un orgueil humilié: on voit l'homme s'abuser de sa propre excellence, aspirer à l'indépendance par l'ingratitude; mesurer d'un téméraire regard la distance infinie de l'être au néant, revenir au pressentiment de son audace, oser encore délibérer, puis enfin s'abîmer. Il voulait la liberté, il tomba dans l'opprobre. Son Dieu méprisé se retira loin de lui. Il resta seul avec l'horreur de sa solitude. Ce qu'il put voir alors, ce qu'il n'aurait jamais dû connaitre, ce fut sa propre honte, son esclavage. Il comprit que la liberté vient de Dieu, que la servitude vient de l'homme, qu'il ne faut pas prétendre à celle-là hors de celui qui est la liberté première, la liberté immuable; que la liberté humaine ne saurait être le resultat d'efforts superbes de combinaisons créées par l'intelligence, mais une émanation de l'ordre éternel , régissant l'ordre des siècles, ainsi que l'action d'un premier anneau régit tous les mouvemens d'une longue chaine; le mal était grand : mais Dieu fut plus grand encore. Il voulut que, dans le sentiment même de sa chute, l'homme retrouvât celui de sa grandeur. Il voulut que son image divine restât comme légèrement empreinte sur son âme, pour lui assurer une liberté nouvelle , non plus fondée sur son désir d'indépendance, mais sur la conscience de son abjection. Le philosophe chrétien, que nous avons déjà cité , l'avait ainsi compris, quand il disait que l'âme humaine, toute méconnnaissable qu'elle était devenue aux yeux du Créateur par le désordre de sa propre bouffissure, ne lui semblait pas tellement défigurée qu'on ne remarquât facilement en elle de beaux restes, et comme des linéamens expressifs de son origine : *non usque adeò in animá humaná imago Dei labe detrita est , ut nulla in eá velut lineamenta extrema remanserint ,* (Saint Augustin, liv. de l'*Esprit*, chap. 28.)

Or, il faut voir comment Dieu voulut que la liberté naquit de ce mélange de bassese et de grandeur, de noblesse et de honte. Continuons à dérouler la page sacrée : Garde-toi, dit la religion à l'homme éperdu ' garde-toi de ton volage esprit, qui s'est enveloppé de ténèbres, dès qu'il a pu être ébloui de lui-même. Tes yeux se sont ouverts : ils pourront s'ouvrir toujours, mais pour ne voir que ta raison égarée dans toute *sa nudité*. Regarde......., tu la vois, puisque tu as voulu la voir....., pourquoi ton noble front pâlit-il d'une horreur secrète......? pourquoi ta fière démarche oublie-t-elle sa majesté (Genès. ch. 2 et 3) ? toi, te cacher et fuir.....! toi...! imprudent mortel; ton cœur bat : il connait la crainte, lui qui ne savait que l'amour...! Tu commandais à la terre; et tu te caches et tu fuis...! mais où fuiras-tu ? la honte te poursuit.... C'est moi, c'est moi-même qui veut couvrir ton ignominie : c'est de ma main que tu dois recevoir la *tunique* de ton espérance, symbole de ta liberté ! Je ne puis te voir avec ce travestissement qui blesserait toujours tes propres regards; apprends que tu peux être encore libre sous mes inspirations. Quitte, te dis-je, ces flétrissans lambeaux, qui ne cachent pas ta nudité ! viens ! approche : crois encore à ta liberté : déjà tu es affranchi. Et la religion le couvre; *et induit eos.*

Voilà l'homme de la Genèse. qui pourrait y méconnaître l'homme de la nature, l'homme de tous les temps, l'homme même de toutes les doctrines ? Quarante et un siècles s'étaient passés sur cette révélation de l'humanité, et un apôtre chrétien l'a retrouvée la même : il l'a vue aux prises avec d'invincibles répugnances, un désespérant destin. Il a senti en elle deux lois, qui se disputent un difficile empire : l'une, qui commande aux sens par les illusions, et veut que l'intelligence s'abaisse jusqu'à leur applaudir; l'autre, qui dirige les mouvemens de l'âme vers des affections nobles et pures, et s'alarme de la sujétion qui l'arrête. *Video aliam legem repugnantem legi mentis meæ.* Les philosophes avaient sondé cette plaie profonde faite à l'humanité. Car, quel système de morale a jamais omis la dégradation de l'être raisonnable ? n'est-ce point au contraire le point de départ forcé, d'où tous les penseurs ont marqué leurs recherches ? Que de rayons, épars dans d'innombrables volumes, convergent vers ce centre lumineux, où tout commence, où tout aboutit ? Quoi de plus frappant, ont dit tous es moralistes, quoi de plus frappant que les misères de l'homme ! Il est noble dans la bonne fortune, grand dans l'adversité ; mais souvent aussi vil dans ses jouissances, qu'étonnant dans son ambition : il est comme une balance, sans point d'appui, dont les deux bassins sont menteurs, parce qu'ils cèdent tour-à-tour, que tour-à-tour ils l'emportent. Quel mystère que l'homme ! ou plutôt quel plus grand mystère ne serait-ce pas de ne point connaitre qu'il en est un ! Son enfance seule, dit Quintilien (liv. 1, ch. 1.), est un prodige de facilité pour les impressions funestes. Après les philosophes, les poètes sont venus, qui ont accordé sur leur lyre ce triste destin de l'humanité : l'on connait ces deux vers, devenus proverbiaux :

ANS
DU
MONDE.

Video bonum proboque , sed deteriora sequor ,
Nitimus in vetitum semper , cupimusque negata.

L'un des plus célèbres penseurs des temps modernes , Pascal a peint cette condition de l'humanité avec des couleurs si vives qu'il est impossible de méconnaitre la ressemblance de l'homme de la raison avec l'homme de la religion :

« L'homme est si grand , dit-il , que sa grandeur parait même en
« ce qu'il se connait misérable. Un arbre ne se connait pas misérable.
« Il est vrai que c'est être misérable , que de se connaître misérable ;
« mais aussi c'est être grand que de connaître qu'on est misérable.
« Ainsi toutes ses misères prouvent sa grandeur : ce sont misères de
« grand seigneur , misères d'un roi dépossédé. (Pensées. liv. 23.) »

L'on pourrait , en cette matière , profiter de l'insigne aveu d'un philosophe qui ne serait pas suspect. Nous citerions Voltaire. Il nous apprend , pour lui et tous ceux de sa secte : que la *chûté de l'homme dégénéré est le fondement de presque toutes les anciennes nations. (Phil. de l'Histoire. ch. 17. — Questions sur l'Encyclopédie.*)

La religion et la liberté portent donc sur le même fait , qui , à lui seul , renferme toutes les démonstrations. C'est de ce fait que partent tous les événemens humains. C'est , dès l'aurore du monde , que la religion se montre , couvrant , de son égide , l'homme tremblant devant ses premiers fers. Annoblie par ce divin éclat , la liberté naissante ne pouvait que faire de rapides progrès chez les sociétés primitives. On la voit d'abord comme imperceptible , en face d'un fratricide , spectacle ménagé sans doute par le ciel pour punir un trop malheureux père , s'élever insensiblement dans la simplicité des mœurs ; puis grandir avec la piété des patriarches. Quatorze siècles s'étaient écoulés. A l'exception de quelques crimes isolés , et sévèrement punis , dont Dieu se servait pour rappeler à l'homme à quel prix il tenait sa liberté , les races déjà multipliées n'avaient connu que la douceur de la concorde. Il y avait aussi dès lors une égalité : mais elle était toute entière dans le sentiment d'une dégradation commune. Chaque particulier , imbu de la funeste expérience que le père des hommes avait faite de son orgueil , ne voyait d'autre noblesse , d'autre illustration qu'à la réparer par la sagesse , c'est-à-dire par la soumission de l'esprit à l'autorité paternelle de Dieu , et par la conformité du cœur à ses augustes préceptes Ce ne fut qu'à mesure qu'on s'éloigna de cette primitive simplicité , fruit du premier affranchissement, que l'esclavage recommença à paraitre sur la terre. De-là aussi cette séparation remarquable, devenue nécessaire par la fidélité des uns et l'impiété des autres, et dont l'histoire sacrée fait une époque à jamais mémorable pour les rêveurs d'une pro-

129

1400.

1512.

fane liberté. Dès lors, comme de nos jours, la liberté de penser fut réclamée. On octroya à l'opinion des priviléges pompeux : la conscience fut déclarée sanctuaire inaccessible. La Divinité fut réleguée dans les cieux, où elle ne devait pas s'occuper des mœurs des hommes. Alors aussi, la religion fut peut-être un problème ; car en fait de délire et d'impiété, il n'est *rien de nouveau sous le soleil.* Alors aussi, on crut avoir conquis la véritable liberté sur les débris d'un joug barbare, imposé par une sotte crédulité. Alors aussi, l'insurrection fut le plus saint des devoirs..... Mais quelle insurrection, quelle liberté, grand Dieu ! Quelle liberté, que celle dont il n'a pas été permis de savoir autre chose, sinon qu'elle avait rompu toutes les barrières de la justice, brisé tous les liens de la pudeur, immolé tous les sentimens de la nature, renversé toutes les lois de la création, provoqué jusqu'au repentir, s'il était possible, une Divinité prodigue de patience et de bonté ! ! ! Quel déluge de liberté que celui qu'un déluge de flots pouvait seul dérober au regard courroucé du ciel !..... (*Omnis quippe caro corruperat viam suam*).

Le savez-vous maintenant, zélateurs de la liberté ? Le savez-vous, monarques et peuples, par quelle espèce d'égarement on se précipite dans l'abime ? Un écrivain judicieux vous le dira, s'il le faut encore, avec son éloquence rapide : après avoir rapporté le désordre général qui avait fait place à l'innocence des premiers âges, *la cause du mal fut dès lors,* dit l'élégant auteur du peuple de Dieu (Berruy. l. 1er), « comme elle l'a toujours été depuis, le mélange des sains avec les « malades. Les possesseurs de l'ancienne tradition cessent d'être en « garde contre des alliés ou des voisins qui l'ont altérée. Après un « temps d'éloignement et de fuite, que conseille le zèle dans les pre- « miers jours de la discussion, on se rapproche insensiblement des « corrupteurs. Ce n'est d'abord que pour profiter des avantages humains « que procure leur société, qu'on rompt le mur de séparation. On se « croit assez de vigueur, pour n'être point susceptible du mauvais air. « La politique, l'intérêt, le plaisir, renouent les alliances, et réta- « blissent le commerce..... On juge favorablement de tous. On ne se « croit pas en droit de condamner personne. On veut laisser aux autres « la liberté de penser, et bientôt on entre en société de libertinage. « Peu à peu les anciennes idées s'affaiblissent ; enfin, on s'ennuie du « joug de l'autorité. »

Telle est, sachez-le bien, habiles compositeurs des fusions popu- laires, imprudens adeptes, aveugles régulateurs de l'opinion, sujets abusés, et vous, royautés clémentes, telle est la marche de l'esprit humain, qu'il tend à la curiosité par les concessions, à l'indifférence par la curiosité encouragée, à la perversité par l'indifférence, à l'abru- tissement par la perversité, et à l'esclavage par l'abrutissement ; qu'ainsi, il ne faut, à une aussi débile intelligence que celle de l'homme, pour tout perdre et tout renverser, que le plus léger mouvement d'innovation contre les principes éternels sur lesquels il repose : semblable au roc majestueux, dégagé de sa masse immobile, qui n'a besoin que d'un petit effort pour se précipiter seul en fracas dans le plus profond de la vallée. Sachez-le bien, modernes inventeurs de législations, que la liberté avait tiré sa première sève de la foi des patriarches, et qu'aussitôt que de téméraires mains osèrent se porter à cette plante vivace et féconde, la tige de la liberté fut frappée de sécheresse et ne produisit que des fruits de mort : sachez-le bien, que, tant que les intelligences restèrent soumises aux vérités révélées, les hommes vécurent heureux dans la persuasion, paisibles dans le respect, libres dans l'obéissance : qu'affranchis du plus tyrannique de tous les jougs, des impérieuses rêveries de la raison égarée, les premiers croyans n'avaient pas eu à déplorer les ténébreux écarts de l'esprit, tombé en démence quelques siècles après, sur le terrain même de la philosophie ; ni à gémir de ces productions incendiaires, ouvrages souvent de la pénible science, mais plus souvent encore de la suffisante impiété, qui firent couler plus tard des flots de sang chez tous les peuples fidèles à quelques principes. Sachez-le bien, siècles de lumières, que les pères de la société n'avaient pas courbé leur front, serein d'innocence, sous le despotisme effréné qu'imposèrent, successivement aux peuples, le froid scepticisme, le délire académique, la fatale astrologie, la tortueuse divination, la rampante hérésie, le schisme révolté, la licence des écrits, le cynisme du langage, la déclaration des droits de l'homme, la profession de l'athéisme, la théorie des révolutions. Sachez-le bien, nations qui vous êtes cru civilisées, point de liberté sans union, point d'union sans unité, point d'unité sans autorité, point d'autorité sans croyances, et point de croyances sans révélations.

Et, qu'on ne s'y trompe pas : mettons un moment à la place de toutes ces choses, à la place de la révélation, à la place des croyances, à la place de l'autorité, mettons la raison de l'homme. Essayons de nous convaincre de ce qu'avoue, avec une étonnante ingénuité, le sceptique Bayle, dans quelque endroit de ses cyniques ouvrages : que *le meilleur usage qu'on puisse faire de la raison, est de reconnaître qu'elle est une voie d'égarement : véritable Pénélope qui, pendant la nuit, défait la toile qu'elle avait ouvrée le jour* (Dict. art. Bun. p. 740, col. 1, édit. 1700.)

Otez de l'esprit la crainte de la Divinité, la persuasion des vérités immuables ; levez la barrière plantée sur le seuil du temple, déchirez le voile des mystères ; *brisez les tables de la loi*, que reste-t-il à la société, que des châtimens célestes pour venger cette Divinité méprisée ? Mais, que reste-t-il à la pensée, qu'à faire irruption dans un vide immense, qu'à parcourir un affreux chaos, où, seule et débile lumière,

elle ne voit que son égarement, une impénétrable profondeur, le spectre de la mort, et l'ombre fugitive du néant? Que peuvent, contre une imagination vagabonde, des préceptes indulgens, des enseignemens salutaires! Point d'autorité humaine qui lui en impose; point de raisonnemens qui égalent ses conceptions; point de découvertes qui approchent de ses plans; point de leçons qui ressemblent à ses aperçus; point de sagesse que dans ses préceptes, de bonheur que dans ses systèmes. Une fois détachée du centre commun, la raison privée, ne tendant qu'à s'isoler, ne veut aussi d'autre arbitre qu'elle-même; elle n'est d'abord tyrannique que pour elle seule : mais si des résistances se déclarent, comme un torrent impétueux arrêté dans sa course, elle recule d'indignation, et revient bientôt, toute écumante d'orgueil, fondre sur d'autres raisons privées, qui n'avaient que le tort d'être comme elle présomptueuses. Quand on en est venu à ce point, que de vouloir penser seul et en dehors des principes communs, outre qu'on devient un mystère à soi-même, il faut, par un renversement d'idées, lorsqu'il n'y a point de ralliement, il faut se donner pour réformateurs des préjugés. Au nom du néant, il faut s'ériger soi-même tribunal de doctrines positives, cru sur parole, sous peine d'encourir l'ostracisme de la folie. Chacun le sent. Pour peu qu'on raisonne sans religion, on se trouve étonné des progrès que l'on fait dans l'absurde. Ce qui est égoïsme en matière d'intérêt, devient système en matière de morale. Or, n'y ayant rien d'absolu comme l'égoïsme, il n'est rien d'exclusif comme le système; et de conséquence en conséquence, le plus grand penseur, le plus habile dialecticien se voient arrivés jusqu'au despotisme de la pensée, despotisme qui est le plus irréformable de tous, parce qu'il siége sur un trône impénétrable. Voilà donc comment le sens privé est un pas vers la servitude et l'oppression; car, que de froissemens ne faut-il pas opérer pour ouvrir la tranchée sur une foule prévenue, pour vaincre des antécédens établis? La Bruyère l'avait bien senti, quand il disait, en parlant des ouvrages de l'esprit, qu'il fallait *chercher à penser et à parler juste, sans vouloir amener les autres à notre goût et à nos sentimens. C'est une trop grande entreprise.* (Caract. de Théop. des Ouv. de l'Esp. ch. 1.) Surtout, il est vraiment beau de voir revenir le pyrrhonien jeter un bon mot sur les écarts de la raison privée : elle est, dit-il, un arsenal où les « sectes les plus diamétralement opposées vont faire leurs pro-
« visions d'armes; elles se battent ensuite à toute outrance, sous
« les auspices de la raison, et chacune rejette quelques-uns des
« axiomes évidens. » (Bayle, Quest. d'un Provincial, t. 4. page 23.) Faut-il, d'après l'étrange aveu du plus impur des *sectaires*, s'étonner si d'affreux contre-sens ont amené tant d'ébranlemens, tant de catastrophes, tant de désastres sur le genre humain, victime des erreurs de quelques imaginations présomptueuses.

Ces contre-sens de liberté n'auraient donc pas eu lieu, de l'avis même des sophistes, si on n'eût jamais rompu l'anneau qui tient toutes les intelligences à l'intelligence première, qui est l'axiôme par excellence. C'est donc à cet anneau, autrement appelé religion, qu'il faut remonter, pour retrouver le premier effort de la liberté, comme le fondement de toutes les constitutions des nations primitives ou des Temps Fabuleux.

CHAPITRE DEUXIÈME.

TEMPS FABULEUX.

§ I.

LA RELIGION A ÉTÉ LA BASE DES PREMIÈRES CONSTITUTIONS DES EMPIRES, ET A RENDU L'HOMME A LA SOCIÉTÉ.

ANS
DU
MONDE.
1760.

Plus les hommes se répandaient sur le globe, plus ils devaient sentir la nécessité de former des familles séparées, des habitations distinctes, des partages de propriété, des administrations particulières. Le toit paternel ne pouvait plus suffire, pour réunir les membres nombreux des races dispersées dans des pays lointains. Néanmoins les mœurs domestiques, les affections filiales, les rapports intimes de la parenté, les alliances des voisins, tout tendait à se conserver et à se confondre dans un grand intérêt commun. Il fallait donc trouver des maîtres à une multitude que bientôt l'éloignement aurait divisée, dans ce qu'il y avait de plus cher, les traditions paternelles et les héritages de famille. Il fallait élever une digue devant l'avarice et la licence, qui ne devaient pas tarder de disputer la paix et les biens de la terre à ses tranquilles habitans. Il fallait enfin jeter les fondemens d'une société régulière, qui pût devenir imposante par le nombre, et forte de son union. Telle doit être l'origine des gouvernemens, dont le terme de *nation*, qu'ils ont gardé, semble en effet rappeler le commun accord des hommes sur leur commune descendance, en même temps que sur l'intérêt de la terre natale.

Or, ces maîtres imposans, cette digue puissante, cette union, nécessaires à la liberté des peuplades naissantes, seul genre de constitution qui fût venu à l'idée humaine, c'est la religion qui les a établis.

Nous avons ouvert les annales saintes, lorsqu'il nous a été impossible de saisir, sous la main des profanes, le fil qui conduit au berceau de la société. Maintenant qu'elle se montre dans son âge adulte, nous en suivrons les développemens et les crises avec l'histoire comtemporaine qui commence à peine d'articuler les malheurs du genre humain. Nous refermerons avec respect le livre divin, et ne le reprendrons que lorsque la nature de nos matières nous obligera de mettre en présence le sacré avec le profane, la liberté avec la servitude. Nous sommes jaloux de donner ici cette préférence à l'histoire humaine, parce qu'il nous presse de l'entendre raconter quelque chose des événemens qui compromirent la liberté.

Le lecteur instruit saura nous passer la revue des âges primitifs, parce qu'il ne nous était pas possible de les omettre, pour la clarté et la suite de nos recherches.

Le premier empire, que l'histoire nous indique, à travers bien des obscurités et des contradictions, est l'empire des Assyriens qu'elle nous représente comme fameux par de rapides conquêtes. De ce vaste empire sont sorties les monarchies persannes et indiennes, les royaumes d'Égypte et d'Arabie. Ces états naissans eurent pour fondateurs les descendans du restaurateur de l'espèce humaine, que reconnaissent les écrivains de la plus haute antiquité, comme de la célébrité la plus généralement avouée, tels qu'un Bérose, un Abydène, et d'autres après eux, non moins illustres, comme Plutarque, Joseph, Lucianus, etc. (1). Plusieurs même de ces contrées orientales prirent les noms des premiers patriarches : Telles que l'Assyrie du nom d'Assur, l'Égypte du nom hébreu de *mesr* ou *mesraïm*, et d'autres pays qui ne les conservèrent pas, dans la confusion des langues et des divers idiomes qui en naquirent.

Ces nations eurent pour première législation le culte d'un Dieu suprême, résidant dans le ciel et répandu dans tous les êtres. Généralement il fut craint et adoré sous le nom d'âme du monde, ou d'âme universelle. Ainsi cette âme universelle qui était le *Mithra* chez les Perses, le *Brama* chez les Indiens, le *Tien* ou *Chang-ti* des Chinois, le *Saturne* des Égyptiens, était le même que l'*Adonaï* des Chaldéens, fidèles au Dieu révélateur. Quoique subjugués par de superbes guerriers, les hommes ne pouvaient oublier que le premier de tous les maîtres était celui qui maitrisait toute la nature. On *pourrait trouver*, dit Plutarque, à l'époque de l'enfance du monde, *des villes sans rempart, sans aucune connaissance des lettres, des cités sans rois, et sans maison : mais il n'est point de ville, ni de cité sans Dieu.* Parcourez, dit aussi l'éloquent Romain, parcourez toutes les nations jusques aux plus barbares, vous n'en rencontrerez aucune qui ne sache qu'il faille un Dieu aux mortels, quoiqu'elle soit embarrassée pour distinguer comment il veut qu'on l'adore : *Nulla est natio adeò fera et barbara, quæ Deum, etsi qualem habere oporteat ignoret, tamen habendum esse*

1760.

---

(1) Ber., *Hist. Chald.* — Abyd. *de Med.* et *Ass.* — Plut. *Opusc. de Isid.* et *Osir.*; — Joseph., *Ant. Jud.* — Lucian, *De Syria.*

non sciat. (Tull. Cic.; *De nat. deorum.*) Chacun des peuples anciens avait sa religion, aussi différente de celle des autres que ses mœurs et les climats qu'il habitait. Mais, malgré ces différences, ils conservaient des dogmes communs : tous croyaient qu'un principe spirituel avait tiré le monde du chaos, et qu'il animait toute la nature. (*Voy.* Homère, Hésiode, Ovide, Hérodote, Strabon, César, Tacite, etc.) On n'a besoin en effet que de détacher l'enveloppe gigantesque et fabuleuse, dont Aristote nous a déjà appris qu'on avait entouré l'histoire,

 pour retrouver à chaque pas les traces de la religion primitive. Ainsi, si nous retranchons les images astrologiques, que l'Indien observateur voulut adorer, nous verrons que les idées populaires du Persan et du Babylonien reposaient sur la crainte d'une divinité admirable et terrible dans l'éclat varié de sa puissance. Si nous séparons de même les suppositions froides, que l'Éthiopien effrayé sur ses monts, pensa d'asseoir sur le spectacle monotone d'un sol inondé, nous reconnaitrons que le culte public de l'Égypte était basé, bien plus sur la mémoire confuse du déluge universel, que sur les menaces d'une puissance marine, qui ne savait être que bienfaisante dans son plus grand courroux : pour ne parler que des Égyptiens les plus idolâtres, dit La Harpe (*Du Fanatisme.*) : Dans *la bête malfaisante, ils conjuraient la colère du ciel, dont elle était l'instrument. Chez eux toute espèce de culte, à travers les emblèmes et les figures, allait toujours à la divinité. Toute autre idée était symbolique et secondaire.* La verve des poètes, l'enthousiasme des narrateurs, les rêves des philosophes ont bien pu renchérir sur ces premières confusions, nées de l'affaiblissement des traditions; mais la vérité est restée debout, en présence de la déclamation pompeuse, des raisonnemens tortueux, de la cadence obligée. Qui ne voit, par exemple, que la croyance si répandue dans l'antiquité sur l'âme universelle ne fait qu'enseigner sous un autre nom la foi du vrai Dieu, dont les Hébreux adorèrent toujours la présence dans tous les êtres? qui ne s'aperçoit que cette croyance n'est au fond que la paraphrase anticipée de ce qu'enseigna, des siècles plus tard, l'apôtre du Christ : *in ipso* (Deo) *vivimus et movemus et sumus?* (*Act. Ap.* Ch. 17, v. 28.) qui ne reconnait dans la guerre des Titans, si célébrée aux temps héroïques, l'attentat audacieux de l'orgueil humain déconcerté sur la tour de confusion, dont l'antique Babylone resta le monument? qui n'est frappé des rapports de détail qui se présentent entre Saturne et Adam? le premier, jaloux de régner dans le ciel, d'après les instigations de sa femme Vesta, s'engage à mourir sans postérité, si on lui permet de porter le sceptre céleste ; le second se laisse tenter par Ève, et comptant pour rien la menace de la mort, touche au fruit défendu, dans l'espoir de ressembler à Dieu : celui-là, ne pouvant éluder sa promesse, n'a pas plutôt vu naitre ses enfans qu'il les dévore ; celui ci, enchainé par son vœu téméraire, n'a pas plutôt joui de sa folle ambition qu'il est condamné à voir périr ses enfans de sa propre main. Enfin, Saturne ayant appris du destin qu'il lui naîtrait un fils qui surpasserait sa propre puissance, commanderait à tout l'univers, et remettrait toutes choses dans leur premier état, laisse Vesta soustraire à la loi commune de la mort, l'enfant qu'elle engendre, etc... Adam désolé se réjouit d'entendre promettre à Ève un réparateur qui, ne participant point au malheur de ses autres enfans, détruira le pouvoir malin qui les opprime, et rétablira les mortels dans leur premier héritage ? Qui ne sent l'histoire de Dalila et de Samson, dans celle de Nisus et de Scylla, et la ressemblance entre l'idée idolâtre des génies tutélaires, des fées malfaisantes, et le culte hébraïque des anges, tantôt exterminateurs, tantôt protecteurs ? N'a-t-on pas vu, enfin, les Philosophes stoïciens soutenir que Jupiter, Cérès, Neptune, etc... n'étaient que les différens attributs de l'esprit universel ?

Le culte du vrai Dieu fût donc, dès le principe, l'âme de toutes les sociétés qui pensèrent à vivre en corps séparés de nations. Leur séparation et le mouvement qu'elle occasionna, apportèrent des modifications, que le temps vint encore affaiblir : à la croyance d'un Dieu révélé : à la majesté oubliée, qui commandait la terreur et la fidélité, il fallut substituer sous mille images et mille formes une Providence familière, qui intervînt dans tous les détails de la vie humaine, et qui enlaçât pour ainsi dire chacun avec son Dieu tutélaire, pour le tenir plus soumis à la conscience, à la pudeur, à la bonne foi ; mais c'est au culte primitif, qu'il faut rapporter tous ces systèmes.

Les chefs des peuplades n'avaient eu donc garde d'omettre, comme première condition de leur souveraineté, l'adoration de la divinité, toujours prodigue dans ses dons, et toujours terrible dans ses fléaux. Ils avaient donc dû déclarer qu'ils ne règneraient que par celui qui régnait dans toutes les créatures; qu'ils seraient les protecteurs nés de toutes les infortunes, la providence visible de tous les malheurs. Rien de plus nécessairement lié à ce culte d'un Dieu bon et vengeur que ces devoirs imposés, à ceux qui se sont placés entre le ciel et la terre, de défendre le faible, de soutenir l'opprimé. Et aussi, rien ne prouverait mieux ce sentiment qu'avaient les hommes, même les hordes d'avanturiers, de la protection de leurs maîtres, et que les maîtres avaient de l'attachement de leurs sujets, que le courage patriotique des uns et le dévouement des autres jusqu'à la mort, jusqu'à la servitude.

En joignant ainsi à leurs habitudes guerrières la crainte de la divinité, en soutenant, par de fréquentes apothéoses, l'enthousiasme de la gloire, en apprenant à leurs héros que la véritable splendeur était de gouverner comme la divinité, les peuples avaient jeté une digue devant l'oppression, les fondemens de la liberté en face de la dévastation : mais, il est vrai, d'une liberté imparfaite, la seule liberté de l'action et de la force, la seule liberté qui fut possible alors dans l'état d'obscurcissement où était tombé l'esprit humain.

Aussi, comme ce n'était là que l'œuvre de l'homme, enté sur l'œuvre de Dieu, d'innombrables changemens vinrent de bonne heure renverser des plans, où la liberté n'était qu'un nom. Bientôt, on ne s'entendit plus, dans le fracas des armes, sur les notions primitives; du Nil jusqu'à l'Inde, de l'Euphrate jusqu'au noir Borée, de la haute Ethiopie jusqu'au bas Négrepont, chaque philosophe se crut de nouveau appelé à expliquer les choses divines et humaines. Ce que le maître avait imaginé de plus sérieux et de plus solide, le disciple s'arrogea le droit de le traiter d'ineptie et de le combattre. De-là, d'interminables disputes, d'étonnantes innovations, des contradictions révoltantes, qui vinrent encore renchérir sur les premiers écarts de la débile raison. Les peuples finirent par prendre part à ces combats, où la sainteté de Dieu était mutilée, où la conscience était sacrifiée, où tous les devoirs étaient confondus. Ils n'apprirent que trop bien à mépriser les contrats, à se jouer des traités, à enfreindre les lois; il ne fut pas difficile de leur persuader que le vice et la vertu ne résidaient que dans les caprices des hommes, quand ils virent l'inconstance de la religion, les changemens dans les mœurs. Aussi bien, ce désordre dans les intelligences ne pouvait durer sans amener le désordre dans les intérêts, dans l'obéissance, dans l'autorité. Les guerres s'allumèrent; elles devinrent sanglantes : les lois furent barbares; elles abrutirent l'homme. Les nations s'ébranlèrent, et de grandes catastrophes recommencèrent à troubler la terre. Ainsi tomba sous les coups d'une aveugle philosophie la liberté dégénérée. Avec la vraie religion, elle s'exila chez un peuple qui avait conservé les traditions, et aussi devait être le dépositaire de la véritable indépendance comme de la véritable foi.

§ III.

LA NATION ISRAÉLITE FUT LE MODÈLE DES NATIONS CONTEMPORAINES.

2258. Ici se présente, au front antique, la maison de Jacob, se séparant des nations, et s'établissant contre toute espérance sur la terre des promesses échangées de la *terre des tribulations*. Nous ne suivrons point, dans ses développemens prodigieux, cette colonie des véritables restaurateurs de la liberté. On nous accuserait peut-être légèrement de prodiguer une admiration trop pieuse à la théocratie des Hébreux, quand il ne s'agit que des bienfaits temporels dont ils ont pu jouir sous le sceptre de la religion. Nous dirons seulement comment cette théocratie avait défini et enseigné la liberté; comment elle commandait le

respect de tous les droits , comment elle exerçait la justice : ensuite
nous mettrons en parallèle cette législation sacrée , cette liberté d'un
peuple religieux avec les législations variables et profanes des contemporains et leur prétendue liberté.

Approchons sans hésiter : mettons franchement le pied sur la terre
classique de la justice et des lois. Quoiqu'en aient dit, quoiqu'en disent
encore les nouveaux Sapphat , Nahabi , Gogdiel , etc... , modernes
explorateurs de Chanaan, le sol de la Palestine n'est plus ce sol
habité par des géans : les monstres ne sont plus sur les rives du
Jourdain.

Le long mélange des peuples et des familles d'Israël n'avait pas
permis à celles-ci de rester étrangères aux trafics inhumains que
l'Égypte égarée, et comme elle, toutes les nations , devenues infidèles,
avaient osé, contre la liberté individuelle. A mesure que la crainte
de Dieu , père commun des mortels , s'exilait des cœurs , l'usage de
faire des esclaves avilissait la nature , en même temps qu'il élevait le
règne de la tyrannie. Les Israélites apportaient, de cette terre, en proie
à la servitude depuis et peut-être avant que l'innocence de Joseph
lui eût valu l'honneur de l'esclavage , les Israélites apportaient la
coutume atroce de vendre et d'acheter les hommes. Des milliers d'esclaves étaient déjà confondus dans les tribus. Il n'y avait peut-être pas
de famille où quelque serf ne servît de patrimoine. Dans une telle
extrémité , le libérateur proclame ce principe : que les hommes et les
choses sont également sous le domaine de Dieu. C'est par cette nation
qu'il a été dit à tous les peuples : La terre est à moi ; vous n'êtes que
mes colons, *terra mea est , vos coloni mei estis* (Levit. 25-23.). Cette
barrière une fois opposée à la barbarie , le courageux Moïse consacre
le repos sabbatique des champs , pour servir et de mémorial d'affranchissement et de monument des premières traditions sur le repos du
Seigneur , et par suite de preuve de toute la religion primitive. Les
terres sont ensuite déclarées inaliénables à perpétuité. Un terme de
quarante-neuf ans , ou sept *semaines* d'années , est fixé pour que tout
rentre dans l'ordre et comme en liberté. Véritable loi agraire , protectrice de la première égalité , qu'il n'appartenait ni à la république
romaine , ni à la république française d'imiter par la hideuse confusion
de tous les droits et de tous les genres de gloire. Règlement admirable
qui *renouait , lui aussi , la chaîne des temps que de funestes écarts
avaient interrompue* (*Charte Const.* préamb.). Or , de ce retour tem-
poraire des biens , de cette inaliénabilité territoriale , qui prohibait
tout changement de la propriété , suivait cette induction : que les
hommes ne seraient pas plus aliénés que les terres. Aussi , à côté de la
loi jubilaire , ainsi appelée , à cause de la joie générale qui l'accom-
pagnait , le Législateur sacré , s'empresse-t-il de déclarer que, la volonté divine interdisant toute forme de servitude , les hommes ne

ANS
DU
MONDE.

2543.

pourront plus être serfs. Il en donne pour preuve éclatante l'application tion qu'elle venait d'en faire en faveur de son peuple trop long-temps opprimé, et termine ainsi : *Non væneant.* (Levit. , ch. 25 , v. 42.)

La voilà donc résolue dans son principe , cette grande question que la philosophie a affecté tant de siècles plus tard, de résoudre, avec une solennité emphatique, comme si, dès le commencement, cette question n'eût pas eu l'honneur d'une solution sacrée ; comme s'il avait pu échapper à la religion, souveraine amie de l'humanité, de consigner, en tête de ses pages vénérées, le thème de la véritable égalité ; comme si cette religion, si noble et si douce, avait pu s'empêcher d'être l'égide de tous les malheurs, la Providence visible de tous les temps et de tous les âges. Déposez vos lauriers, ambitieux Sophistes ; reposez-vous ; défaites vos couronnes. Il est au milieu de vous , celui qui a remporté la victoire sur la cupidité barbare. Israël , maintenant éperdu , méprisé , ce petit peuple que vos doctes n'ont pas toujours respecté, malgré leurs leçons de philantropie , ce peuple épars , *cette horde barbare* (Introd. à l'*Essai sur les mœurs.* art. *Juifs.*), tout ignoble qu'elle a paru à l'Écrivain de Ferney, n'en est pas moins couronnée par son triomphe antique sur des lois d'esclavage. Vous pouvez , Philosophes , recueillir son héritage , vous associer même à sa gloire, en combattant sous la même bannière ; mais , vous ne sauriez nier que vous ne lui deviez vos sublimes enseignemens , vos préceptes philantropiques , vos généreuses inspirations , vos découvertes touchantes.

La nation juive fut donc , dès son berceau , le modèle des peuples libres. La première, elle secoua le joug inhumain de la servitude, tandis que toutes les autres restaient croupissantes sous le poids de la barbarie. La première , elle apprit aux hommes qu'ils sont frères, et qu'aucune puissance ne peut leur ravir l'égalité de leur commune origine ; la première, elle proclama le droit public des hommes , en vertu duquel, dit un habile réfutateur de Voltaire , il ne pouvait exister aucune de *ces professions héréditaires , de ces flétrissantes distinctions de caste, établies chez les Égyptiens et les Brachmanes, ni de ces outrageans mépris d'un ordre pour l'autre , qui agitèrent si longtemps la république romaine.* (*Lett. de quelq. Juifs.* tom. 3 , 4ᵉ part.) » On n'avait point à gémir, suivant les « expressions même de l'écrivain « incrédule, de ces réglemens barbares qui réunissaient ailleurs, dans « une partie de la nation, les priviléges et l'autorité, et rassemblaient « sur le reste des habitans les calamités et l'infamie. »

Mais, qu'était-ce donc que la liberté des Israélites, peut-on se demander encore ? n'était-ce donc pas autre chose que la prohibition de la traite des esclaves, une pure égalité en théorie ? une liberté purement naturelle ?

Tu as été délivré de la maison de servitude, dit le Seigneur à la famille de Jacob. Or , voici de quelle liberté tu dois t'honorer au sortir d'un esclavage qui avait dénaturé ton cœur, perverti ta raison. *Tu adoreras ton Dieu :* ta liberté sera donc d'accord avec ta foi, si ta liberté n'est pas ta foi même. Pour être libre, il faut que tu sois religieuse, ô maison d'Israël, parce que je ne t'ai affranchie que pour perpétuer la connaissance de mon nom, et le service spirituel que tu me dois pour ton bonheur même. C'est sur la conscience de ton immortalité que tu fonderas l'usage libre de tes droits, l'exercice libre de tes facultés, l'administration libre de tes biens. Si, au contraire, tu pouvais oublier tes dernières fins et mettre un jour en doute ta délivrance de l'Égypte par la main puissante du Dieu d'Abraham, souviens-toi, Israël, que, ce jour-là, l'or sera ton Dieu, la bête ton libérateur ; tu seras donc retombée dans l'esclavage, pour t'être détaché de mon culte. Nations, souvenez-vous que le jour où vous mettrez en problème les devoirs de la religion, les fondemens de la foi : ce jour-là, tombera votre liberté. Vous pourrez bien essayer de vous séparer de moi par tous les genres de doctrines, tous les genres de maîtres, tous les genres de lois : doctrines impies, doctrines athées ; maîtres pacifiques, maîtres tyrans ; lois sages, lois injustes ; constitutions profondément méditées, constitutions despotiquement improvisées : vous pourrez même les asseoir sur la fortune et sur l'or, sur l'opinion, que vous instituerez *reine du monde,* et sur ce que vous appellerez lumières : mais, je me réserve de vous confondre par vos propres œuvres. En vinssiez-vous même jusqu'à quelques triomphes ; par vos triomphes mêmes, vous tomberez en ruine ; votre liberté n'étant qu'une brute muette, un corps sans âme, une divinité sans mouvement et sans vie : *cadetis in ruinam.* Cette terrible prédiction, mille et une catastrophes ne l'ont-elles pas trop vérifiée !

On le voit : chez les Juifs, la sanction de la liberté était la foi ; la morale en était la garantie. Aussi tout avait-il été prévu : les droits civils, les devoirs judiciaires, l'exécution des lois. Rien n'est admirable comme la constitution des Hébreux, citée au xixe siècle de l'ère chrétienne ; elle commence dans les mêmes termes (chose étrange !) que la Charte des Français : *Nulla erit distantia personarum ;* tout particulier est également soumis à la justice et *admissible aux emplois de l'État ; parvum audies ut magnum.* L'auriez-vous cru, partisans des lumières ? ne dirait-on pas que votre Charte constitutionnelle ait servi de protocole au premier des législateurs. . . . . !! Après cette proclamation du *droit public* de tous les hommes, suivent les lois de détail qui déterminent, avec une rare précision, les diverses violations de la propriété, les délits nombreux contre les particuliers, les proportions les plus heureuses entre le crime et la peine, le dommage et l'indemnité, les procédures gratuites, les preuves testimoniales, les cas douteux où le serment était juge, les discussions où l'arbitrage était le tribunal en dernier ressort. Ces lois étaient simples dans leur exposé, faciles dans leur application, sages dans leur rigueur, salutaires dans leur inflexibilité, prévoyantes dans leurs exceptions, populaires dans leurs protections, souveraines enfin dans leur autorité. Lois générales qui pourvoyaient d'avance aux besoins de tous les temps et de toutes les époques; inaccessibles aux vicissitudes humaines, invariables comme Dieu, portant avec elles leur interprétation, et n'ayant rien à attendre de l'expérience.

§ IV.

PARALLÈLE ENTRE LA NATION JUIVE ET LES AUTRES NATIONS.

2560.   Tels étaient donc les bienfaits de la religion sur la terre des croyans ; telle était la liberté dont ils jouissaient sous sa bénigne influence, lorsque d'heureux avanturiers sortis des bords de la Lybie et de la Phénicie, implantaient aux bords des mers, avec l'idolatrie, les rejetons de la

2430.   barbarie. L'Attique reçoit de l'égyptien Cécrops, sur le trafic des esclaves, des lois propres à étouffer tout sentiment de liberté, et tout respect de la nature. S'il établit quelques réglemens contre l'enlèvement des femmes, déjà passé en usage, c'est plus pour affecter le ton d'un réformateur, que dans le projet de consacrer, avec ses cyniques défenses, la pudeur des mariages. Pour le culte supersticieux, il

2455.   en fait toute la jurisprudence des premiers Athéniens. La Béotie honore, dans le fils d'Agénor, phénicien, le fondateur d'une colonie de pirates qui ne connaissent d'autres loi que celles de la spoliation et du butin. L'Argolide dresse à Danaüs, frère d'Egyptus, dit la Fable, mais constamment Egyptien d'origine, les mêmes autels qu'élèvent à son père Bélus, les peuples égarés de la Chaldée, de la Syrie et de la Babylonie ; autel mérité sans doute par le père des Grecs, pour avoir usurpé le trône des enfans d'Inachus. Vers cette époque ténébreuse, d'ambitieux corsaires se disputent et se partagent les contrées voisines des mers. D'innombrables républiques improprement appelées royaumes s'élèvent sur la surface des eaux. Pélops, phrygien, impose au Péloponnèse, son nom avec son despotisme. Hellen, fils du fabuleux Deucalion, arme la Thessalie du poignard !.... Le fougueux Thésée dépossède, avec la massue d'Hercule, les Amazones, fameuses guerrières de Cappadoce ; lui seul ose, à travers les usurpations, apprendre à la multitude qu'il lui faut un maître : avec lui paraît une forme de gouvernement tellement despotique, que les honneurs absolus, qu'il exige, ne tardent pas à se changer en un culte divin. Pendant que ces chefs de pirates établissaient ainsi leur fortune militaire, hors la loi des gens, et au mépris de la possession acquise, en attendant que les ténèbres de l'histoire enveloppassent sous le beau nom de colonies, ces expéditions barbares, la servitude allait croissant chez les nations primitives. Le trône des premiers Pharaons, englouti sous les eaux de la Mer-Rouge, ne paraît se relever pour quelques heures, que pour être de nouveau précipité, non plus au fond des mers, mais sous les flots de l'anarchie. Le peuple de Dieu, en quittant ce sceptre injuste, en avait trop attesté la tyrannie pour que les naturels eux-mêmes ne songeassent pas aussi à en secouer le joug. En emportant la religion, Moyse n'avait laissé qu'un despotisme sans autorité. Révolution fameuse qui apprend aux princes, que les coups qu'ils laissent porter aux autels, se tournent bientôt contre eux-mêmes! que si Dieu fait servir à ses augustes desseins les attaques dirigées contre son culte, il n'en tire pas moins vengeance de ceux qui devaient le protéger; qu'il n'est pas plus possible de faire abstraction des croyances, pour gouverner les masses, qu'il ne l'est de faire abstraction de l'autorité pour obtenir l'obéissance; révolution qui ne fût ni soupçonnée par le prince, ni redoutée par les savans, ni voulue par les dépositaires de la puissance, ni machinée par la révolte, ni ourdie par la trahison; mais révolution qu'avaient rendue inévitable le mépris des traditions, la violation des consciences, le murmure des sages, la faiblesse du souverain, et surtout l'obstination des philosophes à n'accorder au culte sacré que les privilèges de la persécution.

L'Égypte était donc en proie aux déchiremens de l'anarchie, peu après que la terre de Chanaan eût reçu de la religion les lois de protection et de liberté. On la voit cette Égypte se dissoudre en plusieurs principautés qui prennent le titre de royaume. A travers l'obscurité de ces temps-là, on aperçoit un Busiris, tyran cruel, immolant à Jupiter, tout étranger jeté sur le rivage des mers, et dont l'exemple atroce passe ensuite en loi dans les sacrifices humains; après lui, Hercule son vainqueur, plus dévastateur que héros, s'empare violemment de la Lybie, qu'il gouverne plutôt par ses prouesses de brigandage, que par l'autorité du commandement, donnant ainsi lieu à la fable de sa descente aux Enfers. L'Éthiopie se courbe sous le joug imposé par Céphas, roi barbare dont on ne connaît que l'usurpation. L'Assyrie subit, dans son agrandissement, les exactions et les violences de la reine Sémiramis, plus fameuse encore par ses débauches que par ses déprédations, violences qui augmentent sous le voluptueux Ninias. Enfin paraît Bacchus, bâtissant des villes, élevant des autels aux excès les plus crapuleux, et forçant les Indiens à l'adorer. . . . . !

Nous ne trouvons que quelques contrées de l'Orient, où la barbarie semble avoir fait moins de progrès, sans doute parce que leur éloignement des pays héroïques, avait permis aux premiers habitans de conserver plus de restes des traditions primitives. Telles sont les contrées qui ont formé l'empire de la Chine. Outre que, selon les historiens les plus exacts qui ont approfondi les fastes Chinois, cet empire a été généralement cru fondé par les descendans de Noé, près de deux cents ans en deçà du déluge; quoiqu'il paraisse bien que le premier

ANS
DU
MONDE.
2475.

2700.

2750.

2785.

1900.
1788.

monarque de ce vaste pays ait été contemporain de Phaleg, on trouve assez de traces de la religion du vrai Dieu dans les *cinq livres canoniques* ou *classiques* de l'histoire Chinoise (1), pour être en droit de conclure que la douceur des mœurs et la sagesse des gouvernemens, dans ce coin de l'Orient, provenaient de la même source que celles du peuple de Dieu. Car, au témoignage de Confucius, auteur très-ancien parmi les Chinois, on adorait, dès le commencement et long-temps après la fondation de leur empire, un être suprême, souverain arbitre de toutes choses, sous le nom de *Chang-ti*, suprême empereur, ou de *Tien*, esprit qui préside au ciel. On y distinguait les offrandes des prémices du blé et des fruits, comme les célébraient les patriarches, les sacrifices d'animaux choisis, comme les désigne à peu près le Lévitique. On est frappé des rapports qui existent entre les époques de ces sacrifices, fixés aux équinoxes célébrées en plein champ sur le gazon, et la Pâque des Juifs, observée au premier mois, ainsi que la fête des tabernacles sanctifiée au dixième sous des feuillages; il n'y avait pas jusqu'à la *dixme* que le prince chinois ne se crût obligé d'observer et de faire prélever pour les sacrifices du *Tien* (Chu-King., liv. can.). Or, si telle fut la concordance des croyances de la Chine avec celles des Hébreux, faut-il s'étonner si sa législation et sa liberté, tant exaltées par des philosophes qui ne se doutaient pas des conséquences qu'on peut en tirer pour la religion révélée, reposaient sur des idées de sagesse que nous admirons, à travers ses magies et ses enchantemens? C'est au contraire ici une démonstration dont ils sentent la force qui prouve seule que plus les idées religieuses se sont conservées, plus la liberté a été vraie et les lois raisonnables.

C'est aussi par la raison contraire, et pour avoir oublié le Dieu de leurs pères que les peuples voisins de la terre promise, Iduméens, Ammonites, Moabites, Madianites ne connaissaient d'autre législation que la superstition la plus extravagante; d'autres droits que le pillage et la force, d'autre liberté individuelle que les sacrifices de victimes humaines, pendant que le pays de Chanaan florissait par le doux commerce de la religion et des lois.

Serait-il possible de méconnaître encore l'extrême avantage qu'avait la nation Israëlite sur toutes les autres établies de son temps? Serait-il maintenant difficile de juger de quel côté régnaient le bonheur et la liberté, ou des peuples nomades et guerriers, qui ne suivaient d'autres règles qu'une cupidité factieuse, d'autres lois que la licence effrénée, ou de cette nation qui analysait les droits de l'humanité, les principes de l'ordre, les devoirs entre particuliers, le respect et la source de l'autorité et du commandement?

____

(1) *Description de l'empire Chinois*, par le père Duhalde, jésuite, t. 3 : *Art. Culte des anciens Chinois*, Zendavesta, t. 11.

Non, on ne peut refuser au peuple d'Israël une véritable prééminence sur les autres peuples du monde, sans se refuser aussi à l'évidence. La nation des Hébreux, était donc la nation vraiment libre, sous ses rites nombreux, sous ses observances pénibles, sous ses monumens innombrables; elle était donc la nation modèle, à ne considérer que ses institutions. Il faut maintenant la suivre dans l'exécution de ses lois, pour la voir briller encore au milieu des peuples qui l'environnent.

L'administration de la justice, chez les Hébreux, est si sagement ordonnée qu'un jury permanent de soixante-dix vieillards y reçoit tous les litiges La corruption des juges y est comme impossible sur la défense de *recevoir des présens des parties.* Les cas clairement définis, les délits exposés dans tous leurs détails imaginables y sont traités et poursuivis avec une célérité et un désintéressement qui ne laissent aucun champ à la prévarication. L'exécution capitale y a encore cela de particulier que le peuple est appelé à l'infliger. Comme tout est monument de liberté dans cette nation, il faut que la mort des criminels ne puisse s'oublier, et que l'atteinte, qu'ils ont osé porter à la vie ou à l'honneur d'autrui, reçoive un châtiment durable, qui perpétue le souvenir de l'outrage fait à la société. Chacun *impose donc les mains sur le coupable,* et l'accablant d'une *grêle de pierres,* livre ainsi à la vindicte publique celui qui, chez les peuples même les plus policés des modernes, aurait souvent l'honneur d'un appel protecteur. Or, telle est, ce nous semble, la raison politique et morale de lapidation, exécution remarquable qui fût long-temps attestée, en cent endroits de la Palestine, par des masses de pierres amoncelées sur des cadavres mutilés. S'agit-il, chez les Hébreux, de crimes qui n'emportent pas la peine capitale, toujours décernée au reste pour de graves attentats, et même pour des immoralités qu'aucune autre jurisprudence n'essaya de flétrir; les crimes non capitaux reçoivent la seule peine qu'ils provoquent, une juste représaille, appelée la peine du *talion.* Ici agit la main des juges : c'est à eux qu'est réservée l'exécution de la sentence, parce que les juges seuls doivent appliquer le châtiment qui répare ou la peine qui dédommage. Ainsi s'exécutaient les lois, ainsi se rendait la justice sous les Josué, les Othoniel, les Gédéon, les Jephté, tandisque la *grande Sidon* ne s'occupait qu'à fleurir par une navigation pleine d'astuce et de dol, par un commerce dévastateur, et le luxe de ses flottes spoliatrices; tandis que Tyr, sa digne rivale, ne rêvait que colonie, ne vivait que d'usurpation, ne se fortifiait dans ses murs que des débris d'îles ravagées; tandis que ces deux villes, adorant les astres, ne régnaient sur les peuples conquis que par les lois bizarres de l'astrologie, aussi fécondes en arbitraire qu'en conjectures, ou par des lois plus brutales encore, celle d'une insolente piraterie, dont n'héritèrent que trop bien les fondateurs de la superbe Carthage; tandis que les Gétules, peuple nomade des bords du Nil, cherchaient la liberté dans le sang

des victimes ; tandis , enfin , que les Thraces traversaient le Bosphore ,
pour porter dans la Phrygie les fondemens d'une ville , devenue bientôt
plus illustre sous la plume d'un grand poète , que libre sous des rois
ravisseurs.

Ainsi vivait sous des lois conformes aux sentimens de la nature , aux
lumières de la raison , aux règles sacrées de la décence et de la vertu
le peuple , appelé pour ce motif, le peuple de Dieu, tandis que la Gentilité toute entière gémissait sous le poids d'opinions impies, de rites
extravagans, impurs, cruels : « là , dit l'auteur des Lettres de quelques
« Juifs (tom. 3e, 4e part.), je vois le souverain le plus digne d'une
« obéissance entière, Dieu même qu'on y adore ; monarque suprême ,
« en même temps qu'objet du culte, il réunit tout à la fois l'autorité
« civile et l'autorité religieuse. Ici, depuis les astres qui nous éclairent,
« jusqu'aux plantes de nos jardins, depuis l'homme célèbre par ses talens
« ou par ses crimes, jusqu'au reptile vénimeux qui rampe sous l'herbe, tout
« a des adorateurs, tout commande en maître aux populations abusées.
« Là, sous Jéhovah, un chef, son lieutenant et son vice-roi gouverne
« la nation. Il la commande dans la guerre , il la juge pendant la paix.
« La mort est la peine de la désobéissance à ses ordres , mais son auto-
« rité n'est ni despotique , ni arbitraire. Un sénat formé des membres
« les plus distingués de toutes les tribus lui sert de conseil. Dans les
« affaires importantes et comme nationales , toute la congrégation du
« peuple , ou pour parler selon l'usage des modernes, *les États sont*
« *convoqués , on propose , ils décident et le chef exécute.* » Français ! ar-
rêtons ici. . . . .
Convenez qu'avant nous le monde barbare connaissait le gouvernement
représentatif ! . . . .
Seulement ce monde là n'y mêla jamais l'indifférence religieuse. . . . .
. . . .
. . . . « Ici , continue notre auteur
« sous l'empire du crime déifié, règnent de brutales amours qui outra-
« gent la nature, le sang humain coule sur les autels , et les plus chères ,
« victimes expirent dans les flammes que la superstition allume. L'hu-
« manité enfin y est avilie par d'indignes traitemens. » Il est donc
permis de conclure que , chez les Hébreux régnaient la paix , le bonheur, la justice, et que chez les peuples Gentils, le trouble, la désolation , l'arbitraire exerçaient la plus affreuse tyrannie. D'un côté la religion fit la liberté , de l'autre la superstition enfanta la servitude.

Mais l'homme abuse de sa félicité. En vain le législateur sacré avait-
il pris toutes les précautions pour tenir son peuple dans de justes limites; ces précautions même tournèrent souvent à la ruine de la liberté,
parce qu'aussi elles furent dénaturées par des violations dans l'ordre
religieux. Bientôt, la prospérité aveugla cette nation, protégée constamment par le ciel. De sa supériorité religieuse et politique sur toutes

les autres nations de l'univers , assise sur tant de monumens , il lui était
facile de conclure que l'une et l'autre étaient le prix de sa fidélité aux
préceptes divins et aux traditions patriarchales , et que, sans elle, il n'y
avait point de prééminence durable. La nation Israëlite conclut tout le
contraire, pensa qu'elle était irrévocablement destinée à tout soumettre
à son empire, et que le fer et l'amour de la gloire achèveraient ce qu'a-
vaient commencé les divins oracles. Quelques victoires nécessaires sur
des peuplades Gentiles avaient exalté l'enthousiasme qui, chez des esprits moins profanes , n'eût dû être qu'une reconnaissante et timide
piété. Le faux préjugé de conquérir l'univers s'empara donc de la
famille de Jacob , qui toute dispersée qu'elle est aujourd'hui, n'y re-
nonce pas même encore ; et ce qu'en savaient les payens ne permet pas
d'en douter. *Percrebuerat*, dit Suétone, *in oriente vetus et constans
opinio ut ex Judæá profecti rerum potirentur* (*In Vespasiano*, chap. 4).
Or, il nous semble que c'est à cette première infidélité qu'il faut faire
remonter les malheurs qui privèrent souvent de leur liberté les enfans
d'Israël. Ils se crurent soldats au même titre que les Gentils , voulurent
comme eux des rois conquérans , et pensant bien que sous de pareils
chefs , ils seraient plus propres à exterminer les forces de la Gentilité ,
se hatèrent de négliger la foi par laquelle seule ils devaient régner sous
les incirconcis. Insensiblement le relâchement des principes se porta
dans les mœurs. La superstition s'accommoda au culte paternel ; puis ,
selon le travers de l'esprit humain, quand il se retranche loin de la divinité , on disserta , on discuta , on douta , on entendit des philosophes ;
car il en est partout, quand il s'agit d'attaquer les croyances : la religion fut frappée au cœur ; et la liberté fut saisie de la lèpre, dès qu'elle
se vit touchée par la politique humaine. Sous leurs trois premiers rois ,
tout habiles et guerriers qu'ils étaient, les Israélites eurent le loisir de
déplorer les effets d'un profane vœu ; ils en furent quittes pour des essais
mémorables qui attestèrent long-temps la rigueur de Dieu , lorsqu'il
est obligé de venger sa bonté méprisée. Mais si les Juifs ne surent pas
toujours se garder de la corruption qu'entraîne une liberté impie , ils
comprirent du moins toujours qu'ils devaient leurs diverses restaura-
tions à cette religion qui peut bien être violée et méconnue ; mais qui
est aussi constamment prête à réparer et à pardonner les fautes du genre
humain. En ceci même , ils peuvent servir de modèles aux autres peuples qui ont imité leur triste expérience.

— — —◦—◦— — —

CHAPITRE TROISIÈME.

TEMPS HISTORIQUES.

§ 1.

LE RETOUR A LA RELIGION FUT CHEZ TOUS LES PEUPLES LE RETOUR A
LA LIBERTÉ !

ANS
DU
MONDE.

Plus on avance dans l'histoire du monde, plus on est frappé de cette réflexion : que les principes réligieux ont créé et restaure toutes les libertés, jeté les fondemens de toute la politique : il faut partout reconnaître l'influence de la religion sur le cœur et l'esprit des hommes, sur les mouvemens des empires, sur l'établissement des trônes divers, sur la paix des peuples. Parcourez l'univers : il vous montrera en tous lieux les plaies innombrables faites au genre humain ; mais il vous montrera aussi la main de la religion, portant son onction salutaire sur toutes les blessures du grand corps social, pénétrant partout où il y a eu des victimes à protéger, des droits à défendre, des tempêtes à calmer, des lois à faire, de l'obéissance à commander, de l'indépendance à fonder, du pouvoir à établir, des constitutions à formuler, du bonheur à promettre et à réaliser. Peu importe ici, pour notre sujet, que la religion n'ait pas joui partout de sa prérogative, et que sa vérité, ait été quelquefois obscurcie par les passions de l'ignorance ou de la cupidité : son nom a retenti dans toutes les bouches. Plus puissante que le Protée de la Fable, elle s'est partout reproduite et sous tous les costumes que lui a pu inventer l'inconstance humaine ; non, pour en suivre les hideux écarts, mais, pour présider à toute pensée de justice, à tout mouvement noble, à toute entreprise généreuse ; pour s'interposer dans toutes les calamités ; pour veiller autour de l'homme et saisir les momens de ses pieux retours. C'est elle, la religion qui a dit à tous les maîtres : *aimez la justice* (*Sag.* Ch. 1, v. 1, etc.) : elle-même nous assure qu'elle fut toujours au milieu de ceux qui songèrent à gouverner avec quelque sagesse : *invenitur ab his, qui non tentant illum* (Liv. *de la Sagesse.* Ch. 1, v. 2.). Aussi allons-nous voir l'horison

s'éclaircir, à mesure que nous approcherons du grand jour, où la
vérité sans nuages se lèvera sur l'univers, assoupi encore, après de
noires et longues tempêtes. Nous verrons ensuite cet astre radieux
répandre en tous lieux sa douce lumière, puis réchauffer toutes les
intelligences mortelles de l'enthousiasme de la vraie immortalité, qui,
aussi bien, est la raison de la liberté humaine. Enfin les retirer toutes
retrempées de la froide contemplation des êtres créés, laquelle de
soi-même ne saurait produire qu'une liberté corrompue comme la nature. Le monde offre donc actuellement un spectacle particulier : l'état
monarchique a commencé chez les Hébreux : les temps fabuleux, dit
Varron, sont près de finir : l'histoire de la liberté, chez les Profanes,
devient plus fidèle, sans doute aussi, parce que les nations reviennent
plus solidement à la sagesse. (Boss : *Hist. Univers.*, 6ᵉ époq.)

§ II.

LES TEMPS, APPELÉS HISTORIQUES, ET AVANT JÉSUS-CHRIST, MARQUENT
UN RETOUR A LA SAGESSE, ET PAR SUITE A UNE PLUS SAGE LIBERTÉ.

Il était réservé au premier peuple libre de donner constamment aux
nations éperdues, dans leurs vicissitudes, le signal de la liberté, après
avoir imité leurs funestes expériences. Il montra ce qu'il pourrait dans
la suite, par la première révolution qui éclata dans son sein : car les
révolutions ne sont rien de nouveau : et il est à remarquer au contraire
que leur génie fut toujours le même, soit qu'elles attaquent la paix
des anciens peuples, soit qu'elles minent les trônes modernes ou
récemment restaurés. C'est toujours par la religion qu'il faut commencer. A cet égard les menées, plus ou moins hypocrites, ne devraient
plus laisser aucun doute. Le schisme des tributs israëlites arriva.
On voulut disputer l'empire des consciences. Du premier choc, tomba
la liberté attelée au char de la révolte. Le fougueux Jéroboam élevé,
à la cour de Salomon, se révolte contre son prince. Formé aux impiétés de l'Égypte, où il avait été obligé de s'enfuir, il fait le projet d'élever des autels aux idoles : pour mieux s'assurer une rupture
favorable, entre les tribus, il harangue les mécontens, se couvre du
voile de la popularité, et leur persuade, au nom de la liberté, que le
règne précédent a imposé un joug dur et insupportable ; qu'il est impérieux de le secouer. La rupture éclate dans la maison de Jacob ; Dieu
le permettant pour punir les impiétés personnelles de ce Salomon, plus
extraordinaire peut-être par ses faiblesses, que par la sagesse de ses
jugemens. Tout est prêt pour sacrifier au veau d'or. Un impur encens s'échappe de mains sacrilèges. La révolte est consommée par
l'usurpation de Jéroboam et d'un vil sacerdoce. La fortune semble

sourire à ce divorce impie : mais, ce roi usurpateur ne laisse d'autre héritage à ses enfans et à son peuple dégénérés que des guerres sans fin et une pesante anarchie (Rois : 3ᵉ liv., ch. 13, v. 33.). Les noms de Jésabel et d'Athalie sont toute une histoire de malheurs. La tribu seule de Juda, en conservant sa foi, conserva le bonheur et la paix.

3033   Les règnes des Asa, des Josaphat, des Josias, des Ézéchias sont des règnes religieux paisibles, qui reparèrent les calamités passagères, qu'attirait un reste d'idolâtrie, si long-temps enracinée dans la terre de Chanaan. C'est dans cette tribu fidèle que, malgré des exemples contagieux, se maintint l'observation de la loi et des sacrifices au vrai Dieu. Aussi la tranquillité publique et la liberté reparurent-elles dans Juda, après les premiers jours d'orage ; *præstitit dominus requiem per circuitum ;* tandis que les tribus schismatiques étaient en proie aux dissensions intestines, sous un régime de terreur, *non erat pax egredienti et ingredienti, sed terrores undique.* Nouvelle et terrible leçon des effroyables conséquences, qu'entraînent sur les peuples et sur les rois les plus légères innovations, que ceux-ci permettent ou osent eux-mêmes entreprendre, sous le frivole et dangereux prétexte que la rigueur des principes doit céder au mouvement des esprits ! Dans de pareilles conjonctures, il faut, si tout ne doit pas périr, que les peuples, sacrifiés, par la folle politique de leurs maîtres, au vain espoir de gouverner plus paisiblement, en gouvernant la religion, fassent eux-mêmes un effort de foi généreuse pour revenir au giron de l'unité, et recouvrer avec elle la liberté, dont la perte est tôt ou tard entraînée par celle de la liberté de conscience. C'est ce que sentirent et prouvèrent, dans leur mouvement religieux, les tribus séparées d'Éphraïm, de Manassé et de Simon, en rentrant, au moins en partie, dans le devoir de fidèles adorateurs et de fidèles sujets.

Cet exemple de la liberté, restaurée par le retour à la religion, se retrouve à la même époque, chez tous les peuples, qui se réveillent d'un long assoupissement. Le Péloponèse, courbé, depuis ses premiers conquérans, sous le joug de la barbarie, revient enfin à la sagesse et à la raison, dont Lycurgue développe les principes. Vers ce temps, le grand roi Sésostris rappelle aux Égyptiens leur liberté primitive, par les lois religieuses qu'il impose, sur les débris de l'idolâtrie grossière aux quatre monarchies, dès ce moment confondues dans le seul royaume de Thèbes. S'il n'est pas donné à ce puissant et pieux monarque de préserver son nouvel état des divisions, qu'après lui attirera l'anarchie sur les pas de l'impiété renaissante, il aura du moins

3333.   donné à Psammitique, son trop tardif imitateur, l'idée de ce que peut, pour le bonheur d'un peuple, un roi qui réunit au titre de conquérant celui de prince religieux. Aussi ce nouveau restaurateur appellera-t-il bientôt de l'Ionie la philosophie grecque, qui, toute imparfaite qu'elle sera, rendra à la paix et à une liberté nouvelle les peuples égarés.

Un peu avant ce temps, la Grèce, dégoûtée de ses Archontes, espèces de républicains insatiables, écoutait avec transport les récits enchantés du sublime Homère, où sont peintes si noblement les mœurs antiques, image naïve de la liberté, et se préparait à respirer à l'ombre de la religion de ses sages. Déjà Solon, un des sept Athéniens, célèbres par l'amour de la philosophie, donnait des lois pour arracher à l'anarchie conjurée la Grèce chancelante. Déjà aussi, Rome était fondée. Mais Rome, constituée, au bruit des armes et sur des mœurs encore sauvages, allait retomber dans le néant d'où elle sortait, si une main religieuse ne se fût portée sur le grand-œuvre, que n'avaient fait qu'ébaucher les tumultueuses institutions d'un soldat législateur. Le doux Numa, digne d'être nommé parmi les princes amis des peuples, parle par ses vertus. C'est à lui que la ville fondée demande son avenir. Pompilius ne veut rien entreprendre sans la religion. Il appelle à son secours la Divinité qui ne manqua pas d'approuver ses pieux desseins, et nous entendons ici le vrai Dieu lui-même qui ne refuse jamais ses inspirations à la sincérité des mortels. Heureux Numa, si dévoilant son âme, il avait eu courage de mépriser, aussi publiquement qu'il les désavouait dans le cœur, les Dieux d'un peuple idolâtre! quoiqu'il en soit, le sage successeur de Romulus rappelle à la religion les jeunes Romains, qui commençaient à éprouver les maux de l'impiété, inséparables de l'enthousiasme guerrier. Après leur avoir persuadé, dit Plutarque, *que les hommes ne pouvaient atteindre à la Divinité que par l'entendement* (*Vie de Numas.*), il suppose qu'il a eu une *révélation*, d'après laquelle toute idole et toute représentation, sous forme humaine, doivent être bannies des temples. Son institution des Vestales, obligées au vœu de virginité, vient encore fortifier la pureté des idées religieuses, qu'il a inculquées. Sur ces principes, il déroule le tableau de ses lois politiques et civiles, toutes empreintes du même esprit : le peuple l'admire et obéit : Numa a tout renouvellé par la religion : fort de ses intentions et plus encore du succès de sa cause, il ferme le temple de Janus. Son espérance n'est point trompée. Une sécurité profonde et une douce liberté sont l'ornement d'un règne de 43 ans.

Voilà, ce nous semble, la véritable cause de la grandeur romaine. Il paraîtrait que la Providence attendait les Romains à cette imitation d'une religion révélée, pour leur permettre l'empire du monde. Sans doute, il avait été prévu que leur théologie se rapprocherait par là, plus que celle de toute autre nation, de la religion primitive. Et en effet, ne dirait-on pas que le législateur d'Israël se retrouve presque dans le législateur de l'Ausonie? même haine de l'idolâtrie, même défense des Idoles. Les Vestales ont une destination assez semblable à celle de l'ordre lévitique. Le feu sacré, perpétuellement entretenu par elles, ne figure pas mal le feu des holocaustes, confié à l'entretien perpétuel des fils de Lévi en l'honneur du vrai Dieu. Les priviléges de la tribu

choisie en Israël reparaissent en quelque façon dans ceux des vierges consacrées. Tout retrace à Rome le culte de Sion, peut-être parce que Rome doit devenir une autre Jérusalem. Il n'y a pas jusqu'aux Augures et aux Sybilles qui ne se hâtent de proclamer que la ville de Quirinus sera, à cause de sa religion, la ville éternelle, parce que, sans doute, Moyse des Romains, Numa, le premier de tous les Gentils, proscrit l'idolâtrie et prépare au monde un culte plus pur *sur la montagne préparée au-dessus des collines*, pour être le centre de la vérité, *auquel seront appelées toutes les nations* (Isaïe : ch. 2, v. 2.). Certes, il y aurait quelque chose de trop étrange dans tout cela, et surtout dans l'hommage des Sybilles, si on essayait de l'expliquer autrement que par les décrets de la Providence, et cette force divine, qui arracha plus tard, au Démon lui-même, le témoignage de la divinité de Jésus-Christ. Ce n'est donc ni aux armes souvent souillées de ses conquérans, ni à sa politique d'obliger les vaincus à s'incorporer avec les vainqueurs, qu'il faut attribuer la grandeur de Rome, mais à sa fidélité à la religion : « L'on sait, dit La Harpe à ce sujet (*Du Fanat.*), que de tous les gou-
« vernemens du monde, celui des Romains a été le plus attaché à tout
« ce qui tenait à la religion : ils la regardaient comme la sauve-garde
« des mœurs publiques, le fondement de l'ordre civil et de la prospé-
« rité générale. » Faut-il s'étonner si la liberté a poussé de si profondes racines sur le sol romain ! L'état successivement florissant de ce peuple est une démonstration continue de l'influence des idées religieuses sur la civilisation.

Pendant que nous nous sommes donné le spectacle d'une nation récente, qui se police par le culte épuré de la Divinité, et va bientôt atteindre le degré de splendeur qui lui méritera de la part d'un grand poète le titre inoui de *peuple roi*, le premier empire d'Assyrie s'est dissous par l'impiété (S.-August. *De Civit. Dei*, l. 18, c. 27.) : le nom de Sardanapale suffit pour faire horreur à l'humanité et aux bonnes mœurs. Des cendres de cet empire sont sortis de nouveaux royaumes où la religion n'est pas mieux respectée. Il faut que Babylone se lasse de ses propres excès; et bientôt un empire restauré s'élèvera sur les débris des autels profanes aussi bien que des armes mèdes. Encore quelques luttes et l'ancienne Chaldée s'étonnera d'avoir retrouvé le Dieu d'Abraham : encore une fois, le retour de la liberté antique coïncidera avec la restauration du culte saint. Déjà Cyrus, maître de la Perse, de la Médie et de Babylone sent le fardeau de ses conquêtes. Il comprend qu'un trône est mal assis, quand il n'est appuyé que sur la lance : il médite la liberté de trois peuples confondus sous un seul sceptre. Pour y parvenir, il saisit la circonstance, d'ailleurs bien remarquable, de la captivité des Juifs. Il ne peut voir, sans émotion, la longue oppression de Juda, *assis, consternés sous les saules de Babylone* (*Psaum.*, 148.). Un décret, proclamé dans tout l'empire,

rend à l'instant le plus insigne hommage au Dieu d'Israël. Cyrus ordonne que Jérusalem soit rendue à ses sacrifices, que le temple soit
rebâti, et que la religion reprenne son ancien lustre sous son sceptre
tutélaire. L'orient étonné tressaille d'alégresse ; les larmes, que la liberté religieuse fait couler aux enfans de Jacob, suffisent pour cimenter, mieux que le sang des batailles, dont le Tigre et l'Euphrate viennent d'être grossis, les fondemens du plus grand des empires. Tout
retentit de reconnaissance, parce que tout se ressent de la clémence
du monarque Persan. Il a eu, quoique Payen, le courage de glorifier
le vrai Dieu, par ces immortelles paroles ; *ipse est Deus qai est in
Jerusalem* (*Esd. :* 1, 3.). Celui-là est le vrai Dieu qui est le Dieu de
Jérusalem. C'en est fait : soit politique, soit conversion, ses peuples
seront heureux. La liberté viendra de Sion, en échange de ses vases
restitués, et de l'or qui y sera envoyé pour reconstruire le temple et
la ville, dont l'impiété avait attiré la ruine. Le triomphe de la religion, ne fût-il pas aussi prompt que le commande son restaurateur,
commencera la paix et le bonheur, qui feront fleurir pendant deux
siècles le trône de l'auguste Cyrus, sur le même sol, que peu auparavant avait ravagé l'anarchie (Hérodote., liv. 1, ch. 96.).

Cet exemple mémorable, que l'Orient donne à l'univers de revenir
à la véritable sagesse, par la reconnaissance du vrai Dieu, aura ses
effets jusque dans l'Occident, absorbé jusqu'alors dans sa honteuse
mythologie. Car telle est la disposition de la divine Providence que les
coups qu'elle frappe d'un côté servent de bénédictions d'un autre. La
captivité de Babylone avait donné aux Payens le loisir d'apprécier les
vengeances du ciel contre sa loi méprisée. Ils avaient trop bien appris
le chemin de la Terre Sainte : et d'ailleurs le long mélange des vainqueurs et des captifs avait dû pleinement informer les barbares, qu'au-
delà du Jourdain, avait jadis fleuri, par la religion et une douce liberté,
le même peuple, qui désormais était abandonné. Dans ses châtimens
même, Israël fut la leçon des Gentils, et vous verrez que c'est encore
de la restauration de la ville sainte que dateront les bruyantes libertés
des nations idolâtres. C'est en effet vers l'époque du rétablissement des
Juifs, dans la terre promise, que de nouveaux philosophes en Grèce
et en Sicile prennent un rapide vol vers la Divinité, sans doute, pour
lui rendre à leur manière comme Cyrus, un solennel hommage ; ainsi
que, vers les plages occidentales, sans voir le soleil qui réchauffe déjà
l'Orient, on sourit de bonheur au pâle crépuscule d'un long matin.

Sur le mépris des lois de Solon et de Pompilius, tyranniquement
foulées aux pieds par les Pisistrate et les Tarquin, il ne fallait rien
moins que des voix énergiques, puissantes de vertu et de religion pour
opposer des digues au despotisme. Ces grands courages se trouvèrent
successivement dans les Pythagore, les Thalès, les Phérécide, les Empédocle, les Anaxagore, lesquels, au milieu de ténèbres encore

épaisses, sacrifièrent, au désir de s'éclairer et de réformer les mœurs, leur repos et leur fortune, pour aller puiser à la source des lumières, en Égypte et en Palestine. Philosophes vraiment dignes de ce nom, qui ne se servaient pas de leurs talens et de leur science, comme tant de modernes adeptes du Lycée, à la destruction de toute croyance, à la propagation de l'athéisme, et au fanatisme de la souveraineté populaire. Ils restèrent sans doute bien loin de la vérité : car la secte italique, dans la grande Grèce et aux environs de Naples, n'en était guère plus près, malgré ses vues morales, que la secte jonique à Milet ; que, plus tard, la secte académique et l'école péripatéticienne. Du moins, ces philosophes n'osèrent-ils pas se déclarer contre les préjugés stupides qui faisaient encenser encore les idoles : on sait ce que coûta à Socrate la hardiesse de sa philosophie. Mais, on ne peut disconvenir qu'ils n'aient fait de nobles efforts pour arriver au trône du vrai Dieu, et, que par cela même, ils n'aient établi, jusqu'à l'évidence, que l'impuissance des hommes est extrême, pour tirer, de leur propre fonds, les motifs solides de la liberté des peuples.

244. À l'exemple donc de l'Orient, qui renaissait libre et florissant du sein de la Religion révélée, Athènes, aidée de ses philosophes, qui venaient d'en sentir eux-mêmes l'empire, en présence de ses monumens, fait un effort vers la vérité. Dès ce moment, Athènes se voit chargée de chaînes. C'en est assez : devant la vertu honorée, le trône des tyrans chancelle ! Ici, la sagesse humaine devrait arrêter l'enthousiasme, qui penche à l'état populaire, où, si les tyrans ne sont pas perpétuels, la liberté ne saurait être long-temps sacrée. Mais qui ne sait que la sagesse humaine ne peut rien contre les passions du moment ? La Grèce éclairée, repousse la servitude ; mais ne mêlera-t-elle pas à l'amour de la philosophie des germes de dissensions, qui naissent d'ordinaire du gouvernement de plusieurs ? Deux Athéniens se lèvent pour la délivrer de la tyrannie des Pisistratides. Mais deux Athéniens suffiront-ils pour fonder un pouvoir protecteur et durable ? Ressemblance étrange ! Rome est offensée, dans un honneur conjugal, dont la religieuse susceptibilité fait une héroïne presque chrétienne. Rome ne peut supporter cet attentat contre sa religion. Craignant pour sa liberté, qu'elle répute compromise, par le mépris porté à ses dieux, Rome s'émeut, et deux Romains, 245. malgré la protection de l'Étrurie, se lèvent pour secouer le joug des Tarquins. Le gouvernement populaire suit donc dans l'Italie l'exemple et peut-être l'impulsion que la Grèce a donnés. Chez les deux peuples, à travers de sanglans essais, la paix renait de la religion. Heureux peuples, si la simplicité des mœurs se fût conservée dans leur liberté démocratique, comme dans leurs pieuses lois !

Qu'on s'appuie, après cela, de ces mouvemens républicains qui arrachèrent à l'esclavage deux nations, les plus religieuses du monde païen, pour souiller des projets d'imitation chez des peuples, qui ont toujours pour contrepoids les consolations et la défense de la religion chrétienne; ANS
DE
ROME. chez des peuples qui, sans avoir l'humeur croyante des Athéniens et des Romains, n'ont, ni l'héroïsme désintéressé des uns, ni le patriotisme des autres, qualités qui pourtant entrent pour quelque chose dans la balance de la bonne foi, en l'absence de la vérité!!!

Qu'on s'en appuie, nous le voulons bien; mais nous devons vouloir aussi qu'on réponde à nos questions :

Etait-ce bien pour arborer l'étendard de la philosophie, qu'au douzième siècle de l'ère chrétienne, les Venètes, peuple mercantile, après de sanglantes dissensions, secouèrent le joug de leurs doges? Etait-ce bien pour venger les mœurs que Gènes, rivale de Venise, avait auparavant décliné l'autorité faible des enfans de Charlemagne? Etait-ce bien pour perpétuer la religion établie, que les Helvétiens du seizième siècle songèrent à se détacher de l'empire d'Allemagne? Etait-ce bien pour laver un adultère que la Grande-Bretagne popularisa son église, et s'arracha des entrailles paternelles du vicaire de Jésus-Christ? L'infâme Boulen était-elle donc une autre Lucrèce, et le voluptueux Henri un nouveau Collatin, pour que l'île des Saints élevât un cri de défense!!! Et nous, Français, car nous aussi fûmes républicains..... (contemporains de la terreur, pardonnez!) nous, affublés par l'histoire du titre fastueux de modernes Athéniens! Etait-ce bien pour nous défendre de l'impiété du trône que nous proclamâmes l'*insurrection le plus saint des devoirs!*... Etait-ce bien pour épurer la foi de nos pères que nous fîmes la guerre au *fanatisme* des pieux catholiques? Nos sermens, nos tumultueux débats, nos tables de proscriptions... étaient-ils bien de la *philosophie!* Notre haine, nos sevices contre toutes les illustrations, notre horreur de l'ancienne gloire, étaient-ils bien du *patriotisme?* Ce Louis, enfin... Juste ciel! tu l'as vengé!... Ce Louis, victime de son amour, martyr de la clémence! Ce Bourbon!.....roi de sa race débonnaire! était-il donc un Hipparque!!! Vous répondrez, philosophes! mais le sang est votre réponse : le plus pur sang de la France....

« *Philosophes, législateurs, destructeurs imbéciles,* vous criait Laharpe,
« échappé de vos prisons..., à qui persuaderez-vous que les Robespierre
« et les Danton sont des Solons et des Brutus? Suffit-il pour fonder une
« république de faire périr un roi? Vous l'appelez un *tyran parjure!*
« Etes-vous sûrs que la France, l'Europe, la postérité, ne voient pas en
« lui un prince innocent et vertueux?....... Philosophes, vous ne
« nierez pas que ce ne soit chez vous qu'on avait pris le mot de *pros-*
« *cription,* comme vous n'avez jamais appelé la religion que du nom de
« *fanatisme,* comme c'est vous qui...... par vos phrases hypocrites,
« dignes des *Carmagnoles* de Barrère, amphigouris métaphysiques et
« politiques qui ne sont aux vieilles harangues des Jacobins que le bel-
« esprit d'antichambre au langage de la taverne......; vous qui avez
« enseigné aux révolutionnaires à dénaturer les idées et les mots, osez

« dire que vous n'êtes pas les premiers coupables..... Vous avez mis le
« glaive et la torche à la main de ceux qui étaient faits pour se servir
« de l'un et de l'autre, et vous avez fait tomber toutes les barrières qui
« pouvaient les arrêter. Vous avez donné à la France en stupeur trois
« cent mille dominateurs..... Vous avez défendu d'adorer Dieu....., et
« on adore *Marat!*..... Et on exécute des farces horribles pour accou-
« tumer les yeux du peuple à la profanation et au brigandage impie !...
« Philosophes misérables ! à quel tribunal serez-vous absous (*Du Fa-*
« *natisme,* 6, 7, 8, 17.). »

Après une telle condamnation, que dire aux hommes d'esprit, aux
beaux génies, à ces intelligences sublimes qui s'épuisent et s'épuiseront
probablement encore à faire la leçon aux gouvernemens mortels? Idéo-
logues saturés de connaissances positives, ils n'ont de goût que pour le
doute insipide, d'art que pour étonner, de fixité que pour compter
leurs admirateurs. Pour eux, rien de certain de ce que tout le monde
admet ; rien de vrai de ce qui est universellement reçu ; rien de dangereux de ce qui est généralement redouté. Entendez-les s'écrier : des
expériences, des *expériences ;* nous aussi, comme Dieu, renouvelons la
terre. Et dans leur sommeil délirant, ils portent partout la torche enflammée. Que feront-ils ? Ce que vous avez vu ; car il n'est rien de
nouveau sous le soleil. Oui, que ce que vous avez vu : incendies, meurtres, confusion et désastres. Plus habile que tous les autres, ou peut-
être moins audacieux, un écrivain (M. Cousin), rentré dans la voie du
sens commun, a dit tout à l'heure que la *science est faite.* Nous en pre-
nons acte... Ce n'est plus le temps de laisser passer inaperçue une vérité
triviale..... Oui, la *science est faite*, du moins pour les gouvernemens ;
du moins pour les républiques ; du moins pour les grands corps qui
partagent le monde. Oui, la *science est faite* pour les peuples qui ont payé
de leur sang l'apprentissage des philosophes. Oui, la *science est faite*
pour les rois qui ont appris sur l'échafaud ou dans l'exil à ne plus permettre à leurs sujets le mépris de leur autorité. Oui, la *science est faite*,
même pour la philosophie qui, pour fruit de ses prestiges, ne s'appuie
que sur des ruines, honteuse sans doute de son infernale fécondité,
forcée qu'elle est de se voir la compagne des forfaits impies et de la
guerre impitoyable.

Telle n'était pas la liberté athénienne. Elle était de la sagesse; aussi
les changemens administratifs se fesaient-ils, dans la république des
Sages, sans ces secousses violentes qui font trembler, dans ces derniers
temps, tout un hémisphère. Telle encore n'était pas la philosophie des
premiers Romains. Elle était de la simplicité ; aussi, dans ses plus
grandes vicissitudes, leur république n'offrit jamais le spectacle affreux
des populations modernes, qui se dévouent pour une liberté mal définie, une liberté de théorie, une liberté en miniature.

Le répéterons-nous encore ? la liberté possible ne veut qu'une philosophie possible. Or, quelle philosophie possible, lorsqu'on oublie la religion, qu'on la joue, qu'on la commente, qu'on la persécute? Quelle liberté possible, lorsqu'on apprend aux hommes que nul n'a de maître, que tous ont l'autorité, que les rois sont des serviteurs gagés; que l'*opinion* seule donne ou retire l'obéissance. Cela est clair : sans religion il est une liberté, mais la liberté des brutes; mais la liberté du plus fort; mais la liberté de la servitude. Et pourtant les peuples anciens, nos modèles, ont connu une meilleure liberté, ont joui d'une liberté prospère; est-il encore clair de conclure que c'est dans la religion qu'ils l'ont trouvée, sous sa bénigne protection qu'elle a grandi chez le peuple sage et chez le *peuple-roi* (*Enéid.*, Virg., liv. 1.)?

Le mouvement, qui avait produit chez ces deux nations une liberté nouvelle, se fit sentir de proche en proche jusqu'aux frontières de l'Occident. Jusqu'alors, il avait été habité par un grand nombre de peuplades barbares. Leur langage ressemblait au croassement des corbeaux. Leurs mœurs étaient féroces. Les hommes vivaient au milieu des forêts, dans de misérables cabanes de terre et de branchages, pêle-mêle avec leurs familles et leurs troupeaux, mais pleins de vigueur et d'intrépidité, capables d'un fanatisme belliqueux. Tout-à-coup des essaims de Grecs traversent les forêts et les mers, enflés peut-être de la supériorité que leur donnait leur philosophie, portent avec leur ambition les idées de la civilisation sur les grandes plages de l'Europe. Des Phocéens d'Ionie débarquent sur les côtes méridionales des Gaules. Bientôt après, cette colonie forme elle-même une émigration de Massiliens ou Marseillais qui, en même temps que les Phéniciens, abordent l'ancienne Ibérie, aujourd'hui l'Espagne. D'autres essaims se répandent dans le golfe Adriatique, et donnent le nom de Grande-Grèce à la Sicile, pays des anciens Sicaniens. Après avoir communiqué aux Epirotes l'amour du butin et du commerce, des Milésiens passent le Pont-Euxin, et apprennent aux Sarmates, qui eux-mêmes l'apprendront aux barbares Germains, que la Grèce est devenue la terre de liberté. A ce mot, le naturel des Occidentaux s'enflamme. Les Grecs, qui ne portaient avec eux ni les immortelles pages de Solon, ni la solide morale de Pythagore, ne s'étaient pas mis en peine de définir le présent dont ils gratifiaient ces peuples susceptibles. On ne leur offrait donc qu'une civilisation incomplète, qui pouvait commencer par des essais désastreux; de même qu'un faisceau de lumière, jeté à l'improviste sur le faible regard d'un homme qui s'éveille d'un profond sommeil, l'éblouit et peut l'aveugler. La liberté nommée est une liberté indéfinie; la liberté indéfinie ne forme que l'enthousiasme, et l'enthousiasme, quand il est encore grossier, conduit d'un pas à la guerre. Les fiers Européens, honteux de leurs chaînes, ne virent donc dans la liberté grecque qu'une indépendance de nature, qui ne souffre aucun frein. Cette idée, avec le sentiment farouche de leur vigueur , les porta à croire que la guerre seule pouvait ouvrir le chemin à la liberté. Capables du moins d'imitation , ils pensèrent que pour être libres , il fallait savoir subjuguer les peuples, à l'exemple de leurs maîtres. L'histoire fera voir qu'ils furent de dignes disciples.

190.　　　Voilà pourquoi l'on voit, à cette époque, sortir du fond de leurs forêts, des hordes de Gaulois-Celtes , conduits par Bellovèse , qui les établit par la force dans la Toscane , lesquels jusque-là n'avaient pas soupçonné leur succès, ni peut-être toute leur bravoure ; des hordes de Germains qui s'exercent à se disputer les habitations populeuses et les grands noms fondés par les Sarmates , et se subdivisent en peuplades guerrières , mutuellement capables de s'en imposer par la valeur : tels les Frisons, les Cauques , les Sicambres , qui ne se doutaient pas qu'ils pourraient faire trembler la république romaine. S'ils ne s'étendirent pas d'abord , c'est qu'ils avaient de longues terres à parcourir , et que n'étant pas voisins des côtes de la mer , ils ignoraient sans doute encore l'art nautique , qui a tant favorisé les Phéniciens et les Grecs pour leurs colonies. Dès ce moment , l'Europe fut ébranlée. Alors se prépara cette lutte immense , dont au reste Rome libre donnait déjà le signal ; lutte opiniâtre qni s'animait dans les succès ; lutte barbare qui rappelle les premiers jours d'audace des Cadmus , des Agénor et des Pélops ; lutte presque universelle dans l'Occident , à laquelle prirent part les peuples les moins civilisés et les nations les plus policées du monde. Les parties extrêmes furent ainsi aux prises, avec un acharnement incroyable, jusqu'à ce que chaque tribu de la terre eût porté son coup à l'hydre de la servitude , et que les grandes cataractes de la société eussent versé un déluge de sang pour l'y noyer encore vivante , et en faire sortir un nouveau genre humain. Etrange chose que la liberté , quand elle est laissée à la main des hommes. Ils la révendiquent par leurs larmes : ils la vengent par leur sang. La cruelle ! elle échappe au glaive comme à la raison ! c'est qu'elle n'est pas de la terre.

244.　　　Nous venons de nommer Rome à la tête des nations belligérantes de l'Occident. Pendant qu'Hyppias . descendant de Pisistrate, cherchait du secours auprès des rois de Perse , pour se venger d'Athènes , Rome avait sur les bras des voisins irrités par la déchéance des Tarquins. Les 2.0. Clusiens, les Volsques furent les premiers qui éprouvèrent les forces de la république , et dont la défaite apprit peut-être mieux aux Romains tout ce qu'ils pouvaient, que leur propre enthousiasme. A cette époque, 264. les beaux jours d'Athènes étaient passés. Religieuse , elle avait été invincible , principalement depuis la fameuse victoire de Marathon , contre les armées formidables de l'Orient qui avait cru défendre des droits violés , en soutenant le fils de Pisistrate ; invincible , parce que les Athéniens et les Spartiates ne faisaient qu'un peuple , tant que la philosophie et la religion ne recevaient aucune atteinte. Mais le Lycée curieux se livra au pyrrhonisme. Les collisions du doute ébranlèrent les esprits. Il n'y eut plus d'unité dans les croyances. Bientôt il n'y en eut aucune parmi les novateurs même : de là , les guerres intestines qui furent les fruits amers de la dispute , de là les brouilleries désastreuses chez une nation jusque alors paisible , dans l'amour de la sagesse et des lois. La jalousie de Lacédémone était plus qu'autre chose une raison d'Etat qui armait les citoyens pour leur religion et leurs dieux pénates , contre les invasions d'un voisin mécréant. Athènes, de son côté , énivré de ses récens succès , comptait sur son nom , bien plus que sur ses temples déserts, pour ruiner la péninsule , où régnaient encore la mémoire de Lycurgue et ses dieux. De part et d'autre il se fit d'incroyables efforts , des prodiges de valeur , de patriotisme : mais , que pouvaient les Périclès , les Théramène, les Thrasybule et les Alcibiade sur le terrain du scepticisme contre la religieuse Sparte , aidée d'ailleurs par un vieil ennemi de l'Attique, le roi de Perse? Athènes succomba , parce que sa religion avait été sacrifiée. Ce ne fut bientôt dans la terre des lettres , des sciences et des arts , que divisions armées , que sang répandu. Les Athéniens expièrent donc leur impiété sous leurs nouveaux maîtres qui changèrent tout dans la ville des sages. Mais , les Lacédémoniens eux-mêmes , corrompus par les suites de leur victoire , comme il arrive toujours, ne conservèrent pas long-temps la paix. Les Thébains , sous un chef vertueux , traversent en triomphateurs l'isthme de Corinthe , réduisent Lacédémone et obtiennent le commandement de la Grèce par la modération d'Épaminondas. Avec la religion éprouvée de ce grand homme , dont la maison servait de résidence au philosophe Lysidas , la Béotie connut la liberté que les vaincus avaient perduc (Cicéron , *Tusc.* l. 1er). Elle démontra que rien n'est plus vrai que cette maxime si connue :

Regis ad exemplum totus componitur orbis.

maxime profonde qui rappelle aux princes : que c'est du trône que doivent descendre la religion et la liberté ; et aux peuples , que leur bonheur et leur liberté sont dans le cœur des princes , suivant le beau mot d'un des Valois français : *si la justice et la bonne foi étaient bannies de la terre , elles devraient se retrouver dans la bouche et dans le cœur des rois* (*Hist. de Jean-le-Bon.*) : eux seuls ont mission pour commander aux hommes. S'ils sont heureux , c'est par la vertu de leurs princes ; s'ils sont libres , c'est par leur religion ; s'ils sont opprimés , c'est par leur impuissance , ou par un secret jugement du ciel , qui se sert de leurs erreurs pour infliger des châtimens mérités. Aussi, comme on ne sait tout ce qu'on possède , quand on a un roi vertueux , on ignore ce qu'on perd, lorsqu'on perd un tel roi : eh ! que faudrait-il dire , si on le perdait par un assassinat , et par un assassinat juridique !

. . . . Français ! . . . . vous eûtes aussi un Épaminondas ! . . . . Sa mort . . . ., dont la Grèce n'eût jamais voulu se souiller ! sa mort vous donna plus que des Philippe, plus qu'un Alexandre ! . . . . ! que ne méritiez-vous pas ! . . . . !

390. Ces noms arrivent à propos pour montrer que le ciel ne laisse pas impunis les attentats portés à la religion, dans la personne des justes. Athènes semblait un jour revenir à la sagesse, en ouvrant son Lycée et son Gymnase au vertueux Socrate et au divin Platon. Mais il n'en était rien : l'empoisonnement de Socrate est là pour l'attester. Aussi, était-ce à cette infamie que Dieu attendait l'orgueilleuse cité pour la perdre sans ressource. Une effroyable anarchie suivit cet acte d'une impiété révoltante. Cette ville insensée chercha des alliés, mais le sang de l'innocent criait vengeance contre elle. La Macédoine devait être

395. son tombeau. Philippe, élevé dans les principes religieux d'Epaminondas par son philosophe favori, ne crut pas établir plus solidement sa fortune sur le trône de Perdiccas, qu'en favorisant la religion et les philosophes, comme on peut le voir par sa lettre à Aristote : « Je « rends grâce aux dieux, écrivait-il, non pas tant de ce qu'ils m'ont « donné un fils, que de ce qu'ils l'ont fait naître votre contemporain. « Je compte que vous le rendrez digne de me succéder et de gouver- • ner la Macédoine (Aulugelle, l. 9 c. 1.). » Tel était le fond de la politique de cet ambitieux. la protection publique des choses sacrées. Il est vrai que beaucoup de fourberie et même de dureté était caché sous ce voile : mais si sa fin violente fut digne de son injustice et de sa duplicité, ses armes n'en avaient pas moins assujéti la Grèce entière à la morale de l'école péripatéticienne.

420 Ainsi fut ouvert au grand Alexandre, sur les débris de la liberté athé- nienne, le chemin de la gloire qu'il soutint par la religion, mieux en- core que par ses talens militaires. Le fils de Philippe ne se crut pas seu- lement destiné à conquérir des provinces et à gagner des batailles; mais il pensa que sa puissance devait servir à réunir toutes les nations dans la crainte de la divinité. « Estimant, dit Plutarque (*Fort. d'Alex.* tr. 1, « trad. d'Amiot), être envoyé du ciel comme un réformateur et « réconciliateur de l'univers, il voulut que tous les gens de bien « se tinssent parens les uns des autres, et les méchans, seuls étrangers : « que le Grec et le Barbare ne fussent plus distingués par le manteau, « ni à la façon de la targue, ou au cimetère, mais discernés à la vertu, « en réputant tous les vertueux, Grecs, et tous les vicieux, Barbares (Diod. Sic. l. 17). » C'est sur ce plan magnifique d'un retour général au culte sacré et à la morale, qu'à l'âge de 20 ans, à cet âge où les âmes vulgaires ne respirent que le plaisir, Alexandre se mit en marche contre la Perse qui commençait à oublier à quelles conditions le pieux Cyrus avait fondé la liberté, et qui méritait déjà d'éclatans châtimens

pour sa protection du schisme de Samarie contre Jérusalem. D'un pas
de géant, le vainqueur macédonien traverse la Carie, la Pamphilie, la
Cilicie, la Syrie, la Mésopotamie, livre trois batailles décisives à l'impie
Darius, et après l'avoir vaincu par sa délicatesse envers ses royales
captives, le défait lui-même par sa valeur, donne des lois à l'Égypte,
des colonies à l'Arabie, entre triomphant dans Babylone, Suze, Persé-
polis, répand partout ses phalanges victorieuses, de l'Araxe à l'Indus,
aux pays des Scythes et des Massagètes; bâtit sur ses trophées neuf
Alexandries et soixante villes; arrive enfin, presque *sans avoir touché
la terre*, selon l'expression du prophète Daniel, jusqu'aux rives de l'Hy-
phase. Parvenu ainsi à l'extrémité du monde connu des Grecs, si l'on
excepte les bords du Gange vus par le grand Sésostris, long-temps
avant Alexandre; touchant par là même à l'apogée de la gloire, on
croirait peut-être que, pour tout monument de ses prodiges, ce nouvel
Hercule se contenterait d'élever des colonnes ou de tracer un camp qui
les attestent à la postérité. Il faut à Alexandre plus qu'une ambition
satisfaite, plus que des triomphes, plus qu'un nom impérissable.....
(Diod. Cic. l. 1er). Il lui faut, comme aux patriarches, où dresser des
autels. Des autels à la divinité, voilà le but du conquérant de la Macédoine; et des autels sont dressées au bout du monde par la même main,
qui avaient mis bas le carquois et la lance devant le grand-prêtre de
Sion. Ainsi fut noblement couronnée l'expédition religieuse du héros
Macédonien, après avoir enseigné aux Arrachosiens à labourer la terre,
aux Hyrcaniens à contracter des mariages honnêtes, avec défense de
boire désormais le sang des chevaux et d'exposer les malades à la
merci des bêtes, aux Sogdiniens à nourrir leurs pères décrépits, au
lieu de les faire mourir, et aux Perses à révérer leurs mères, au lieu
de les épouser. O la merveilleuse philosophie, continue Plutarque, par
le moyen de laquelle les Indiens adorent les Dieux de la Grèce, les
Scythes ensevelissent les trépassés et ne les mangent plus, les Suzia-
niens, les Gédroziens chantent les tragédies de Sophocle et d'Eu-
ripide!

Y pensez-vous, législateurs des temps modernes? Vos excursions po-
lémiques sur le domaine de l'humanité, depuis long-temps, selon vous,
envahi par une déplorable tyrannie, ont-elles jamais produit une paix
qui ressemble à la paix d'Alexandre? Vous n'avez pas son épée! mais
avez-vous bien son ambition? avez-vous bien, si vous voulez, son
genre d'orgueil? Vous fait-il mal, comme à lui, le désordre de l'impiété! Mais, eussiez-vous son ambitieux projet : ce projet fût-il appuyé
de son épée victorieuse, vous en serviriez-vous pour relever des temples, pour dresser des autels? fiers antagonistes de l'esclavage, serait-
ce bien de votre épée macédonienne, que vous consoleriez le laboureur
de ses revers champêtres, que vous imposeriez la sainteté des mœurs,
l'amour filial, et que vous prêcheriez l'horreur de l'adultère et le res-

ANS
DE
ROME.
421.

423.
424.
426.
431.

426.
431

pect des morts ? Vous n'oseriez le dire, philosophes de scrutin et de ballotage. Vous demanderiez au moins, avant de rien entreprendre, la permission de discuter quelque demi-siècle sur la philantropie, de vous entendre sur la légalité d'une religion ; de savoir ce que c'est qu'un temple, pourquoi des autels, si les peuples ne pourraient pas s'en passer. Et après avoir épuisé vos diètes, vos congrès, vos parlemens, vos conventions, vos chambres, malheur au monde si vous teniez l'épée, et l'épée d'Alexandre ! En blasphémant sur des hécatombes, vous auriez peut-être la force de *décréter l'Être Suprême*. Et votre conquête à la liberté, et votre victoire, dignes émules des héros, dites : quelle serait-elle !..... Et cependant rougissez ; car vous êtes chrétiens !.....

La terre changea donc de face sous ce conquérant philosophe, plus heureux et plus modeste que le grand Sésostris, autre guerrier qui n'avait pas dédaigné de faire de la religion le plus beau fleuron de ses conquêtes. On avait vu, dans l'antiquité, ce foudre de guerre ériger cent temples, du Danube au Gange ; mais on l'avait vu aussi souiller ses victoires, en fesant atteler à son char triomphateur les rois vaincus (Tac., *Ama.*, liv. 2, chap. 60). Alexandre s'était cru assez de gloire, que de pouvoir rendre les nations tributaires de la religion ; il ne s'était occupé qu'à raviver la liberté, que la superstition, le despotisme ou la barbarie avaient éteinte. Il était entouré, jusque dans ses camps, de philosophes vertueux, dont il avait fait son conseil, et qu'il regardait comme les bienfaiteurs de l'humanité. Par ce moyen leurs leçons passaient chez les peuples subjugués qui, dès ce moment, cessaient d'être ennemis et connaissaient les douceurs de la liberté, sous les lois de la morale et de la religion (Plut., *Vie d'Alexandre*).

Alexandre mourut jeune, et lorsqu'il était au comble de la gloire. C'est que, selon Plutarque même, après avoir *réconcilié* les nations connues, il n'avait plus de mission ; mais c'est bien plutôt parce que le Saint-Esprit avait fixé d'avance le terme de sa vie à celui de ses triomphes. . . . . Comme aux flots irrités de la mer, Dieu dit aux conquérans : *Vous n'irez pas plus loin.* Nouvelle leçon aux peuples et aux princes, qui leur apprend qu'envain ils chercheraient hors de Dieu les motifs de leur bonheur et de leur liberté. Il est assez démontré par la mort prédite d'Alexandre, qu'une main supérieure conduit et arrête les événemens humains, selon qu'ils sont plus ou moins propres au développement des principes religieux et de la vraie liberté !

Ici, le temps presse : il faut que la religion révélée s'étende et profite de la disposition des esprits, pour achever de les éclairer ; il faut que la foi Judaïque épure la morale macédonienne, et que la philosophie Grecque, incomplète et terrestre, fléchisse le genou devant la philosophie sublime et parfaite d'Abraham, de Job et de Jérémie ; il faut, pour cela, que la Grèce soit humiliée et effacée des nations ; il faut que les événemens se succèdent avec rapidité sur le théâtre, où tous les peuples de l'Orient se trouvent acteurs. En attendant que les généraux d'Alexandre dissiperont la Macédoine et le reste de son empire dans l'Asie-Mineure, l'Egypte reparaîtra sur la scène. Ptolomée aura conservé la sagesse de son maître; seul, il en perpétuera l'éclat. Ce sera sur le trône des Lagides que s'asseyera la liberté, parce que ce sera sous Philadelphe que sera traduite la célèbre version de l'Ecriture Sainte (appelée la *version grecque des septante*); que, par ce moyen, le sceau qui tenait la vérité renfermée dans la Palestine, sera brisé, et que dans ce but, sera fondée à Alexandrie la plus fameuse bibliothèque du monde.

On vit, en effet, l'Egypte se remplir de savans et de juifs, pendant que les Séleucides inspiraient la terreur dans la Syrie. La paix la plus profonde n'y fut pas interrompue, comme elle commençait à l'être par la corruption des mœurs, fruit ordinaire des conquêtes, dans les autres pays de l'Orient. Naturellement le mélange des Juifs avec les Gentils fit connaître à ceux-ci ce peuple, toujours sacré, malgré ses malheurs. Bientôt d'Alexandrie les esprits sages se dirigèrent sur Jérusalem. Le saint temple fut visité par la Gentilité étonnée. Les Grecs et les barbares affluèrent dans le parvis des nations, les rois eux-mêmes fournirent aux sacrifices de Sion, et comblèrent d'offrandes pacifiques les tables de propitiation (Josephe, *Ant. Jud.*, 1. 12-3, *Prœm*, etc., 1. 12-2). Ainsi les plus beaux jours de la liberté coïncidèrent avec les jours où la religion Judaïque jetait dans le monde le plus vif éclat. Ainsi le libre exercice de cette religion révélée, loin d'être contraire aux progrès des lettres et des sciences, avait sa part dans leur développement, pour ne pas dire qu'il en était la source; car, soit qu'on attribue la prospérité du culte Israélite à la sagesse et aux sciences de l'Égypte, ou la prospérité des sciences de l'Égypte au culte Israélite, toujours est-il que la sainteté de la loi mosaïque fut enfin avouée par le paganisme dédaigneux; et si la sainteté du Dieu des Hébreux fut avouée, c'est que les hommes avaient fait un nouvel effort, pour chercher la vérité; et si les hommes avaient fait ce nouvel effort, c'est qu'ils en étaient devenus plus capables; et si enfin ils en étaient devenus plus capables, c'est qu'ils avaient successivement éprouvé l'influence de l'instruction, qui est l'œuvre incontestable de la religion. La liberté donc avait fait briller la religion, parce que la religion avait donné les premiers élémens de la liberté.

Il a donc fallu revenir au Dieu de tes pères, ô Égypte, terre jadis abominable de superstition et d'erreur! Plage infestée de démons! tu ignorais qu'en ouvrant ton sein à la Grèce savante, tu l'ouvrirais par là même aux tribus saintes; tu fus pour elles *la maison de servitude*, la justice voulait que tu fusses la tente de leur liberté! à la vue des *septante*, tu t'es souvenu de Moïse et de Pharaon! tu refusais la liberté dans ces jours désastreux, où une main vengeresse défendait les Hébreux contre ton vil esclavage! maintenant, tu prospères, et pourrais

ANS
DE
ROME.

470.

477.

4

ANS
DE
ROME.

les accabler, et tu proclames avec pompe cette liberté d'Israël ! et tu la protèges et tu l'honores ! et tu scelles ton retour à la sagesse par le retour de Jacob dans tes murs ! Allez, serviteurs de Jéhovah, allez, immolez comme le dit sa loi sainte ! *Ite, immolate domino, sicut dicitis* (*Exod.*, ch. 12). Tel est, ô Égypte, l'écho consolateur, répété par tes obélisques, en échange de ton antique clameur, arrachée à ton épouvante nocturne du massacre de tes premiers nés !!! Quelle force secrète est donc venue t'imposer pour condition de ta nouvelle gloire, cet hommage public à la foi des patriarches !!! N'est-ce pas la même force qui fit la liberté du désert !!!!

477.   Cette époque de la version des Septante est donc remarquable, parce qu'elle fixe celle où la religion Judaïque, prolégomènes enluminés du christianisme, se déroule aux yeux de l'univers, et porte partout avec elle la raison de la liberté, dont, jusque-là, les peuples n'avaient que le brutal instinct. L'horizon social s'aggrandit, la lumière se répand, en torrens, chez toutes les nations ; malgré les haines locales, les guerres partielles, tous les esprits se réunissent dans une commune opinion, l'amour de l'indépendance qui devient l'âme de la gloire guerrière (1). Mais ainsi que nous l'avons vu tant de fois, il faut que la liberté, encore obscurcie par les passions, passe de nouveau au creuset des vicissitudes ; l'élan uniforme, que les masses s'impriment, annonce que déjà s'épure l'alliage de la servilité et du despotisme, lesquels nous verrons se dissoudre, dans la religion, à mesure que les froissemens populaires feront place à l'esprit monarchique, et l'esprit monarchique à l'esprit religieux.

Dans cette lutte de dissolution, le peuple Juif, suivant sa constante destinée, sera le premier à essayer de l'expérience. Alors, comme alors, le juif sera l'homme modèle ; s'il s'égare le premier, le premier il deviendra malheureux : le premier il retournera à sa foi, il sera le premier libre.

495.   Après la longue paix, coulée religieusement sous les princes de la dynastie Lagide, les Israélites se laissent donc éprendre des folies payennes (Prideau, *Hist. des Juifs*). Les écoles grecques et le gymnase commencent à s'introduire dans la ville sainte, on méprise la circoncision, on s'unit aux Gentils (Macch., 2, p. 4-5 ; 14-15, etc.) ; une indigne émulation confond le profane et le sacré : apostasie mémorable, qui aussi bien fut le prélude de ces temps de confusion universelle, où les Juifs dispersés seraient *sans rois, sans temple, sans liberté ;* mais apostasie funeste en même temps et aux païens et aux enfans de Juda. Les jours de calamité qu'on vit bientôt sous le règne impie d'Antiochus Épiphanes, prouvent assez que le jour, où Jérusalem voulut, comme Samarie, mêler sa religion à la religion des incirconcis, la liberté des incirconcis

(1) Plut., *Vie d'Alex.* — Diod. Sic., l. 12, *Justin*, l. 38, v. 8.

fut frappée de mort comme la liberté d'Israël ; l'une et l'autre furent en-
veloppées dans la même ruine , parce que, de part et d'autre , les principes religieux furent sacrifiés à une indifférence impie et au fantôme
de la gloire ; disons mieux , parce que la religion révélée, ayant toujours été le tronc nourricier de la liberté , celle-ci n'a pu que se ressentir des secousses et des progrès de celle-là. Un fait nouveau nous
en fournira plus tard une nouvelle démonstration. Il est écrit : *que des
galères à trois rangs de rames porteront d'Italie des vainqueurs qui dé-
vasteront la terre des Hébreux* (*Nomb.*, 24 , p. 24). Nous verrons si
toute l'Asie ne subira pas le sort de Jérusalem sous la loi des cohortes
romaines , après avoir participé comme elle à leur première protection.

Déjà même, pour vérifier les divins oracles , ces cohortes belli- 469.
queuses, formées par le succès de leurs armes à l'idée de subjuguer
bientôt l'univers , fières d'ailleurs de leur prospérité intérieure toujours croissante à l'ombre de la religion , déjà ces cohortes sortent de
leurs frontières. Les Gaulois , peuple remuant , depuis l'abord de la
philosophie Ionienne sur leurs côtes , et leurs barbares exploits sur les
rives du Pô , ne cessent d'entreprendre sur l'État latin. Les Romains ,
dont la politique était de s'incorporer les vaincus , se jettent donc , avec
toute les forces de la république menacée , sur cette colonie gauloise,
commandée par le superbe Brennus , voulant se faire une province
amie , plutôt qu'un pays conquis. D'abord battus et réduits à l'extrémité , ils se relèvent , défont cet ennemi incommode qu'ils se contentent d'obliger à demander la paix. Rome , heureuse *d'épargner ses barbares soumis*, selon l'expression du poète (Virg., *Eneid.*), se hâte de
leur assurer les douceurs de la liberté qui porte ses fruits pendant un
demi siècle.

Ce fut sans doute alors que les Gaulois donnèrent à leurs idées reli- 475.
gieuses un développement que la connaissance des Grecs n'avait qu'indiqué. Comme les Grecs et les Romains , ils adoraient l'Etre divin ,
goûtaient les dogmes de l'âme universelle, de l'immortalité. Les Druides,
avec un nom dérivé du Grec, jusqu'alors sacrificateurs populaires sous
le chêne et le gui δρῦς, δρῦος, chêne , parurent , avec les bardes Celtes
(*Histoire de Marseille.*, Peloutier, *Hist. des Celtes*), qui chantaient les
héros, des philosophes sérieux entièrement occupés de la nature des âmes
et de leur transmigration , si célèbre dans l'Attique. Toutes les déïtés
grecques eurent des autels sous des noms helléniques , comme Βῆλευὅς,
Apollon ou le soleil , Nehalennia , ou Νεαὅελγνη , nouvelle lune , Diane ,
etc. . . . . . outre Minerve, Isis, Cybèle, divinités connues (Lactan.,
de falsá relig., l. 21). On faisait couler le sang humain sur ces autels,
comme chez les premiers Dardaniens. Le supplice même de la croix ,
dont parlait un jour le sage Platon, était un sacrifice religieux (César,
de Bel. Gal., l. 6). Les divinations romaines , mêlées de superstitions

locales, avaient enfin accès auprès du prêtre Gaulois, avec les mystères de Mythras, de Bacchus, etc., divinités fabuleuses. C'est trop sans doute s'appesantir sur c s détestables progrès du paganisme dans un pays, destiné à être le fils ainé de la catholicité ; mais il est nécessaire de les faire apercevoir comme un pas en avant de la barbarie. Ce degré nouveau d'instruction religieuse, doit s'appeler un reflet lointain des vérités asiatiques, si on s'arrête aux éloges que Cicéron donne au gouvernement aristocratique de Marseille, mère des Gaules civilisées (*Pro Flacco*) ; si on remarque avec Valère-Maxime (l. 1, p. 18), que, chez les Celtes et les Allobroges, les farceurs publics ne pouvaient jouer de pièces qui pussent corrompre les mœurs ; si surtout on observe cette particularité vraiment étrange que les Gaulois, au rapport de César (*de Bello Gall.*, l. 6), comptaient, comme Moïse, le temps et les jours par les nuits, en mettant la nuit la première. Chez les Gaulois donc, comme ailleurs, ôtez la lèpre hideuse, levez les sales allégories qui couvrent la religion et ses mystères, vous obtiendrez une physionomie nette et même imposante des mœurs, de la liberté et des traditions orientales. Ainsi la longue paix des peuples Cisalpins et de leurs alliés fut un nouveau trophée à la liberté romaine, parce qu'il en fut un à la religion du Capitole, laquelle elle-même était la conquête de la vérité asiatique.

Et de quoi n'était pas capable au dehors, comme au dedans, cette liberté romaine ! En vain la jalousie des plébéiens et des patriciens avait-elle jeté, dès le commencement, des semences de division dans le sein de Rome. C'était rivalité de famille pour assurer et aggrandir un commun patrimoine. Elle possédait dans sa constitution, un secret qui fesait tomber toutes les haines intestines quand les haines étrangères devenaient entreprenantes. Ce secret, que Plutarque et les Grecs ont nommé le hazard ou la fortune, consistait dans la ténacité religieuse à respecter la Divinité, et à lui rapporter la gloire des conquêtes, qui, au reste, n'étaient ordonnées par le sénat, qu'après l'examen des féciaux, prêtres préposés dès le commencement pour en constater la justice (Den. d'Hall., l. 2, c. 19). A de nouveaux ennemis, Rome n'opposait jamais que son ancienne résistance, qui ne s'usant point dans ses succès, était toujours la même au moment du péril. Avec ses principes religieux, Rome était toujours jeune ; sa liberté était toujours dans sa première vigueur. Que pouvait Carthage, riche ; mais corrompue par sa richesse, jusqu'à la préférer à la vertu, au rapport d'Aristote (*Polit.*, liv. 1, chap. 11) ; Carthage florissante, mais esclave sous son astrologie sidonienne, contre Rome pauvre, mais modeste ; contre Rome obscure dans son origine, mais religieuse dans son accroissement : Carthage, dominée par ses maîtres, contre Rome libre sous ses licteurs ? la division avec ses impiétés factieuses, contre l'union avec son patriotisme sacré ? l'enthousiasme aveugle, contre la force expérimentée par la vertu ? N'importe, les fiers

Carthaginois, honteux de subir plus long-temps les lois de liberté, que
Rome leur avait imposées, sous le consulat de Lutatius, en punition de
leur première audace sur les côtes de la Sicile; les Carthaginois s'ébranlent, se jettent en éclats sur les bords Ibériens, bâtissent Cartagène;
bientôt après commandés par Annibal, foudroient Sagonte, alliée des
Romains, foulent à leurs pieds oppresseurs les Pyrénées, la Celtique,
les Alpes, et se présentent aux portes de Rome pour, à leur tour, donner des lois, mais des lois de servage à cette superbe rivale. On en vient
aux mains : le chaste Scipion court venger ses illustres pères, attaque
et prend Carthagène, étonne les Espagnols et les Africains, plus par
sa continence dans la victoire, que par son habileté dans la guerre.
Tout se donne à lui sans coup férir. Les rois se font tributaires d'un si
modeste guerrier. Carthage elle-même, tremble, à son approche; mais
rassurée sans doute sur la vertu du vainqueur, elle ouvre ses portes,
en attendant pour les hommes une clémence qu'elle sentait ne devoir
pas attendre pour elle. Sur ces entrefaites, le prudent et modéré Fabius
amuse avec adresse les troupes victorieuses, qui menaçaient la Cam-
panie; à force de temporiser par ses retraites, il réussit à décourager,
ou à enivrer d'une folle présomption, le vaillant Annibal, qui allait
ensevelir dans les délices de Capoue son armée et ses lauriers.

Telles étaient les guerres puniques, où l'on voit briller sous les enseignes rivales, une valeur réciproque, l'héroïsme militaire et les
grandes actions; mais ce qu'avait une nation au-dessus de l'autre,
c'est qu'en défendant sa liberté, elle prétendait défendre ses temples
et ses Vestales, dont la consécration inouïe chez les autres peuples
pouvait lui inspirer un juste orgueil; et que l'autre, en infestant les
mers de ses pirates, ne songeait qu'à faire du butin, sur des terres conquises. Il n'en fut pas ainsi de la victoire du noble Scipion. Le pays
de Carthage, en passant sous la domination des Romains, trouva des
protecteurs en échange de ses tyrans, et des lois de justice, au lieu de
ses lois meurtrières, qui ne savaient récompenser le courage malheureux, qu'en lavant dans le sang de ses héros les capricieux revers de
la fortune. La patrie des Amilcar et des Asdrubal devient donc une
province proconsulaire, et l'on pourrait douter que, sans des divisions
domestiques, elle eût tenté de renoncer à la paix et à la liberté que
Scipion l'Africain avait signées de son épée : *Ubi solitudinem faciunt,*
pacem appellant (Tacite)

Ce triomphe pacificateur, porté par la renommée aux peuples les
plus éloignés, gagne aux Romains la confiance universelle. On craint
la terreur de leurs armes; mais on aime la générosité de leur victoire.
Ils sont faits les arbitres du monde. Les Espagnes se soumettent avec
la forte Numance à la clémence de Scipion Émilien. Les voisins de la
Macédoine implorent secours contre Persée qui viole les traités. Les
Juifs, opprimés par les rois de Syrie, provoquent des alliances offen-

sives et défensives, qu'ils obtiennent des Romains avec une déférence remarquable par la modestie des conditions. Pour se purger de la complicité d'Annibal, la Bythinie envoie son roi suppliant au sénat assemblé (Polyb., *Frag.*, 97). Un Ptolomée, roi d'Égypte, demande sa protection contre Antiochus l'Illustre. Les fils de rois, les rois même se donnent pour otages de la foi jurée. Ainsi se prépare, par un volontaire hommage, le vasselage général, que les puissances de la terre feront bientôt au nom Romain de leurs armes et de leur fortune; féodalité douce et protectrice, qui n'imposera aux nations fieffataires que l'obligation de prendre Rome pour commune patrie, et la liberté romaine pour haut-justicier. Les Romains, dit Bossuet (*Hist. univ.*, t. 3, l. 6), tâchaient de faire goûter leur gouvernement aux peuples soumis, et croyaient que c'était le meilleur moyen d'assurer leurs conquêtes. . . . . Ce n'était donc pas de ces conquérans brutaux et avares, qui ne respirent que le pillage, ou qui établissent leur domination sur la ruine des pays vaincus. « Les Romains rendaient meilleurs
« tous ceux qu'ils prenaient, en y faisant fleurir la justice, l'agricul-
« ture, le commerce, les arts même et les sciences, après qu'ils les
« eurent une fois goûtés; c'est, conclut l'évêque de Meaux, ce qui leur
« a donné l'empire le plus florissant et le mieux établi, aussi bien que
« le plus étendu qui fut jamais. »

Les Illyriens, les Samnites et les Épirotes avaient été successivement soumis par cette politique. Les Cimbres, les Teutons, les Grisons et les Rhètes ne remuaient pas encore. Il ne manquait donc à la paix de l'Europe que de réduire la Macédoine, et à celle de l'Asie que de subjuguer les orgueilleux Antiochus, dont la ruine ne pouvait être longtemps différée, à l'exemple des anciens Baltazar, pour avoir profané le saint temple et le sanctuaire. Les Romains confient donc au vaillant Paul Émile, consul, la première expédition, en attendant que Pompée monte les *galères prophétiques*, pour fondre sur l'hydre de l'impiété orientale.

Déjà l'injuste Persée recueille toutes ses forces pour soutenir les violations des conditions imposées par les Romains, au roi Philippe son père. Bientôt, il perd ses alliés par son avarice, ses armées par sa bassesse. Enfin, il ne peut tenir contre la valeur de Paul Émile et se livre à la discrétion des Romains, qui rendent la Macédoine et l'ancienne Grèce à la liberté, qu'elles avaient perdue avec le grand Alexandre. La seule ligue des Achéens s'obstine encore à défendre l'emalheureux Péloponnèse, tant dégénéré depuis les jours des Lysandre et des Agésilas.

Mais l'épée du consul Mummius s'aiguise sur la roue de la fortune romaine. Il paraît, et Corinthe, dernier boulevard des Grecs, tombe devant la noble fierté du Romain qui, après la destruction de cette ville trop voluptueuse, promet aux Achéens la liberté pour prix de leur défaite. La superbe Carthage subit, à la même époque, la même destinée, pour avoir essayé de sa vieille ingratitude à l'égard des Scipions. Ainsi tous les ennemis du nom Romain s'écroulent à la fois, ce bruit de tant de ruines retentit au loin.

Il semble qu'à ce moment tout l'Orient se met en feu. Déjà la haute Asie, corrompue, jusqu'à méconnaître la pudeur maternelle, au rapport de Plutarque, était en proie à tous les déchiremens. Chaque soldat heureux avait un lambeau de ce vaste empire. Les Parthes, révoltés par les Arsacides contre les Syriens, n'avaient fait qu'imiter les Bactriens, qui s'étaient rendus maîtres, sous Théodote, leur chef, de mille villes Asiatiques, et qui furent surpassés par leurs dignes émules pendant près d'un siècle de fureur; les fiers Séleucides vont être bientôt accablés, soit par les armes de l'Égypte, elle-même victime de la corruption de l'ambitieuse Cléopâtre, soit par les propres divisions de la Syrie, soit par les irruptions des Parthes sous le vaillant Mythridate, soit enfin par les suites de la dernière lutte de Garisim contre Jérusalem. Vers cette époque, ce n'est qu'empoisonnement, que mutilations, que discordes fraternelles, que pièges et que crimes, à côté des flots de sang que fait d'ailleurs couler la guerre extérieure sous les drapeaux ennemis. Les Juifs eux-mêmes, souvent protégés et plus souvent trahis, se voient obligés de défendre, par le glaive, le sceptre de Juda, qu'on aperçoit à peine à travers de si noirs tourbillons. La fidélité des Maccabées éclate au milieu de cette vaste tempête; ils dissipent enfin, avec une poignée de circoncis, toutes les forces conjurées des Samaritains et des Syriens, et par un privilège réservé sans doute à la vraie religion, il s'établit un paisible règne, sous l'action du saint Pontificat, qui est respecté à la fois par les Romains et les Asiatiques, pendant que tout l'Orient est agité sous les flots de l'anarchie. L'Idumée reçoit la circoncision par la valeur des Asmonéens, les forteresses schismatiques de Sichem et de Samarie sont détruites. Il n'est plus qu'un temple en Israël et en Juda. Alors revient, avec la religion, la liberté du peuple de Dieu, liberté imposante autour de tant d'impiétés; exemplaire liberté, que n'auraient pas répudiée les peuples d'Orient, si la main divine n'eût été sur eux. Mais ils avaient tour à tour profané le temple de Sion, le moment était venu d'en porter la peine. Il était temps que la force imposât silence à la haine aveugle; il était temps que les voiles romaines allassent s'étendre en vaste réseau sur des plages inondées de corruption et de sang.

Mais, avant que la mer s'enfle, détournons un moment nos regards de l'Orient éperdu : portons-les sur cette grande république d'Occident elle-même, à laquelle tout s'accorde à promettre une domination universelle. La critique humaine pourra-t-elle aborder ce grand drame politique, et nous révéler comment, dans la langue des hommes, doit s'entendre cette grandeur romaine, qui, en s'étendant, va s'épuiser, qui ne s'aperçoit pas qu'en travaillant à sa prospérité, elle travaille à s'anéantir, qui, au moment de ses plus doux triomphes, se voit le sein déchiré par les plus dangereux complots, et qui, ayant, ce semble, assez de ses propres affaires, va convoiter au loin l'honneur de faire justice ? Le ciseau des Aristarques modernes pourra-t-il trouver une seule épisode, qui ne soit grosse d'un avenir régénérateur, dans ce coup d'état prolongé, où Rome joue sa destinée contre cet Orient décrépit, qui tomberait pièce à pièce, par sa seule vétusté, sans le

fer de Lucullus, et les promenades de Pompée ? ne vandrait-il pas mieux, si Rome se sentait encore en vie, si du moins elle voulait vivre encore, que son sénat s'occupât de pacifier ses factions intestines, au lieu de les irriter par sa molesse et les diversions de la guerre étrangère.

Toute chose humaine a son terme ; manifestement, c'est celui que lui assigne l'arbitre souverain. Nous l'avons vu jusqu'ici tourner tous les événemens à l'avantage de sa religion, pour le plus grand bien de la liberté des peuples ; c'est encore lui que nous verrons imprimer à l'ambition romaine le mouvement qui doit préparer l'univers à l'attente générale du Messie, véritable foyer de sagesse, d'où la liberté sortira refondue. Ainsi nous allons voir Rome, malgré le séditieux tribunat des Gracches, les révoltes réitérées de ses esclaves, et ses sanglantes dissensions, fixer toujours Jérusalem comme objet de sa prédilection.

Nous allons suivre Marius chez les Teutons et les Cimbres, faisant respecter le nom Romain, qu'il venait de flétrir par une conjuration, et Sylla, dans la Grèce, imposant, pour la dernière fois, le joug aux malheureux vaincus de Chéronée. Mais, tandis que ces deux conquérans travailleront à la gloire de leur patrie, ils laisseront éclater dans son sein une révolte universelle ; et bientôt, au milieu du péril extrême, les deux défenseurs de la république au-dehors, seront au-dedans deux émules furieux, qui oublieront, pour leur ambition, la liberté des citoyens. Jamais Rome ne sera plus couverte de lauriers, et plus près de sa ruine. Les assemblées deviendront tumultueuses ; la liberté des opinions dégénèrera en rivalités flétrissantes. L'amour de la patrie s'affaiblira. On ne distinguera plus ni Patricien, ni Plébéien : chacun rêvera la domination. L'opulence procurée par les conquêtes fera naître la soif des honneurs. L'avarice bannira la bonne foi, la probité et les bonnes mœurs ; elle leur substituera l'orgueil, la cruauté, le *mépris des Dieux* et la vénalité de toutes choses (Salust : *Mœurs des derniers temps de Rome.*). Aussi, dès que les suffrages se vendront, toute la sage économie de l'édifice ne sera plus à l'épreuve des orages. La république ne semblera plus attendre, pour périr, qu'un citoyen audacieux ; ou plutôt elle n'attendra plus que le moment où les faibles mains des Hyrcan ne sauront plus porter le sceptre de Juda. Tout marche, en effet, dans Jérusalem comme dans Rome, dans Rome comme dans Jérusalem, à l'accomplissement des prophéties. La dépravation des mœurs est au comble dans Rome, par la dictature

usurpée de Sylla. La faiblesse est au comble dans Sion , par la dispute
des Asmonéens sur le souverain Pontificat. Tout tremble à Rome : chacun craint pour sa vie , et néanmoins l'orgueil romain s'occupe encore
de l'Asie ! aussi Rome ne pourrait-elle que périr soudainement par l'oppression de Sylla, ou par les réactions populaires , si une querelle
fraternelle ne s'élevait tout exprès , dans Jérusalem , pour réunir encore quelques instans les Romains dans une pensée commune. Des
traités faits avec les Juifs obligeaient les deux peuples à une protection
réciproque. Chose étrange ! les Romains , qui ne se crurent pas toujours liés par leurs sermens aux nations payennes, ces mêmes Romains n'oseraient manquer à ceux qu'ils ont juré à la nation sainte. Il
faut qu'ils oublient leurs discordes domestiques pour le peuple de Dieu,
et que les hostilités recommencent avec le roi de Pont , uniquement
parce qu'il faut que Pompée se trouve tout exprès aux environs de la
Palestine divisée. A ce moment , et sans prétexte plausible , les galères
romaines voguent à pleines voiles ; c'est que tout se prépare déjà.
dans la famille Asmonéenne , pour que le sceptre soit ôté à la maison
de Juda. Pompée est donc à l'instant aux prises avec le vaillant Mythridate , qui cède et avec lui toute la Syrie (1) ; ce serait le moment
d'accomplir les traités avec la même loyauté que l'entend le protégé et
peut-être le protecteur. Du moins rien ne prouve que la grandeur
d'âme de celui-ci ne fut pas le motif qui le dirigeait sur la terre sainte.
Il n'était pas appelé pour vaincre : il venait pacifier ; et on pourrait
croire qu'un homme , du caractère de Pompée , tenait autant à honneur d'être un généreux médiateur , qu'il avait su être un vaillant ca-
pitaine. Mais tout change pour ce grand Romain, dès qu'il met le pied
sur le seuil du temple. La difficulté n'est pas d'accorder deux ambitions
sacriléges ; mais de maintenir le saint Pontificat , dans les mains d'une
royauté profanée. Quelle extrémité ! quel spectacle pour un Romain !
Ce n'était plus ces Juifs dont la religieuse fierté imposait à Alexandre ;
ces Juifs qui savaient faire respecter , par les Antiochus, leur sanctuaire
dépouillé ; ces Juifs qui défendaient leurs lois au prix de leur sang ;
ces prêtres , qui pleuraient entre le vestibule et l'autel. De quelque
côté que se portassent ses regards , il ne voyait qu'un peuple dégénéré , qu'un troupeau sans pasteur : les Lévites n'entretenaient plus le
feu sacré , et ne veillaient plus à la garde du temple (Machab : l. 2 ,
4 , 12 , 13 , 14 , 15 , etc.). Les sacrificateurs n'immolaient plus de
victimes : les sacrés parvis étaient déserts ; l'abomination de la désolation était dans le lieu saint , où des mains profanes se disputaient
l'encensoir , abandonné par le royal sacerdoce. La circoncision avait
fait place aux fêtes de Priape ; les purifications légales aux libations

ANS
DE
ROME.

690.

691.

---

(1) Joseph, *Ant.*, 14 , chap. 8. — 22, chap. 8, *de Bel. Judai.*, 1, chap. 4. — *Appian.
Bel. Syriac.*, 1. 5.

d'Hercule, l'honneur national à la gloire grecque ; les solennités pieuses aux spectacles payens. Où trouver, comme au sortir de la captivité babylonienne, un nouveau Néhémie, dont l'éloquente intégrité fasse rentrer dans le devoir les enfans de Juda, qui se sont soumis aux Gentils ? Où rencontrer un nouveau Matathias, qui réunisse, au sacerdoce, le zèle religieux, pour s'opposer seul au scandale, et dont le dévouement suffise pour ranimer l'enthousiasme fidèle, et attirer à lui tous les partis ? Un tel homme serait trop digne de la considération du Néhémie romain, pour qu'il manquât de lui confier le salut des Juifs et du trône de Juda. Mais cette tribu, si féconde en piété et en courage, n'offre plus aucune ressource. L'allié pacificateur cède à l'impuissance. Cette impuissance excuse et flatte l'ambition romaine, qui ne voit pas de meilleur moyen d'accorder les deux fils d'Alexandre Jannée, ignobles descendans des saints et valeureux Machabées, que de faire l'un prisonnier et laisser l'autre à demi détrôné, obligé à un tribut de dix mille talens, et à l'hommage des provinces conquises.

692 Qu'avez-vous fait, illustre Triumvir? vous avez porté la main sur l'oint du Seigneur ! Eh bien! vous avez donné la mort à la liberté romaine. Ne sentez-vous pas le poids de la couronne pontificale, chargée de tous les prodiges d'un peuple sacré. Jouissez de l'éclat de votre mission. Mais regardez seulement Rome du haut de Sion ; et Rome vous répondra avec l'accent du désespoir : Crassus est mort ; César commande seul, *et Rome est dans les fers.* Pour vous, Pompée, le sort

705. des Asmonéens vous attend. Une querelle aussi se prépare à Pharsale : partez, Triumvir, remontez vos galères prophétiques ; et courez expier

706. en Thessalie votre médiation de Jérusalem, médiation dont vous sentirez avoir été la dupe aveugle, avant d'en être l'exemplaire victime.

C'en est fait, avec le trône d'Israël, tous les trônes de l'univers s'ébranlent. La guerre est partout, parce que le Dieu de la paix n'a désormais de représentant nulle part ; le vainqueur de Pharsale, où Pompée succombe, ravage l'Égypte ; comme un autre exterminateur, il prépare la voie à un législateur nouveau de l'humanité éperdue. l'Asie, la Mauritanie, l'Espagne, les Gaules, la Germanie, après d'immenses secousses ; tout est soumis au redoutable Romain. Mais, il maîtrise sa patrie. On craint en lui un tyran ? tout est dans le plus affreux désordre. C'est l'écho de la confusion effroyable qui règne dans la ville sainte, où l'on se dispute l'avènement d'un Messie triomphateur. Les murs du Capitole retentissent comme ceux du Sanhédrin de lamentations sinistres. Pendant que la guerre civile se rallume à Jérusalem, par la rupture continuelle des partis des deux frères, le

710. sénat se délivre à Rome de César par un assassinat, et César succombe à peine, que le vieil Hyrcan, unique reste de la maison asmonéenne,

est fait prisonnier des Parthes, qui profitent de sa faiblesse pour ravager la terre sainte. Le souverain Pontificat a cessé, et la liberté du monde a été refoulée dans le sein de Dieu. Trois insupportables tyrans se déchainent contre la république. Ils font voir à l'univers qu'il n'est plus aucun frein sur la terre. Marc-Antonin, Lépide et Octave César, étaient nés pour démontrer que Dieu avait prononcé un arrêt de mort contre les libertés éphémères de la fausse philosophie. Ils furent de dignes exécuteurs de ce suprême arrêt, par leurs proscriptions sanguinaires, leurs exactions cruelles, leurs attentats de tout genre contre la paix publique. Cet horrible Triumvirat, la plus hideuse page de l'histoire romaine, comme la plaie la plus profonde de la république, dénature toutes choses dans la religion et le gouvernement. La philosophie même est muette, quand les prophètes ne sont plus ; *l'iniquité par eux annoncée est au comble, le crime est arrivé au plus haut degré de malice ;* tout va périr sous la voùte des cieux, si Dieu ne renouvelle le genre humain, en le retirant de ce déluge de sang, si le *saint des saints* ne s'empresse de prendre en main tous les sceptres du monde, pour les replacer sur les principes d'*éternelle justice.* La nature s'accordait alors avec les événemens, s'il en faut croire rigoureusement les auteurs qui en ont parlé (1). Avant et pendant la guerre d'Octave et d'Antoine, le soleil refusa sa chaleur et son éclat, n'ayant jeté pendant près d'un an qu'une lueur pâle et éteinte. Les oiseaux solitaires et les troupeaux de loups quittèrent les forêts et assistèrent aux clameurs du forum après avoir, en grand nombre, franchi le seuil des curies et du sénat. Des bruits sourds, comme d'armes et de chevaux, des cris ennemis furent entendus en plein midi, sans aucune réalité. Les campagnes furent remplies d'hurlemens sinistres ; la ville, de fantòmes nocturnes. La terre trembla sous ses murs que le Tibre cessa de baigner. Dans le Capitole, on vit les Idoles trembler, suer le sang, et tomber en pleurant ; les sacrifices manquèrent de leurs victimes. Un bœuf, égorgé sur les autels, parut sans cœur aux yeux des Pontifes. Un autre parla à l'exemple d'un enfant au berceau. La foudre sillonna les temples. Une comète chevelue lança, pendant sept jours comme des rayons de sang. Jamais pareil spectacle n'avait éte donné au monde : *tam multæ scelerum facies,* dit Virgile. Du moins est-il vrai que, si les poètes ont jeté les couleurs du merveilleux sur ce tableau, ils ont regardé cette époque comme éminemment propre à de grands événemens. Ne semble-t-il pas d'ailleurs que Dieu, lassé de tant de crimes, aurait voulu rassembler tout exprès tant de signes précurseurs, pour préparer tous

ANS
DE
ROME.
712.

722.
724.

____

(1) Plin., l. 2, 80. — Plut., *Mort de César.* — Scaliger, *Appian,* 4, civ. — Ovid, *Mét.,* 1. 5, v. 793. — Horac., *Od.,* 1, 2. — Sueton, c. 81 jusqu'à 88. — *Val. Max.* — Cic. de *Divin,* l. 1, 119 de *Jul s César.* — Virg., *Georg.,* l. 1.

 les esprits à quelque œuvre plus éclatante que toutes les catastrophes du monde ?

Le moment paraissait du reste bien choisi, toutes les intelligences s'éloignant sensiblement de l'idolâtrie. A mesure que les nations perdaient leur liberté, toute incomplète que les sages de la Grèce l'avaient faite, elles s'efforçaient de rechercher s'il n'existerait pas, en de-là de la philosophie épicurienne, qui, selon Montesquieu, *avait corrompu la délicatesse attique, et fini par énerver la liberté romaine* (*Consid. sur la grandeur des Romains*, p. 171.) ; s'il n'existerait pas une meilleure philosophie et une liberté plus réelle. Le goût de l'étude avait commencé à Rome avec l'infernale conjuration de Catilina ; ce goût s'était fortifié sous les tables de proscription ; vers la fin de la république, il

692. s'était, dit Cicéron (Tuscul. : l. 1 , c. 6.), emparé de toutes les têtes. On s'apercevait enfin que l'éloquence des Rhéteurs et les préceptes du Portique ne seraient bientôt qu'une impuissante digue contre la servitude. La théologie devint le sujet des entretiens. Quand l'homme ne peut plus rien, on ne croit plus que Dieu soit un objet indifférent. On se rapprocha donc peu-à-peu de Dieu, dont on aperçut l'immuable unité, à laquelle seule il fallait rapporter tous les devoirs et tous les événemens (Cic. : *De natura deorum* ; l. 1 , c. 8.). Les comédiens et les histrions perdirent le privilége infâme de tromper les peuples par les métamorphoses héroïques. Plus la tyrannie triumvirale faisait de victimes, plus la vertu devenait stoïque, force était bien alors de s'élever au-dessus des haches des licteurs, par un cri vers la Divinité. Ainsi la multitude se détacha de son culte grossier, quand elle vit qu'il n'était plus qu'un bandeau fatal qui lui cachait la source où les Scipion, les Lélius, les Furius et les Cicéron avaient puisé leur vertu patriotique, si terrible aux ennemis et aux conspirateurs. En admirant ses défenseurs, elle finit par goûter l'absurdité du polythéisme, qui ne se soutenait que sur des ruines : ainsi l'effort de l'esprit humain (car Rome était le fanal des peuples), allait à détruire l'idolâtrie , et à attendre la liberté d'une théologie plus pure.

725. C'est au travers de cette préoccupation universelle, qu'Auguste parvient, avec une facilité incroyable, malgré l'horreur vouée à son nom , à fixer l'attention du monde. Il avait déjà profité de la division de ses collégues dans le triumvirat. Bientôt il finit par exterminer la république romaine avec Antoine à la victoire d'Actium : ou plutôt tous les ennemis de ce tyran, métamorphosé en père, se dissipent d'eux-mêmes. Ce que ne fait pas son bras puissant , le suicide le fait ou la terreur. Rome épouvantée implore sa clémence ; la Judée expirante lui demande avec Hérode , étranger sur son trône, une vie qu'elle ne peut plus conserver. César n'a pas plutôt pris le titre d'empereur, que ses armes triomphent par toute la terre. Les Espagnols révoltés se soumet-

730. tent. Les Éthiopiens lui demandent la paix, l'Égypte s'offre comme

province conquise. Les Parthes lui envoient des présens. L'Inde s'honore de sa protection. Les Rhétes et la Pannonie reçoivent ses lois : la Germanie et le Weser lui payent des tributs. La mer et la terre le reconnaissent pour leur maître. Il commande en paix à toutes les nations qui demeurent stupéfaites de sa rapide grandeur : et les portes de Janus sont fermées. Tous les regards sont fixés sur ce prodige , que l'empire romain semble reconnaître pour son Messie. Mais si Octave avait pu un instant étonner le monde , il ne lui était pas donné de remplir son espérance , et de fonder la liberté sainte dont il se montrait impatient dans sa soumission spontanée. Cette haute réparation de la liberté vieillie appartenait à Dieu seul, comme lui avait appartenu celle de la liberté naissante. Les temps sont enfin expirés....!

Le Verbe de Dieu tant annoncé par les phrophètes, et soupçonné par Platon même (In Phileb. , *de Repub.* , l. 7 , *et alibi.*), arrive sur la terre. La vie cachée de Jésus-Christ arrive juste aussi pour laisser aux peuples un dernier intervalle de raison qui puisse les désabuser du fol espoir qu'ils avaient fondé sur les triomphes d'un romain. Auguste aura été exactement tout ce qui était nécessaire pour éveiller l'attente générale, et vérifier la prédiction sur le Messie, *et erit expectatio gentium* (Genes., c. 49, v. 10). Mais, comme il sera loin de la justifier, cette déception reportera les pensées des hommes vers un autre ordre de choses , où la liberté sera pure de tout mélange trompeur. Déjà César a appris au sénat et au peuple romain qu'ils ont perdu cette liberté de tant de siècles , pour laquelle ils avaient déployé tant d'énergie (Dion. Cass. l. 53, 54, 55) : le premier dépouillé de ses prérogatives, et ne conservant qu'un vain commandement sur certaines provinces ; les droits de bourgeoisie devenus pour le second plus difficiles à obtenir ; les esclaves n'ayant plus à espérer d'affranchissement que par la débauche et le crime ; les récompenses refusées plus souvent au mérite guerrier ; la sévérité la plus absolue , avec des exceptions flétrissantes ; les lois sur le service prétorien plus rigoureuses ; la justice ôtée à la préture ; la ville de Rome voyant pour la première fois la force armée exercée journellement dans son enceinte ; la liberté de voyager bornée pour la noblesse à la seule Italie ; l'administration intérieure changée et convertie en plusieurs sortes de préfectures , toutes plus oppressives les unes que les autres ; l'élection des magistrats par le sénat, esclave de la proposition impériale ; le titre de grand pontife attribué à l'empereur (1) : ses recripts ayant force de loi ; tout , depuis les chaises curules jusqu'au dernier chaume, tout gémit sous un joug plus dur que n'en avait imposé jamais la puissance orageuse des tribuns et des dic-

ANS
DE
ROME.
747.

ANS
DU
MONDE.
4003.

ANS
DE
J.-C.
1.

_____

(1) Sueton, *Vie d'Aug.* — Juven., *Sgty.*, 13, 16. — Denis d'Halic., l. 4, c. 6. — Dion., *Cass., ibid.* 52 - 53.

tateurs. C'est la marche triomphale du despotisme qui abrutirait bientôt tous les courages, jusque-là que le cruel Tibère s'étonnera lui-même de la bassesse de ses sénateurs (Tac., *ann.* ; l. 3 , c. 66 , 70). Ainsi la plus abjecte servitude semble déjouer encore une fois *l'espoir des nations.* Mais Jésus-Christ sort du désert, comme le soleil s'élève sur l'horizon. La vérité resplendissante va dissiper tous les nuages de l'esclavage.

CHAPITRE QUATRIÈME.

TEMPS CHRÉTIENS.

§ I.

LA LIBERTÉ PRÊCHÉE PAR JÉSUS-CHRIST EST LA SEULE VRAIE LIBERTÉ :
(L'HOMME MAITRE DE SES PROPRES PASSIONS ET SUPÉRIEUR A CELLES
D'AUTRUI.)

ANS
DE
J.-C.

Nous avons vu disparaître de la scène du monde , avec la rapidité de l'éclair , les états et les grands hommes , par la seule nécessité de subir la loi du plus fort. Il est vrai que les idées religieuses , chez le peuple de Dieu , arrêtèrent souvent le mal dans ses progrès envahissans , et qu'une certaine crainte de la divinité , bien ou mal conçue , fixa chez les payens quelques barrières à la folie humaine. De là ces différences délicates et presque imperceptibles , qui distinguent les nations les plus jalouses de leur indépendance , d'avec celles qui n'en soupçonnaient pas. Mais ces nuances du tableau politique s'étendent sur un fond toujours sombre d'esclavage, où les épées, en faisceaux , et les chars triomphateurs , et les monceaux épars d'ossemens et de ruines jettent de noires ombres qui dominent toutes les couleurs de liberté.

L'homme avait tout épuisé : les ressources misérables de la guerre meurtrière , les expédiens séducteurs de la dispute philosophique ; rien n'avait pu lui découvrir l'abîme d'où l'hydre de l'esclavage exhalait son venin mortel. Jésus-Christ seul se charge de l'ouvrir. Dieu , il terrasse l'orgueil humain, en montrant sur le front de Satan , l'origine de toutes les ambitions et de toutes les fausses gloires. Il le force dès le premier essai , de se déclarer l'instigateur de la domination et des conquêtes. Homme , il ne veut sur la terre qne des frères , auprès desquels il s'approche comme le truchéman de la liberté. Il veut qu'on sache d'abord que la souveraineté en est comme le criterium ; puis il enseigne où la souveraineté réside.

Je suis roi, dit Jésus (St. Jean , ch. 18 , v. 37) aux docteurs, et par eux à tous les politiques du monde. Ma royauté est une royauté de réparation, comme devraient l'être toutes les autres royautés. Les rois de la terre, pour ne s'éloigner pas de leur institution, auraient dû ne jamais oublier qu'être roi , c'est être père; qu'être père , c'est être sauveur , et qu'ainsi leur souveraineté consistait à protéger l'innocence et la faiblesse malheureuses. *Je viens donc accomplir toute loi* (St. Math. ch, 3) , en rappelant la puissance à elle-même. Qu'elle apprenne donc que la liberté ne vient point de l'épée; car *celui qui se sert de l'épée périt par l'épée* (St. Math. ch. 26, 52) ; qu'elle ne marche pas avec la pompe des triomphes, car je la laisse à César, que les triomphes n'empêchent pas de craindre pour son nom récemment abhorré. Je ferai de la liberté par l'acte du dévouement le plus grand qui soit au monde , par le sacrifice de moi-même pour tous les peuples de l'univers. J'aurai ainsi trouvé cette vérité cachée à l'orgueil humain : que la liberté naît de la servitude; car le maitre est plus grand que son serviteur; et pourtant, on le verra dans ma personne, il faut que le serviteur soit servi par son maitre. Dans un gouvernement humain, de deux choses l'une : ou le roi sera l'esclave de son amour pour ses peuples , et alors ceux-ci seront libres sous un tel roi ; ou les peuples seront les esclaves du prince , alors aussi la liberté sera , mais elle sera à peine pour lui seul. Assez et trop long-temps l'erreur des hommes les a tenus serfs sous ce dernier genre de domination. Assez et trop long-temps leur bassesse abrutie a décoré cette servitude des noms fastueux de triomphe et de gloire. La liberté n'était pas sur la terre avec cette confusion des devoirs. C'est en vérité , que je suis venu apporter la paix, qui ne se pourra maintenir que par les rois imitateurs de ma mission. Ces majestés secondaires qui marchent pour *décerner la justice* (Proverb. , 8 , 15) , sont, comme moi , des majestés envoyées pour la liberté des peuples; elles doivent se faire à mon exemple , pères de leurs ennemis ; esclaves de leurs sujets : *non veni ministrari , sed ministrare* (St. Math. , 20 , 28). Je suis pontife aussi : le sacerdoce est aussi une royauté ; il est même , de toutes les royautés, la plus auguste , puisque son office est de pacifier le ciel et la terre. Il est le char consolateur d'où la paix retombe sur la terre , comme le manteau du prophète , après qu'un nuage d'encens a dérobé le feu du sacrifice. Mais le ciel irrité ne veut souffrir qu'en moi l'union sacrée du sceptre et du pontificat, l'un et l'autre , souillés tant de fois par de profanes mains. Souverain réparateur , le Christ mourra couronné sur l'autel pour laver de son sang les violations du sacerdoce et les attentats du diadème , tout doit se terminer par une solennelle réconciliation en celui *qui pacifie toutes choses* (*Ep. aux col.* ch. 1 , 20). C'est en lui que les deux puissances sont confondues pour en sortir amies , par le sentiment de leur commune origine et d'une sainte fraternité. Mais après ce rapprochement nécessaire , où la *justice* , escabeau des rois, *saluera la paix* (Psaum. 84, 11), marchepied des pontifes , il faut qu'à jamais soient séparés le bouclier des monarques et le thumaim du grand-prêtre.

Qu'à *César soit rendu ce qui est à César , mais à Dieu ce qui est à Dieu* (S. Math. , 22 , 22).

L'entendez-vous , Pilate , continue avec force , le dieu réparateur ? Ni votre maître , ni vous , *n'auriez sur moi de puissance,* si par une exception salutaire , *le ciel ne vous l'eût donnée* (St. Jean , ch. 79 , 11). Ce pouvoir de juger le sacerdoce ne vous est laissé maintenant que parce qu'il est *l'heure où l'ignorance s'enveloppe dans ses dernières ténèbres.* Mais c'est pour expirer aussitôt dans votre bouche sacrilège , par la plus énorme de toutes les tyrannies , par la condamnation de la Divinité reconnue. . . . *Non haberes potestatem in me ;* et vous mes bien aimés que j'appelle apôtres , parce que vous allez être , non les lieutenans , mais les confidens même de Dieu , entendez-le bien aussi : *les nations ont leurs princes pour dominateurs* (S.-Luc , 22 , 25.); pour vous, demeurez étrangers à cet exercice de ma double puissance. Vous aurez sans doute quelque chose de ma plénitude, mais uniquement dans l'objet et la commémoration de mon holocauste, qui est la rémission des péchés : *vos autem non sic.*

C'est ainsi que Jésus-Christ pose les bases de la souveraineté. Il n'était pas échappé à la divine sagesse que l'arbitraire du pouvoir et les prétentions du fanatisme religieux avaient été les deux causes principales de l'esclavage des peuples. La lance et la philosophie, l'épée et l'encens : voilà ce qui avait subjugué les corps, égaré les âmes. Rien de plus facile à découvrir : et pourtant l'univers gémissait sous le poids d'un si simple problème.

Après avoir parlé aux puissances, Jésus-Christ s'adresse à la multitude. Jusqu'à présent , dit-il à la foule empressée , *vous avez jugé des choses selon la chair* (S.-Jean , 8 , 15.) , estimant liberté , par exemple , certaines garanties contre l'oppression puissante , ou appellant servitude la dépendance ignoble d'un caprice brutal. C'est hors de vous que vous avez placé la politique de votre bassesse , l'argument de votre libération. Mais c'est de votre propre fonds que naissent tous les germes de votre assujétissement. Si vous êtes esclaves , songez que vous l'êtes premièrement de votre erreur. Vous calculez votre bonheur sur les chances de votre prospérité corporelle, et ce qui s'y oppose , vous êtes accoutumés à le nommer tyrannie. Mais les mécomptes d'une vie agitée ne vous convainquent-ils donc pas que la liberté est loin d'une convoitise , qui devient insatiable dans ses jouissances même ? Faut-il donc vous dire de plus que *c'est élever un édifice de boue , que de bâtir sur des pensées de chair.* Monde pervers , n'es-tu pas une arène fatale, où jouent leur liberté tant d'insensés mortels ! Ne se promettent-ils pas tes acclamations, et les plus misérables d'entr'eux , une immortalité capricieuse ! Voilà pourtant qu'arrivés à un but donné , après s'être consumés dans l'esclavage de leurs désirs , ils trouvent encore l'esclavage, dans un honneur futile , confus comme des coupables , honteux comme des mercenaires, jouet ignoble de leur cupidité, et plus encore d'inconstans admirateurs : *Vos de mondo hoc estis*. Cette illusion pourtant doit être accablante. Une tyrannie secrète ne fut jamais une jouissance paisible et vraie, une liberté naïve. Le poisson qui suit l'appat de l'hameçon et l'oiseau qui répond à l'appeau prisonnier, sont-ils donc encore libres dans leur fol élan sous la main rapace (Ecclésiaste, 9, 12, 13, et suivans.)! *En vérité, je le dis :* le plus esclave de tous les hommes est celui qui l'est de ses passions. Avec elles il est sûr de se créer mille dominateurs. Il poursuit un fantôme, et *la vérité n'est point en lui*. Voulez-vous savoir pourquoi la vérité serait son affranchissement? retenez bien que c'est parce que la vérité nomme les choses par leur nom. Avec la vérité, les exactions sont de la violence, les concussions sont de l'injustice, l'arbitraire est de l'usurpation; avec la vérité, les droits sont inviolables, les consciences sacrées, les devoirs réciproques, les faiblesses communes ; avec la vérité, nommer un prince, c'est nommer un patriarche, c'est nommer la souveraineté, c'est nommer Dieu. Nommer la société, c'est nommer une famille, une patrie; nommer la liberté, c'est nommer la protection, c'est exclure la licence, c'est admettre le respect, c'est invoquer la sûreté des personnes, c'est nommer la sagesse des mœurs, la stabilité des choses, c'est nommer la religion. O mortels ! l'erreur a donc fait jusqu'ici votre liberté et votre esclavage ! Connaissez seulement ce que vous êtes, la profondeur de votre néant et celle de votre malice. Connaissez que le premier de tous les jougs, le joug plus pesant mille fois que les chaînes imposées par les triomphateurs, est le joug du péché, qui vous dégrade en vous soumettant à la violence de vos désirs. Il vous rend sujet de ces monarques absolus, qui ordonnent toujours sans pouvoir attendre d'être obéis, ont pour cortége la honte échevelée et le remords frémissant, pour conseil les passions, pour sceptre la crainte, pour diadème un bandeau, pour ministres des sens révoltés, pour courtisans des plaisirs trompeurs, et pour sceau le cachet de l'aveuglement. Connaissez du moins le joug que vous portez ; connaissez de qui vous êtes le jouet, *et il suffit :* vous aurez trouvé la liberté, comme la trouve, à son réveil, un homme que tenait accablé un songe fatigant. Mortels, si vous êtes mes disciples, vous le serez de la liberté, car *je suis la vérité* qui affranchit.

Vous serez libres, lorsque votre esprit désabusé de la gloire frivole estimera la pauvreté. Que peuvent les tributs exigés par César contre une âme pauvre dans ses goûts, et lorsqu'un Dieu s'est fait pauvre pour les payer? Méprisez, oui, méprisez le faste et la mollesse, vous aurez déposé un pesant fardeau, vous aurez salué la liberté : *Verè liberi eritis* (St. Jean, 8, 36).

Vous serez libres, quand vous serez maîtres de votre humeur impétueuse (St. Math., 5 ; 3, etc.), importune pour vous et pour les autres.

Les résistances, pour vous déplaire, n'en sont pas moins inévitables ; le moyen d'en triompher, est de s'en laisser vaincre. La patience devient de l'énergie, dès que les maux sont nécessaires : *Verè liberi eritis.*

Vous serez libres, lorsque votre cœur comprimé pourra dilater son affliction, *parce que vous serez heureux,* comme on l'est quand on confie à ses larmes des chagrins impuissans. Rien d'humain ne pouvant soulager ce que personne ne sent que vous et comme vous, votre unique consolation doit vous venir du ciel, par celui qui voit la justice de votre douleur : *Verè liberi eritis.*

Vous serez libres, si votre cœur sait surmonter une injure ; si *votre compassion* pour votre frère éploré va jusqu'à l'amour ; si vous êtes accessibles au sentiment qui sait pardonner : *Verè liberi eritis.*

Vous serez libres, si vous désirez que l'équité fleurisse ; si vous la voulez dans l'inflexibilité qui vous frappe, comme dans la défense qui vous protège. C'est cette double mesure qui fait la justice des droits et le sens commun des devoirs : *Verè liberi eritis.*

Vous serez libres, si votre âme repousse toute corruption ; si vos mains sont *pures* de tout présent adulateur, votre bouche de tout charme étudié, vos yeux de toute concupiscence, vos pensées de toute souillure. Rien de plus serf que l'appétit des sens ; rien de plus libre que le mépris qu'on en fait : *Verè liberi eritis.*

Vous serez libres, lorsque vous *serez pacifique,* parce que la paix protège tous les droits, et que la protection de tous les droits est de la liberté. Ne rêvez plus de changement : fuyez jusqu'à l'ombre de la nouveauté ; toutes choses qui détruisent la paix publique et le repos domestique. Tenez-vous à l'ordre existant. La soumission aux puissances est l'axiome imprescriptible de la liberté : *Verè liberi eritis.*

Persécutés même vous serez libres, si on poursuit en vous l'innocence, parce que l'innocence échappe aux investigations de la malignité ; vous pourrez *souffrir,* mais la persécution vous laissera toujours assez de liberté pour la convaincre d'injustice ; vous pouvez être atteints par des coups homicides, mais songez que votre âme n'a rien à craindre des bourreaux ; vous serez donc toujours libres dans la partie la plus noble de vous-mêmes : *Verè liberi eritis.*

Enfin *vous serez libres,* comme l'est le fils de l'homme, quelques sacrifices qu'on vous impose, si vous savez être plus grands que tous les sacrifices, *obéissant de son obéissance.* Vous pourrez dire de vous ce qui est écrit de lui : *j'ai voulu* ce que j'ai souffert, c'est pour cela que j'ai su souffrir. Voilà la liberté que le monde n'avait plus entendu ; ce n'est pas de ces libertés, fruit des conquêtes d'un jour, qu'un crieur public est chargé de préconiser sur la blanche haquenée ; ce n'est pas de ces libertés éphémères que l'argument et la dispute enfantent ; libertés sauvages, qui ne régissent que certains lieux auxquels exclusivement elles sont propres, que certaines races, certains avortons de l'espèce humaine; libertés étroites qualifiant esclaves tout ce qui n'est pas circonscrit dans des limites arbitraires, dans le point indivisible d'une circonférence mathématique ! La liberté de Jésus-Christ est bien autrement amie du genre humain ; elle l'embrasse tout entier ; elle comprend l'universalité des êtres pensans ; tout ce qui sent battre son cœur est soldat de la liberté Chrétienne, elle n'est point, comme l'ont dit, ingrats ! ! ! des voluptueux fascinés, un vain spiritualisme, une idiologie abstraite, une perfection inaccessible; elle est faite comme le cœur de l'homme, noble, générale, sympathique ; elle est propre à toutes les individualités, à toutes les sections sociales, comme la source qui jaillit au premier occupant, parce qu'elle renferme un fonds inépuisable, proportionné à toutes les occurrences, à tous les besoins; parce qu'elle est mesurée sur l'intensité des désirs mortels. Cette liberté doit donc être la véritable; car si elle s'adapte à tous les gouvernemens, à toutes les formes de la politique, à toutes les hypothèses de société, à tous les élémens de souveraineté, elle est une, et si elle est une, elle est vraie. Or, Jésus-Christ n'exclut aucune sorte de combinaisons politiques ou sociales dans l'appel qu'il fait au monde. Oligarchie, république, empire, démocratie, monarchie, aristocratie, interrègnes, régences, monarchie tempérée, gouvernement despotique; états représentatifs, diètes, congrès; tétrarchat, consulat, dictature, archontes et califes, satrapes, beys, deys et mandarins, tout a sa part à la liberté du Christ, parce que cette liberté ne demande que des cœurs, et partout il y a des cœurs, parce que partout il y a des hommes. C'est un divin Talisman fondu sous la planète de la rédemption : à la vertu duquel le genre humain est invité de confier son bonheur. Cette liberté parle à toutes les âmes. Jésus-Christ s'attache à ce qu'il y a dans l'homme d'immortel, afin qu'il sente bien que la liberté n'est rien de terrestre, est impérissable comme lui, et qu'il ne doit pas l'attendre des collisions de la science et des lumières profanes.

Voilà donc la liberté constituée enfin ; il n'est plus besoin de la définir : comme ces sons graves de basse-taille qui dominent toute une symphonie, et n'ont besoin que d'être entendus pour être distingués, la liberté chrétienne se fait remarquer du milieu de toutes les autres libertés par le seul accent de son unité. C'est Dieu qui révèle la nature, et c'est la nature qui reconnaît son maître. C'est la vérité qui parle, et la conscience qui doit exécuter. Nulle mention de pénalités corporelles, d'amendes afflictives, pour astreindre les volontés insoumises à une loi convenue : nulle question de sermens, d'hommages, de vasselage. **La véritable liberté ne peut être ni commandée ni jurée.** Elle est avant tout serment, toute pénalité, toute loi. Elle est la conscience; et comme il n'est qu'une conscience sur la terre, la liberté véritable ne veut aussi qu'une nation, parce qu'il n'est qu'un Ciel et qu'un Dieu. Avec la liberté chrétienne, il n'est qu'une justice, qui est l'ordre éternel, qu'un tribunal qui est la miséricorde, qu'un pouvoir qui est la rédemption, qu'une obéissance qui est la foi ; et tout ce qui ne se rapporte pas à cet ordre éternel, à cette miséricorde, à cette rédemption, à cette foi, n'est ni l'obéissance de la liberté, ni la règle de la liberté, ni la justice de la liberté, ni le tribunal de la liberté, ni le pouvoir de la liberté. Telle est la révélation que daigna faire à l'homme l'Homme-Dieu, lorsqu'il assure que dès le commencement toutes choses *avaient été renfermées dans l'incrédulité* (Épit. aux Rom., II-32). C'est à nous de conclure que tout doit donc ressortir par la foi. Là-dessus il a fait sa promesse : que sa liberté ferait le bonheur des générations qui voudront y croire. Nous verrons s'il saura la tenir. Nous suivrons cette liberté chrétienne dans ses périodes les plus marquées : les persécutions, les hérésies, les conciles, les croisades, les Papes et les concordats : les faits répondront aux déclamations, et les monumens aux préjugés.

§ II.

QUELLE INFLUENCE SUR LA LIBERTÉ EXERÇA L'ÉGLISE DANS LA PERSÉCUTION
DE TROIS SIÈCLES.

Déjà la religion chrétienne s'élève dans l'orient au-dessus de toutes les pensées humaines ; déjà tout s'agite ; on se presse ; on suit l'attrait d'une parole féconde en charmes inconnus. Les Apôtres, soumis d'ailleurs aux tributs, ne tarissent pas sur l'esclavage honteux qui pèse sur le genre humain. Bientôt, ils ne peuvent suffire à la foule qui veut être chrétienne. L'empire romain retentit de ce changement subit. Tibère même croit que Jésus-Chrit n'est pas indigne de l'apothéose. Les Parthes, les Mèdes, le connurent. Les Crétois, les Italiens s'en étonnèrent. Le Pont et l'Asie, les Egyptiens et les Arabes s'en ébahirent. C'est la première fois qu'on vit des hommes de toutes nations se ranger par milliers sous l'étendard d'un proscrit.

Mais la même raison qui avait fait naître la haine des Payens et en particulier des derniers Romains contre les Juifs, arma toutes les puissances contre le christianisme. Les Chrétiens ne parurent aux yeux des peuples que les héritiers haïssables des prétentions judaïques ; et comme la morale judaïque avait à se reprocher tous les mécomptes que l'idolâtrie et la tyrannie avaient successivement subis, la morale chrétienne devint responsable des ébranlemens qui commençaient à s'opérer dans les esprits et dans les choses. En vain donc se servait-on à Rome du prétexte que la religion de Jésus crucifié était une nouvelle secte ; elle n'était au fond regardée que comme la continuation de cette ancienne synagogue, traitée par les historiens de superstition odieuse à toute la Gentilité (Tac. vie de Néron). On supposait que cette religion n'était qu'une complication récente des différends des Juifs, qu'un accommodement trop indulgent avait rendus d'autant plus insoumis. Ainsi, les regards des empereurs romains se trouvèrent naturellement portés sur l'Eglise naissante.

L'insensé Caligula, dont le nom seul est le déshonneur de l'humanité, s'en prit au temple de Jérusalem des progrès rapides que faisait la croix du Christ, et ne crut pas lui insulter plus efficacement qu'en faisant dresser sa statue dans la maison de Dieu. Ainsi, le judaïsme n'était pas distinct dans l'opinion payenne du Christianisme, ou il ne l'était qu'en ce que la morale de celui-ci, plus alarmante pour les passions, inspirait aussi plus d'horreur.

Voilà comment commença la persécution de l'Eglise; c'est-à-dire, par la confusion de ceux dont l'espérance fanatique les portait à secouer impatiemment le joug, avec ceux qui s'étudiaient dans la beauté de leurs dogmes et la perfection de leur vie à supporter en toute patience, comme leur divin maître, les calomnies atroces et l'arbitraire impitoyable.

Les juifs se révoltaient; les chrétiens se piquaient de leur obéissance aux Césars et à la puissance publique; la justice eût voulu distinguer l'innocent du coupable; mais, quelque chose de plus pressant que toutes les considérations de justice agissait sur les esprits : erreur ou prétexte, la tyrannie voulait que les uns et les autres fussent enveloppés dans une proscription commune. Telle fut toujours sa tranchante logique : elle ne veut pas d'une obéissance qui prie, mais d'une sujétion qui tremble. Une soumission, qui porte avec elle sa consolation, est une soumission accusatrice : il faut au despotisme une soumission de désespoir qui flatte les artisans de ses fers. C'est par là, dit Tacite quelque part, que se trahit la servitude qu'aiment les tyrans : *Adulatio fœdum crimen servitutis.* Le principal grief des chrétiens était donc de ne pas flatter les désordres de leurs maîtres temporels, de ne pas se taire davantage sur les vices des princes et des grands que sur ceux de la multitude, et de savoir souffrir de la même main que leur morale trouvait criminelle. Rien de plus désespérant que la défaite, quand on a la force. Le christianisme avait beau être innocent, il montrait trop combien il l'était. C'était crime, si non de ne pas penser comme le reste de l'empire, du moins d'oser baiser le poignard qui victimait.

Cependant, c'était là où Dieu attendait l'humanité pour lui révéler la vraie liberté. Les règnes monstrueux de l'infâme Caligula et du féroce Néron, étaient faits pour dessiller les yeux les plus abusés. Quelle comparaison, grand Dieu, de ce que les proconsuls d'Asie transmettaient aux Romains sur l'innocence des Étienne, des Paul et des Fidelles de Jérusalem, avec ce que voyaient ces mêmes Romains de révoltant, de tyrannique et de scélérat sur le trône des Augustes!! Quelle liberté à Rome, sous le premier de ces règnes, où la cruauté la plus

froide et la plus extravagante versait des flots de sang, pour le plaisir
de les verser, désespérée *que le peuple romain ne fût pas une seule
téte, pour être abattue d'un clin d'œil!!* Quelle liberté, sous le second,
où la brutalité la plus dégoûtante et la plus forcenée, obtenait d'un
sénat bassement vil, les éloges du parricide, étalait publiquement des
désordres contre nature avec ordre d'applaudir, et ne formait d'autre
vœu que de voir brûler le monde entier de la même main qui venait
d'incendier dix quartiers de la capitale!! Ciel! quelle liberté! en regard de cette bienveillance spontanée que la prédication de la croix
inspirait à tous les hommes, dans Jérusalem! en regard de ce courage
sublime, de cette vertu pure et céleste qui rapprochaient tous les cœurs
comme si des milliers de proscrits n'avaient fait *qu'une âme* (*Act. des
Apost.*, 4, 32.) Lesquels donc étaient les plus libres, ou de Sénèque,
applaudissant son empereur assassin, ou de S.-Paul, confondant
Agrippa, ou de S.-Pierre, défiant ses juges de lui fermer la bouche,
ou de Burrhus, battant des mains aux comédies de Néron! Où croit-
on que la liberté régnât le mieux, ou dans le sénat romain, instrument
obligé de l'arbitraire couronné, ou dans le concile de Jérusalem, oracle imperturbable de la foi combattue? Certes, c'était bien de la liberté
que cette humble intrépidité d'acheter sa foi au prix de son repos et
d'une vie qu'il était peut-être facile de conserver! et c'était bien aussi
de l'esclavage, et de l'esclavage bien honteux, que cette admiration
hypocrite des forfaits barbares, dont il n'eût pas été impossible de
faire sentir l'exécration à leurs auteurs même! Le *fœdum* de Tacite
est donc l'auréole des chrétiens!

C'était ainsi que se révélait l'influence que le christianisme devait
exercer sur les âmes. Respect absolu, d'une part à l'ordre et même au
glaive des puissances: mais, de l'autre, opposition constante à l'impiété
et au dérèglement, fussent-ils sur le trône. De cette manière, les
chrétiens demeurèrent toujours libres. Ils l'étaient dans leur vénération
pour les pouvoirs établis, parce que cette vénération était dans leur
conscience, et ne les obligeait à aucune approbation des écarts de l'autorité. Ils l'étaient dans les prisons et dans les fers, parce qu'ils y conservaient la sainte audace de confondre leurs persécuteurs, non par des
reproches sur leur injustice, mais par l'exposition constante de leur
propre innocence.

Tel était le spectacle qu'offrait au monde avili par ses maîtres, la religion chrétienne, si injustement accusée plus tard d'avoir été l'appui de
la barbarie renaissante. Trois siècles de proscriptions sont tout ce qu'on
peut présenter de plus à la portée de certains esprits, qui ont plutôt fait
de jeter sur le catholicisme l'odieux de ce qu'ils appellent *guerres de
religion*, que d'apprendre ce que c'est que religion, ce que c'est que
catholicisme.

On commençait à n'en pas juger de même, dans ces temps où les exactions de la tyrannie la plus effrontée tombaient indistinctement sur tout ce qui rappelait quelque idée de morale, ou offrait quelque mérite. Lorsque rien n'était épargné, le christianisme ne pouvait causer qu'une diversion. On ne s'avisait pas de l'accuser d'avoir provoqué des excès de tous genres, quand on voyait abattre les têtes et les statues des grands hommes, des mêmes coups dont les têtes chrétiennes étaient frappées. Si les bustes d'Homère, de Virgile, de Tite-Live n'échappèrent pas aux fureurs d'un Caligula, que conclure de celles d'un Néron contre l'Évangile et les chrétiens, sinon que les fureurs du dernier avaient besoin d'un prétexte atroce, comme la prévention de l'incendie de Rome, pour se jouer dans le sang, qui était sa passion ? si les plus illustres personnages dont la philosophie romaine put s'honorer, succombèrent sous le couteau d'un Domitien, tels qu'un Helvide, un Rustique, un Sinécion, etc., que faut-il penser de sa barbarie contre saint Jean et le reste des apôtres, sinon que toute morale lui était également odieuse? Les bêtes féroces étaient donc lancées, lorsque la religion de la croix fut traînée dans l'amphithéâtre. Les chrétiens se trouvaient donc n'avoir rien provoqué. Ils furent là seulement pour profiter de la disposition meurtrière des monstres que la constance avait le tort d'acharner.

Mais comme c'est le propre du courage de l'inspirer, les chretiens d'abord haïs, devinrent bientôt un spectacle d'admiration. Humainement on ne savait expliquer cette reproduction de victimes, qui s'offraient aux bourreaux déconcertés, ni comment le sang des chrétiens était une semence de martyrs (Tert. *Apol.*). Il devenait dès lors nécessaire de leur supposer des motifs sublimes et une force divine. Les imaginations s'échauffaient, les âmes s'évertuaient, le danger pressant qui allait, selon Tacite (*Vie d'Agricola*), à n'oser dire ce qu'on voulait et à la misérable nécessité de dire ce qu'on ne voulait pas, réunissait toutes les pensées dans le plan d'une résistance méritoire. Vindex lui-même, qui n'était pas chrétien, écrivait à Galba *d'avoir pitié du genre humain dont le détestable maître* (Néron) *était le fléau.* Ainsi la religion chrétienne, en inspirant un héroïsme pur et céleste, était la ressource du temps (Suet., sur Domit.), l'unique point d'appui de la liberté. La religion était là pour sanctifier le courage, devenu indispensable, pour prévenir le désespoir, devenu irrésistible; pour animer la vertu, devenue seule redoutable. Puisqu'il fallait mourir, on désirait de mourir juste: c'était la seule consolation qui demeurât au malheur. L'élévation des dogmes chrétiens se faisait sentir en présence des chevalets et de la poix bouillante. La croix cessa d'être ignoble; elle fut souvent la terreur des bourreaux même et quelquefois leurs délices. La liberté des victimes fut donc la seule liberté qui restât sur la terre. Au torrent des cruautés les plus inouïes pouvait seule s'opposer une digue de cadavres. Il n'y avait pas d'autre moyen d'ouvrir les yeux aux païens que de leur montrer l'empire Romain décimé. Ainsi s'ac-

cordait la politique avec les maximes qui consolaient les chrétiens et
leur attiraient tant d'imitateurs. Car, que pouvaient les édits des empereurs et la mort contre ceux qui ne voyaient d'autre espoir que dans
la mort ? Et la tyrannie pouvait-elle faire autre chose que s'user elle-
même contre des hommes auxquels la nécessité et les faveurs surna-
turelles avaient persuadé de bénir la tyrannie ? comme l'épée ne blesse
que ce qui cède au tranchant, la tyrannie n'a de force que contre ceux
qui la craignent. Les gouverneurs romains le sentirent (Just.,
Apologet. pro Christ.); mais il était trop tard pour le compte du despotisme. Le christianisme avait été compris. L'univers, par l'instinct
de sa conservation, instinct dont la Providence ne fit que se servir,
l'univers plantait la croix de Jésus-Christ. Les Nerva, les Trajan, les
Adrien, les Marc-Aurèle, les Antonin, les Galère, eurent beau vouloir suspendre le cours de la persécution, l'esprit humain s'était fait à
ne plus compter sur les lois terrestres (Rufin, *Hist. Eccl.*, l. 4, ch. 9).
Il était irrévocablement tourné vers les inspirations d'où il avait tiré
sa liberté dans l'oppression ; la paix ne fit que le rendre plus calme
dans sa conviction ; sa liberté n'en devint que mieux raisonnée. Le désir du martyre fut long-temps encore une spéculation de la vertu ;
car, on vit souvent ce qu'il y eut, dans un sexe faible, de plus accompli
en beauté, et, dans les charges publiques, de plus recommandable en
probité, courir aux tribunaux les suppliant de les croire chrétiens
(Tert., *Ad. Scap.* 5. 82. *Edit. Rigalt.*).

Eh ! bon Dieu ! que serait donc devenu l'univers, si le christianisme
ne se fût présenté en face des léopards couronnés, auxquels rien n'était
comparable dans les plus diaboliques tyrans de l'antiquité ! ! ! Tout
aurait donc fléchi le genou devant les assassins de la liberté ! C'en était
donc fait d'elle. . . . ! L'homme eût fini par le désespoir de l'abrutissement, et la société n'eût plus été que l'image des forêts ! ! . . .

Mais, grâces au Christianisme, les âmes se souvinrent qu'elles pourraient échapper aux outrages et à la violence. En vain sept empereurs
avaient-ils successivement juré sa ruine ; leur stupide cruauté se déclara
vaincue, au plus fort de ses triomphes.

L'église de Jésus-Christ força donc la barbarie de reculer devant son
propre ouvrage. La voie des remontrances, qui faisait la liberté des
martyrs, tels qu'un Quadrat, un Aristide, un Spérat, un Maurice et la
légion thébéenne, fit que le sénat confondit souvent sa propre défense
avec celle des chrétiens, et procura les intervalles de liberté qu'obtint
l'empire Romain (Tacit., *Vie de Néron*). Mais ce qui était sacrifice chez
les chrétiens n'était encore dans les païens que de l'indignation. De
toutes parts arrivaient à Rome des cris et des murmures. Le peuple et
les soldats de l'empire croyaient nécessaire de se soulever contre les
empereurs, qui avaient quitté leur ancien poste sous les drapeaux, pour
se faire les bourreaux de leurs sujets. Les assassinats parurent la seule

ressource de la colère publique. L'esprit de sédition fermentait, non seulement à Rome ; mais encore dans toutes les provinces romaines, où s'exerçaient la perfidie la plus atroce, les concussions les plus vexatoires, sous des gouverneurs vicieux comme leurs maîtres. A peine un empereur était-il massacré que son meurtrier montait sur le trône. Chaque général, sorti de la lie du peuple, le disputait à son collègue régnant, et si quelques momens de calme succédaient aux premiers attentats, ils étaient le prélude de quelque grand coup, où les forfaits allaient se renouveler avec une explosion nouvelle : semblables aux volcans, qui ne sont jamais plus redoutables, que lorsque leurs flancs mal éteints retiennent leurs laves brulantes. La tyrannie avait déchaîné toutes les passions en déchaînant tous les genres de cruauté. Ainsi, vers la fin du IIIe siècle, l'intérieur de l'empire était déchiré et par des mains parricides et par ses propres enfans. A l'extérieur, le désordre était au comble ; les nations étrangères, voyant que le moment était venu de tirer vengeance des insultes de l'orgueil Romain, se débordèrent, comme des torrens resserrés, sur ce corps en dissolution. Les Perses, les Goths, les Scythes, les Francs, les Hérules pénétrèrent sans interruption dans l'empire. Bientôt il fut réduit à acheter la paix qu'il avait jadis imposée ; et ses maîtres, si dédaigneux, apprirent à leur tour combien l'abus de la gloire despotique est amer aux vaincus. On vit un jour Sapor, roi de Perse, outrager, mais non selon tous ses mérites, le sanguinaire Valérien, en le faisant servir, à côté de son cheval, de montoir ou d'étrier. La haine la plus irréconciliable était donc allumée entre les Romains et tous les peuples. Les représailles les plus hideuses servaient à étouffer les derniers germes d'humanité ; il n'y avait plus nulle part, ni amour de la patrie, ni vertu civile ; les passions, *que la folie envoie*, dit Cicéron (*De Off.*), comme autant de *furies pour le malheur des hommes*, avaient anéanti les talens, corrompu les cœurs, éteint la lumière, rompu tous les liens qui font la société. Aucune puissance politique n'était capable de ramener les âmes à la justice, à la bienfaisance, à l'amour de l'ordre. Il n'y avait qu'une société d'hommes qui restaient libres au milieu de tout ce tumulte, où l'on ne compta jamais, ni un seul chrétien mécontent, ni un seul chrétien révolté, ainsi qu'eux-mêmes en osaient porter le défi aux persécuteurs ; il n'y avait que cette société dans laquelle il fût permis d'espérer un refuge. Là était la société toute entière, là était la liberté.

§ III.

QUELLE INFLUENCE SUR LA LIBERTÉ EXERÇA L'ÉGLISE AUX PRISES AVEC LES HÉRÉSIES NAISSANTES ?

L'église triomphait du fer de ses bourreaux et par elle la société de ses tyrans. Il restait à triompher des sophismes, également anti-sociaux, que l'hérésie, patrone de la servitude, commençait à opposer à la sainte liberté de l'Évangile.

Misérable esprit de l'homme qui ne sait profiter de la lumière , s'il n'est soutenu d'un secours surnaturel , et qui même méconnaissant sa faiblesse , s'y abandonne , laissant à sa seule suffisance le soin de tout raisonner, comme si la suffisance n'était pas l'écueil de la raison !

Or, pourtant , tel fut le caprice de la raison humaine. On s'était accoutumé, durant la persécution , à mépriser les injustes coups de l'autorité profane ; on avait été frappé de l'opposition radicale du paganisme à l'Évangile , et du rapprochement stoïque de la philosophie et de la croix ; les mêmes chrétiens , qui avaient été assez forts contre l'appareil des buchers, ne le furent plus assez contre la tentation des accommodemens ; l'autorité apostolique , si tranchante et si noble, ne fut bientôt plus aussi révérée ; on crut que la conscience seule devait juger la religion , comme elle avait jugé les persécuteurs , et que l'opinion privée pourrait être le tribunal de la vérité , comme l'innocence privée l'avait été de la tyrannie. Voilà l'histoire de toutes les hérésies : elles ont toutes cela de commun qu'elles substituèrent l'autorité de quelques cerveaux , à l'autorité des pasteurs , héritiers de la foi paternelle ; l'autorité des disciples à l'autorité des maîtres.

Que ne reconnaissent-ils ici leur origine ces chrétiens, en qui coule le noble sang des vieux Français ! Chrétiens maintenant abusés par les despotes réformateurs du xvi⁰ siècle ! Certes , leur découverte a plus d'antiquité qu'ils ne s'en donnèrent. Que ne se prévalurent-ils, ces prétendus novateurs , d'un titre d'affinité avec les temps apostoliques ! ils auraient eu meilleur marché de la logique dont se targua leur autorité ? qu'ils paraissent ici ces grands coupables , aux yeux desquels l'univers, avant eux , était un peuple de sots , et que leurs trop dociles adeptes nous permettent de rejeter sur leurs maîtres l'effronterie dont ils sont les victimes !

Et d'abord ils ne pouvaient ignorer, ces fanaux des temps modernes , que leur idée d'ôter au monde le bandeau de la superstition n'était qu'un bien faible reflet de ces brulantes réformes , qu'obtenaient de radieux dogmatisans contre l'Église naissante. Et puis, qu'ils nous disent s'il y a plus qu'une dissemblance de temps et de lieu , entre le défroqué Luther, ecclésiaste de la nouvelle loi, et le séducteur Dosithée, messie de grâce; entre l'incontinent Zuingle, acharné contre la papauté et le licencieux Simon insultant à saint Pierre par un argent sacrilège ; entre le libidineux Carlostad et le scandaleux Marcion ; entre les déréglés Sacramentaires et les impurs Nicolaïtes; entre le superbe Cerdon et Calvin l'apostat, rejetant tous deux de l'ancien ou du nouveau testament ce qui contrariait leur plan de controverse ; entre le même Calvin allumant un bucher à Servet, et le fougueux Donat. incendiant les églises et les hameaux catholiques ; entre l'impudent Bolsec , carme renégat , et le charnel Hyménée ; entre le concubinaire Œcolampade et Alexandre le cynique , les uns condamnés sous Paul III , les autres excommuniés par saint Paul ? Qu'ils nous disent si cette ressemblance des nouveaux chefs de secte et des premiers hérésiarques n'est pas frappante : au lieu donc de *protester*, en apellant à un futur concile , nos malheureux frères séparés auraient mieux fait de former un appel aux temps passés. La raison l'eût voulu , ainsi que leur liberté , car nous verrons qu'ils ont perdu l'une et l'autre dans leurs instinct novateur. Pour le moment, il reste évident pour eux et pour nous que les hérésies ont une face qui leur est commune, leur insurrection contre l'Église mère. Nous plaignons sincèrement ceux qui seraient assez perdus de sens pour en disconvenir, et si tout le monde en convient, comme on doit convenir d'un fait, il faudrait donc accorder aussi que les jugemens anciens de l'Église , à commencer par ceux des apôtres , formaient contre les sectaires de Wurtemberg, de Genève, de Bohême, de Prague, de Charenton et d'Ausbourg, un corps de jurisprudence à l'épreuve de toutes les controverses ; puisque ce qu'il s'agissait premièrement de savoir, était leur séparation de l'Église reconnue , dans laquelle même selon eux le salut n'était pas impossible ; et que cette séparation avouée était la plus constante de toutes les condamnations. Dès qu'on se fait et qu'on s'avoue un Hyménée , un Alexandre , il n'y a plus de litige possible , on s'avoue livré à Satan par Paul et Timothée.

Or, pour reprendre les choses dès le principe, tel fut le dénouement des premières révoltes contre les apôtres.

Des Juifs , que le fol espoir d'un Messie conquérant , rendait séditieux au moindre signal, débitèrent avec un incroyable fanatisme leurs rêveries blasphématoires contre le Messie crucifié.

Des philosophes , imbus de la science de la dialectique , soumirent aux loix de la dispute , les mystères d'un Dieu incarné.

Des Néophites , ennemis des apôtres , et adeptes des idées du temps , voulurent mêler les traditions judaïques ou les découvertes des moralistes payens à la simplicité chrétienne.

Ces trois sortes de dogmatiseurs s'élevaient contre les églises apostoliques , c'était encore là le combat de la liberté et de la servitude. Les apôtres prêchaient que Jésus-Christ avait délivré les hommes. Leurs antagonistes enseignaient que l'univers était et devait encore demeurer captif. Les apôtres , humbles dans leur mission , ne s'élevaient pas de leurs dons surnaturels : leurs adversaires , superbes dans leur usurpation , ne tarissaient pas sur leurs propres mérites , et s'arrogeaient des caractères surhumains : tels , les Cérinthe et les Ménandre. Ceux-là ne soutenaient leur apostolat que par une vie et une innocence toutes célestes ; ceux-ci ne fondaient leurs prétentions que sur des mœurs impures, bizarres ou extravagantes : tels, les Carpocrate et les Saturnin.

Les premiers avaient une charité douce, qui s'étendait à tous les hommes, qu'ils appuyaient sur des bienfaits miraculeux. Les derniers n'avaient qu'une rudesse dédaigneuse pour tout le genre humain, si on excepte, dit Tertullien, la troupe des initiés, où les *mystères finissaient par une tendresse non équivoque* (Tert., *De Anim.*, ch. 34.). Aussi ne singeaient-ils la puissance apostolique que par des prestiges, protecteurs des plus grossières superstitions, si ce n'était pas toujours des plus infâmes déréglemens : tels les Simon, les Ébionites.

Il est aisé de voir, par la nature même de la controverse que, du côté de la doctrine des apôtres, tout tendait à la paix des âmes, à la liberté de l'esprit et du corps, à la sainteté des mœurs, et que, du côté de leurs contradicteurs, tout allait à la dépravation des consciences, à l'esclavage de la raison et des sens ; les apôtres se contentaient d'abord de l'exposititon de la foi des vrais chrétiens ; ils faisaient plus encore : ils exhortaient, ils suppliaient, ils avertissaient, ils pleuraient, ils pardonnaient. Quel spectacle d'amour et de liberté n'offraient pas les Fidèles, lorsqu'en témoignage de leur affranchissement, ils mettaient aux pieds des apôtres leurs biens et leurs familles ! Quelle société-modèle que cette sainte communication, d'où étaient bannis l'intérêt qui opprime, l'ambition qui se précipite ! Une si belle société ne devait pas durer : il y avait plus que de l'homme dans cette absolue abnégation. Les hommes ne pouvaient songer qu'à s'en rapprocher le plus que leur permettrait leur vertu bientôt dégénérée. Le plan de la liberté parfaite une fois tracé, c'en était assez pour la solidité du principe. Ce plan était l'ouvrage des dons surnaturels; c'était des dons surnaturels qu'il fallait l'attendre. Aussi les apôtres laissèrent-ils ce soin à Dieu et à l'amour de la perfection. Mais, *le ministère de la parole* devait s'opposer au torrent des novateurs que le *ministère de la charité* ne contenait plus. Les nouveaux convertis suivaient déjà en esclaves ces hardis meneurs de la tyrannie sophistique. L'église de Jérusalem, celle d'Antioche furent les théâtres des divisions qui commençaient à déchirer le corps mystique de Jésus-Christ. Les uns voulaient être à Céphas, les autres à Paul, d'autres enfin à Apollon. La longanimité apostolique devait avoir son terme. Les rebelles prédicans furent chassés de l'église : et défense faite aux fidèles de communiquer avec tout hérétique : *hœreticum hominem. . . . . devita.* (*Epit. à Tit.*, 3.) Ce fut par cette salutaire rigueur que toutes les sectes naissantes tombèrent dans l'oubli, avant même la mort des apôtres. Ainsi fut rendue la paix, non-seulement aux Églises, mais aussi à la société, qui cessa de voir ces tourbes remuantes, dont la révolte spirituelle ne pouvait qu'occasionner le schisme temporel et le désordre politique.

Il faut l'avouer ; les apôtres étaient bien intolérans ! Est-ce que l'interprétation privée de l'Écriture ne devait pas mettre à couvert les imaginations que l'amour des réformes enflammait ? *Est-ce que le Saint-Esprit ne dictait plus aux consciences de chacun les points fondamentaux du christianisme* (1)! Est-ce que le sens littéral des livres saints n'était pas le chiffre mathématique de la foi particulière comme de la foi publique? Y avait-il donc un pouvoir visible plus fort que la lettre du Pentateuque et des prophètes ? Un apôtre pouvait-il menacer *de sa vengeance la désobéissance* prétendue de ceux qui suivaient *l'inspiration privée de la vérité lumineuse par elle-même* (2). Et quoique le protestant Capiton, ministre de Strasbourg au **xvi**ᵉ siècle ne l'approuve pas (*Ep. à Farel*), était-ce donc un grand mal que, du temps des apôtres, comme de son temps, *la multitude eût secoué entièrement le joug, et que les simples fidèles eussent la hardiesse de leur dire, ainsi qu'ils le disaient à Farel et à ses associés génévois : je suis assez instruit de l'évangile ; je sais lire par moi-même ; je n'ai pas besoin de vous?* Fallait-il, dès la faible aurore de l'apostolat, comme le tentait plus tard le synode de Charenton, fallait-il tenter de dissiper tant d'opinions diverses, *empêcher qu'il se formât autant de religions que d'assemblées particulières, et s'opposer à des erreurs autant préjudiciables à l'État qu'à l'Église* (3) ? Voilà donc comment le christianisme a été abandonné dès son berceau à l'intolérance des prêtres! voilà comment l'excommunication a été la première arme des disciples de celui qui voulait sans doute que l'épée spirituelle restât, comme le glaive temporel, dans son fourreau!! Voilà, pour parler le langage d'un autre ministre protestant, *comme l'état de l'Église fut interrompu*, dès sa naissance même, par l'usurpation de ses fondateurs !!! (4)

Quelque ironiques et ridicules que soient ces conséquences, elles sont celles du reproche d'intolérance que tous les novateurs et leurs coryphées de tous les siècles ont vomi contre l'Église romaine. On ne voulut jamais voir que les foudres du Vatican si redoutées et pourtant si peu redoutables pour le reste, partaient du même point et de la même atmosphère que les anathêmes apostoliques. On ne voulut pas avouer le plus constant, peut-être, de tous les faits ; savoir : que les papes ne firent jamais qu'appliquer des précédens, émanés par la plus vénérable antiquité.

Or, ces précédens avaient été nécessaires ; et les hérétiques, eux-mêmes, revenus de leur première extravagance, l'ont prouvé comme nous venons de le voir par leur folle imitation. Accusés insensés, qui ne rougiront pas de se faire accusateurs !! Non seulement les hétérodoxes l'ont prouvé, mais ce qui est non moins concluant, la paix dont

(1) Synode de la Rochelle, *Cons.*, art. 4.
(2) Calvin,, *Instit.*, l. 1, ch. 8.
(3) Syn. de Char., de l'an 1644.
(4) *Conf. Franç. de Jurieu*, 31.

jouit l'empire sous les règnes trop courts des Vitellius, des Vespasien, des Tite, des Nerva et des Trajan. Sous ces règnes, malgré la dévote fureur des architectes idolâtres, musiciens, parfumeurs, statuaires, qui vivaient du culte superstitieux, et perdaient tout en perdant leurs idoles et leurs dieux, les chrétiens ne fournissaient plus matières aux poursuites que la confusion des sectes avaient en partie attirées. Ces empereurs se convainquirent que la politique et les lois s'étaient injustement acharnées contre une religion qui, loin de troubler les États, renfermait des citoyens de toutes conditions, dont le premier devoir était de prier pour la puissance civile et de lui obéir; des prosélytes dont la sagacité faisait trembler les imposteurs qui essayaient de séduire le peuple; des sujets enfin qui, par leur vertu à toute épreuve, servaient la cause impériale, mieux que n'aurait fait une armée bien disciplinée (1). Ainsi la paix était dans l'État, quand elle était dans l'Église : la société apprenait la liberté de la liberté des chrétiens.

§ IV.

QUELLE INFLUENCE EXERÇA SUR LA LIBERTÉ LA TENUE DES CONCILES ?

Pendant que tout sur la terre, calomnies, erreurs, supplices, déployait d'incroyables efforts contre la foi chrétienne, elle se propageait dans tous les pays du monde connu. Sortie de la Palestine, on la voit la même avec ses martyrs et son invincible liberté, en Syrie, en Égypte, dans toute l'Asie-Mineure; en Grèce, dans l'Italie, où, contre toute espérance, elle va bientôt remplacer le despotisme romain. On la retrouve dans les Gaules, dans la Grande-Bretagne, en Espagne, en Afrique, dans la Germanie; les peuples même les plus barbares, voyant que, dans leurs prisonniers de guerre, ils avaient fait la vertu captive, rougissaient d'être vaincus en quelque chose par ceux qui étaient leurs sujets : les Blemuges, les Indiens, les Perses, les Éthiopiens, les Daces, les Maures et les Goths implorèrent le baptême des chré·tiens et demandèrent des pasteurs. Ainsi, sous le joug de ces vainqueurs, autant que sur les hécatombes, la religion avait enseigné au monde une liberté préférable au déchaînement des passions et à la licence des conquêtes. La providence et le temps avaient d'ailleurs tout préparé pour rendre l'Église assemblée, après l'avoir été dans sa dispersion, l'arbitre de la scène politique. Mais il fallait que le front des Césars s'inclinât; bientôt ce prodige dont avait désespéré Tertullien, éclate. Un César fait enfin *savoir aux Romains que c'est la loi des chrétiens qui a*

(1) Tacit., *Ann.*, 15, 3⁵. — Suét.. *in Neron*, l. 16. — Plin., *Ep*, l. 10, lettre 97.

délivré Rome de la tyrannie, par la défaite de celui que les sybilles mêmes avaient désigné comme l'ennemi de l'empire, le féroce Maxence, digne héritier du plus cruel des persécuteurs, Maximien-Hercule. Dès ce moment, la croix paraît arborée sur le Capitole, et empreinte sur les enseignes impériales (1). Que fera l'Église du Christ sous un protecteur tel que Constantin? Pour venger le sang de ses martyrs, sollicitera-t-elle une réaction politique? Cette faveur serait trop indigne d'elle : ce sera, au contraire, dans son sein que l'on trouvera les conseillers les plus indulgens, les ministres les plus sages dont un trône réparateur puisse s'entourer. Le fameux édit de l'empereur cathécumène est en effet peut-être plus remarquable encore par la solennelle déclaration de la liberté de toutes les consciences et de tous les cultes, que par la recommandation particulière qu'il fait des chrétiens. « Ayant « considéré, y est-il dit (Euseb. l. 10, ch. 6), qu'on ne doit refuser « à personne la liberté de conscience sur le choix de sa religion, nous « avons ordonné qu'on permit tant aux chrétiens qu'aux autres le libre « exercice de la leur. C'est pourquoi, moi Constantin Auguste et moi « Licinius Auguste, traitant ensemble de ce qui regarde le bon ordre « et le bien public, nous accordons tant aux chrétiens qu'aux autres « de nos sujets la liberté de suivre telle religion qu'ils jugeraient à pro- « pos : voulant, ajoutaient aux magistrats les deux empereurs, que vous « protégiez et souteniez les chrétiens de toute votre autorité. » Pense-t-on que si Constantin et Licinius eussent hérité de l'impiété idolâtre des César, une telle politique eût pu avoir place auprès de leur trône encore inondé de sang? Et si cette émancipation de l'intelligence humaine n'a pu venir du paganisme homicide, d'où donc peut-elle découler sous deux potentats récemment convertis à la foi chrétienne? Des prêtres saints, des pontifes illustres, des sénateurs cathécumènes, tels qu'un Eusèbe, auraient fréquenté la cour de ces princes, et ce ne serait pas aux conseils des chrétiens que l'on devrait ce monument d'une sagesse inouie et d'une paix sans exemple!!!

La raison et la justice veulent qu'on accuse l'église de Jésus-Christ de s'être ingérée dans cette mesure de la plus haute charité. Qu'on l'accuse d'avoir inspiré aux deux plus puissans princes de l'époque la modération du commandement, l'oubli de la vengeance, le respect de la pensée, le droit public de l'intelligence, l'argument de l'égalité, la sanction de l'opinion individuelle, la philantropie de la liberté, tout ce qu'on voudra trouver de libéral, de constitutionnel même, selon toute la force de ce mot moderne, dans ce grand acte de réparation sociale; qu'on l'en accuse ! loin de désavouer son ouvrage, elle en tirera sa gloire. Et si on ne l'en accuse pas, on aura un effet sans cause.

---

(1) Tert., *Apolo.* 37, *aux Imp.*, ch 7. — Rufin, l. ch. 9. 10. — Sozom, l. 2, ch. 7, 8, l. 3 12. — Euseb., *Vie de Constant.*, l. 2, ch. 40 — Lact, *de Mort. persecut.*, ch. 44.

Telle est donc la religion chrétienne, que connaissent si mal ceux qui ont prétendu produire hors d'elle l'harmonie de la société, et l'ont soupçonnée d'être un obstacle offensif et direct au développement de l'ordre politique. Qu'ils lui rendent justice enfin ; qu'ils apprennent qu'elle ne peut que gagner à ces développemens, comme le soleil, perçant les nuages, darde des rayons plus lumineux. Qu'ils daignent donc comprendre que la politique est la mère des mœurs publiques, comme la religion est la mère des mœurs individuelles, ou qu'ils avouent que la politique n'est qu'un vain mot. Or, pour faire des mœurs, il faut de toute nécessité, une règle commune aux consciences, et la règle commune des consciences ne peut être que celle de toutes les religions qui, jusqu'à présent, est la plus héroïque dans la vertu et la plus inflexible dans ses préceptes. Qu'ils sachent donc que la liberté n'est et ne peut être que le corollaire de la foi.

Que deviennent tant de sarcasmes contre l'église de Rome, tant de diatribes contre ses pontifes, tant de basses injures contre la thiare, tant de préjugés contre la puissance spirituelle, tant de ligues contre ses décrets, tant d'horreur pour ses assemblées ? si l'on se donnait la peine d'y songer, les plus ardens ennemis du pouvoir canonique se trouveraient les ennemis les plus prononcés de la liberté ; et les plus grands zélateurs de l'autorité temporelle seraient convaincus d'être les plus hostiles antagonistes de l'ordre séculier. Lisez seulement, pourrait-on leur dire, lisez l'édit du premier César chrétien : n'est-ce pas au nom de la croix qu'il a vue et plantée, qu'il publie l'amnistie à tous les égaremens, qu'il proclame garantie et salut à toutes les opinions, qu'il veut que la liberté règne ? Lisez et regrettez, si vous voulez, que d'autres Constantins aient octroyé à leurs peuples des copies infidèles de l'original chrétien, qui ne fut ni un pacte constitutionnel, ni un contrat synallagmatique, mais une déclaration des principes, un manifeste simple et naturel de l'esprit catholique, une conséquence forcée de l'appel fait à toutes *les nations, pour être bénites* dans la foi d'Abraham.

Comme cette foi avait été le fondement de ce grand acte de clémence et de justice ; attaquer la foi parut aux empereurs attaquer l'empire. Le principe était vrai : il fallait n'en déduire que de légitimes conséquences : mais, en se déclarant pour la religion chrétienne, ils crurent qu'il leur convenait de s'être placés sur le terrain de la dialectique. Ils ne se trompèrent qu'en présumant que le bras séculier devait intervenir dans les controverses religieuses. Tant la protection a pour écueil de dominer ceux qu'elle favorise ! C'en était fait de la liberté chrétienne sans les conciles, où l'église retrouvait son indépendance sacrifiée à l'influence des cours ; sans ces monumens qu'on appelle Canons, où les pasteurs assemblés fixèrent d'imprescriptibles limites à l'arbitraire de la dispute et au despotisme du glaive. Les conciles furent comme des places imprenables, où se réfugièrent toujours la vertu calomniée et la foi compromise. Reprenons :

La manifestation du Messie avait échauffé les imaginations des Juifs et des philosophes. La qualité de Christ fut donc le sujet des premiers différends. La promesse de la mission du S.-Esprit avait ensuite excité des prétentions fanatiques. Les schismes occasionnés par les persécutions avaient enfin ouvert la carrière à des luttes théologiques. Au milieu de tant de ronces, la semence de la foi se sentait étouffer, et avec elle la pieuse liberté des âmes, tantôt séduites par d'prestigieux appas, tantôt gourmandées par de turbulens sectaires.

Dans ces temps, où se vérifiaient les prédictions sur les faux Christs et les faux prophètes, il est beau de voir, dit Tertullien, comme l'église savait s'élever au-dessus de ces fauteurs d'imposture et d'anarchie. Les pasteurs d'une province se rassemblaient en un même lieu pour traiter en commun des matières les plus importantes. Ce concours de tous les frères formait une représentation de tout le nom chrétien, laquelle en donnait une idée grande et auguste. On commençait ces assemblées par les prières et le jeûne pour attirer l'esprit de Dieu sur les assistans. Voilà les conciles de l'église chrétienne (Tert. : *De Jejun*, ch. 13, p. 711.).

Les premiers furent tenus dans les pays asiatiques, où les chrétiens avaient le plus de chaires épiscopales ; en Grèce, en Afrique, où les prédications apostoliques et les martyrs avaient laissé le plus de monumens sacrés.

Jusqu'à la paix de l'église, les sentences synodiques avaient suffi pour ramener à un silence exemplaire les sectes bruyantes, qui troublaient les consciences et la paix publique. Ainsi, l'on voit les conciles d'Asie confondre, dès le IIe siècle, l'hérésiarque Théodote, dit le corroyeur ; et ceux d'Afrique, dissiper les entreprises de Montan, qui se disait le divin paraclet ; bientôt après, ceux d'Antioche, où le schisme de Novatien, et les erreurs sacriléges de Paul de Samosate, furent aussitôt éteints qu'excités. L'excès de rigorisme et l'excès d'indulgence avaient en même temps attaqué l'invariable foi : pour obtenir l'ordre et la paix, les conciles tinrent le milieu entre les extrêmes ; et la liberté succéda aux dissensions intestines.

Mais, la servitude s'arma bientôt du bras des courtisans. Un prêtre, obscur jusqu'alors, devint le prétexte célèbre d'une querelle de cour, qui fut, des siècles entiers, le thème de l'ambition et de la faveur. Arius prétendit que Jésus-Christ n'était pas Dieu, mais seulement la plus parfaite des créatures. Cette subtilité convenait aux esprits, occupés alors d'expliquer les mystères et de flatter les princes, que le désir d'imiter Constantin avait tournés vers les choses religieuses. Quoique ce différend dogmatique se fût élevé à Alexandrie, loin des siéges de l'empire, les palais d'Orient et d'Occident furent remplis soudain de

la rumeur arienne. Vainement, le pacifique Constantin s'efforça-t-il
de regarder, comme dispute frivole, l'attaque flagrante des divins
mérites de l'Homme-Dieu, il fallut prêter l'oreille à ce bruit qui s'an-
nonçait comme une tempête. Plus heureux empereur, s'il eût eu des
ministres moins accessibles à l'erreur! Les disputes d'Arius étaient déjà
des prétextes pour calomnier le mérite. Aussi voyait-on disparaître
bien des concurrens dont la vertu ne savait pas plier aux circonstances,
et d'insinuans ambitieux arriver aux places de l'empire où, comme
aujourd'hui, il ne fallait pas apporter un esprit de religion intraitable.
Ainsi la cause d'Arius était devenue la cause de tous les relâchés, de
tous les indifférens, qui font toujours le grand nombre. La paix ne
pouvait régner dans ce conflit de vertus proscrites et d'ambitions ho-
norées. Tout dissertait, tout réclamait dans l'empire : l'intrigue donnait une force singulière aux raisonnemens ; et l'hérésie levait sa tête
hideuse, après l'avoir appuyée sur le front des impies. La faction
d'Arius, ainsi développée par la protection, pouvait éclater en sédition
et en révolte. Une assemblée œcuménique parut nécessaire à Constantin, pour obtenir, par un jugement orthodoxe, la paix des consciences
et de l'empire.

Le concile de Nicée, en Bythinie, le premier qui ait porté dans l'église
le titre de concile général, fut donc convoqué sur les instances de la
politique impériale, et tenu, sous les yeux de ce protecteur de la foi,
par tous les évêques de la terre habitable. Dans ces temps, tout fervens encore de martyre et de liberté, que ne devait-on pas oser pour
l'une et l'autre, puisque, dans la vieillesse même du christianisme, on
ne réussit pas à opprimer les consciences, sans ressentir comme la
force d'un vieux tronc qui résiste, sous une écorce déchirée par le
temps? Là, dit M. de Tillemont, se trouva rassemblé tout ce que les
églises d'Europe, d'Asie et d'Afrique avaient de plus grand. Au milieu
de tant d'hommes illustres par l'austérité de leur vie et la sagesse de
leur doctrine, beaucoup étaient relevés par des graces apostoliques.
On remarqua surtout un grand nombre de confesseurs et de martyrs,
dont les uns avaient les deux mains mutilées, d'autres à qui on avait
brûlé le jarret, ou arraché les yeux. Cette assemblée était comme une
image du collége des apôtres, et Constantin ne crut pas trop l'honorer,
en y assistant en personne, *adoucissant par la modestie de ses regards
l'éclat de la majesté impériale (De Tillem.).*

En traitant un dogme essentiel de la foi, les évêques n'oublièrent
pas qu'il s'agissait aussi de consacrer, par une discussion modéle, tout
ce qu'ils devaient à leur caractère et à l'autorité temporelle. L'empereur voulut y paraître comme simple fidéle. Le concile prit acte de
cette démarche éclairée, qui servit, dans toute l'antiquité, de point de
départ pour fixer l'indépendance des définitions synodales. Par ce
moyen, le palais impérial de Nicée fut le seul lieu de tout l'empire

où régnât la liberté. Aussi la décision des Pères fut-elle reçue comme son expression et sa garantie. Le concile n'avait vu qu'une chose dans le système arien, la subversion de la religion chrétienne par l'anéantissement des mérites de l'Homme-Dieu, cité lui-même au tribunal du syllogisme. Le concile condamna donc Arius et ses ouvrages, parmi lesquels sa *Thalie* n'était pas le moins infâme. Le grand Constantin ne vit plus lui aussi qu'une chose dans cette condamnation de l'impiété arienne, le triomphe de la prospérité publique, qu'il réputait inséparable du triomphe de la foi. Ainsi les Ariens furent regardés et menacés comme ennemis de la patrie : d'un côté la liberté triomphante s'attacha au trône ; mais de l'autre, la révolte humiliée se ligua contre le sceptre paternel.

Constantin fut trompé. Il s'était flatté que la résistance dogmatique d'Arius et de ses partisans ne serait plus qu'une affaire de théologie. Bientôt, il s'aperçut que ce serait une affaire d'état, enveloppée sous les voiles de la chicane. Au lieu de sa première clémence, il eut besoin de toute l'énergie de son âme et de son autorité, pour faire tête à la conjuration. Le concile, en indiquant l'endroit par où l'empire était faible et attaqué, avait rempli sa mission, et les évêques avaient regagné leur bergerie. Il restait à Constantin à prendre des mesures répressives pour opposer un rempart à la rébellion civile, comme l'église avait opposé le sien à la rébellion spirituelle.

Qui l'eût pensé pourtant que tant de répression fût nécessitée par un sophisme, qui, après tout, n'était qu'impie, sans être intéressant pour le commun des hommes! Qui l'eût pensé, après avoir vu les principaux Séides de cette erreur sacrilège, se pliant à toutes les formes, tantôt souscrivant sans peine, tantôt revendiquant par le subterfuge, leur adhésion à la foi catholique! n'était-il donc pas plus clair que le jour que cette vaine dispute n'était que le mot sacramentel de la révolte! Que pouvaient donc prétexter le dogmatiseur et ses adhérens contre la définition d'une assemblée, où étaient réunis le nombre, les lumières et les stigmates du martyre? Le concile de Nicée n'eût-il été que la réunion d'hommes, porteurs d'une intelligence égale, quelle excuse pouvaient alléguer les fauteurs de la dispute, pour légitimer une plus longue opposition à un sentiment unanime!

Rien, non, rien autre chose que la fureur de s'illustrer aux dépens de la paix publique ne soutenait l'ardeur indomptable des hérétiques. Qu'on suive d'ailleurs toutes les périodes des nouveautés religieuses : partout le même secret; un chef partout se présente, au front ridé, au geste menaçant, à l'accent prestigieux, au gibbeux sarcasme, au sourcil hargneux et révolté. Tel est le signalement dont chaque trait personnifie les hérésies et les sectes.

Constantin vit donc son trône de nouveau ébranlé par les menées hypocrites de tant de transfuges. Il fallut user enfin de la justice pour terrasser l'hydre dévorante du sophisme. Un même exil confondit les Ariens avec tous les autres ennemis de l'empire. Des édits pleins de vigueur proclamèrent la nécessité de punir des hommes qui se servaient du prétexte de la religion pour troubler la paix publique. La fermeté impériale vint à bout de tout ce fracas de dialectique, et pendant cinq ans on crut qu'il ne serait plus possible de perdre la douce liberté que le silence de l'hérésie avait procuré dans tout l'empire romain (1). Il reste donc constant que la liberté du quatrième siècle date de la condamnation synodique de l'Arianisme. La première décision de l'Église universelle fut toujours dans la suite le modèle des assemblées canoniques, et l'histoire est jalonnée de sentinelles qui, d'une voix martiale, donnent *Nicée* pour mot d'ordre de la liberté. On voit les successeurs de Constantin, conduits le plus souvent par des vues opposées, recourir sans cesse à la voie des conciles pour pacifier leurs états, tant la majesté de la vérité avait éclaté dans le premier œcuménique !

1° L'hérésie eut toujours cela de particulier qu'elle attirait la guerre étrangère pour le seul scandale sans doute de ses guerres intestines. L'Arianisme aurait dû corriger le schismatique Constance : car, à peine son palais d'Antioche eut-il été de nouveau infecté de son poison, que les Arméniens se révoltèrent. Une armée persanne infesta la Haute-Asie, et la sédition éclata même parmi les troupes impériales. Il sembla que les infidèles ne manquassent aux traités, que parce que les Ariens manquaient à la foi. Dans cette extrémité, il fallait opposer la résistance du glaive aux barbares ; mais les princes sentirent qu'il était surtout nécessaire d'appeler l'Église au secours de leurs trônes et de leurs peuples.

Voilà pourquoi l'on entend, à cette époque, toute l'Asie retentir du nom de concile ; l'Italie et le Saint-Siége le répéter. Antioche eut ses conciles que Rome approuvait. Sardique, Syrmium eurent les leurs que Tyane et Milan imitèrent ; mais la paix ne régna que selon que les princes suivaient ou non la modestie de Constantin au concile de Nicée. Trop souvent ils voulurent influencer ou même prévenir le jugement pontifical comme à Tyr, à Nice, à Rimini, à Milan, à Syrmium même, oubliant que l'auteur du Christianisme avait fondé la liberté sainte sur la séparation de l'épée et de l'encens ; leur intervention fit tout le mal. Ce qui n'aurait été que la représentation des Eglises, devint, par leur appui, de factieux conciliabules. Aussi, cette époque de l'histoire, où les empereurs s'immiscèrent dans les jugemens canoniques, fut-elle fertile en troubles, en persécutions, en absurdité. On vit l'Arianisme donner au monde opprimé jusqu'à dix-neuf professions de foi.

Les choses ne furent bien rétablies que lorsque les Jovien, les Va-

---

(1) *Vie d'Athan.*, par Herman, t. 1, 1.o, ch 28, p. 527.

lentinien, les Gratien et les Théodore laissèrent agir les conciles en tout abandon, sans protection comme sans violence. Leur politique prouva que l'Eglise veut être laissée à elle-même pour opérer le bien des peuples avec celui des âmes. Ici se trouve justifié notre texte cent fois répété, que la liberté de la religion fait la liberté des états.

Or, ce qui s'était passé en Asie s'était aussi passé dans l'Eglise d'Afrique. Le bruit qu'avait fait l'hérésie arienne avait sans doute soufflé l'insubordination parmi les partisans de Donat. Ni remontrances, ni exhortations n'avaient pu fléchir son entêté rigorisme. Il soutenait, à l'occasion d'une ordination faite par un évêque soupçonné d'être traditeur des saints livres dans la persécution, que les sacremens conférés par les hérétiques ou les pécheurs étaient invalides. Constantin avait employé alternativement les voies de la douceur et de la sévérité. Tant que ses successeurs ne se départirent pas de cette sage politique, et laissèrent les catholiques africains à leur seule vertu, la liberté et la vérité brillèrent du plus vif éclat. Les conciles de Carthage illustrèrent le quatrième siècle des plus beaux monumens que la doctrine et la discipline eussent encore produits. Mais la faveur que Julien l'apostat accorda aux Donatistes, dans l'espoir de ruiner le catholicisme par la division, n'accrédita que trop l'esprit de dispute. Les proconsuls d'Afrique ne savaient pas qu'en travaillant pour le schisme, ils travaillaient contre la paix publique. La chose pourtant fut assez claire, quand le « premier effet de cette protection fut de voir des peuples entiers mis « en pénitence selon l'expression d'un écrivain, des Eglises brûlées « ou remplies d'hommes réduits en pièces, de femmes assommées, « d'enfans massacrés et d'avortemens. »

Inutilement saint Augustin, le plus éloquent des défenseurs de l'unité catholique, s'efforça t-il d'attirer la clémence des empereurs sur les troupes fanatisées de Donat. En vain toute l'Eglise d'Afrique, oubliant les indignes traitemens exercés sur les paisibles fidèles par les furieux Circoncellions, se réunit-elle à saint Augustin dans différens synodes pour supplier les magistrats d'épargner des hommes qui pouvaient n'être qu'égarés. Le bras des princes se laissa fléchir aux principes de la charité chrétienne ; mais les schismatiques n'en profitèrent que pour accroître leur audace. Bientôt, ils ne furent plus seulement des frénétiques, qui pensaient s'immortaliser par un pieux suicide ou par un martyre extravagant, ils furent des assassins publics, des incendiaires, des séditieux contre lesquels ne pouvaient rien les lois ordinaires de la justice. Après une longanimité à toute épreuve, les empereurs furent forcés de ne voir dans ces sectaires que des rebelles dangereux, qui n'étaient dans le cas ni de la tolérance civile, ni de la tolérance ecclésiastique (1).

(1) Saint August. *Epist.* 50, *Codex Theodos.* 15. tit. 6, l. 3, pag. 195.

Le schisme religieux avait donc anéanti la liberté politique. Tandis que les catholiques imploraient la paix au nom de l'unité chrétienne, le désordre était devenu tel en Afrique, que la puissance séculière était obligée de flotter sans cesse entre des rigueurs méritées et des concessions prudentes, sans pouvoir obtenir le repos public ni par les unes ni par les autres, tant il fut prouvé que les lois humaines sont inutiles, quand celles de Dieu sont méprisées! tant il est vrai que le pouvoir temporel ne peut rien pour lui-même, quand l'Église est opprimée! !

ANS DE J.-C.

Il n'y avait qu'un concile libre qui pût remédier aux maux de l'état en remédiant à ceux de la religion. Une lettre catholique, vrai monument de piété et de désintéressement, amena la célèbre conférence de Carthage. Les évêques proposaient que, si les Donatistes prouvaient que l'Eglise était réduite à leur communion, ils quitteraient leurs propres siéges ; que si au contraire les catholiques montraient que les Circoncellions avaient erré, ceux-ci conserveraient néanmoins l'honneur de l'épiscopat, et que les uns et les autres siégeraient alternativement jusqu'au décès de l'un des deux évêques du lieu, sur la chaire épiscopale. Peut-on concevoir un plus bel hommage à la paix et à la vérité ? Voilà pourtant un de ces traits de cette Eglise, tant accusée d'avoir troublé le monde par ses fureurs théologiques, comme s'il tenait à elle de n'être pas le prétexte de l'ambitieux fanatisme ! !

4

Il ne pouvait arriver que le prudent Honorius, alors empereur d'occident, n'applaudit à la généreuse proposition des évêques catholiques. Les conférences s'ouvrirent donc à Carthage, à la grande joie de la magistrature impériale, qui s'était vue jusque-là impuissante. D'une part, la charité fut inaltérable et les lumières profondes ; de l'autre, manqua la bonne foi et non l'habileté subtile. Pendant trois jours de dispute, saint Augustin, l'âme du concile, déploya l'énergie de la plus admirable pénétration, et montra, dans tout son jour, par de lumineux raisonnemens, la noire perfidie des Donatistes, plus vaincus encore par la puissance de la vérité que par leurs propres aveux. L'empereur, glorieux d'une cause où les schismatiques avaient paru les seuls ennemis de la paix, n'hésita pas à convertir en loi de l'empire la décision de Carthage, qui, par ce moyen, fut le coup mortel du schisme, et la plus haute mesure politique que l'état eut à sa disposition. Il ne manquait que la conversion des peuples schismatiques à l'Eglise orthodoxe pour justifier l'Eglise et l'empire. Cette conversion ne se fit pas attendre ; car, peuples et pasteurs, tout revint en foule au giron de l'unité, et le fanatisme ne conserva pas même de chaire publique. C'est ainsi qu'un concile, en délivrant un grand continent d'une anarchie d'autant plus déplorable que la religion en était le prétexte, fut

413

tout à la fois l'organe de l'unité catholique, et le héraut de la liberté (Tillem. t. 2, pag. 1504).

ANS
DE
J.-C.

Cet ascendant salutaire, que les décisions synodales avaient sur la situation des empires, ébranlés en même temps par les guerres intérieures et les tentatives étrangères, se ressent au fond de l'Occident, dans les Gaules, avec de semblables monumens de liberté. Lyon, Narbonne, Arles, Paris, Valence, préludent, dès le troisième et quatrième siècle, à la gloire de l'Eglise gallicane et de la monarchie française, par leur attachement à l'unité romaine, malgré les questions de discipline; par leur vigueur à redresser la magistrature séculière; par leur énergie pour la foi catholique. On y voit un saint Hilaire, l'Athanase des Gaules, le truchement des conciles, réclamer avec une liberté vraiment épiscopale contre l'asservissement des clercs au pouvoir temporel, et obtenir d'un empereur schismatique une loi de démarcation, où s'arrêtèrent les empiétemens de l'autorité laïque (Ep. a Constance). On y admire un saint Martin, le thaumaturge latin et l'oracle de son siècle, s'élevant avec l'autorité d'un Apôtre contre le faux zèle qui vouait les hérétiques à la mort, et implorant, comme avait fait saint Augustin en pareille occasion, la clémence impériale en faveur des Priscillianistes aveuglés. Tels sont les précédens dont s'honore l'Eglise de France. Ils suffisent sans doute pour faire tomber tous les fantômes d'irritation et d'intolérance, par lesquels les siècles

420.
435

prétendus philosophiques ont signalé le nom catholique. Nimes, Bordeaux, Riez, Orange, Vaison et Tours furent bien les tribunaux imposans de la discipline cléricale; mais ils furent peut-être davantage les asiles hospitaliers de l'erreur malheureuse. Ces noms seront à jamais immortels par cette religieuse indépendance, qui sauva plus d'une tête hérétique, et servit même de barrière à la barbarie des Francs, qui commençaient à se jeter sur les provinces, où le nom romain n'était plus redouté.

L'Eglise d'Espagne avait aussi à résister à la fureur des Visigoths ariens qui, mêlant un reste du paganisme aux mystères chrétiens, devenaient les ennemis implacables des catholiques, qu'ils confondaient avec les Romains, désormais abhorrés. Ainsi, une double haine armait contre la liberté de la Péninsule, la haine de la foi, et la haine du nom romain. Mais la Péninsule se souvint qu'à Elvire, vers la fin du troisième siècle, le despotisme impérial, encore synonime de l'idolâtrie, n'avait pu tenir contre les anathèmes lancés sur les idoles. L'Espagne pensa que la vigueur de la discipline canonique triompherait

516.

de même des vandales du paganisme, armés du poignard arien. Cet espoir ne fut point trompé. Sarragosse, Tolède, Tarragone, Lérida,

575.

et Brague en Lusitanie furent successivement autant d'arsenaux où la foi, retrempée dans le creuset des saints canons, défiait la fureur

589
et suiv.

hérétique. Ainsi fut due à la fermeté catholique la liberté dont jouit, jusqu'à la descente des Maures vengeurs d'un affront isolé, l'Espagne chrétienne, où la puissance temporelle s'établit enfin par l'autorité d'un grand pape ; liberté d'autant plus constante que cette puissance se montra plus constamment fidèle à la religion.

Voilà comment se propageait la liberté avec la foi par le moyen des conciles, dans tous les pays où quelque voix pastorale pouvait être entendue : voilà comment se préparait au ive siècle le camp inexpugnable qui devait dans la suite tenir en échec les essaims révoltés du Nord ; comment la puissance spirituelle était devenue la seule défense des pays menacés du ravage et de la servitude. Les peuples avaient vu si souvent que leur liberté s'agitait dans les conciles, qu'ils s'étaient accoutumés à ne regarder les canons faits par les pasteurs, que comme le dispositif sacramentel de leur indépendance. Lorsque tout tombait : lorsque l'empire romain se dissolvait en fracas, comme un vieil édifice, demeuré long-temps sans réparations, qui s'écroule par sa seule vétusté ; lorque le pouvoir temporel établi laissait échapper toutes les rênes du gouvernement ; lorsque de nouveaux pouvoirs n'étaient pas encore organisés, l'Église comme providence terrestre dut se trouver prête à commander ; l'Église devint donc pouvoir, parce que tous les pouvoirs étaient anéantis. Elle fut comme une île hospitalière où tous les peuples enveloppés dans un commun naufrage, furent heureux d'aborder. Aussi fut-ce dans cette île que les nouveaux pilotes, appelés à gouverner le vaisseau de la société nouvelle, se formèrent aux dangers de la mer si orageuse de la politique et des armes. Comme on voit, ce n'était ni l'empiétement de l'autel sur le trône ni la connivence des consciences avec l'ambition, mais la nécessité, ou, si l'on veut, la force des choses, et mieux encore la volonté du ciel qui avait placé dans l'Église les destinées des nations, toutes bouleversés dans moins d'un demi siècle.

Les choses étaient dans cet état, c'est-à-dire, d'un côté, les évêques lançant des anathèmes du haut des conciles à la tyrannie comme à la superstition, à la révolte, comme au relâchement des mœurs ; de l'autre la tyrannie et la révolte, le relâchement et la superstition rompant toutes les barrières contre l'Église, ses pasteurs et l'empire : lorsque l'hérésie renaissante troubla tout l'Orient, sous des princes voluptueux, abusés par des ministres pervers ; lorsque l'Occident était en proie aux déchiremens de l'anarchie, sous trois empereurs qui se disputaient le commandement, en Italie, en Espagne, dans les Gaules ; lorsque les armées faisant elles-mêmes droit à l'ambition, dans les deux hémisphères, donnaient le trône par des vociférations, seul genre d'investiture possible, ou l'ôtaient par des assassinats qui dispensaient de toute forme juridique.

Or, il arriva qu'au milieu de ce bouleversement séculaire, l'univers fit un pas rétrograde. Il regarda si l'amour de la société et de la patrie ne se seraient pas réfugiées au sein des conciles dont les imperturbables périodes allaient jusqu'à affronter toutes les vicissitudes, et étaient un spectacle imposant de fixité qu'on ne pouvait trouver que dans ces assemblées. Comme dans les temps de calamités publiques on élève au ciel des mains suppliantes, dans les temps d'anarchie on tourna toutes les espérances vers l'Église. Là commence la puissance des papes qu'on connaît si peu et qu'on a tant calomniée; car les papes ne furent puissans, que parce que les évêques le furent, et les évêques ne le furent que parce qu'eux seuls opposaient une digue à la frénésie des usurpations. Aussi, commença-t-on dès lors à faire à l'Église des legs pieux d'immeubles et de rentes : là est la source des richesses ecclésiastiques qu'on a, comme on sait, dans les temps modernes, si philosophiquement respectés. Les peuples n'auraient pas cru pouvoir jouir de leurs biens et de la liberté que l'Église avait si sagement protégée, sans distraire quelque chose des uns pour mieux conserver l'autre, espérant par un principe bien naturel, si l'on ne veut supposer celui de la vénération et de la reconnaissance, qu'en augmentant les possessions d'un protecteur tel que la religion, sa puissance augmenterait aussi, et sa protection deviendrait plus efficace. Suivant ce principe, on alla encore plus loin. Les nations catholiques si accoutumées à remarquer que les vices accompagnaient toujours dans leurs princes l'attachement à l'erreur, redoutèrent bientôt davantage celle-ci que leurs débordemens. Ils devinrent suspects de tyrannie, dès qu'ils le furent d'infidélité : et il ne fut pas rare de les voir monter au trône ou en descendre par le seul fait de cette suspicion, ou de leur orthodoxie (1). Là aussi est l'origine des déchéances demandées d'abord par les peuples fidèles contre leurs princes hérétiques, puis accordées par la puissance pontificale, avec une initiative qui paraît coupable dans des temps où la foi est en dehors des lois, comme si elle était publiquement répudiée, mais que légitima la politique même, dans des temps où il ne pouvait y avoir d'autre politique que l'influence et le besoin de la foi (St. Léon, Épit. 65, ch. 3). En instruisant donc le procès du pouvoir pontifical, les Zoïles de la politique moderne auraient dû auparavant juger celui des nations antiques : ils auraient dû leur imputer à crime l'asile qu'elles avaient trouvé dans la sagesse et la sainteté des pontifes, contre l'oppression diversement déguisée, tantôt sous la targue du platonisme mitigé, tantôt sous la pourpre de la tyrannie, tantôt sous la talare orientale du mysticisme hétérodoxe, tantôt sous la toge doctorale des courtisans. Pourtant, il serait plus clair encore d'accuser le malheur des temps, et de s'en prendre à la chute des empires dont la dissolution avait entraîné la dissolution de toutes les lois. Raisonner ainsi, ce serait faire la part de cette grande catastrophe, où l'intelligence humaine ne pouvait rien pour la liberté contre la servitude, et payer tribut à la salutaire médiation des canons qui, en s'emparant des esprits, les tournèrent à des idées de stabilité par des idées de respect pour une

(1) Tillem. *Hist. des Empe.*, t. 6, p. 2.

puissance supérieure à toutes les autres, puisque aussi bien elle survivait   ANS
à toutes, puissance intervenue du ciel pour le bonheur de la société.   DE
Quoiqu'en puissent donc dire les critiques prévenus, les conciles et les   J.-C.
papes exercèrent une heureuse intervention dans les affaires sociales.
Rien, au reste, ne les justifie mieux que l'empressement des nouveaux
fondateurs d'états et de royaumes à se ranger sous les étendards du catholicisme, et à transcrire pour le compte de leurs provinces les ordon
nances que les synodes n'avaient d'abord faits que pour celui des
églises.

Le célèbre Justinien avait pressenti le succès de cet expédient po-   527.
litique, lorsque, ayant recouvré les restes épars de l'Italie, il fit rédi-
ger la fameuse compilation du droit romain, où se retrouve tout l'esprit des conciles et souvent leurs définitions. Il ne se contenta pas même
de retracer l'esprit des anciens dans son recueil, il sentit qu'un nouveau synode œcuménique était nécessaire pour réprimer l'insubordination religieuse et civile du nestorianisme. Avec le triomphe du dogme
de l'incarnation, triompha la paix publique qui suivit les anathèmes de
Constantinople.

La sagesse de Clovis, premier roi chrétien de la monarchie française,   553.
n'avait pas été en défaut pour embrasser la même politique (Sigebert,
in chronic.). Il n'avait pas cru jeter de plus solides fondemens à son
trône que d'adopter pour le gouvernement temporel les principes de
la foi. Son premier édit en est une déclaration tellement solennelle,
qu'il lui a mérité de la bouche même de saint Rémi le titre de *prédicateur de la foi des conciles* (*Épit. de St. Rémy à Léon de Sens.*). L'histoire sait si cet édit rendit le bonheur à nos pères. L'histoire a dit, si
l'âge d'or des poëtes fut jamais mieux imité qu'au temps où les Français se déclarèrent catholiques. Bientôt après, on vit les Bourguignons
recevoir la paix et la liberté, par la conversion de Sigismond leur roi,
et la tenue du concile d'Épaïone; Clothaire publier une constitution toute
basée sur les dispositifs des conciles d'Orléans et de Paris, presqu'en
même temps que Childebert faisait une ordonnance pour réprimer les
désordres commis dans les solennités catholiques tant recommandées
par les conciles du temps. A peu près vers la même époque, les Suèves,
établis en Gallée, et infectés de l'hérésie Arienne, se réjouissent d'un
miracle, opéré sur le tombeau de saint Martin de Tours, qui fait rentrer leur roi Théodémire dans l'unité catholique. Totila lui-même, roi
des Goths, tout spoliateur qu'il est des biens des fidèles de Rome, ne
se dispense pas de rendre hommage à l'honneur et à la foi des dames
romaines (Procul., l. 3, *de Bell. Goth.*, cap. 20). Grégoire le grand
monte à peine sur le siége pontifical, que l'Italie triomphe, par la sagesse du père spirituel, de la perfidie des Lombards Ariens. La même   590.
autorité fait que l'Espagne voit convertir ses rois, et fleurit sous les
successeurs Visigoths de Nécaréde le [illegible]. Un concile enfin se

tient à Rome pour pacifier l'Orient que des subtilités sur le concile de Calcédoine tenaient divisé. L'intervention du pontife romain et du concile, en rendant la paix aux églises, commande le respect et l'amour à l'empereur Maurice, qui veut en mériter par sa piété ce bel éloge : *que la bouche des hérétiques n'osait s'ouvrir de son temps.* L'Angleterre, jusqu'alors gémissante sous le poids de l'Arianisme, qui avait su traverser les terres et les mers, paraît tressaillir, en voyant Édhilbert, son roi, embrasser la foi catholique; et le royaume de Kent, d'abord fertile en miracles, devient plus fertile encore en rois prédicateurs, sans doute parce qu'il fallait que l'île des Saints eût d'avance des monarques, réparateurs de l'usurpation des derniers anglicans sur la décision de la foi. Insensiblement les sept souverainetés connues sous le nom d'Heptarchie, vont sortir du sein des eaux : à mesure que la voix du grand apôtre Augustin s'élèvera dans un concile britannique, la liberté anglosaxonne s'asseoira sur les fondemens de la nouvelle église. Telle y sera même la sympathie du gouvernement spirituel et du gouvernement civil qu'ils prospéreront l'un par l'autre, et que la vraie liberté n'y durera pour le dernier qu'autant qu'il restera inséparable de la vraie foi qui les aura l'un et l'autre cimentés.

Par ce même ascendant de la foi orthodoxe, brillant sur la chaire de Pierre, l'Italie, plus encore que les nouveaux États, s'accoutumait à la douce autorité de ses pontifes. Sous ce régime paternel, les synodes des provinces étaient comme autant d'États généraux, où tous les intérêts étaient représentés, où toute justice avait son organe, où toute bouche plaidait la liberté. Ainsi, quoique récemment ravagée par des hordes barbares, l'Italie n'avait pas moins repris son rang de nation modèle, sous la puissante houlette des Grégoire, la discipline sage et vigoureuse des Boniface, l'orthodoxie éclairée des Severin, le martyre inflexible des Martin, la piété inébranlable des Eugène, des Vitalien et des Agathon. Tous ces personnages furent, de leurs temps, le point de mire des ennemis de la patrie. Chaque coup tiré contre l'autorité pontificale devint un coup funeste à la liberté.

Ce fut sans doute une continuelle merveille de voir l'Italie, survivre à des traits mortels, portés sans cesse ou par les féroces Lombards, ou par les Visigoths infidèles, ou par les Goths et les Hérules barbares; et non seulement y survivre, mais conserver sa liberté inviolable. Ce fut pourtant une vérité à toute épreuve, qui doit faire la gloire de la religion et du nom pontifical.

Mais, au lieu que les maîtres de l'Occident faisaient fleurir la liberté sur des peuples régénérés par le catholicisme, les princes de l'Asie continuaient à troubler leurs états par leurs entreprises sacrilèges sur les décisions canoniques, et l'appui systématique qu'ils accordaient au génie novateur. Les conséquences ne devaient pas tarder à se déduire d'une polémique, où constamment le langage du trône était

déplacé. L'Hénatique d'un Zenon avait paru pour assister aux funérailles de l'empire occidental des César, qui avait fini par un Romu-
lus-Augustule pour passer avec ses débris dans l'empire Grec. L'Ecthèse d'un Héraclius et le type d'un Constant, productions monstrueuses
du glaive théologien, devaient de même être les précurseurs sinistres
des schismes politiques et religieux d'Orient. De nouveaux attentats,
contre l'autorité des conciles, vont donc remettre en scène l'Asie dégénérée, où l'on verra la liberté tomber par le despotisme des princes
discoureurs, et ne se relever que par l'indépendance des Synodes
œcuméniques, opposés aux conciliabules du Bosphore ; liberté toujours
victime de l'audace couronnée, mais aussi toujours victorieuse sous
d'humbles et catholiques diadèmes.

Toutes les têtes étaient donc enveloppées de ténèbres en Orient,
au milieu d'édits hérétiques et de sentences synodales. Le premier
effet de cette confusion, où les guerriers n'entraient guère que pour
y faire prendre à leur ambition une teinte sombre, qui pût servir à la
voiler le temps nécessaire, et où les peuples ne se jetaient que par
l'amour du merveilleux fanatique, le premier effet de cette confusion
devait être de ne connaître aucune légitimité sur le trône, aucune
dépendance dans les sujets, aucune barrière à la nouveauté. Aussi les
empoisonnemens, les assassinats, les mutilations devinrent-ils chose
commune dans la maison du théologien Héraclius. Ces excès déplorables eurent des ramifications sanglantes entre les fidèles et les *monothé-
lites*. Au milieu des trônes renversés et relevés aussitôt, chaque créature avait un parti à défendre. Les réactions étaient inévitables ; le pouvoir ne savait être qu'arbitraire ; l'oppression était partout au-dedans de
l'empire, parce qu'elle était au-dedans du palais, l'anarchie pourtant eut
un interrègne. On le dut au sixième concile général, imploré et soutenu par deux princes orthodoxes. Il frappa d'anathèmes l'hérésie qui,
en accordant à Jésus-Christ deux natures, lui refusait deux opérations,
et il sembla que l'issue du concile avait ramené l'ordre politique : du-
moins le règne de Constantin Pogonat et les commencemens de celui
de Justinien II, furent-ils les plus paisibles de tous ceux qui avaient
précédé, depuis Zenon, le plus ardent apochrinaire des hérésies.

Mais, nous l'avons dit, l'attentat du sceptre sur la foi devait avoir
toutes ses conséquences. Il suffisait d'une impiété capitale pour les faire
ressortir toutes. Il était un moyen de s'entendre, même à travers les
éclats de la controverse ; c'était de n'admettre qu'une seule vérité,
trop palpable pour ne pas frapper tous les esprits : c'était de se dé-
partir également et des principes catholiques, et de la révélation,
et des points définis par l'Église, et des systèmes de l'hérésie, et
des diverses collisions des accomodemens impériaux. Après le dogme
de l'existence d'un Dieu, tout n'était plus rien ; c'était le chaos des
poètes, où chaque intelligence avait porté le vide informe de ses illu-

sions d'où il ne résultait qu'une masse flottante d'élémens confondus de vérité et d'erreurs. Le moyen donc de dissiper plus sûrement tant de débats obscurs était de s'élever au-dessus de ce chaos profond, et de crier, d'une voix de créateur : Dieu est; monstrueux embryon de la nuit et du jour, de la vérité et du mensonge, Coran, tu seras la lumière. Ce moyen, Mahomet le trouva.

Déjà cet imposteur fasciné avait profité du trouble des esprits, et était sorti du dédale par le tranchant de son épée (*Egire de Mahom.*). Il n'est qu'un Dieu, dit-il à l'univers; le Coran sera la foi, mon épée est sa parole, tout le reste est idoles; je suis là pour les briser, et leurs admirateurs sous quelque image qu'ils paraissent. Aussitôt les chrétiens d'Arabie de crier : *haine aux images*, et les Iconoclastes de Syrie, ou de Constantinople de répondre : *guerre à l'idolâtrie catholique.* Tout coïncidait pour le mieux en Orient, pour favoriser la descente des Sarrasins sur l'empire; car, sans les idées du temps, fruit de l'hérésie, de l'impiété et du désordre des mœurs, jamais Mahomet n'eût réussi à étendre son nom et son fanatisme sur toutes les tribus Arabes, et les provinces asiatiques, dans le seul espace de dix ans. Ainsi la naissance de l'empire tyrannique des califes, fut la faute de la théologie impériale. Ainsi comme nous l'avons vu tant de fois, dès que les esprits ne furent plus dociles au langage de la foi, on corrompit, on travestit ce langage, et la liberté en suivit les vicissitudes, comme on peut le voir de son retour, toutes les fois qu'un concile libre élevait la voix, et particulièrement lorsque le septième général proclama à Nicée la croyance universelle sur l'honneur et le culte relatif des images.

A cette époque, le nom de Nicée dut être bien significatif de liberté, puisqu'il paraissait appelé à combattre un nouvel arianisme. Ce n'était plus la personne du Verbe qu'on lacérait, c'était sur ses *vêtemens que le sort était jeté* (S. Math. 27-35); sur sa face et son image que tombaient ces attentats : tant la servitude rampante sous les fleurs de l'hérésie avait-elle senti que non-seulement J. C., mais tout ce qui avait en lui quelque vertu, jusqu'à la *frange même de sa robe*, était fait pour *lui écraser la tête* (S. Luc. 8-44. Gen. 3.-15)!! C'était indirectement contre l'original qu'étaient vomis les blasphèmes; mais c'était toujours J. C. malignement mis en question. Est-il si étrange que Nicée fût encore choisi pour lui rendre hommage?

C'est chose remarquable en effet que le rapprochement qui se présente entre la condamnation de l'entortillé Arius, et celle de l'hypocrite Iconoclaste. L'un et l'autre voulaient ruiner la foi; l'un, en contestant le caractère auguste de son divin auteur, l'autre, en le faisant mépriser. Il faut qu'à la distance de près de cinq siècles, le même nombre de trois cent dix-sept évêques se réunisse deux fois, pour l'honneur du même Christ; que l'assemblée se tienne dans la même ville de Nicée; que deux Constantin, d'une orthodoxie presque également ferme, y assis-

tent avec la même déférence ; que les anathèmes soient accompagnés
des mêmes acclamations ; qu'enfin, le consubstantiel déclaré adorable,
se retrouve, pour ainsi dire, dans le consubstantiel honoré. Ainsi dut
être comprise la subtilité dont s'enveloppaient les Iconoclastes ; mais
la foi des conciles avait, dans ces temps, le sort de la foi du désert.
Dieu épurait son Eglise, comme il avait châtié le peuple élu. Les
fautes des Chrétiens, au sortir du triomphe de Nicée, furent semblables aux fautes des Hébreux triomphans de Jéricho, et l'acharnement
des hérétiques pareil à la résistance des incirconcis. Bientôt le bras
d'une Théodora fut forcé d'exterminer cent mille briseurs d'images,
avec le même zèle et peut-être la même justice que le courage d'une
Debbora avait fait passer au fil de l'épée des milliers de Chananéens.
Il n'y eut pas jusqu'à l'entreprise téméraire de la tribu de Dan (les
Hébreux aussi étaient de principe Iconoclastes), qui ne trouvât son
imitation dans le schisme de Photius. On y voit la secrète ambition
d'un parti jaloux capter la piété simple et debonnaire d'un autre
Michas, le pape Jean VIII. Pour l'un comme pour l'autre, les idoles
étaient des *objets voués au culte du Très-Haut*. On y suit la perfidie
audacieuse des Iconoclastes dissimulés jusqu'à la condamnation du
patriarche, saisissant alors un nouveau prétexte, relevant leur orgueil
blessé, et défendant jusque dans l'exil ce *prêtre factieux*. On s'y étonne
de cette affectation schismatique, qui semble oublier son horreur sacrilége pour les images, et veut donner le change sur sa pitié pour un
trop habile brouillon. Ce n'avait été rien pour la tribu de Dan que
d'offrir de l'encens aux prétendues idoles de Michas, pourvu qu'elle
pût jouir de sa séparation d'avec les autres tribus. De même, ce n'était
rien pour les restes humiliés des hérétiques grecs, que de recevoir les
images, l'*Ephod* brodé, le *Theraphim* chamarré de peintures sacrées,
pourvu que Photius leur fût maintenu patriarche paisible, malgré les
anathèmes de la cour de Rome. Tel est le génie des sectaires. Varia-
tions, subterfuges, tout est légitime, pourvu qu'ils réussissent à bouleverser la société. Ce n'est pas le sens théologique d'une vérité con-
testée, ni les droits inviolables de la raison humaine, ni ce qu'ils
appellent si emphatiquement le domaine des consciences. Il s'agit bien
de cela ! peu importe la vérité, peu importe la doctrine ; ce qu'il importe, c'est de braver l'oracle de Silo, parce que c'est en la *maison
de Silo* qu'habite l'*arche de la liberté*. Et qu'on ne s'y trompe pas, ceci
va peut-être cesser d'être une figure. Ce qui arriva sous les Juges
d'Israël, dans la terre d'Ephraïm, se renouvela, sous les empereurs
du Bosphore, dans la Syrie et tout l'Orient. On n'y parla plus de
proscrire les images, dès que la rupture avec l'Eglise romaine fut consommée. Son culte des images ne fut plus aussi embarrassant dès qu'on
pût se venger d'elle : *Mansit apud eos idolum, omni tempore quo fuit
domus Dei in Silo* (Jud. 18-31.)

Or , qu'on se représente le trouble, l'anarchie qui avait précédé et qui suivit ce schisme trop célèbre; qu'on imagine une nation en masse tantôt soulevée par l'appas d'une indépendance chimérique , tantôt refoulée par une main puissante , armée par l'instinct de sa conservation; qu'on calcule tous les maux publics , tous les succès et tous les revers d'une hérésie qui avait pullulé pendant cent dix ans , toutes les chances de l'ivresse d'une population immense, livrée aux déchiremens domestiques ; qu'on essaie le tableau de vingt trônes abattus et relevés aussitôt, de lois et d'édits s'opposant les uns aux autres dans l'espace d'un assassinat à un autre , de magistrats vendus tour à tour à l'oppression régnante, de courtisans secrètement délateurs de résistances par eux-mêmes fomentées, de familles divisées , de lieux saints profanés un jour et réconciliés l'autre, de cris séditieux et de réactions sanglantes, de flots de sang versés pour la foi et pour l'hérésie , de nobles courages , d'ignobles trahisons, de martyrs résignés , de persécuteurs hypocrites , de blasphèmes protégés , de toutes les passions déchaînées , de tous les sentimens éteints , d'émeutes, de séditions , de conspirations , de forfaits ; et à ces premiers traits , qu'on ajoute les invasions des Bulgares, la guerre des Huns , les perpétuelles irruptions des Sarrasins, et la loi de Mahomet surnageant sur tout ce déluge; qu'on essaie cette peinture d'excès inouïs et sans nombre! et l'on aura une juste mais légère idée de cette vaste et longue commotion qu'opérèrent , durant près de trois siècles , l'oubli de la religion , le mépris de la foi catholique , et l'on comprendra comment le ciel de la société tout-à-coup s'assombrit.

Mais après avoir tenté de crayonner ce tableau de ruines, qu'on leur compare un instant la grande Rome, la belle Italie du moyen-âge; qu'on suive ces révolutions d'un autre genre où le régime pontifical renouvelle les siècles , à travers tant de vicissitudes; qu'on jette un coup d'œil sur ces têtes blanchies dans la carrière des vertus pastorales, ces pontifes savans, ces oracles de l'Europe auxquels elle adresse ses gémissemens, et qui répondent à tous ses malheurs, ces nobles athlètes, qui portent la vérité au plus fort de la mêlée , et sortent victorieux sans coup férir, par le seul ascendant de leur courage; ces papes célèbres , prodiges de leur temps, lesquels ne reculent devant aucune illustration , aucun genre de gloire; ces pères du peuple, lesquels ne demandent d'autre tribut que celui de l'amour , et savent s'oublier jusque dans les fers , pour ne soupirer alors que de leur impuisance ! Tels on trouvera un Léon II , contenant par sa piété les avides Lombards ; un Conon , faisant goûter aux peuples de la Franconie le bonheur de la foi; un Sergius I , recevant hommage-lige des rois bretons , et ratifiant la grande charte ; les Grégoire, convertissant les Frisons, comblant de joie les Allemands par l'envoi de saints missionnaires , et s'honorant du rare titre de *serviteur des serviteurs de Dieu ;* un

Zacharie, commandant le respect de la discipline à tous les états chrétiens, et assez heureux pour voir éclore sans contradiction la deuxième branche des rois français, sans même que son approbation sollicitée ait compromis la dignité pontificale ; les Etienne, intéressant la France, par la constance la plus apostolique, à faire triompher l'Italie de la fureur d'un Astolphe par les armes du vaillant Pepin, et néanmoins soumettant ce même Pepin aux saintes règles de la fidélité conjugale, quoique ce fût à ce héros que fussent dûs les fondemens de la grandeur temporelle du Saint-Siége ; un Paul I, dont l'apostolat est fructueux chez les Gentils, en proportion de la sainteté du disciple à la sainteté du maître dont le nom sera toujours grand parmi les nations ; pontife qui sait être assez grand lui-même pour réprimer à la fois les prétentions des empereurs, et retenir dans l'obéissance leurs sujets opprimés ; un Adrien, l'ami de Charlemagne, à qui il ne cède ni en habileté ni en courage, et qu'il surpasse en vertu pour montrer qu'un pontife romain doit toujours rester le modèle des meilleurs princes ; un Léon III, qui publie à la catholicité la conversion des Huns, ce vieil ennemi de la Croix, et qui, toujours supérieur à tous les obstacles, proclame empereur le premier héros carlovingien ; enfin, un Nicolas I, qui s'oppose comme un mur d'airain aux sectaires et aux princes, qui jette les semences de la foi en Danemarck, et fait respecter l'excommunication par un petits-fils de Charlemagne, aux prises avec les passions du divorce. Qu'on réunisse tout cela, et l'on aura la peinture la plus disparate de tous les vices et de toutes les vertus : vices groupés d'un côté avec tous les malheurs, levant leur tête hideuse d'esclavage là où régnaient jadis la foi et la liberté : vertus se développant de l'autre avec la prospérité, là où la barbarie la plus froide avait flétri toutes les âmes, dénaturé tous les courages.

Ce contraste devint frappant en effet pour les malheureux asiatiques. Il était temps que le regard du malheur se tournât vers la mère des églises, si féconde en grands hommes et en prodiges de liberté. Le patriarchat du Bosphore et l'Empire se réunirent donc dans un péril commun. Ils ne pouvaient rendre au pape Adrien un plus signalé service que d'en implorer la convocation d'un nouveau concile œcuménique. Indiqué à Constantinople, théâtre trop fameux de tragiques attentats, il se termina à la confusion des schismatiques et à la gloire de l'unité, que l'intrus Photius se promettait de troubler encore, lorsqu'il se vit obligé d'aller ensevelir, dans son dernier exil, sa duplicité et sa rébellion, hélas ! trop célèbre.

Ainsi fut rétablie la communion entre l'église de Rome et l'église de Constantinople. Ce que n'avaient pu faire les calculs les plus habiles des empereurs, l'effusion du sang de tant de princes et de tant de sujets, les négociations les mieux combinées de la politique grecque,

ANS
DE
J.-C.

870.

7

un concile le fit, et avec cette autorité qui avait sû commander aux flots mugissans de respecter la barque de Pierre.

Cette époque devient remarquable, non-seulement parce qu'elle rattache une précieuse portion du troupeau au bercail, mais parce que la bouche des hérétiques semble se fermer pour jamais; du moins est-il qu'on ne voit jusqu'aux Croisades aucune secte ériger autel contre autel, aucune hérésie mépriser l'autorité pontificale. D'un côté, celle-ci avait sû braver toutes les erreurs par son invincible unité, et l'éclat personnel des vertus des pontifes; de l'autre, l'esprit humain, à force de s'épuiser en subtiles raisonnemens, en difficultés futiles, en systèmes effrayans, n'en pouvaient plus. De lassitude, il tomba dans la torpeur et le marasme, suites ordinaires des crises nerveuses, des spasmes violens. Il fallait, à ce malade presque désespéré, un régime de potions narcotiques pour assoupir sa polémique convulsive. Le repos était la ressource des intelligences, et Dieu envoya à l'Europe, comme à l'Orient, *un esprit de sommeil.*

L'état de la société des viiie, ixe et xe siècles fut donc une léthargie dans laquelle s'ensevelirent tous les talens, tous les génies, tout ce qu'on avait vu, dans les précédens, de science et de lumières : il n'y eut que quelques intermittences qui laissèrent à quelques religieux dans les deux hémisphères, quelques théologiens de l'école, quelques chroniqueurs chrétiens, le loisir de ramasser des étincelles éparses du vaste incendie, qui venait d'enflammer toutes les têtes (Dup. bibli. des aut. du viiie siècle.). C'était là le passage naturel de l'effervescence asiatique pour toutes les nouveautés, de cette curiosité insatiable, qui avait savouré les contes du Coran, de cette ivresse d'indépendance qui avait applaudi les fureurs de Mahomet. Les mêmes succès devaient avoir les mêmes résultats. A peine cet homme de ténèbres avait-il souillé les belles provinces d'Orient, qu'à sa suite avait marché l'ignorance aux yeux bandés, dont la devise fut : *Frappe, frappe; aveugle ce que tu ne tues pas* (1). De même, il suffisait du plus léger contact des Européens et des adorateurs stupides du brigand de la Mecque. Porteurs de miasmes d'un carnage toujours flagrant, ils infectèrent l'Espagne et les Gaules de la même contagion dont ils avaient empoisonné les bords de l'Afrique. Les armées des califes parurent : et l'horison se chargea d'un air impur; peu-à-peu une épaisse exhalaison s'éleva du milieu des combats. L'astre de la lumière se couchait derrière les monts de la Grande-Bretagne. La nuit de la superstition commença, et l'Occident s'endormit.

Bientôt les principes de justice, les sentimens de la nature furent éteints chez les Européens, comme ils l'étaient chez les Maures. Le besoin de se défendre d'aggressions sauvages rendit familier celui de

---

(1) Albuf., *Vie de Mah.*; Gagneris. *Vie de Mah.*, l. 3, ch. 2.

la guerre et fit naître celui des attentats. La crainte du servage Sar-ANS
DE
J.-C.
rasin fit oublier celle des lois positives. Dès qu'un amour-propre
offensé eut donné l'exemple de sacrifier l'amour de la patrie, on ne
connut de patrie que dans les plus sanglantes représailles. L'ambition
sans frein trouva son prétexte et peut-être son excuse dans l'immi-
nence des périls. Il n'y eut d'autre loi que la force, d'autres spéculation que l'audace, d'autre sentiment que le hasard, d'autres mœurs
que la nécessité. En peu de temps, l'Occident fut morcelé en mille
petits états, et l'Europe soulevée sonna l'alarme de tout le continent.
Là se voit le colosse africain, qui, d'un pas de géant, avait passé les
colonnes d'Hercule, les Pyrénées et les fleuves de la Gaule, appe-
santissant son bras d'airain sur des populations, toujours fières malgré
les revers, toujours jalouses d'appartenir à la foi des Recarède et des
Clovis. Là se voyent ces torrens armés des naturels du pays, aguerris
par une longue expérience, se précipitant sur le Sarrasin, imperturbable dans ses ravages et ses profanations. Ce n'avait d'abord été d'un
côté que le prosélytisme mahométan avec ses impiétés, et de l'autre
que le patriotisme chrétien, avec l'énergie de sa foi. Mais le combat fut
tellement long et acharné, que les deux partis, mutuellement échauffés
par la résistance, oublièrent leur honneur réciproque pour le carnage
dont ils s'étaient fait un besoin. Le Sarrasin ne songea plus à faire
du Coran l'oracle de tout le globe. Il eut des ressentimens personnels
qui l'emportaient sur sa religion, laquelle, au reste, était elle-même
devenue tolérante par nécessité. Le chrétien aussi ne vit plus qu'une
affaire de famille, qu'une vengeance domestique dans la haine qu'il
avait pour un ennemi, à qui rien n'avait été sacré, ni les autels de la
vérité, ni le sanctuaire de la conscience, ni les asyles de l'orphelin,
ni la cellule du religieux, ni les temples vivans de la pudeur, ni la
couche conjugale, ni la piété filiale, ni les hommes, ni Dieu. De cette
manière, toutes les passions privées avaient leur étendard. Dieu fut
laissé dans ses basiliques, et tout courut aux armes. Voilà pourquoi
l'on voit se lever indistinctement seigneurs et vassaux des Gaules, à
peine divisées en fiefs, princes et sujets, quoique opprimés ou oppresseurs, prêtres et laïcs, jusque-là si différens dans leurs mœurs : tout
se rapproche, tout se mêle : l'Espagne et l'Italie ne sont pas exemptes
de cette confusion; partout l'enthousiasme s'associe à l'offense; comme
l'offense est partout, tout marche à la destruction. Voilà les causes :
quels purent être les effets? il serait difficile de le dire avec détail :
tout ce qu'on peut savoir en général, c'est que la religion fit place à
la superstition, funeste effet du long séjour des Maures en Occident,
et de l'abandon des Occidentaux à l'ignorance. C'est que la vie monastique dégénéra en mœurs soldatesques, que l'épiscopat se ressentit
de l'ardeur belliqueuse du temps; que les sciences furent méprisées,
les arts bannis, les langues oubliées; que les élémens même de la

lecture et de l'écriture étaient devenues rares jusques dans les cloîtres. Il y eut des tragédies sur le trône, malgré l'exemple d'un Charles-Martel sur le respect d'un diadème mérité; des tragédies chez les grands, des tragédies dans le peuple. Des assemblées conjurèrent en pleins champs (*Assembl. de Compiègne.*). Et les épreuves du *Jugement de Dieu* étaient là pour purger les trahisons. Enfin le sacré devint profane; et le profane devint sacré. Néanmoins, la liberté de l'Occident eût encore triomphé de tant d'entraves, si l'Église eût fait entendre la trompette apostolique dans ses Synodes : mais l'Église elle-même s'était laissée envahir par l'esprit turbulent du siècle, dont elle ne pouvait se défendre malgré d'éclatans anathèmes; et le symptôme le plus frappant de l'affreuse désorganisation qu'offrit alors l'Europe, devait être, selon un pape contemporain, de *voir que les conciles ne se tenaient plus* (*Epit. de Zachar. à Bonif.*, l. 1.). En vain les capitulaires d'un Charlemagne et de ses descendans, les institutions littéraires d'un Alcuin, les lumières personnelles de quelques Pascase, le mérite éminent des Florus de Lyon, des Benoît d'Aniane, des Hincmard de Resim, des saints prélats et des grands papes, qui empêchèrent que la nuit du moyen âge ne fût une nuit sans retour, en vain tout cela s'efforçait-il de remplacer l'aspect imposant des Synodes et leur irrésistible influence : dès que la foi n'avait plus ses organes ordinaires, la superstition, la crédulité, la folle impiété, la barbarie cruelle devaient lever leur tête superbe et imposer silence à la liberté.

Demandez en effet pourquoi, pendant 60 ans, les sacrifices aux mânes des morts, les enchantemens, les bandelettes, les feux sacriléges du *Noëlfir*, les augures brutaux sur les éternuemens, sur les excrémens des bêtes, sur les victoires de la lune, sur ses phases opérées par la manducation et la digestion des femmes, et les innombrables sottises de l'Occident du moyen âge, avaient remplacé les mœurs sages et religieuses des Gaules chrétiennes! Ce ne sera plus un pape, autorité si suspecte aux préjugés, ce sera l'histoire, le plus intraitable témoin qu'il y ait des faits humains, ce sera l'histoire, qui fera la réponse : *c'est que les conciles ne se tenaient plus* (*Concil. de Franç.*, par Sirmond, p. 532.).

Demandez pourquoi les maires du palais s'étaient rendus les tyrans du trône de Clovis, et avaient affecté la souveraineté, sans oser ceindre le diadème; Pourquoi un Charles-Martel, d'ailleurs si catholique, avait envahi les biens ecclésiastiques pour en faire l'appanage de sa turbulente milice; pourquoi un Pépin d'ailleurs si libéral envers saint Pierre jusqu'à lui offrir en patrimoine les prémices de ses armes, n'avait pas craint d'attenter au pouvoir pontifical, jusqu'à donner de son chef à une courtisanne l'investiture d'une abbaye! La réponse est toute faite : *c'est que les conciles ne se tenaient plus.*

Demandez pourquoi la Germanie avait vu pulluler, avec les fruits

naissans de sa foi , l'abus sacrilége d'invocations liturgiques sous des
noms de démons ; pourquoi les choses saintes étaient étonnées de se
trouver dans de laïques mains ; pourquoi, à toutes les superstitions
populaires des Français, s'ajoutait l'usurpation publique du sacerdoce
par de vils esclaves , encore plus impies que débauchés ! la réponse est
toute faite : *c'est que les conciles ne se tenaient plus.*

Demandez pourquoi l'Italie et Rome même n'avaient pu se garantir
d'usages célèbres chez les Payens du premier jour de l'an, où la religion et les mœurs paraissaient en état d'expiation, non plus que des
scandales de démonasses, de religieuses mariées, de ravisseurs protégés,
d'ordinations mutilées , de violations de tout genre des saints canons
et du caractère pontifical , jusques-là qu'un digne pape fut traîné dans
les rues de Rome, par les mains et l'instigation de deux mauvais prêtres !
La réponse est faite : *c'est que les conciles ne se tenaient plus.*

Demandez pourquoi , en Angleterre , l'épiscopat était tombé sur des
têtes crapuleuses , les biens des églises des monastères , jadis si florissans, entre des mains séculières ? pourquoi l'honneur monastique avait
subi l'avilissement , jusqu'à être réduit au travail des mercenaires pour
la construction des édifices publics (*Lett. de Bonif. à Cuiberg , édit.,*
Gretser.) ; pourquoi , sous le prétexte de pieux pélerinages aux tombeaux des apôtres , des caravanes de vierges anglaises traversaient ,
au mépris de leur consécration , les pays insurgés de la Gaule et n'arrivaient à Rome ou ne retournaient dans leurs foyers qu'après avoir été
décimées plusieurs fois par la prostitution ! La réponse est encore
faite : *c'est que* , dans l'île des Saints , non plus qu'ailleurs , sauf peut-
être les Synodes de Beenneld et de Cliffe, dus à la piété du roi Quenulfe,
les conciles ne se tenaient plus.

Demandez pourquoi , à la honte de la chrétienté , l'Espagne se
courba aussi sous le joug musulman , avec une apparence de résignation , qui fit que son église sembla effacée des sacrés dyptiques ; pourquoi avec ses pontifes , durant plus d'un siècle de stupeur , *elle se crut
honorée du patronage des Abdérames,* dont on est plus qu'étonné de
trouver le nom à la tête d'un Synode de Cordoue (Fleury, *Hist. eccl.*) !
La réponse est encore faite : *c'est que les conciles ne se tenaient plus.*

Demandez enfin, pourquoi, dans tout l'Occident, des colonnes
d'Hercule aux pays des Mersiens, du Tibre aux rives du Rhin, tout
pliait , tout gémissait sous la dure loi des passions effrénées ; pourquoi
les pouvoirs de la terre étaient sans cesse ébranlés , chancelans , sacrifiés à l'ambition aveugle ; pourquoi ces pouvoirs eux-mêmes , usur-
pateurs de l'autorité religieuse, forcèrent celle-ci à apprendre l'indigne
abus des représailles ; pourquoi , après un pacificateur tel que Charlemagne justement surnommé l'apôtre armé, ses premiers descendans
donnèrent le spectacle des révoltes domestiques , provoquèrent à la
rébellion les Français si idolâtres de leurs rois ; pourquoi une assemblée

de Conpiègne, comme un autre conseil d'Achitophel, Absalon et conjurés, se liguèrent contre un nouveau David, l'empereur Louis, portant comme le prophète, le sac du pénitent ; pourquoi, dans ce conflit de majestés outragées et de majestés outrageuses, les peuples et un pontife même semblèrent oublier que la puissance, qui ne vient pas de Dieu, est une puissance usurpée, un levain de tyrannie ; pourquoi bientôt après, on vit une féodalité téméraire, profitant de ces divisions de famille, se faire le récipient de tous les fermens d'usurpation, tant cléricale que séculière, obligée de se concentrer sous la pesante main du Normand dévastateur ; pourquoi, un sur tous les autres seigneurs, un fier Breton, un Nomenoé, ose créer de son autorité des siéges épiscopaux et métropolitains, sacre et dépose les évêques sous son bon plaisir, et félon à son roi finit par ceindre la couronne ; pourquoi, en un mot, cette série de péripéties politiques, qui, semant partout le bitume de l'anarchie dans les droits comme dans les individus, autour du trône comme autour des autels, avait approvisionné comme un volcan séculaire ; . . . .
pourquoi, ce volcan, ajoutant à la combustion du viiie et du ixe siècle, vint à vomir la terreur et le crime, en laves d'ignorance, depuis le chaume du dernier franc-alleu jusque sous les lambris des rois et les portiques profanés du Vatican ; pourquoi ce volcan ne se tût qu'à la voix de tonnerre d'un Capet pour la France, et d'un Hildebrand pour la catholicité ! c'est toujours la même réponse : *c'est que les conciles ne se tenaient plus,* ou que des conciles, improprement nommés dans leurs essais de réforme, se ressentaient eux-mêmes de la barbarie invétérée du passé, laquelle s'était comme acclimatée dans toutes les conditions et toutes les hiérarchies. Ainsi, l'oubli de l'autorité spirituelle, si féconde en monumens de liberté, acheva le désordre que n'auraient jamais poussé à bout la fureur la plus déchaînée des Arabes, ni les impétueuses représailles des Occidentaux. Le Français, non plus que le Gaulois, ne trembla jamais devant aucune sorte d'ennemis ; et la guerre amène souvent une paix nécessaire ; mais le mépris des canons, ces échos fidèles de la parole apostolique et de la liberté chrétienne, ces fermes gouvernails de la société humaine, ces enseignes toujours pures de l'équité, de la sagesse et des lois, le mépris des canons entraîna celui de toute liberté, de toute société, de toute équité, de toute sagesse et de toute législation.

Or, il sembla que l'Europe se reconnut, au temps des pélerinages de la Terre-Sainte. Il parut qu'elle rougit des ignobles fers que lui avait imposés l'impiété orientale ; elle pensa ne pouvoir mieux venger la perte de sa liberté que par de solennels hommages au tombeau du divin libérateur. Les infidèles ont ruiné la liberté des Chrétiens ; il faut que les Chrétiens la revendiquent sur le terrain même des infidèles : tel parut être le mot d'ordre général des nations catholiques, pendant tout un siècle de réformes essayées et toujours incomplètes, que nous pourrions appeler encore un siècle d'agitation.

ANS
DE
J.-C.

§ VI.

DES CROISADES.

Quelle influence exercent les Croisades sur la liberté.

Les maux avaient été extrêmes dans l'Occident : la liberté avait subi des atteintes de tous les ordres de citoyens, comme de tous les ordres de la cléricature, parce que, ainsi que nous l'avons dit, la voix de la religion avait été en tous lieux étouffée. Heureusement la contagion n'était pas passée jusqu'aux âmes, que les terreurs d'une autre vie avaient tenues inébranlables sur les premiers principes de la foi. Dans cet état de choses, la naissance de la troisième branche des rois de France fut plutôt la conquête de la nécessité que l'ouvrage de la politique. Avec le régime restaurateur du fameux Capet, uniquement occupé à rendre de sages lois avec la douceur d'un père, capable d'user de la fermeté d'un roi, les querelles des grands, si fécondes en troubles publics, changèrent insensiblement de nom et de point d'honneur. L'orgueil national fut jaloux de consolider un trône récent, arraché à des prétentions étrangères. Il arriva que le Français se trouva subitement heureux d'avoir reculé la barbarie, par la seule élévation d'un seigneur, qui joignait à un cœur trempé de bravoure, le zèle d'un génie politique.

Mais ce n'était pas assez pour le père des Bourbons d'avoir fondé un trône sur l'amour de ses sujets et l'indépendance de la nation, obligée de se donner un protecteur contre la suzeraineté usurpée des princes germains, honteusement avouée par un Carlovingien, leur fiéfataire. Ce n'était pas assez que le temps et la force des choses, et, ce qui est plus encore, le salut de l'état, de toutes les lois la plus impérieuse, eussent légitimé, royalisé, pour ainsi dire, les vertus de Hugues-le-Grand, il fallait seconder surtout le besoin des réformes, aussi général que les remords l'étaient au fond des consciences. Le nouveau roi français le sentit, et donna l'exemple salutaire des restitutions, en renonçant à ses héritages ecclésiastiques. Un tel signal vit surgir bientôt, sur la France restaurée, et même de l'Angleterre et de la Germanie, des forêts de fondations pieuses, fruit de la conversion des seigneurs, honteux enfin de leurs spoliations. Les mœurs changent alors : de saints Religieux, conservés comme des lys au milieu de tant de branches parasites, portent partout le plus pur éclat de la vie cénobitique, qu'ils font embrasser à des guerriers, souvent la terreur des princes et de la patrie. Ce n'est en tous lieux qu'autels relevés, que

987.

995.

monastères édifiés ou rendus, que dédicaces, qu'expiations, que translations de reliques sacrées, que priviléges contre les abus du pouvoir, implorés et obtenus de l'autorité pontificale. Mais de nombreuses exceptions, de nombreux spoliateurs, de nombreux scandales dans les cloîtres arrètent cet élan européen vers la justice et la religion. Heureusement, le ciel avait pourvu le Saint-Siége de grands talens, de grands courages, et de vertus plus grandes encore. La société, alarmée sur ses nouveaux dangers, voulait que l'Eglise épargnât à ses enfans de nouveaux malheurs, en se hâtant de faire entendre ses menaces au temps opportun et lorsqu'elles seraient nécessairement écoutées.

Tout-à-coup, comme autrefois, la voix de saint Paul, long-temps retenue, avait enfin éclaté sur les superbes Corinthiens, le tonnerre gronde sur la chaire de Pierre; les éclairs brillent aux esprits les plus ténébreux, aux cœurs les plus ulcérés; enfin, l'excommunication est fulminée sur mille têtes coupables, sans épargner même l'auguste front d'un roi de France, dont la piété tendre et connue ne peut rendre excusable une tendresse incestueuse.

Se voir séparé du giron de l'Eglise, auquel le Français tint toujours par le fond de ses entrailles, fut pour lui le plus sensible des affronts. Jamais les outrages d'un Sarrasin n'avaient été aussi avant dans son àme. La terreur des jugemens de Dieu, qui même, dans ces temps, n'étaient pas toujours différés, venant ensuite frapper au cœur de ce Français toujours léger, mais toujours catholique, il fallait que le crime reculât. Tout cela devait opérer la révolution religieuse qui suivit les premières foudres de Rome; c'est-à-dire, le goût des pélerinages qu'on crut nécessaires à une entière réconciliation. Tout le

onzième siècle fut comme le temps d'une pénitence publique. On vit des pèlerins à Saint-Jacques en Galice, au tombeau des Apôtres; on en vit à Saint-Martin de Tours, à Saint-Jean-d'Angely, surtout au saint sépulcre de Jérusalem. Dans l'ardeur de sa foi, on se sentait incapable d'apaiser le courroux du ciel, justement irrité par de trop longues profanations. On allait, comme autrefois les pénitens aux martyrs, implorer sur la cendre des Saints la puissance de leurs mérites, encore vivans dans la mémoire des plus grands coupables : spectacle vraiment unique dans l'histoire que ces détachemens sacrés, où l'élite des guerriers marchait à l'envi et à grandes journées à la conquête d'un pardon; que ces fractions de peuples, se portant en bon ordre vers des plages lointaines, sur un marbre glacé, sur une pierre modeste, offerte pour tout butin d'une pénible campagne, avec la tête mutilée d'un martyr ou le suaire d'un Apôtre !

Jusque-là pourtant ces expéditions, d'un genre si nouveau, n'avaient pas pris la forme guerrière, parce que les objets de la vénération chrétienne n'avait pas été encore refusés au repentir *inconsolable*. Ce ne fut en effet que pour avoir été outragée dans les affections de sa foi, que l'Europe , déjà réunie contre l'impiété , se réunit en armes contre la barbarie orientale qui, non contente d'avoir souillé l'Occident de sa présence , en était venue à profaner les lieux de la rédemption. C'était trop en effet ; tant d'audace pouvait aussi faire appréhender à la politique continentale que le Musulman , aigri de ses échecs dans les Gaules , ne s'en fût pris au Dieu de toute l'Europe que pour la provoquer plus impunément à une représaille impossible , et que , maître encore des pays méridionaux des Espagnes , il ne prétendît la préparer ainsi à une descente générale , ajournée uniquement pour lui en faire essayer les prémices sur le calvaire , sans défense comme le Dieu qui s'y était laissé mourir. D'ailleurs , la tradition inventée par le calife Ali , que les Sarrasins soumettraient un jour la capitale des Césars , était le plan de toutes leurs attaques. Quoiqu'il pût être de ces suppositions fondées, l'Europe écouta le sentiment de sa bravoure, en même temps que les cris de ses enfans expirans, mutilés sur le tombeau même du Rédempteur.

Bientôt , sur la peinture faite par un ermite éloquent et austère, des excès les plus inouis exercés par la férocité mahométane sur d'humbles pélerins , en qui coulait le plus souvent le noble sang des Français, toute la France s'émut et demanda la Croix. L'Italie , l'Allemagne , l'Angleterre retentirent du même cri. Princes et sujets , vassaux et seigneurs , comtes et roturiers, prêtres et laïques, chacun s'offrait en expiation de l'opprobre qu'avait souffert sa foi. Les idées du martyre devinrent donc familières aux émotions du repentir : on voulait moins vaincre le Musulman qu'avoir la permission de mourir sur le tombeau du Galiléen. Les Bouillons , les St-Gilles, les Tancrèdes et la nouvelle Légion thébéenne des plus illustres chevaliers savaient, qu'en s'ouvrant un passage forcé au saint sépulcre , violé en haine de la foi , ils pourraient être décimés avec le mérite des Maurice et de ses compagnons , parce que , selon saint Augustin , c'est la sainteté de la cause qui fait les martyrs : *non pœna, sed causa facit martyrium.*

Est-il donc si étonnant que les papes se soient empressés d'ouvrir les trésors de la rédemption qu'on allait honorer par tant d'holocaustes ? qu'ils aient dérogé aux règles de la pénitence canonique , tombée presque en désuétude , et promis le ciel à une milice où d'abord , à quelques exceptions près, se retrouvait toute la ferveur des pénitens sous l'appareil des tentes ? Aussi, à la vue du pardon universel qui étendait sur tous les remords sincères le voile de la céleste clémence , tous les ressentimens personnels, toutes les inimitiés du vasselage firent-ils place à l'enthousiasme religieux. La paix , la justice , un même point d'honneur avaient déjà uni tous les cœurs ; et quand les croisades n'auraient produit d'autre bien que l'extinction de tant de haines locales qui ruinèrent si long-temps la patrie , et auraient fini par la replonger peut-être dans l'abime des guerres civiles, les croisades seraient encore un des plus hauts faits de la religion en faveur de la liberté.

Mais les croisades devaient procurer à l'Europe un bien, plus durable. Puisque suivant l'expression d'une Comnène, princesse de Constantinople (Alexiad., *ann. Comnène*, l. 5), il sembla que *toute l'Europe eût passé en Asie*, l'entreprise et le nombre des croisés étaient faits pour étonner la Barbarie arabe et faire reculer pour jamais tous projets ultérieurs de brigander encore sur la noble terre qui avait pu fournir un tel essaim de héros. C'était aux croisés qu'était réservée la lutte décisive des forces européennes contre le croissant avanturier; eux seuls pouvaient fixer des limites à l'esprit d'envahissement du barbare Turcoman, élever un trône sur le théâtre même de sa puissance, et fonder, par ce monument quoique passager, un préservatif durable contre de nouvelles prétentions au continent civilisé.

Telle était la juste ambition des chrétiens, marchant sur Jérusalem, cette Jérusalem dont le magique nom retraçait tout le sublime d'une religion enchantée, tant de souvenirs délicieux, tant de gloires semblables à l'héroïsme catholique.

La marche des tributs saintes se ressentait à peine du mouvement tumultueux et lent des armées; elles avaient même à se reprocher de négliger l'art symétrique des phalanges, la mesure guerrière des sages évolutions, la sécurité des approvisionnemens militaires. Les violents transports n'accueillent guère les conseils de la prudence, et la chaleur d'un grand projet suffit pour faire évanouir toutes les froides prévisions : c'est la mâle agilité du cerf qui se précipite dans les frais bosquets, pour étancher une impérieuse soif, sans se douter qu'il porte sur sa noble tête le dangereux piége de son bois rameux. Néanmoins, avec beaucoup d'élémens de dissolution, plus de 600,000 chrétiens se portent processionnellement vers les premiers monumens de la foi. Déjà, malgré quelques débuts indignes de la sainte entreprise, car des colonnes écartées n'hésitèrent pas à confondre comme également ennemis de la croix les Juifs avec les Sarrasins, et à réparer par le pillage, le manque des vivres; mais débuts inséparables de la condition humaine, alors même que des plans de la plus scrupuleuse habileté seraient tracés, déjà, malgré ces insignes fautes, le gros des camps sacrés se préparait à passer le Bosphore de Thrace, après le succès inespéré d'une marche rapide; mais *le dieu des armées* qui est aussi *le seigneur des vertus*, voulait un holocauste, pour expier des larcins abhorrés, comme il l'exigea d'Israël pour de pareils excès sur les pays d'*anathéme*. Un nombre considérable de croisés d'abord indisciplinés se virent lâchement vendus au fer sarrasin qui, ne pouvant néanmoins les faire renoncer à Jésus-Christ, se rougit de leur sang et hâta le moment de leur martyre.

Telles furent les prémices de cette moisson si digne de la persécution

ANS
DE
J.-C.

du IIIe siècle. Des hommes ordinaires, des soldats plus exercés, des chefs plus habiles eussent reculé à ce spectacle de leurs légions dégarnies, et dégarnies par la trahison sur des plages lointaines. Mais les chrétiens ne furent jamais des hommes ordinaires, sous l'étendard de la croix. Le sang de leurs frères encore fumant sous leurs pas, au lieu d'abattre leur courage, les enivra d'une ardeur nouvelle. Bientôt Nicée si célèbre dans les fastes canoniques, fut forcé d'arborer l'ancien signe du salut, et ouvrit à travers les cadavres turcs un passage à la Terre-Sainte. Des prodiges de bravoure auxquels les femmes même qui suivaient le pèlerinage, n'étaient pas étrangères, faisaient affronter tous les dangers, et en repoussant l'ennemi du Calvaire, avançaient pour plusieurs l'heure de leur couronne, et pour tous, les trophées de la victoire. Quel spectacle, lorsqu'après avoir vu verser, dans les plaines d'Icone, d'Édesse, de Tripoli et de tous les autres rendez-vous des forces musulmanes, l'illustre sang de nos héros, on vit encore sur la citadelle d'Antioche un Régulus chrétien, le vaillant Renaud Porchet exhorter les croisés chancelans à ne signer, pour lui et les compagnons de sa captivité, aucune rançon! Quelle énergie dans le langage de ce nouveau Jonathas! Mes frères, s'écrie-t-il du haut de sa prison, *Si je ne suis pas encore mort, autant vaut.* . . . . . Quel dédain pour la vie, mais quel délire de candeur!! Que de grandeur dans ce sacrifice, que de noblesse dans cet adieu!! Mais quelle liberté!!! *Qu'il était beau* de voir nos guerriers, échappés au glaive, oubliant toutes les douceurs d'une patrie enchantée, pour la patrie désolée du nom chrétien, pour les champs dévastés de la Syrie, et la cime déserte du Liban; nos Européennes, dépouillant leur timidité native, s'armant d'un courage viril, et bravant au plus fort de la mêlée, les traits de la mort, pour sucer les plaies de leurs époux blessés, ou pour porter de rang en rang des encouragemens à nos pèlerins indomptables!!!

Or, c'était ainsi que la religion retraçait à l'Europe la sainte liberté de Juda, au siècle d'Antiochus et sur le même sol, qu'avaient souillé des attentats pareils à ceux exercés sur des prisonniers de guerre par les infidèles Soudans. Mais si les tributs catholiques n'eussent pas eu leurs asmonéens, est-ce donc que la philosophie n'aurait pas dû se croiser pour venger le sang des nobles captifs victimés contre le droit des gens!!! . . . . . et les croisés, tout privés qu'ils étaient des modernes lumières, méritaient-ils donc si peu des siècles éclairés, en repoussant des barbares capables d'insulter à toutes les nations, dont ils commençaient à fouler aux pieds les premières lois? Mais la philosophie eut toujours trop à faire pour elle-même. Ses guerres ne purent guère être que des guerres d'académie, fabriquer des lois, les détruire même : mais jamais fonder la liberté sur des trophées, arrachés à la servitude et au brigandage. Il serait curieux en effet, dans ces derniers temps, de voir s'organiser dans les ateliers cartésiens, dans les réduits de l'éclectisme, des phalanges de pélerins philosophes, énivrés de scepticisme, pour venger les autels du droit naturel. . . . . . . Heureusement, la folie de la croix avait ses Machabées, non pour venger la mort enviée de leurs frères, mais pour conquérir à tout prix la liberté du repentir, qui est bien aussi du droit des gens. Avaient-ils bien compris la philosophie des croisades, les détracteurs des guerres saintes ? les zélateurs de la liberté, avaient-ils pesé au poids de la raison les lourdes diatribes qu'ils lancèrent de siècle en siècle contre ces phénomènes classiques de l'indépendance européenne ? . . . . Pourtant les croisades furent-elles comme la chrysalide de la liberté! Enveloppée d'abord sous le manteau d'un rebutant pélerinage, on la verra prendre son plein vol de Jérusalem.

Tout-à-coup, à la marche triomphale des chrétiens, chargés de palmiers, se découvrent dans un lointain obscur, les hauteurs si chères à leur foi. Tous les regards se communiquent l'admiration qui succède au premier saisissement du respect. Qui pourrait peindre toutes les émotions qui se partagent les cœurs. On avance pour adorer, et il faut combattre!! . . . . . . Il faut combattre, et c'est pour adorer. . . . . . .! Et il faut du sang pour arriver au Calvaire. . . . . .! Et il faut qu'une nouvelle Mer-Rouge laisse un passage béni à de nouveaux enfans d'Abraham. Quelle extrémité pour des Croisés, qui ne demandent de la terre des promesses, ni les ruisseaux de miel, ni les fleuves de lait; mais seulement le bonheur d'exhaler des soupirs brûlans sur le Golgotha profané! *Dieu le veut!* s'écrie-t-on de toutes parts, comme il le voulut des premiers nés de Gessen, Dieu le veut des nouveaux enfans d'Édom, également jaloux de la gloire du Dieu du désert. Dieu le veut; il bénit notre encens, il bénira nos armes. Alors comme alors, il lui faudra un holocauste, parce qu'il en faut un à la liberté violée. O Jérusalem, ô sauveur! que les habitans de Chanaan tremblent devant ton héritage! que ton bras les rende immobiles comme la pierre, sur la poussière étendus, jusqu'à ce qu'ait passé ton peuple racheté. *Donec pertranseat populus iste.... quem redemisti* (*Exode*, ch. 15, v. 14, 16)! Car nous savons que c'est ta main qui nous introduira sur la montagne sainte, où tu planteras nos tentes pour la liberté des nations! *Introduces et plantabis in monte hereditatis tuæ!*

Déjà le mont des oliviers résonne de ces hébraïques transports, mélange de foi patriarchale et de bravoure lévitique. Tous les cœurs tressaillent dans les rangs dépeuplés déjà par d'innombrables coups; chacun éprouve je ne sais quoi de sympathique pour le martyre, sur la terre des palmes. Un silence extatique succède bientôt à d'expansives émotions. . . . . . ., et aux préparatifs bruyans des oppresseurs de la sainte cité, répond le modeste murmure d'une procession de soldats pénitens. . . . .

Enfin le silence est interrompu par l'éloquence du Néhémie des Croi-

sades. C'est ici , chrétiens, put dire l'austère et l'intrépide ermite , que
le nom de Jésus terrassa la tyrannie. . . . . . que l'épée de Pierre sortit
du fourreau pour venger un grand attentat. . . . . . Pierre moi-même ,
je vous précéderai. C'est au nom du même Pierre que vous avez dégaîné
le glaive , parce que le *Christ ne doit plus mourir*. . . . . Le moment ,
au reste, est venu d'exécuter l'ordre du Christ lui-même. . . . . (St. Luc,
22, 36). Vous avez *vendu* , selon sa recommandation , *vos tuniques* et
vos biens , *vous en avez acheté des épées.* Frappez donc , frappez les enfans de Jabès : *percutite, percutite habitatores Jabès* (Jug., ch. 21 , 10).
Dieu le veut, Dieu le veut ! ! ! à ces derniers mots , l'assaut est donné
à la place ; deux jours d'un combat incertain , ne font qu'aguerrir , malgré l'absence de tout secours , à un éloignement de huit à neuf cents
lieues de leurs frontières , les nobles restes des bataillons croisés au
nombre seulement de trente mille combattans. . . . . . Le ciel enfin se
déclare. . . . . Les chrétiens emportent les remparts de Sion. . . . .
Le tombeau de Jésus-Christ est délivré , Godefroy de Bouillon est fait
roi de Jérusalem ; mais il ne veut pas ceindre de couronne sur la terre
de la passion. Voilà la première croisade , et le douzième siècle commence.

ANS DE J.-C.

La liberté conquise au nom du Dieu qui avait su mourir pour elle ,
jeta son premier éclat par la modestie du roi de Jérusalem. Toute la
terre répéta avec une sorte d'admiration le nom de Croisé. Aussi l'enthousiasme trouva-t-il son aliment dans la délicatesse de son triomphe.
A peine la première Croisade fut-elle assurée de la possession des
saints lieux qu'une nouvelle s'empressa d'aller se conjouir avec leurs
restaurateurs ; mais Dieu n'avait pas promis que le nouvel état fondé
dans la ville sainte, la posséderait sans de cruelles épreuves. Les Croisés
devaient , comme les Hébreux , être en guerre continuelle avec les
infidèles, pour exercer une foi qui eût pu faire naufrage dans le port.
Voilà pourquoi après des miracles éclatans en faveur des dernières
croisades principalement celles prêchées par saint Bernard , sous
Louis VII ; par Foulques de Neuilly, sous Philippe Auguste , et par
saint Louis lui-même , et malgré les fondations religieuses et militaires
de l'hôpital de Saint-Jean de Jérusalem et du Temple , les opérations
des chrétiens furent traversées par tant et de si longs revers.

1100.

Nous n'avons pas prétendu donner ici l'histoire des croisades , au
moment surtout où un écrivain distingué , tel que M. Michaud, de
l'académie française , publie à Paris les premiers volumes de son ouvrage , qui sera sans doute trop remarquable par un vrai talent , pour
pouvoir être imité , et aussi avons-nous omis volontiers la croisade
contre les Albigeois du treizième siècle , et l'inquisition , qui nous ont
paru des épisodes tragiques, assez ordinaires même dans les siècles des
Constantins , où le bras séculier s'empara , au nom de la religion qui
pardonne , des hérétiques contumaces , comme de tous les autres per-

turbateurs de la société , pour la venger dans leur sang, des troubles civils dont ils furent la cause. Il nous suffit d'un aperçu général, où nous négligeons les fautes isolées du Croisé, plus soldat que Chrétien. Il serait injuste de nous objecter , après cela, que ces expéditions, fécondes en crimes, ne pouvaient décemment combattre pour la liberté, qui les répudie ; car si on veut trouver des *prévarications* dans les tribus chrétiennes, qu'on sache qu'on en trouvera aussi dans la famille de Moïse, choisie du ciel, aussi et davantage dans les rangs lévitiques, dans la maison prophétique de David , dans le pontificat des Macchabées , jusque dans le collége des Apôtres; qu'on en trouvera encore et davantage, pour ne parler que des peuples à demi-policés, chez les Grecs , chez les Romains , chez les Francs , au milieu des législations les plus philantropiques ; que dis-je? la philantropie peut-elle se nommer sans rappeler que c'est en son nom , au nom des droits de l'homme , que la barbarie la plus turcomane reçut en 1793 des lettres patentes pour brevets d'invention et de rafinement ! ! ! Tout ce qu'on en peut conclure , c'est que les détails de la dépravation individuelle ne doivent rien diminuer de l'héroïsme d'un vaste projet noblement conçu et noblement exécuté dans son ensemble , mais que ces détails relèvent de la justice suprême qui saura anatomiser mieux que les scalpels des Aristarques, les germes de malice et de faiblesse que renferment les actions privées des mortels. Il nous suffit que l'esprit et l'ensemble des croisades aient trait à la liberté , pour que nous ayons pu arguer de leur influence sur le bonheur des peuples.

Or , les ennemis de la Croix furent eux-mêmes les premiers à en ressentir le salutaire empire. A cette époque de la première croisade, on voit la mère d'un émir de Babylone traverser les mers à force de rames pour venir aux environs d'Alep *avertir son fils qu'il est désormais inutile de combattre les Croisés , dont un Dieu immortel a pris évidemment la cause en ses puissantes mains* (1). Ce qui prouve que déjà on s'apercevait , jusqu'en Arabie et en Perse , que les armes des Chrétiens devaient avoir une influence sur l'univers, d'autant plus irrésistible qu'elle avait paru plus céleste. On ne pensait pas autrement au douzième siècle. Les auteurs du temps ne firent pas difficulté de mettre sur le compte de Dieu la délivrance de la Terre-Sainte, et de lui attribuer les prodiges des croisades comme ses propres hauts faits. Des chroniques portèrent sans contradiction cette inscription étrange : *Gesta Dei per Francos* (2). Selon la remarque de quelques auteurs(3), les anciennes possessions de l'empire romain en Asie avaient été le rendez-vous de tous les Barbares ; et un siècle de fureur n'avait pas suffi pour

(1) Guibert, abbé de Nogent sous Couci, l. 2.
(2) *Ibid.*
(3) De Guignes, *Hist. des Huns*, t. 3, l. 9. — Mosheim, *Hist. Tart.*, ch. 4, § 8.

y assouvir les représailles des sultans turcs, des califes arabes, et des princes de Constantinople. Le fanatisme de l'Égire, qui avait fait taire toutes les lois, s'était tu lui-même devant je ne sais quel athéisme sauvage qui en voulait à toutes les religions, à toutes les civilisations. La tradition sur la conquête de la ville des Césars était dans toute sa force dans les têtes turcomanes, et un embrasement de toute l'Europe avec les restes de la puissance grecque était le plan avoué des brigands de la Tartarie. Il n'y avait que les croisades qui pussent prévenir cet embrasement. Leur effet immédiat fut de porter la division parmi ces barbares, en jetant autour d'eux les premiers rayons des véritables lumières : semblable à la puissance exercée sur des brouillards qui se dissipent aux premières vibrations du soleil. La présence des Occidentaux, armés d'un courage déterminé et de quelque chose d'incompatible avec la valeur ordinaire des guerriers, de quelque chose que les Turcs ne connaissaient pas, une piété humble et tendre ; cette présence, coïncidant avec les efforts de quelques sectaires musulmans, honteux enfin de l'esclavage de la Mecque, tels qu'un Averrhoës, un Avensoan, un Tophaël (1), cette présence fit rétrograder le prosélytisme forcené du Coran. On commença à comprendre que le domaine des cœurs n'était pas du domaine de la force. Si, d'abord, on ne trembla pas devant le Croisé, bientôt on l'admira davantage : on soupçonna que la religion et la liberté lui étaient plus chères que la vie. Dèslors, on s'occupa d'allier par toutes combinaisons possibles les principes de la sagesse des stoïciens, qu'on croyait revivre dans les Croisés, à la stupidité cruelle du mahométisme des Ali et des Omar (2). De-là cette polémique animée des sectes mahométanes, que fit naître l'absurdité démontrée de la foi du croissant ; et comme les hérésies avaient eu ce côté favorable dans l'antiquité chrétienne, qu'elles avaient servi au développement de la saine doctrine, par celui des talens et des lumières ; ainsi les Musulmans eurent leurs *Prédestinatiens*, leurs *Pélagiens*, leurs *Optimistes*, leurs *Origénistes*, qui crurent imiter l'amour de la perfection, dont étaient animés les Croisés, et surtout les ordres militaires de Jérusalem ; vrais modèles d'abnégation et prodiges de vertus. Enfin, on entrevit l'aurore d'une civilisation qui, pour ne devoir jamais se réaliser sous l'influence du croissant, n'en pouvait être que plus accélérée par l'exemple des Occidentaux, toujours libres dans les fers, toujours pieux et éclairés dans leurs triomphes.

Constantinople et l'Église grecque auraient dû se ressentir aussi plus qu'ils ne le firent de l'impulsion donnée par les croisades. Le schisme renouvelé par le furibond Cérularius, constamment alimenté par l'ambition patriarchale, avait coûté bien du sang à l'empire du Bosphore,

---

(1) Biblio. d'Herbelot, *Art. Tograi.* — Id. *Art. Motavadi.*
(2) Albuf-Pok, *Hist. Arab.* — Bibl. d'Herbelot, *Art. Shalmayani Sufi, Ashari.*

sans parler de celui qu'avait fait couler le Sarrasin , profitant au loin de ces dissensions théologiques. Le besoin de s'unir à l'Eglise latine , qui tenait l'Europe à ses ordres , était impérieux pour les Asiatiques ; mais bien des causes, bien des chocs , ayant leur source , pour la plupart , dans les amours-propres , et les intelligences secrètes des Grecs, félons à leur foi et à leur patrie , devaient retarder long-temps les rapprochemens que faisaient désirer d'imminens périls.

Pendant plus de deux siècles, les princes de Constantinople déploient pour l'union toute la vigueur de la politique ; les papes, toutes les ressources , toute la crédulité même , si on peut s'exprimer ainsi , de la bonne foi : ceux-là répandent, selon leur pouvoir , le goût des sciences ; ceux-ci obtiennent des secours de l'Europe et des Croisés , pour l'empire à deux doigts de sa perte. Les seuls intervalles de paix, dont il jouisse pendant ces deux siècles , sont dus aux armes des Chrétiens : sans cesse la charité apostolique parvient à faire accepter sa médiation et la leur dans les affaires désespérées (1), alors même que la justice faisait avancer des forces européennes pour réprimer en même temps les excès d'ingratitude et de tout genre des Grecs contre les Latins. On voit souvent, à Rome et dans les conciles , des princes ou des ambassadeurs implorer l'union comme la ressource de l'époque. Plusieurs empereurs s'avouent catholiques les premiers, pour entraîner leurs sujets , et leurs sujets restent schismatiques!.... et leurs sujets se dérobent à la lumière!..... et leurs sujets les outragent, les déposent , les victiment (2)!..... Avec une pareille obstination , les états de l'Asie et de Constantinople n'auraient pu que devenir incontinent la proie des Turcs descendus de la Tartarie , lesquels n'attendaient que la réussite de la trahison pour les envahir et l'Europe entière. Tel était l'état de l'empire grec : il n'y avait plus d'obstacles à son anéantissement prochain.

Mais les croisades furent là pour opposer une barrière. Sous les Boëmond , prince d'Antioche , que de diversions neutralisèrent les irruptions musulmanes ! Que d'échecs essuyés par les Sultans, sous la pesante main des héros d'Edesse et de Tripoli ! Sous les Baudoins et les immortels hospitaliers , l'élite de la France et de la chevalerie monastique , que de coups parés aux insensés Hellènes ! Que de remparts apposés à leurs avides ennemis par les mains même qui servaient de pauvres pélerins! Non, sans les croisades, sans les expéditions de Louis VII, toutes fàcheuses qu'elles furent , sans les armées de Philippe-Auguste, toutes maltraitées qu'elles purent être , sans les flottes de Saint-Louis, toutes funestes que furent enfin leurs batailles navales après les plus brillans succès , non , jamais l'empire grec n'eût résisté un demi-

____

(1) *Annal de Zonar,* part. 4.
(2) *Hist. Compend. de Curopalat.*

siècle au colosse descendu des montagnes. Jamais du moins la prise de Constantinople n'aurait pu être différée jusqu'en 1453. Mais les croisades firent trembler les Seljoncides, accourus de la Haute-Arménie, les Tartares de la Perse, les Sarrasins d'Afrique, les Sultans de Babylone et du Caire. Il fallut bien ajourner devant une telle digue l'irruption tant projetée, et si souvent entreprise sur le Bosphore. Heureux Grecs, s'ils eussent profité, quand il en était temps, du moyen qu'offraient les croisades de repousser peut-être à jamais les Barbares dans leurs frontières de la mer Caspienne : heureux Grecs, s'ils n'eussent fait avec les croisés qu'un seul et même peuple de frères ! Mais, qui ne connaît les Grecs ! Qui ne sait de quelle farouche ingratitude sont capables des schismatiques ? Et qu'on y ajoute le naturel des Hellènes !!! Combien d'ailleurs n'est-il pas difficile, le retour à la lumière dans un État en proie aux factions religieuses et politiques, livré à l'indépendance aveugle !

Néanmoins, malgré tant d'oppositions intestines au salut de la Grèce, les croisades parvinrent à neutraliser durant plus de quatre générations les plans de descente des nations turques ou arabes ; et si les guerres saintes ne purent sauver, malgré eux-mêmes, les pays asiatiques, elles eurent cela de salutaire, qu'elles avaient mûri la barbarie des brigands du Caucase ou de la mer Rouge (1). Le seul saint Louis, ce roi magnanime dont on ne répète le nom que pour embellir de grands et nobles souvenirs, le seul saint Louis les avait forcés d'adopter un esprit de modération qui ne leur était pas naturel vis-à-vis leurs ennemis dans les fers. Tant la religion a de puissance pour faire respecter une liberté qu'elle seule peut inspirer !

Ce ne fut en effet qu'au milieu du XVe siècle, que, toujours par l'effet de l'obstination schismatique des Grecs, laquelle ne put être réparée par une trop tardive union avec les Latins, et méritait du ciel un châtiment solennel, les Turcs osèrent passer l'Hellespont, et s'établir à Andrinople. Il est remarquable qu'ils n'occupèrent la ville des Sept Collines qu'après s'être promis d'ouvrir les temples du Christ, de donner la liberté à ses ministres dont ils ne se réservaient même que le protectorat et l'investiture par la crosse et le cheval blanc (2). Ajoutez que ce fut un Mahomet II qui s'imposa cette loi. . . . . ! Quelle différence entre ce dernier et le fugitif de la Mecque ! quel hommage aux croisades ! quel tribut à la liberté chrétienne. . . . . !

L'empire d'Orient qui, par le moyen des croisades, n'avait fait que pressentir la salutaire influence de la puissance pontificale, ne fut pas aussi heureux que l'Occident. Ce fut pendant les siècles des croisades que les papes, souvent obligés de servir d'arbitres entre les princes toujours trop susceptibles sur le point d'honneur, alors que la religion

(1) *Oriens Christ.*, t. 1, pag. 312.
(2) *Hist de l'Église grecque*, par Ricaut — *Ducas*, ch. 37.

et leurs vrais intérêts demandaient qu'ils fussent unis pour la même cause, ce fut pendant ces siècles que l'autorité spirituelle devenant plus respectable, les papes usèrent le plus largement de leur suprême pouvoir sur les peuples et les couronnes. Or, quoiqu'il soit impossible de ne pas taxer d'exagération quelques violens manifestes de la thiare, et le naturel absolu de certains pontifes, d'ailleurs vertueux et savans, il faut convenir que, durant ce temps, leur pouvoir fut souvent le remède aux maux de l'Europe. Un Hollandais, qui n'a pas besoin d'épithète, M. Leibnitz, reconnaît lui-même qu'il *eût été à désirer pour le bien de la chrétienté, que les papes l'eussent conservé toujours* (1).

En effet, tandisque l'héroïsme religieux des Croisades se déployait en Orient pour l'honneur de l'Église, de la liberté, et arrêtait la chute des empires grec et latin, les têtes couronnées d'Occident ne furent que trop le sujet de la sollicitude pontificale. Des prétentions également faméliques animèrent les empereurs de Germanie, quelques rois de France, et les fils ambitieux de Guillaume-le-Conquérant. Les commencemens d'Urbain II, pape éminemment sage, eurent à réprimer, dans ces trois royaumes, des excès incroyables en matière d'investitures canoniques. On y allait jusqu'à mettre évêchés, abbayes, toute espèce de bénéfices et de biens ecclésiastiques à l'encan, au nom du prince (2). Ce mode satanique de violer les droits spirituels de l'Église avait dans toute l'Europe les mêmes traits de ressemblance, comme si l'Enfer eût voulu se venger de l'expédition de la Terre-Sainte, par une conspiration unanime contre le sacerdoce ; c'était du moins la suite déplorable des funestes écarts des derniers siècles. Les plus beaux dévouemens, la piété la plus communicative des peuples ne pouvaient les faire oublier. Pourtant ce qui étonne, c'est de voir rois et empereurs, redevables à tant de titres envers l'épiscopat, auteur et gardien né de la fidélité de leurs sujets, s'élever les premiers contre la juridiction spirituelle ; mais, comme si ce n'eût rien été que de ruiner le respect renaissant pour les choses sacrées, ils avaient encore osé des scandales publics, de l'espèce de ceux que même les esprits peu religieux se sentent de la peine à applaudir. Un Henry, empereur d'Allemagne, digne héritier de ses impies prédécesseurs, avait à peine calculé les chances d'un divorce projeté, qu'un roi de France avait consommé le sien. Ainsi le despotisme marchait tête-levée sous les enseignes déployées des rois Bretons, des princes de Souabe, et des fils de Charlemagne.

Il était d'un souverain pontife de lui opposer plus que des gémissemens, et d'arrêter par des éclats paternels de séditieux éclats que pouvait produire cette double présomption. Il n'y eut sorte d'invita-

---

(1) *Codex Jur. Gentium, diplomaticus de Leibnitz.*
(2) *Edemsard, in vit. Asuel. cantuari.*

tions, de conseils, de remontrances qu'Urbain ne mit en œuvre pour guérir des cœurs ulcérés par l'avarice et l'adultère. Guillaume-le-Roux, se rend aux menaces ; mais Philippe-Auguste est inflexible jusqu'à la verge que saint Paul avait levée sur les Corinthiens ; pour Henry IV, il croit plus sûr de se soustraire et aux menaces et à l'excomunication d'un pape, en en opposant un autre. Urbain avait donc éprouvé que la charité apostolique est le glaive à deux tranchans qui frappe pour réduire. Sa fermeté avait commencé de rendre à l'Angleterre la liberté spirituelle ; qui, comme nous l'avons vu si souvent, est la mère de toutes les autres libertés, à la France, son indépendance d'une Cour licencieuse, théâtre de despotisme et source de bassesses ; père universel, il devait en user avec un inflexible courage pour pacifier aussi cette Allemagne, tant dégénérée de sa liberté primitive sous la houlette des Boniface et des Conons, ses apôtres.

Qu'un Mahomet II, s'arroge plus tard un pouvoir quelconque sur le spirituel de l'Église grecque, rien d'étonnant ; il ne prétend pas au salut des chrétiens, il prétend même tout le contraire ; ses successeurs, dans leurs baratz, ou commissions d'investitures, iront même jusqu'à traiter de *vaines et inutiles cérémonies* la foi chrétienne, par une contradiction, digne du marchand de la Mecque et de l'Islamisme (1). Mais que des princes dont la couronne est surmontée par la croix, osent dire, comme Guillaume-le-Roux, roi d'Angleterre, que, *quelque soit un pape, sa papauté ne peut s'étendre sur eux, et qu'ils n'en feront pas moins ce qu'il leur plaira ;* c'est le langage d'un pirate couronné, plus capable de donner des fers à une nation, que de se servir des armes même de la religion contre des vexations injustes, fussent-elles papales. Ce précédent était bien de nature à s'allier avec la loi de fer d'un Henri VIII, au siècle où le *papisme* devint une grosse injure. Or, telle était pourtant la politique des rois du douzième siècle, politique bien avouée du moins des monarques bretons, et des princes allemands. Le rêve d'ailleurs du rétablissement de l'empire romain avait préoccupé la fougueuse imagination de ceux-ci à tel point qu'ils osaient menacer toute l'Europe de revenir sur des démembremens injurieux au successeur des Césars (2). Avec des papes, courtisans comme l'étaient les évèques anglais et allemands, de cette époque, qui ne faisaient pas difficulté de se rendre les vassaux de ces insatiables seigneurs ; avec des papes mous, indifférens et sans caractère, que serait devenu l'Europe, sinon le théâtre des litiges les plus inextricables, des plus interminables représailles, le repaire des plus vils esclaves ?

Il n'en pouvait être ainsi sous des pontifes suscités par une particulière Providence à la garde de l'autel. Armés comme *le chérubin de*

---

(1) Ricaut, *Hist. de l'Etat prés. de l'Eglise grecque.* — Ladmei.
(2) Rader, *in Frédéric*, l. 2, ch. 8.

l'épée versatile, ils défendirent aux profanes humains l'entrée du sanctuaire, conservateur de la liberté violée.

Aussi, allons-nous voir se dérouler une série d'événemens sur lesquels tous les genres de critique se sont crus appelés à prononcer. Événemens où la puissance temporelle et la puissance spirituelle donneront le spectacle d'un perpetuel conflit ; événemens qu'aussi l'œil dédaigneux des préjugés ne fixe que pour censurer indistinctement ce qu'il appelle et la crédulité des princes et la forfanterie des pontifes ; comme si tout était dit par une diatribe d'académicien, alors que l'équité réclame un jugement tout de conscience.

§ VII.

DES PAPES.

Quelle fut l'influence de la puissance papale sur la liberté?

Le xii° siècle fut donc remarquable par des excommunications, des censures, et les suivans par des interdits ou même par des dépositions. Il est peut-être, à ce sujet, nécessaire d'exposer ici quelques principes.

Admettre une *église*, c'est assurément admettre une assemblée parfaite, une chose véritablement publique, un corps bien ordonné, un chef enfin et des membres ; admettre tout cela, c'est assurément admettre des voies de répression contre les écarts de ceux des membres qui refusent un service dû, un naturel concours à la prospérité du corps entier ; admettre de telles voies, c'est assurément admettre de justes sévices, des pénalités coercitives dans leur ordre, des expédiens extrèmes contre l'insubordination persévérante, des moyens enfin de réussir contre la révolte scandaleuse. Ces principes sont chrétiens, mais ils sont logiques ; et Jésus-Christ n'aurait pas dit qu'il *bâtissait* une église, que la raison l'aurait proclamé. Or, qu'y faire ? L'Église était, lorsque sortant de la barbarie, appelée à de grandes destinées, telles que d'imposer silence au Musulman, ennemi de l'Europe et de leur Dieu, les peuples étaient gouvernés par des chefs peut-être plus dangereux, en ce qu'ils étaient plus domestiques. L'Église donc alors possédait des voies de répression contre quiconque refuserait un légitime concours à la prospérité de ses fidèles ; l'Église donc alors pouvait user de justes sévices, de pénalités coercitives dans leur ordre, des moyens enfin de réussir contre l'opiniàtre rébellion. Et non seulement l'Église était, mais elle avait onze siècles de possession ; mais, elle avait vu naître et mourir les rois et les empires, sans se sentir affaiblie de tant de coups frappés par le temps. Et non seulement elle comptait onze siècles de possession, mais c'était onze siècles de libertés, de combats pour elle et de triomphes; mais elle venait de préserver les derniers âges d'une barbarie qui pouvait se perpétuer; mais elle avait vaincu l'ignorance et l'impiété, le glaive et la servitude. Tout donc concourait, sa constitution même, sa possession, ses immortels bienfaits, à lui décerner la puissance et l'autorité, puisqu'elle avait survécu à toutes les ruines. L'Église donc était dans son droit et dans son devoir, lorsque ses décrets déjà connus sous les noms d'*excommunication*, d'*interdit*, de *suspense*, vinrent en grand nombre grossir les arsenaux du Vatican. Les papes, ses vice-rois n'eurent jamais que l'honneur d'en tenir les clefs; quand ils l'ouvraient, ils obéissaient à une impérieuse mission. Autres Jonas, ils purent quelque fois trembler devant leur mandat, s'assoupir dans une timidité mercenaire jusqu'à exposer la barque du pêcheur; cette timidité put bien leur attirer des captivités méritées; mais courageux ou tremblans, il ne furent pas libres de ne pas menacer Ninive et ses rois. La conduite des papes était tracée dans ce mot du maître : *si votre frère............ ne se rend pas aux conseils de la charité, dénoncez-le à l'Église, si dénoncé il n'écoute pas l'Eglise, qu'il soit traité comme un païen et un publicain......* (St. Math., 18, 15). Ainsi les papes dans leurs sentences d'éclat, ne firent jamais, comme nous l'avons observé dans le cours de cet ouvrage, qu'appliquer les précédens consacrés par la plus vénérable antiquité; ce qu'ils parurent faire de plus n'était que la déduction de leurs conséquences. Inutile donc d'équivoquer ici sur les sermens de fidélité, sur les principes de légitimité, ce ne serait pas l'Église que les partisans de sermens devraient accuser de les avoir méconnus. Qu'on cherche bien dans les plus violens manifestes de la cour de Rome; qu'on y fasse le plus scrupuleusement la part du glaive spirituel, celle du temps qui les enfanta; que restera-t-il d'acerbe, d'injuste, de despotique, si l'on veut, que le ton et le caractère personnel du pontife fulminant? Or, apparemment, les détracteurs de la cour romaine ne prétendirent pas que les défauts d'un pape détériorent son autorité ou l'en rendent responsable. C'était un grand malheur sans doute que les pontifes fussent, comme leurs contemporains, moins pourtant que leurs contemporains, accessibles au faste et à l'amour-propre; mais enfin le plus grand malheur n'était pas là, il était dans l'usurpation laïque, constante et persévérante; il était dans les flatteries des courtisans, dans les pamphlets des philosophes, dans les instigations des politiques, toujours jaloux d'exalter un pouvoir de qui ils espéraient tout contre une autorité de laquelle ils n'avaient rien à attendre. Le plus souvent donc, des torts personnels, qu'on aurait pu nommer des mal entendus, furent envenimés par les rhéteurs, gens de cour et de lettres. Là-dessus le change était facile à prendre, l'affectation en a été sensible chaque fois que la question des deux puissances a été agitée. La dispute de Pierre de Cugnières et de l'archevêque Pierre Roger, sous le règne de Philippe de Valois, est un impérissable monument de cette affectation. D'ailleurs les souverains pontifes ont assez expliqué eux-mêmes l'étendue qu'ils prétendirent donner à leur autorité. Après le grand Gélase, Boniface VIII, celui peut-être de tous les papes qui ait été le plus obligé d'user de la plénitude apostolique, ne fait pas difficulté de rendre cette déclaration, la plus solennelle que puissent exiger les ennemis de la tiare. « Nous savons, dit Boniface, « qu'il y a deux puissances ordonnées de Dieu; nous protestons que « nous n'avons pas intention d'usurper la juridiction du roi; mais le « roi ne peut nier, non plus qu'aucun fidèle, qu'il ne nous soit soumis « à raison du péché (1).» Comment, après un tel monument, les légistes et les favoris, purent-ils, sans injustice, s'évertuer à torturer les bulles et les brefs des pontifes, pour y découvrir des vues hostiles !

Mais, qu'est-il besoin de s'étendre plus au long sur une matière si rebattue et pourtant si délicate, de nos jours, où à peine est-il souffert que l'on reproduise les textes les plus inoffensifs de la puissance spirituelle, sans encourir le bon reproche d'ultramontanisme; jours de lumières, où s'il vivait, Gélase, tout saint et savant qu'il fut, aurait besoin de penser à deux fois, avant de prononcer la sentence qui donne à la tiare la prééminence sur les autres couronnes ? *Duo sunt quibus mundus hic regitur : autoritas sacra pontificum et regalis potestas* (Gélas, *Epit. 8 ad Anast.*)?

La meilleure et la plus solide de toutes les controverses, en matières d'événemens, est celle que le temps fait. Après avoir rappelé les principes sur lesquels est fondée la puissance de gouvernement dans l'Église, jetons-nous sur les faits, et voyons, si son application bien ou mal accueillie n'aura pas produit, en définitive, le bonheur des états.

1105. Le pape Urbain ne put voir les effets de sa sévérité apostolique. Il était réservé à la charité, pleine de noblesse de son successeur Pascal, d'en recueillir les fruits. Soit que le soulèvement des peuples germains contre l'usurpation de leur empereur Henry IV, l'eût fait trembler lui-même sur les suites d'une révolte, qui avait déjà armé un Absalon ; soit que de puissans remords eussent en quelque accès sur ce père ambitieux, il écrivit enfin son retour au clément Pascal II, reconnaissant pour son soutien le saint siége qu'il avait tant outragé (2). Tout alors respire en Allemagne ; tout rentre dans l'ordre : et voilà l'effet des excommunications, de ces grands coups que, le premier, le fameux

(1) Hist. de Concord., l. 4, ch. 15, n. 4.
(2) Epit. Henric., ad Hugo, (2. Spicil., pag. 39?

Hildebrand , avait jugé nécessaire de frapper solennellement sur les
têtes couronnées.

A même mal , même remède. Si un fils long-temps étourdi sur l'exemple d'un père , si un nouvel Henry ne craint pas de troubler son empire , un moment pacifié , si son impie brutalité doit aller jusqu'à la violence envers deux successeurs de saint Pierre , jusqu'à introniser , à main armée , portes et autels de Latran brisés , un monstre d'anti-pape ; si des factions s'emparent de ce sacrilége pour terrifier les consciences , les peuples, murmurant de ce nouveau genre d'esclavage , se souviendront qu'il est une puissance libératrice , que les pleurs de la foi n'implorent pas en vain. Ils jetteront les yeux sur l'inflexible Calliste II : ils tendront les bras à l'église réunie dans ce même palais de Latran , indignement souillé : Calliste parlera et l'église œcuménique. C'en sera fait du schisme despotique : il se déclarera vaincu ; et la liberté canonique ne reparaitra pas sans être escortée de la liberté civile , qu'avait bannie la honteuse intrusion.

Après ce triomphe du pouvoir austère et conciliateur de la papauté , la fureur des usurpations viendra-t-elle encore enflammer un comte de Sicile , un Roger , un Bas-Normand , autre Nomenoé ? Non content des tributs imposés par sa cupidité à cette terre des Muses , à la Calabre , à la Pouille , à l'antique Parténope , lui aussi osera-t-il poursuivre , d'une haine de huit années et d'un fantôme de pape , le patient, mais sévère , Innocent II ? Ce sera en vain : ce Roger s'attachera-t-il à des roseaux agités par la tempête ? avec les Anaclet , il ne pourra faire qu'un triste naufrage. Une planche lui restera pourtant : s'il veut être roi , heureux roi d'un peuple heureux , il faudra que , comme le timide Grégoire , aussitôt son censeur que son suppôt mercenaire , il mette aux pieds de l'inexorable Innocent une couronne qui ne pouvait durer qu'un jour , comme la toile de Pénélope. Alors , les peuples subiront la loi du Normand pardonné : sous la garantie de la tiare , ils accueilleront une royauté vassale : car les Siciliens sont ainsi faits. Romantiques fiefs de la ville d'Énée pour le tombeau d'Anchise , Drepanum , Syracuse se crurent toujours , à ce titre , vengés de la foi punique , par les foudres consulaires : toute rivalité avec Rome leur parut carthaginoise. Pouvaient-ils, dans l'intérêt de leur gloire , les Siciliens , se donner un roi , sans déclarer leur île , fief du Vatican , en sa qualité de vieille mouvance des états latins ? Ainsi Roger , par le seul fait de son schisme et de sa normande foi , n'eût été pour l'ancienne Trinacrie qu'un odieux Africain , qui , vassal du saint siége , fut digne des Hyéron et des louanges de l'abbé de Clairveaux. Ainsi les papes avaient été jusqu'alors en Europe de vrais Croisés, ayant à combattre des émules des Soudans : mais, avec leur cœur d'apôtre et des auxiliaires, tels que saint Bernard et l'abbé Suger , Tancrèdes de l'Occident , ils firent bientôt connaître la sainteté de leur cause, jusque-là, que empereurs et

rois ne crurent pas trop faire que d'escorter pédestrement la papauté,
triomphante sur la blanche haquenée.

A cette époque, les rois d'Angleterre et de France, brouillés pour
des lambeaux du continent, n'avaient pas d'autre médiateur. Henri Ier
et Louis-le-Gros n'étaient pas des hommes à se respecter dans des
différends où, il faut bien le dire, l'injustice était toute entière de
l'autre côté de la manche, puisque la Normandie disputée appartenait à
un duc de ce nom, encore vivant en Palestine ; mais comme ces princes
n'avaient pas fait taire, au bruit des armes, tout sentiment de religion,
qu'au contraire une piété traditionnelle se mêlait en eux à une rare
bravoure, ils surent écouter la voix conciliante du père des fidèles.
S'ils n'oublièrent pas entièrement des projets hostiles, ils les sacrifièrent
pour le moment à des améliorations politiques vraiment dignes de rois
chrétiens. Henri, près de mourir, ordonna que restitution fût faite de
tous biens ravis aux églises, et que l'investiture de tout bénéfice fut
laissée au corps épiscopal, seul compétent pour y pourvoir (1). Louis-
le-Gros affranchit les communes de la féodalité ; et le servage intolérable, que ce régime dégénéré imposait aux provinces, fut échangé
en un gouvernement municipal. On peut croire que les relations intimes de l'aïeul de saint Louis avec le prudent Calliste, que le monarque français se plaisait à nommer *très-aimable père* (2), n'avaient
pas retardé ce royal octroi. Que dire de cet autre pape, appréciateur
des hommes et de son siècle, de cet Eugène, *à l'autorité duquel la
France dut l'abbé Suger*, régent accompli, s'il en fut, pendant que
son souverain essuyait en Palestine les revers non mérités d'une croisade mal entreprise ? Qu'ajouter à la juste reconnaissance de l'Europe
pour un Adrien IV, qui parvient à paralyser une autre croisade éphé-
mère, dangereuse pour l'Espagne elle-même, en ce que la France et
l'Angleterre, unies par la religion, veulent intempestivement la délivrer du Sarrasin ?

Après une paix de presque un demi siècle, qu'avait passée l'empire
sous l'orthodoxie des Lothaire et des Conrads, pour la plupart croisés,
 un nouveau schisme vint fondre sur l'Allemagne. La folle prétention
de la collation des bénéfices à charge d'âmes reparut armée sous les
enseignes de Barberousse, empereur infatué de l'idée de faire revivre
les Césars. Bientôt la basilique de saint Pierre de Rome, forcée par
une soldatesque effrénée, voit introniser un anti-pape, destiné par la
protection séculière à avoir des successeurs, pendant dix-sept ans. Le
crime dès lors est assuré de ses clients. Que de violations dans les
cloîtres ! que de bassesses dans les prélatures ! que d'ignominies, que
de vénalités ! mais, que de troubles dans les consciences ! que de

____

(1) F^t de Hugues, arch. de Rouen
(2) Duchêne, t. 4, pag. 313.

rumeurs dans les états romains ! que de représailles pour et contre le
patrimoine de saint Pierre ! les uns sont à Céphas , les autres à Paul , le
plus grand nombre à Apollon !! quelle perturbation ! quelle anarchie
par le fait d'un nouvel Abiron ! dans le cours de ce désordre, on ne
sait qu'admirer davantage, ou de la noblesse simple d'Alexandre III,
ou des hauteurs rêveuses d'un Frédéric Ier, ou de la vigueur du pontife, ou des subterfuges de l'usurpateur , ou de la charité persévérante,
ou de l'intraitable audace. Enfin le défenseur de l'arche sainte va frapper. Encore un moment, et le téméraire ne sera plus . . . .
Quelle révolution ! Frédéric est désarmé à Venise ! Son bouclier d'impiété s'échappe de ses mains ! quel ascendant de la puissance apostolique ! Le schisme éteint ! une sincère réconciliation ! quel prodige
d'influence pontificale ! Enfin Frédéric croisé et battant les infidèles
sur les bords du Cydné son tombeau ! . . . . ! quel patronage magique que celui de la triple couronne. L'univers le sut , et
les barbares s'en étonnèrent.

Les nations française et britannique avaient su éprouver les bienfaits de la tiare , sous Louis VII , Henri II et le vaillant Richard , ce
croisé , la terreur de l'islamisme. Mais la concorde fut troublée par la
fougue entreprenante de Jean-sans-Terre , et la valeur heureuse de Philippe-Auguste. Un différend s'engage : à la vieille querelle de Normandie, le roi de France oppose la prévention d'assassinat d'Arthur; il faut
toute la prudence d'Innocent III pour amortir les foudres de la Chambre
des Pairs , fière de sa juridiction pour venger l'honneur de son Souverain.
La prudence ne suffisant pas à l'égard de Philippe justement irrité , ni
la longanimité à l'égard de Jean, soupçonné d'un crime et convaincu de
tant d'autres, il faut que la sévérité éclate : elle éclate en effet. Après la
sévérité , il n'y avait que la valeur de Philippe et de ses Français qui
pussent réduire un roi profondément égaré. Une sentence de déposition
met à leur discrétion le royaume anglican ; il était à deux doigts de sa
perte. Mais la fière nation qui s'en réjouissait , ne connaissait pas bien
a quelle antipathie elle serait en butte, si elle devenait française. La
France elle-même n'aurait pu passer le détroit sans laisser derrière
elle l'empereur Othon fondre sur ses frontières avec toutes les forces
germaniques. Étrange position des affaires. . . . . . . ! Plus éclairée
sur les intérêts des deux peuples que les deux peuples eux-mêmes , il
faut que la sagesse d'Innocent, dont la sentence n'avait été que commi-
natoire , pourvoie soudain au repentir de Jean-sans-Terre qui , en reconnaissance , se croit obligé de constituer en fief pontifical la couronne
anglicane ; il faut que l'armée française levée pour la conquérir , se
trouve prête à se défendre elle-même, et à remporter à Bouvines le salut de la monarchie ! ainsi , par l'entremise d'un pontife, les deux
royaumes à la veille d'une ruine imminente , se trouvent debout, et
chacun avec son genre de gloire. Ajoutons que Sans-Terre, bientôt par-

ANS
DE
J.-C

1189.

1215.

jure à ses sermens ne viola pas la grande charte, sans s'attirer la juste animadversion de ses sujets ; déjà un Bourbon volait à leurs vœux, et les fiers Bretons étaient français. L'Angleterre doit savoir ce qu'elle doit à la nouvelle intervention d'un pontificat menaçant qui fit avorter l'opiniâtre essai d'un fils de France. Que peuvent contre tant de faits, glorieux pour les deux nations, les critiques amères qui ont représenté Innocent III comme un pape despote ! La raison lui donnait le titre de pacificateur.

Nous avons laissé, pendant les premiers temps des croisades, l'Espagne morcelée, aux prises avec les Maures d'Afrique. Néanmoins la justice demande que nous fassions mention de l'institut des religieux militaires de Calatrava, d'Alcantara et d'Avis, véritables boulevards de la péninsule, élevés par la sagesse pontificale contre les infidèles d'Afrique autant ennemis des trônes que de l'Évangile. Ce ne fut en effet qu'à la faveur de la chevalerie chrétienne et des secours ultramontains, comme on appelait les catholiques d'en-deçà des Pyrénées que se maintinrent contre les irruptions des Sarrasins, ou se fondèrent successivement, les dynasties des Alphonse de Castille, d'Arragon, de Portugal et des Sanche de Navarre.

Le pontificat orageux de Grégoire IX arriva. La minorité de saint Louis était un de ces revers brusques et impérieux, qui sont capables de faire succomber toute politique. L'appui de la religion fut alors plus nécessaire que jamais. Aussi la Providence semblait-elle avoir suscité un pontife d'un caractère supérieur, pour applanir a un prince qui devait être selon son cœur, la carrière d'un règne saint et puissant. Un Mauclerc, comte de Bretagne, confondait déjà dans sa haine Blanche de Castille et l'Église, le jeune Louis et le cardinal de Saint-Ange. Rien ne coûtait à cet autre Dacien, comme l'appellent les chroniques, pour traverser la régence. Ses violences, ses pillages, ses exactions de tout genre avaient déjà ruiné les autels et leurs ministres. Fort de la consternation des peuples, son infernal génie avait ensuite suborné une noblesse frivole et mutinée. Cet esprit satanique savait sans doute que le plus sûr moyen d'opprimer un état, de l'affaiblir, de le perdre, est de commencer par troubler l'Église, en inspirer le mépris, en détruire l'influence. La France sentait donc ses fondemens ébranlés par l'audace de ce felon implacable, effrontément armé contre son jeune Souverain. D'un autre côté, les troubles occasionnés en Languedoc par les restes impurs de la secte alibgeoise, avaient aussi aliéné bien des vassaux de la monarchie. Les comtes de Toulouse et de Foix, long-temps despotes domestiques dans les provinces méridionales, crurent que le moment était opportun pour se dégager d'un gênant hommage qui eût emporté d'ailleurs tôt ou tard la nécessité d'une humiliante abjuration. L'orgueil faisait en partie les frais de la félonie. Les peuples entraînés par de tels maitres, ne doutaient plus que Louis ne fût un odieux tyran, ou tout au moins un impuissant suzerain. Ajoutez à cette convulsion les sourds mouvemens de l'intérieur, la réputation des plus augustes personnages, tels

que la vertueuse Blanche et l'intègre Saint-Ange, exposés tous les
jours à la malignité féodale; l'université mutinée sous les plus frivoles
prétextes, jetant imprudemment le cri d'alarme; les éclats des provinces
avec le caractère de la sédition; l'inquisition à organiser contre des rebelles, masqués des couleurs de l'hérésie : tant d'élémens de ruine
groupés autour d'un trône en tutelle. . . . . . . ! Mais son ange tutélaire veillait sur ses destins. Grégoire avait mis au nombre de ses
plus rigoureux devoirs de se porter pour défenseur de ce royaume français qui, selon l'expression d'un pape, ne *marcha jamais à la suite* d'aucun
autre royaume catholique. Avant que Louis eût pu pressentir ses ennemis, la voix du pasteur s'était déjà fait entendre et aux bords de la Ga-
ronne, et aux rives de la Loire. A de premières négociations, avaient
succédé les menaces apostoliques; à celles-ci des mesures rigoureuses :
enfin, l'excommunication avait frappé. . . . . . En moins de deux
ans, les infidèles vassaux font hommage-lige à leur roi. Ils réparent
leurs scandales par un retour solennel. Le Toulousain surtout veut être
exemplaire. . . . . . . Bientôt l'université émigrante se rend aux ménagemens du saint siége, et se reconcilie avec sa métropole. Justice
enfin est faite, et silence imposé aux baronnies françaises; les procédures inévitables de l'inquisition confiée à de plus sages mains réta-
blissent l'harmonie, et Louis IX prend les rênes d'un état, dont tout,
excepté la tiare, semblait avoir juré la perte. Or, tout le monde sait
que le règne de saint Louis, le plus favorisé de l'influence pontificale,
fut aussi celui qui opéra le plus de réformes, fit le plus la guerre aux
abus, fixa le plus la juridiction séculière et les vraies libertés de l'Église
gallicane, inspira le plus de popularité, jeta le plus d'éclat au-dehors, fit

aimer le plus au-dedans la justice et la liberté (1). Tant les armes de
l'Église sont-elles propres à rétablir la société sur ses bases, dès qu'elle
s'en écarte! tant il est consolant pour elle de prouver que, quand la religion est sur le trône, ce sont les peuples qui portent le diadème! Tout
le monde ne sait pas moins que, si le succès des croisades ne répondit
pas à la sainte valeur *du plus fier croisé qu'eussent jamais vu* les Sarrasins (2), de leur propre aveu, il faut en attribuer les infortunes à d'autres causes qu'à l'influence pontificale, puisque au contraire, les papes
quoique désireux de secourir la Terre-Sainte, n'avaient acquiescé qu'en
tremblant aux expéditions d'outre-mer, et qu'ils s'y seraient peut-être
opposés, si leurs conseils avaient pu entreprendre sur l'empire des vœux.

Tant de sollicitudes pour la France n'avaient pas empêché le zèle de
Grégoire de veiller sur le danger que courait le patrimoine même de
saint Pierre. Frédéric II prétendait obtenir des souverains pontifes,
par artifices, ce que Frédéric I avait prétendu en obtenir par violence;

---

(1) *Rain. Ann.*, n. 48; *Gaus. de B. H. Cer.*, n. 37; *Apud duch.* p. 464.
(2) Joinv, Ducange, pag. 73; Carnot, Duchêne, pag. 468.

c'est-à-dire, l'indépendance impériale de la cour de Rome. Peu content de forfaire à l'hommage qu'il avait prêté comme vassal des états de l'Eglise, il croyait qu'en abusant son suzerain par de vaines promesses, il ferait rétrograder la prescription papale que toute l'Europe, au rapport de Bossuet (1), faisait commencer au dixième siècle. De-là, d'innombrables subterfuges, en matière d'obédience et de bénéfices; d'infinies vexations aux Eglises et aux clercs fidèles au père commun; des vexations persévérantes contre les hommes du siége apostolique. Mais quelle devait être la conduite d'un pape envers un tel prodige d'usurpation et de félonie? d'un pape qui avait placé dans ses affections celui qui comptait pour rien de s'en jouer? d'un pape qui avait presque oublié ce qu'il devait à la rigueur des principes pour ménager sans cesse cet esprit brouillon et intraitable (2)? d'un pape qui avait poussé jusqu'au respect envers un indigne fils, sa sensibilité au moment des plus rudes épreuves? d'un pape qui aurait voulu dissimuler ce qu'avait de parjure, de sacrilége, d'hérétique, la noire ingratitude d'un feudataire, s'il eût pu aussi bien cacher ce qu'elle pouvait avoir de scandaleux dans un prince? La conduite de ce pape, indignement persécuté, devait être celle d'un pontife outragé dans son caractère, et d'un maître méprisé dans ses bienfaits et dans ses droits : l'excommunication d'une part et la déposition de l'autre. Il n'y avait que ce moyen d'éteindre des factions implacables, comme l'étaient celles des Guelfes et des Gibelins, armées permanentes qui pouvaient éterniser l'anarchie, sous le prétexte du schisme et de la

religion. Le sage Grégoire IX prouva bien, au concile de Lyon, qu'il n'y avait pas d'autre moyen, lorsqu'il avoua devant les Pères, quel sacrifice exigeait de lui l'autorité de saint Pierre, en condamnant un prince que tous les sentimens naturels lui auraient fait pardonner. Frédéric fut donc frappé d'excommunication, comme chrétien rebelle à l'Eglise : Frédéric fut frappé de la sentence de déposition, comme prince infidèle aux sermens et aux traités; mesures étranges et rigoureuses qu'un concile général ne scella de son approbation, qu'après les avoir mises sur le bassin de la justice! mesures extrêmes comme le mal, lesquelles trouvèrent bientôt leur justification, s'il en eût encore fallu, dans le retour de la paix publique. L'empire ne fut pas long-temps en effet à s'apercevoir qu'une main libératrice avait suspendu le joug qui l'accablait. Il fut libre de se donner un chef digne de sa foi. Si la sécurité ne fut pas des plus profondes, il ne dut, il ne put en accuser que les passions déçues, que les ambitions humiliées : seulement, le royaume des Deux-Siciles ne fut pas à sa bienséance, parce que c'était encore un fief particulier du Saint-Siége, donné comme

---

(1) *Déf. des décl. Gallic.*, 2e partie, l. 8, ch. 8, pag. 314.
(2) Conc., *Lugd.*, 3e session.

bientait par Innocent et Honorius à l'indigne Frédéric , qui eût du ne
jamais sortir de l'obscure principauté de Souabe ; elle lui fut retirée ,
pour lésion. Or , voilà les faits ingénuement présentés à la critique.
Nous savons tout ce qu'a d'odieux un tel spectacle, nous qui ne sommes
guère moins monarchiques que Chrétiens , guère moins partisans des
couronnes temporelles que sujets de la thiare, nous, dont tout cela veut
dire , que nous n'avons quelque préférence pour celle-ci , que parce
que nous trouvons raisonnable de préférer le ciel à la terre. Nous
sentons par nos propres répugnances , combien l'entreprise d'un pape
contre la couronne d'un empereur doit heurter de préjugés , révolter
de haines , aujourd'hui que la puissance spirituelle a tant de degrés
de latitude de la puissance temporelle. Mais que la critique veuille bien
ici faire taire un moment ses répugnances ; qu'elle considère que ,
malgré toutes les utopies de la politique humaine, les siècles et les
hommes ne se ressemblent pas ; que le moyen-âge avait une autre
allure que l'âge où on fabrique les constitutions et les chartes ; que le
dixième siècle et les suivans ne pouvaient pas plus marcher comme le
siècle de Voltaire , Mirabeau et la déesse Raison , que nous ne pouvons
marcher comme les siècles de saint Louis ou de Charlemagne. Ce premier pas de fait, nous adjurons la critique la plus luthérienne de prononcer, s'il faut ou s'il ne faut pas juger les hommes selon leur temps,
et les choses selon les hommes. Gémir ou invectiver contre le passé,
lorsque le présent n'est acheté qu'au prix de longs malheurs , n'est
pas plus de la critique que la haine n'est de la justice. Il faut donc
se reporter au temps où les peuples abandonnés ou opprimés par des
aventuriers lâches ou avides , dévastateurs heureux des débris de
l'empire d'Occident , se virent obligés de chercher un refuge là où
quelque chose était encore sacré ; de se donner pour protecteurs ce
qui paraissait encore asile de la vertu. Telle est , si l'on ne veut s'inscrire en faux contre l'histoire , telle est l'origine des fiefs , des mou-
vances , d s seigneuries , du vasselage enfin , et les peuples avaient-ils
tort de vouloir échapper par quelque endroit du milieu de cette commotion séculaire où le crime était tout, la vertu seule malheureuse ?
Or, il ne faut point raisonner autrement des fiefs acquis au Saint-Siége,
que de ceux acquis aux sceptres temporels , à l'ancienne couronne de
France par exemple , et à tant de maisons puissantes qui ont fait
l'honneur du vieux temps. Si ce fut un crime au Saint-Siége d'agréer
l'hommage des peuples et des rois convertis de la Franconie, au dixième
siècle, c'en avait été un à tous les fondateurs d'empire ou de royaume,
lesquels surent allier la force aux hommages des peuples , avant de
ceindre de nouvelles couronnes, et alors , n'est-ce pas tout remettre
en question ? l'absurde n'est-il pas là ? ç'avait été un crime à Pépin
d'accepter la couronne de Clovis , vendue par la félonie ; et alors,
n'est-ce pas effacer ce que la France a de titres à la gloire ? ç'avait

été un crime à Charlemagne d'accepter le patriciat des Romains, offert avec le diadême des Césars? et alors, n'est-ce pas récriminer contre la splendeur du nom français? Ç'avait été à Etienne et Adrien un crime d'accepter la donation du patrimoine de saint Pierre, par les vainqueurs du barbare Astolphe ; et alors, n'est-ce pas accuser hautement, à la barre du ridicule, ce que la vieille France a de plus distinctif dans sa supériorité de génie et de noblesse, au-dessus de toutes les nations du monde ? Eh bien! s'il faut que la critique recule devant ces conséquences, il s'en suit donc que les souverains pontifes étaient devenus suzerains et tuteurs des principautés orphelines de la Germanie, au même titre qu'ils l'étaient devenus de celles de Pavie, de Ravenne et de tout l'Exarchat, au même titre que les têtes couronnées de l'Europe l'étaient devenus de plusieurs démembremens de l'empire. Nous pourrions ajouter que l'ascendant d'un pouvoir sacré et impérissable avait pu encore bien autrement, bien plus légitimement, gagner les peuples que l'argument de la force ou du malheur. Or, nous demandons si les lumières de la civilisation présente s'opposeraient à ce que les papes vengeassent par le glaive de l'excommunication, et l'arrêt de la déposition toute tentative d'infidélité contre les Etats de l'Eglise? Le sabre d'un Corse n'a pu que trancher à sa manière ce nœud gordien; mais le congrès de 1814, sage restaurateur de tous les droits, l'a renoué ; et ce nouveau nœud, qui enlace la donation de Charlemagne avec les destinées de la grande confédération européenne, connue sous le nom de Sainte-Alliance, ce nouveau nœud tiendra, malgré les rêves haineux d'un libéralisme anti-chrétien, jusqu'à un nouveau coup de sabre donné par un autre usurpateur. Mais si les papes aujourd'hui peuvent légitimement, sans provoquer l'animadversion d'un siècle éclairé, et ils le peuvent, car ils le font tous les jours sans contradiction; s'ils peuvent excommunier, destituer les princes, les vice-rois, n'importe sous quel nom ils administrent les Etats romains, pourquoi Grégoire IX n'aurait-il pas pu déclarer inhabile à un trône vassal, celui qui l'avait souillé de ses crimes et de ses trahisons? La saine critique est obligée d'avouer, qu'attendu la légitimité du droit universellement reconnu de seigneur temporel, lequel droit se manifestait assez par celui de confirmer et de couronner l'empereur (1), le pape Grégoire IX ne fit qu'user de sa prérogative, à peu près comme saint Louis usait de sa suzeraineté pour juger ses vassaux dans la chambre des pairs ou dans son lit de justice. Qu'on ne s'y trompe donc plus : c'était le même esprit qui applaudissait en Allemagne la déposition de Fréderic, qui permettait en France, à Louis IX, de percer la langue aux blasphémateurs ; le même esprit qui faisait refuser à une fille d'Autriche la main de l'excommunié, et qui força enfin l'excommunié lui-même d'im-

____

(1) Bossuet, *ubi 'supra*.

plorer à sa mort l'absolution des censures qu'il déclara trop justement encourues (1). Or, cet esprit, c'était l'esprit de la justice mis en action par la religion ; cet esprit, c'était l'esprit de la liberté. Louis IX et Grégoire IX en furent les hérauts publics, chacun dans l'ordre de leur mission.

Ces temps de félonie et de justice rigoureuse virent naître bientôt deux autres hommes, d'un caractère également inflexible, capables de se résister mutuellement et de faire valoir, l'un la royauté au profit de son altière avarice, et l'autre, le pontificat, à l'avantage de l'omnipotence religieuse. Malheureusement c'est la France très-chrétienne qu'on va mettre en scène. Philippe était né pour Boniface, et Boniface pour Philippe-le-Bel. Des débats affligeans outrent de part et d'autre les prétentions. Il s'agissait de réprimer des exactions intolérables exercées par le fisc sur les biens et les personnes ecclésiastiques, nonobstant les immunités cléricales, solennellement reconnues par le pouvoir séculier. Boniface publie que c'est offenser la majesté suprême que de payer et de percevoir d'injustes subsides sur le patrimoine des pauvres. Une bulle intitulée *Clericis laïcos* porte indistinctement la peine d'excommunication contre princes et sujets qui concourraient à la levée de toute taxe arbitraire. . . . . Il est de la justice de dire que Boniface avait pris ce biais dans des vues paternelles sur les royaumes d'Angleterre, de Sicile et de France, qu'il entendait pacifier d'autant plus légitimement et plus sûrement que le seul manque d'argent pouvait faire avorter des hostilités imminentes. Cette intention, véritablement digne d'un pontife, ne méritait pas les éclats d'un fils aîné de l'Église. N'importe, le bouillant Philippe invective, et sa cour, d'ailleurs scandaleuse, sourit malignement aux gratuites mortifications de la papauté, toujours trop impérieuse contre les vices. Les choses étaient ainsi envenimées, lorsque le souverain pontife accepta l'arbitrage que Philippe et Édouard d'Angleterre se trouvèrent heureux de lui offrir. Il prouva combien l'autorité apostolique sait oublier de trop justes griefs, pour procurer la paix des nations. La sentence arbitral du pape Boniface fut en effet un monument de sagesse, qui amena les arrangemens les plus salutaires aux trois royaumes, et devant lequel auraient dû pâlir pour jamais la pudeur de la reconnaissance et les hauteurs de l'ingratitude. Mais que ne peuvent pas d'infâme les conseils de la fatuité séculière sur un prince déjà porté d'humeur à insulter à tout autre pouvoir que le sien ! Il suffit du plus léger incident à Philippe et à ses mercenaires courtisans pour ranimer des soupçons que tout le monde devait croire expirés entre les bras du bienfait (2), ce qui prouve que le ressentiment français n'avait

(1) Joinville, *Spond*, n. 11, 16, 17. — Rainal, n. 32.
(2) Duchêne, t. 5, p. 714. — Dargentre, *Coll. Jud.*, l. 1, pag. 123.

fait que céder aux apparences. Un évêque, nonce, s'acquitte mal de
sa légation : donc le pape est son complice, et quelque trame s'ourdit
à Rome. Telle fut la logique de la cour de France, logique passionnée,
s'il en fut, qui, à elle seule, renfermait toutes les susceptibilités féodales, et tous les fermens de cette insubordination de rhéteurs, qui
infecta si souvent le conseil des Princes. La chose était simple pourtant : si le nonce était criminel de lèze-majesté, il se trouvait justi-
ciable de la cour romaine et comme évêque et comme nonce, satisfaction ne pouvait manquer, dans l'état où la première altercation
avait laissé les esprits. Mais, au lieu de la procédure ordinaire aux
évocations des causes, il parut plus conforme aux règles de la justice,
et de la justice diplomatique, de faire main-basse sur un légat du saint
siège. Ainsi opéra le conseil du roi de France. On conçoit tout ce qu'a-
vait d'injurieux pour le pontife régnant un procédé, d'ailleurs atten-
tatoire au droit des gens. Il s'en plaignait en père courroucé, en pape,
peut-être en pape trop souverain : les Alpes, qui semblèrent toujours
la barrière du respect que mérite le successeur de saint Pierre, n'empêchèrent pas, cette fois, *un impertinent* seigneur, conseiller du roi,
de franchir le seuil sacré du Vatican, et d'accuser le vicaire de Jésus-
Christ. Dans une pareille extrémité, que restait-il de ressource à la
papauté foulée aux pieds, que de relever son front humilié, de se couvrir *de l'armure de Dieu, du bouclier de la justice,* et *que de livrer à
Satan* un prince dégradé jusqu'à oublier qu'il était chrétien ? La mesure apostolique était comblée, il est vrai, par l'excommunication.
La déposition n'avait pu être encourue par Philippe-le-Bel, qui n'avait
jamais été, ni ses prédécesseurs, feudataires de la tiare. La déposition
était donc injuste ; elle était sans force ; et Boniface oublia trop qu'il
n'était pour la France qu'un pontife et non un seigneur. Le scandale
était grand, et les conséquences pouvaient en être lamentables. Il n'y
avait que les peuples, gémissant sous le poids d'un fisc exacteur,
ruinés par l'altération des monnaies françaises, et l'avidité d'une cour
somptueuse, bien dégénérée du temps où Joinville n'y comptait qu'un
luxe de frugalité et d'épargne ; il n'y avait que les peuples de la France
qui pussent juger en appel de ces scènes déplorables, qu'étaient encore venus compliquer les attentats des Nogaret et des Colonnes. La
balance eût pu rester incertaine, sans l'emprisonnement de Boniface
qui, *trahi,* dit-il, comme *Jésus-Christ, aurait la gloire de mourir en
pape,* et sans l'animosité de Philippe-le-Bel ; mais les forfaits d'Anagni,
et l'animosité trop réelle de ce prince trop digne de l'excommunication,
poursuivant la mémoire d'un pontife jusque dans son tombeau, tout
cela devait faire pencher la balance du côté de Rome. Or, la France
catholique ne trouva de consolation que dans l'absolution des Censures
apostoliques portées contre son prince, dont les moindres griefs, pu-

bliquement reprochés par toute la cour romaine , avaient été d'être toujours aussi absolu envers ses propres sujets qu'ingrat envers le Saint-Siége (1).

Alors arriva le séjour des papes à Avignon. Si ce fut une faute aux pontifes français de préférer le comté vénaissin au patrimoine de saint Pierre , la faute fut des plus heureuses pour la France. Des historiens, des poètes (2) n'ont épargné ni les hyperboles , ni les tours poétiques pour représenter comme une captivité babylonienne l'absence lointaine et de 70 ans du siége apostolique; mais il semble que, en tout état de cause , cette captivité imaginaire ait eu lieu pour faire connaitre de plus près la puissance pontificale aux esprits susceptibles du Bas-Occident , et surtout aux Français toujours trop volages dans leur reconnaissance , et trop légers dans leurs jugemens. La Cour romaine passa donc les monts; les antagonistes du savant Bellarmin pourraient-ils nous dire où était passé , dans ce siècle , l'ultramontanisme? Ou bien , est-ce que la papauté cessa d'être ultramontaine ? Dans ce cas , les Français cessèrent-ils d'être Gallicans? Voilà des questions qui ne laissent pas que d'être embarrassantes pour un certain nombre de beaux esprits , pour qui ces mots de *gallican* et d'*ultramontain* furent , dans tous les temps , un talisman fécond; mais rien de plus, rien de moins. Quoiqu'il soit de cette difficulté , nous oserions , nous , assurer que Clément V , ce hardi fondateur de la papauté avignonaise , ne fut ni moins romain , quand il jeta le voile de l'oubli sur la sévérité du bouillant Boniface, ni moins français , pour s'être dignement élevé contre les honteuses obsessions du vindicatif Philippe-le-Bel. Or , cette conduite également ferme et souple de Clément fut généralement suivie par ses successeurs jusqu'à Grégoire XI (3). Ils surent montrer, en présence de l'univers , de quels rapprochemens était capable une autorité, toujours trop suspecte aux préjugés , tout en se maintenant dans la hauteur de ses principes. Philippe-le-Bel ne tarda pas à s'apercevoir avec tous les rhéteurs de sa cour, qu'ils s'étaient trompés, s'ils avaient espéré rabaisser l'importance pontificale , en séparant la tiare du Vatican. Il vécut assez pour comprendre que , si l'autorité apostolique sait s'épuiser en bienfaits , elle sait aussi opposer aux exigences la rigueur d'un saint caractère. Ainsi , Philippe-de-Valois put voir s'allier , dans Jean XXII , la munificence papale , recrutant ses auxiliaires dans l'amour de la patrie , et comblant de prérogatives les universités françaises , avec la pastorale inflexibilité , qui sut réprimer les prétentions de ces corporations savantes , demander justice des attentats laïques aux libertés des Églises , et refuser à Philippe lui-même des décimes ,

ANS
DE
J.-C.

1305.

(1) Dupuy, *Preuve du différent*, p. 63.—Contem., Venlis., *Sponde, Ann.* 1305, n. 8.
(2) Pétrarque et le Dante.
(3) Belus, t. 2, pag. 290, *sup. Plot. in Clem. 1.*

concussions, subsides arbitraires sur les biens ecclésiastiques, et la provision des bénéfices pour les grands de sa cour. Ainsi, le même Valois et Édouard, roi d'Angleterre purent admirer à la fois, dans le vertueux Benoît XII, et l'inépuisable médiation qui arrêta si souvent les explosions menaçantes d'une haine mutuelle qui faillit coûter à la France la perte de sa monarchie; et la vigueur sacerdotale qui vengea plus souvent encore, les deux Églises de l'envahissement des tribunaux séculiers, des levées toujours croissantes d'impositions exclusives sur les biens du clergé, de ses abus effroyables de la collation laïque aux bénéfices vacans, si connus sous le nom de *régales*. Ainsi, l'Europe put apprécier en même temps, dans Clément VI, la douceur apostolique à tenter des voies d'accommodement entre l'Église grecque et l'Église latine, entre la France et l'Angleterre, entre la Hongrie et la Sicile, et les diverses factions qui mettaient l'Italie en combustion, avec la fermeté vraiment romaine à empêcher la persécution des Juifs qu'une fureur populaire accusait aveuglément de la perte générale du xive siècle, et à faire repentir de sa factieuse et invétérée félonie, Louis de Bavière, de tous les empereurs d'Allemagne, le plus schismatique et le moins assorti à la majesté impériale. Ainsi, les Vénitiens et les Génois, le roi Jean, de France, et le roi de Navarre, l'empereur Charles IV, Smyrne et les chevaliers de Rhodes, Charles V et la république des lettres, l'Angleterre et le royaume de saint Louis, Rome et l'univers catholique purent sentir également la charité imperturbable, la clémence insinuante, l'activité ferme d'Innocent VI, l'austère administration et les mœurs plus austeres encore, assaisonnées d'érudition, d'Urbain V, les sentimens gallicans et l'inébranlable amour de la discipline

cléricale de Grégoire XI. Que de maux ne prévinrent pas, pour l'Europe du xive siècle, d'aussi grandes qualités dans les papes réduits constamment à être les spectateurs éplorés de mille scènes scandaleuses dans les états chrétiens! Que de biens n'a pas procurés au monde l'appareil de ce pouvoir conciliateur qui mettait les souverains pontifes tant au-dessus de ces petites passions, de ces grandes inimitiés qui se partagèrent trop souvent le domaine de la politique! Et alors que de gloire acquise à la tiare dans les temps mêmes où, pour sa propre défense, elle fut émigrante fugitive!

Voilà ce qu'on appellerait aujourd'hui la force des choses, et ce que autrefois on appelait la force de la religion. Les siècles se sont assez ressemblés pour les périodes des événemens politiques : mais ce serait faire un trop singulier amalgame, à parler même en incrédule, que de tout rapporter à cette force des choses qui, dans le sens ordinaire, ne signifie qu'un aveugle destin. Quoi donc! c'était la même force des choses qui faisait les Antiochus et les Macchabées, les Hypparque et les Solon, les Tarquin et les Fabius; les Cicéron et les Catilina; les Néron et les Sénèque; les Maximien et les Constantin; saint Remi et les

Sicambres; Charles Martel et les Maures d'Afrique; saint Louis et les
Sultans; Cromwel et les Stuarts; la ligue et Condé; Louis XIV et les
calvinistes; Voltaire et Fénélon; Marat et Louis XVI; les clubs des sansculotides, et le conclave de Pie VII; Bonaparte et le duc d'Enghien;
Sainte-Hélène et la Charte! Quel que soit l'abus des termes, dans les
écoles du fatalisme, il faut que le sens commun l'emporte : il faut ici
que deux parts soient faites, parce que les couleurs sont on ne peut
plus tranchées, elles le sont comme le bien et le mal, comme les bons
et les mauvais génies, comme les deux principes; comme la religion et
l'athéisme; comme la liberté et la servitude. Après les parts faites,
qu'on parle tant qu'on voudra, de la force des choses : l'on saura s'entendre; l'on saura par exemple, que la force des choses valait mieux,
lorsque la religion travaillait à la paix des empires, et la maintenait
par l'influence de son autorité, que, lorsque le point d'honneur allu-
mait des guerres, qui eussent été interminables, au mépris des lois
des peuples et des autels; mieux, que quand la vigueur des papes
retenait les nations et les princes dans les limites respectables que,
quand la fureur des factions brisait les sceptres et le droit des gens;
mieux, lorsque le glaive de la puissance spirituelle faisait trembler les
passions des grands, que quand les passions des grands insultaient à la
faiblesse des citoyens; mieux, pour ne parler que de la France, quand
l'excommunication faisait restituer les biens usurpés; que, lorsque la
féodalité vénale se chargeait d'exploiter, au profit de ses caprices, la
roture humiliée; mieux, quand Innocent III et l'ordre de la rédemption arrachaient, aux barbaresques mains du roi de Maroc, plusieurs
centaines de chrétiens réduits à l'esclavage; mieux, quand l'univer-
sitéde Paris, ce savant corps tant protégé par les papes d'Avignon, s'ho-
norait de tirer de son sein des ordres religieux, tel que le Val des éco-
liers, sous le bon plaisir d'un Honorius; mieux, quand Léon X et François Ier posaient les sages limites des deux puissances si long-temps
compromises pour le malheur des peuples; mieux, quand

> *Rome adopta Bourbon, qu'elle s'en vit aimée* (1),

que lorsque la cupidité prétendue civilisée inventa la traite des *nègres*;
que, lorsque l'université de Paris se défendit par le monopole, de sa
haine contre les ordres religieux et les corps enseignans, dont pourtant elle tire sa sève première; que, lorsque le bras séculier faisait un
roi pontife dans la Grande-Bretagne, et en France un clergé civile-
ment constitué; qu'enfin, lorsque le schisme fit tomber chez ces deux
grandes nations la tête de deux grands rois. . . . .

____

(1) *Henriad. de Voltaire.* Fin du poëme.

§ VIII.

QUELLE INFLUENCE SUR LA LIBERTÉ EXERCÈRENT LES CONCORDATS?

ANS
DE
J.-C.

L'autorité spirituelle et la puissance temporelle avaient été en perpétuel contact, par l'effet des croisades. Nous avons vu qu'un commun intérêt, celui de la liberté n'avait fait de ces expéditions mixtes qu'un même plan de sacrifices. Mais bientôt, les passions des hommes firent de ces sacrifices un texte de dissensions. Les priviléges accordés par la tiare étaient devenus des prétentions séculières : les concessions pécuniaires des princes avaient été enregistrées à Avignon, comme droits inhérens à la papauté. Ainsi les régales étaient passées comme articles de finance française et anglaise, et les annates, comme branche de recette de la chambre apostolique : on avait vu les collations des bénéfices tomber dans le domaine des cours laïques, les immunités cléricales subir les atteintes de l'arbitraire civil ou les obsessions d'un fallacieux patronage. Au xiv siècle, le concile de Vienne avait pu se convaincre que l'esprit des croisades allait s'affaiblissant; que l'esprit d'envahissement séculier en avait pris la place; que de là, la confusion était passée dans l'ordre clérical même.

Ce fut dans ces circonstances qu'un évêque français entraîné par son zèle prononça le mot si fameux de *réformation de l'Église dans son chef et dans ses membres. Ce manifeste* n'était pas de nature à arrêter le mal. Au contraire, les mutuels rapports du sacerdoce et de l'empire furent confondus par le ton d'aggression qui régnait dans ce monument de courage, dont on ne sentait pas toute la portée, puisque les hérétiques devaient en faire leur devise. Réformation de l'Église ! N'annonçait-elle pas, à elle seule, une idée téméraire et insensée, cette implication dans

1311. les termes ! Par quelle inconcevable méprise, Durand, évêque de Mende, qui regardait sans doute comme infaillible l'Église assemblée à Vienne, donnait-il à entendre que l'Église dispersée dans son chef et dans ses membres ne l'était plus ! Qu'y a-t-il donc dans l'Église que le chef et les membres ! Et n'est-ce pas à l'universalité formée par eux et avec eux qu'a été accordé le privilége d'être infaillible? que représentait autre chose le concile œcumenique de Vienne, sinon l'Église dans son chef et dans ses membres ! Or, comment ajuster les idées d'une Église jugeant et réformant comme infaillible, à cette même Église elle-même réformable ? Et qui pouvait assurer à l'évêque de Mende que le jugement assurément très réformateur des malheureux Templiers n'était pas lui-même sujet à être réformé ! Pourquoi généraliser si absolument une réformation qui, pour être nécessaire, n'en devait pas moins se borner aux mœurs privées et personnelles ? Pourquoi réunir dans une même expression deux choses incompatibles , la réformation qui ne peut convenir qu'aux hommes peccables, et l'Église qui porte avec elle une invariable sanction, son impassible virginité ? C'était là une étrange proposition , qui aussi bien était destinée à faire fortune dans les mondes théologien et littéraire , et à s'acclimater dans les rangs des hérétiques. Ceux-ci ne tardèrent pas à en déduire les conséquences. Alors , parut dans tout son jour l'affinité des deux puissances , et l'on vit comment la liberté civile est inséparable de la liberté religieuse. En 1382, Wiclef, moine et professeur aaglais invective contre l'autorité du pape : il met à l'encan tous les biens ecclésiastiques , et déclare aux princes temporels qu'ils sont à leur disposition. Tout-à-coup, l'Angleterre s'agite : l'esprit d'insubordination ne se méprend pas sur les flatteries hypocrites qu'on adresse aux têtes couronnées. Ce qu'il y a à faire , disent les masses , puisqu'on nous ôte le respect dû à la religion, c'est de mépriser aussi bien toute autorité. Aussitôt Richard II , roi d'Angleterre , comme le plus près des déclamations, est honteusement détrôné par une conspiration , puis égorgé dans une prison : on dépose , comme on avait vu déposer les papes, Venceslas empereur d'Allemagne, hautement nommé le Caligula de son siècle. On assassine son successeur précipitamment élu. On dépouille un roi de Naples , prince de la maison d'Anjou , de sa couronne et de sa liberté : et ces révolutions ne s'arrêtent que quand paraît la doctrine du tyrannicide.

Or , il est remarquable que cette doctrine séditieuse prit naissance en France , au sein même des corps enseignans, qui assurément n'étaient pas jésuites ; que le chancelier même de l'université, Gerson , l'avait posée de cette manière : voulant prouver que l'Église peut se défaire d'un pape dont elle ne s'accommode pas, « l'Église n'aura-t-elle « pas , dit-il , le même avantage que toute communauté politique ? Or, « suivant Aristote, il appartient à la communauté de corriger le prince , « ou de le destituer entièrement, s'il demeure incorrigible. Et cette « puissance est essentielle à toute communauté libre qui peut user à « son gré de ce qui lui appartient, et dont le pouvoir ne peut être « suspendu par aucune loi (1). » Tel était le raisonnement d'un homme de lettres qui n'ignorait pas les éclats de Wiclef et de l'Angleterre : telle était l'analogie rationnelle qui devait exister entre le sort des rois et celui des pontifes. C'était là tellement sa conviction , que ce même docteur n'hésita pas à fronder la majesté du trône, dans la personne de Charles VI : les mots les plus républicains ne lui coûtaient pas : *les taxes imposées* , lui dit-il un jour, par l'autorité royale, *sont un sujet de secouer le joug et de déposer un monarque.* Incontinent, un autre docteur vint renchérir sur ces premiers écarts : Jean-Petit enseigna

____

(1) Gerson, t. 2, *de Auferibilitate. — Pape*, pag. 210 et suiv.

qu'il *était permis à toute personne indistinctement et sans ordre quel-conque de tuer un tyran.* Il n'est pas certain que ces suppots universi-taires ayent voulu suivre les principes des Wicléfites ; mais il est cer-tain qu'ils étaient les mêmes qui peu auparavant avaient exalté les libertés de l'église gallicane (1).

Mais, quoi donc ! les principes de l'église gallicane étaient-ils en honneur dans le temps où ces doctrines anarchiques se professaient hautement ? Qu'y a-t-il de commun entre le meurtre séditieux des rois et les franchises indépendantes d'un état catholique ? Vous ne le com-prenez pas, Gallicans du xixe siècle, vous feignez du moins de ne le point comprendre : mais, est-il également incompréhensible pour vous, que les longs malheurs de la patrie et même de l'Europe procèdent de près ou de loin de ces fameuses franchises ! pourriez-vous assurer qu'elles ne furent pas le fonds commun où tous les genres d'indépen-dance surent habilement puiser ? Est-il bien sûr que ce n'est pas en leur nom que les consciences catholiques sont confisquées depuis un demi siècle ; qu'aujourd'hui même l'intolérance sophistique contre le *parti prêtre* n'en est pas l'interprétation ; que naguères la déposition juri-dique d'un Bourbon n'en fut pas la conséquence éloignée, aussi bien que la déposition d'un pape au concile de Bâle ? est-il bien sûr que le roi martyr ! que les rois exilés ! . . . . Mais, n'anticipons pas : et, puisque nous y sommes, traitons l'histoire de ces fameuses libertés.

Qu'est-ce donc que les libertés gallicanes ?

Sont-ce les quatre articles de la déclaration du clergé de France, aux comices de 1682 ?

Oui, répondent les théologiens de l'école ; ce sont les points conve-nus entre la logique du doute et la théologie de *l'opinion ; véritables problèmes,* enfans du probabilisme, *qui laisse toute entière la question devant la foi du catholique.* Ainsi parlait Bossuet au xviie siècle (2). Or, ces points convenus n'avancent guère la difficulté, ne font guère à une sage liberté, et font beaucoup à l'esprit d'indépendance.

Non, répondent les philosophes, les libertés gallicanes sont : le droit qu'a la raison d'*ôter aux nations le bandeau de l'erreur* (3).

Or, ceci n'est guère explicite, nous en demandons pardon à Voltaire pour établir une liberté vulgaire.

Non encore, répondent les rhéteurs : les libertés gallicanes con-sistent dans les limites imposées au prosélytisme des prêtres,

> *D'autant plus respectés que plus ils s'abaissèrent* (4).

<hr>

(1) Daniel, *Règ. de Charles VI* — Du Boulay, t. 5, pag. 247. — Gerson, *ibid.* pag. 15.
— Dupuy, pag. 243.

(2) *Déf. de la Décl.* de 1682, *Append.*, l. 2, ch. 1er, L. 1. 3, ch. 40.

(3) *Henriade.*

(4) *Ibid.*

Or, cela n'est qu'une maxime déclamatoire qui ne fixe ni les droits du sacerdoce, ni ceux de l'empire.

Point du tout, reprennent les politiques : les libertés gallicanes sont les usages acquis à la nation de retrancher, selon les temps de la discipline ecclésiastique, les immunités cléricales, puis les vœux de religion, puis les biens ecclésiastiques, puis le célibat des moines, branches parasites qui épuisent la sève d'un culte rationnel, usages solennels de confisquer les rescripts et les bulles des pontifes romains, de chasser les jésuites, pour peu qu'ils déplaisent aux franc-maçons, protestans, jansénistes, de faire subir l'amende, l'emprisonnement, la déportation même aux ministres des autels qui osent administrer certains sacremens (1), usages respectés de mettre le culte catholique sous la surveillance publique, de citer à comparaître des capucins, quand leur longue barbe ou leur capuchon pointu fait rire les ecclésiastiques, ou murmurer les amis de la tolérance constitutionnelle.

Or, cela n'est guère pacifique.

Et pourtant, s'écrie l'abbé de Fleury, voilà ce que l'on a appelé franchises gallicanes. Elles sont tout cela à la fois : véritables servitudes, dont on pourrait écrire un volume où toutes les libertés seraient au frontispice. Voilà la généalogie des libertés gallicanes, telle que la présentent les passions des hommes et les faits de l'histoire. Mais, ce ne peut être la véritable, cherchons-la dans sa source :

Cette expression de libertés gallicanes remonte à saint Louis. Ce fut ce grand roi qui, le premier crut nécessaire de fixer des limites à l'envahissement séculier. L'entendez-vous, politiques ! il établit la possession non interrompue des immunités, biens et priviléges acquis à l'Église de France : on peut croire que ce pieux prince n'entendait pas nouer des chaînes au sacerdoce. Il appela donc libertés gallicanes six articles de procédure qu'il dressa contre les violateurs de la foi et de la discipline ecclésiastique, contre les usurpations des hérétiques ou celles de leurs fauteurs, et trois autres articles sur le respect dû aux saints canons et à la puissance des clefs, sur les droits du clergé et le paiement de ses décimes. Voilà les statuts qui servirent de fondemens aux fameuses franchises de l'Église gallicane. On voit que, primitivement, ces libertés étaient synonimes de foi, de catholicisme, d'indépendance religieuse : que leurs contraires étaient l'hérésie, l'esprit d'innovation et d'empiétement, l'insubordination et le mépris de l'autorité.

Or, combien ne s'écarta-t-on point de ces premiers élémens de véritables libertés ?

Depuis Louis IX jusqu'à Charles VII, on ne s'était pas douté un seul instant que ces libertés pussent compromettre les deux puissances, ni

____

(1) Code pénal 199, etc., etc.

leur donner prétexte d'être mutuellement jalouses de leurs prérogatives. Il ne s'agissait pour elles que de marcher d'un pas égal contre l'hérésie, leur ennemie commune. Quelle apparence pour celle-ci de les brouiller par ce côté même de leur union! La raison s'en étonne; mais, les faits répondent que l'autorité temporelle tourna en servitude ce qui était de la liberté, et en envahissement ce qui était de la protection. Saint Louis avait porté sa royale main sur les matières ecclésiastiques. Ce précédent, si pur dans sa source, fut empoisonné en passant par les détours de la politique. Sous le règne de Charles VI et les suivans, on ne vit, dans les libertés gallicanes, qu'une arme de plus pour la royauté. Il ne resta de ces libertés que le dangereux usage de la prépondérance civile dans les causes religieuses. Sur toutes les questions spirituelles, le *veto* royal devint le jugement sans appel. Les princes eurent des flatteurs qui leur apprirent à abuser de leur puissance exaltée. Ils acquirent sur les consciences un empire qui, sans leur foi native, eût tué la religion avec la liberté. Cet empire se développa tellement que le correctif de la piété la plus tendre ne put empêcher des empiétemens honteux sous nos meilleurs rois. Or, c'est ce développement progressif de la *prépondérance laïque* que nous devons appeler gallicanisme, puisque c'est du nom des libertés gallicanes qu'il se couvre : par la raison des contraires, l'ultramontanisme restera défini ce qu'il est : la doctrine de la *prépondérance religieuse :* celle-ci, esprit d'autorité, camp formé de tous ces principes conservateurs; celle-là, esprit de suffisance et de réforme, rendez-vous de toutes les ambitions hypocrites.

Il est bien entendu que nous n'identifions pas, dans cette définition, l'ultramontanisme avec l'infaillibilité du pape, question oiseuse, soit que l'on convienne que l'infaillibilité réside dans la succession non interrompue du siége de Pierre, soit que l'on n'en convienne pas. Nous ne confondons point aussi le gallicanisme avec les justes priviléges dont s'enorgueillit l'Église de France qui ne séparera jamais ses droits de ses respects; mais il est nécessaire de soumettre à l'analyse ces deux grandes questions qui, bien ou mal comprises, ont réusssi à bouleverser le monde. De deux choses l'une : l'obéissance, la soumission, l'ordre sociale ayant été dénaturés au nom des libertés gallicanes, il faut que ce soit la religion ou l'irréligion qui ait consacré ce résultat. Or, nous croyons que la religion sortira pure du creuset.

Le concile de Constance de 1414 vit le danger du gallicanisme. L'éclat qu'il fut obligé de faire contre le scandale de trois papes qui avaient tous des droits à la chaire apostolique, ne contribua pas peu à ouvrir les yeux aux pères sur l'abus qui pourrait être fait de ce précédent. Avant donc de se séparer, ils voulurent que l'union la plus étroite fût cimentée entre les Églises de l'Europe et le Saint-Siége. Martin V une fois investi de la papauté, le concile œcuménique arrêta court les procédures ultérieures sur cette bruyante réformation de l'Église dans son chef et dans ses membres, dont retentissaient toutes les cours des princes. Il crut plus nécessaire de fixer des points de démarcation entre les deux puissances. Il fit ce que l'on nomma *concordats* avec les nations. Ces concordats étaient des limités convenues, où l'empire et le sacerdoce venaient aboutir et se donner la main. Ils devaient se seconder de leur réciproque indépendance dans un but qui leur était commun, la liberté de tous. La nation germanique eut son *concordat*. La couronne d'Allemagne en avait besoin, menacée qu'elle était par la doctrine incendiaire de Jean Falkenberg sur le meurtre des tyrans. L'Angleterre eut son *concordat* : elle en avait besoin aussi pour arrêter les envahissemens de la chambre des communes, toujours prête à protéger les hérétiques Wiclefites et Lolards, ennemis jurés de l'autorité royale. La France eut son concordat : elle encore avait besoin de s'entendre avec la tiare, pour paralyser les menées des ducs de Bourgogne, pour contenir les parlemens toujours trop disposés sous Charles VI à usurper la souveraineté. Tout se tenait, comme on voit, et le sort du pontificat entrainait le sort de la royauté ! Tant il est vrai que la liberté du monde est comme la prunelle de l'œil. On n'y touche pas sans avoir auparavant blessé les deux paupières qui la défendent : mais, ces concordats ne résistèrent pas long-temps. Nous allons voir que la France fut la première à en répudier l'influence.

Pour obvier aux premiers élémens de discorde, Charles VII imagina la pragmatique-sanction. Il ne vit pas que les idées de réformation étaient les idées dominantes du concile de Bâle, d'où il tirait le plan de sa pragmatique. Le clergé de France lui-même ne s'aperçut pas de la force qu'il donnait à l'esprit réformateur, en ajoutant à ses anciennes franchises le texte nouveau de l'infériorité du souverain pontife au concile général. Outre que cet article ne fut jamais défini comme point de foi, il était périlleux de constituer le Saint-Siége en suspicion légitime, dans un temps où les hérétiques ne voulaient par prouver autre chose. Le danger fut démontré, quand les parlemens osèrent leurs indécens éclats contre l'autorité de Louis XI.

Ce roi s'était vu obligé d'abaisser les grands, à mesure qu'ils se donnaient une puissance plus absolue dans les élections populaires que la pragmatique consacrait. Il avait vu que les seigneurs étaient autant de petits souverains qui disposaient arbitrairement et souvent avec scandale des personnes et des choses ecclésiastiques. Il avait senti que la pragmatique tournerait toute entière au profit de la noblesse dédaigneuse, au détriment de la couronne qui se verrait tôt ou tard en face d'innombrables rivalités. Ce prince n'avait-il pas raison de trouver peu politique une mesure qui diminuait le rapport des sujets avec le monarque, les constituait indépendans en matière d'administration locale, *leur apprenait à briser les liens de la subordination civile, par le mépris*

ANS
DE
J.-C

1438

de la hiérarchie sacrée, et élevait un édifice de licence , en investissant les pouvoirs subalternes d'une autorité séditieuse (1)?Oui, Louis XI avait raison, il fut l'homme de son siècle qui comprit le mieux le danger des innovations; il lui fallut néanmoins toute son énergie et toute sa politique pour faire tête à la *ligue du bien public*, à laquelle avaient pris part des personnages de tout rang, prétendus vengeurs du droit commun sur les matières bénéficiales, en vertu de la pragmatique. Il pouvait résulter de ces prétextes, appuyés par les armes, plus que le traité honteux de Montlhéri qu'imposèrent les circonstances : mais si la sagacité de Louis triompha d'abord de la sédition, elle ne put, dans la suite, opposer qu'une faible résistance à l'envahissement parlementaire et aux susceptibilités des corporations. L'université de Paris, corporation remuante, voulait s'assurer les bénéfices vacans. Lorsque les grades universitaires n'étaient pas en honneur auprès des collateurs naturels, les facultés en appelaient à la Cour romaine : alors la pragmatique tombait en discrédit. Lorsque le Saint-Siége s'élevait contre les maximes pernicieuses de l'élection populaire ou de la juridiction civile dans les causes ecclésiastiques, l'université exaltait les libertés gallicanes. De cette manière, l'université était toujours retranchée en dehors de l'obéissance, méprisant l'autorité royale, quand elle demandait des subsides, le pouvoir pastoral quand il usait de droits proclamés par ses propres docteurs, l'autorité pontificale enfin, quand elle revendiquait son obédience canonique. Combien de fois, sous le règne de la pragmatique, les facultés mutinées n'avaient-elles pas interrompu les cours publics, uniquement pour entraver le gouvernement royal de qui elles prétendaient avoir à se plaindre ? Telle était la liberté des rhéteurs du xve siècle, ridiculement affublés du titre de défenseurs des libertés gallicanes ! Voilà comment la philosophie et les lettres s'unissaient pour enfanter les utopies libérales dont les siècles suivans ne réalisèrent que trop la monstrueuse fécondité !

Les parlemens auraient rougi de se laisser surpasser en fierté par le corps académique. Ces compagnies, qui s'étaient elles-mêmes constituées sédentaires à l'époque du grand schisme d'Occident, de précaires qu'elles avaient toujours été, ces compagnies étaient trop jalouses de leur juridiction toujours croissante, pour laisser échapper l'occasion de l'étendre encore. Cette occasion, l'église de France elle-même la fournissait par son isolement de la cour pontificale, son naturel appui. La hiérarchie une fois ébranlée, les communications interrompues, l'obédience canonique mise en question, la pragmatique ne pouvait plus être, comme la nommaient les parlementaires, le *palladium* de l'église gallicane; elle était plus véritablement le palladium du génie envahisseur. Rien ne le prouvait mieux que l'attention persévérante du

____

(1) Lois de Louis XI, t. II, p. 5..

parlement à éliminer insensiblement de son sein les prélats et les digni-
taires de l'église. Cet esprit d'usurpation aurait dû paraître évident,
quand, après avoir vu le parlement, sous Philippe-le-Long, chercher
à se délivrer de la présence des conseillers-clercs, jusqu'alors partie
intégrante des compagnies, on le vit sous Louis XI disputer *à priori*
sur les libertés gallicanes, lorsque les théologiens admettaient à peine
la validité des décrets de Bâle, dont elles émanaient ; lorsque le plus
grand nombre des docteurs français en reconnaissaient le danger ; lorsque des prélats distingués, tels qu'un Élie de Bourdeilles, archevêque
de Tours, prouvaient, dans de savans mémoires, que la pragmatique
jetait les fondemens de l'insubordination générale ; lorsqu'enfin l'église
gémissait sous le trafic infâme que faisaient de leurs suffrages quelques
chanoines et quelques seigneurs, lesquels seuls profitaient de la popularité de la pragmatique (1). Insensiblement donc le clergé de France,
dépouillé de ses soutiens et de ses prérogatives, avait dans le parlement
un maître qui l'abusait, et qui sut si bien s'emparer de l'esprit dominant des réformes, qu'il parvint, trois siècles plus tard, à ce degré
d'audace, que d'intimer aux ministres des autels l'administration des
sacremens, sous le bon plaisir d'un arrêt.

Ainsi, tandis que les autres pays catholiques jouissaient de la paix
publique, l'Angleterre, l'Ecosse, l'Espagne, la Germanie, en dehors
des fameuses maximes de Bâle et de Bourges, la France se voyait en
proie à des déchiremens intérieurs qui, brisant les liens de l'unité,
étaient les symptômes des troubles futurs. Chaque jour augmentait le
nombre de ces gens, que qualifièrent si bien les réformateurs du siècle
suivant, *gens*, disait Bucer à Calvin (Edit. 1667, pag. 232), *qui ne
cherchaient qu'à secouer le joug du pape pour vivre à leur fantaisie.*
Là en effet était le secret tout entier de l'ardeur belliqueuse des parlemens, et peut-être aussi de l'entraînement facile des hommes d'église,
souvent incommodés des censures pontificales.

Les choses en étaient là, sous l'empire de la pragmatique-sanction.
Comme on voit, les idées libérales du 19e siècle, sous la liberté,
en vertu du gallicanisme, se rattachent assez au vieux temps où, au
nom des franchises gallicanes, on exploita aussi habilement que le
peuvent faire aujourd'hui les industriels des constitutions, la liberté
des rois, des pasteurs et des peuples. Il fallut que le Saint-Siége s'élevât
contre le *mur de division élevé entre la cour romaine et l'église de
France* (2). Louis XI s'empressa de faire droit aux appels du successeur de Pierre, avec d'autant plus de fondement que les imprudens
essais de la discipline populaire de la pragmatique avaient été autant

(1) Daniel, *Règne de Philippe-le-Long.* — *Mémoire de Dupuy*, [illegible] du roi de
Louis-le-Grand. — D'Atthichy Aubery, [illegible] Ed. — Pasquier, l. 2
(2) Conc. d'Irlande, t. 9 pag. 1867.

préjudiciables à l'état qu'à l'église. Abolition de la pragmatique , puis un nouveau concordat entre le Saint-Siége et le roi de France , telles étaient les nécessités de l'époque ; nécessités dont l'urgence fut plus que justifiée par l'acharnement que mirent à les combattre les suppôts de l'école, les partisans des idées nouvelles, les rhéteurs titrés , les littérateurs ambitieux (Concordat de Sixte IV). En vain le pape Sixte IV affecta-t-il de laisser subsister dans ce concordat les dispositions de la pragmatique , contre les abus simoniaques , pour ne s'attacher qu'aux conséquences liberticides du système préventif et schismatique qu'elle établissait : en vain se contenta-t-il de la collation sémestrielle des bénéfices et charges d'âmes vacans , inutilement l'article tant rebattu des annates fut-il sacrifié aux préjugés nationaux , tout national qu'en fût le principe : inutilement tout cela ; une opposition des plus aveugles s'éleva contre ce pacte de liberté ; il ne resta de ce pacte que la preuve des sacrifices que savent s'imposer les pontifes en faveur des rois et de leurs peuples. La France ne goûta que trois ans les fruits de cette convention pacifique ; mais , en revanche , elle eut pour perspective des impôts ruineux que n'empêcha nullement la retenue des annates en-deçà des monts. A partir de cette époque de révolte contre le Saint-Siége et Louis XI , les impôts s'accrurent progressivement de la somme alors exorbitante de trois millions , qui étaient devenus nécessaires à l'entretien d'armées permanentes sur le sol français. On serait tenté de demander si c'était là le prix de la liberté !

Or, voilà des faits, puisqu'il faut des faits aux esprits positifs de notre âge. Ceux-là donc qui n'avouent de liberté que dans un gouvernement économe de subsides , qui ne calculent le bien-être social que sur les chiffres diminués des budgets, que sur des garanties constituées et constituantes moyennant épargne , ceux-là devraient être en garde contre les fameuses libertés gallicanes, telles du moins que les entendit le siècle susceptible. Ils devraient dire :

Des maximes qui font redouter leur application , tout inoffensives qu'elles pourraient être dans les termes ; des maximes que le bras de la puissance est obligé de tenir appuyées de préparatifs de résistance ; des maximes qui font ouvrir des arsenaux , qui ne sont bonnes qu'avec des tributs et des légions , des lances dressées , des bourses déchirées ; de telles maximes, ni n'annoncent la liberté publique , ni ne la sauraient fonder.

Or, les maximes de la pragmatique se rendirent redoutables, aussitôt que s'ouvrit l'arène où devaient s'essayer les clameurs populaires : l'autorité royale se crut trop à découvert en face de gladiateurs d'une espèce nouvelle : besoin fut pour elle de s'entourer d'une garde imposante , mais achetée des deniers et des sueurs du peuple : impôts et soldats , faisceaux d'armes et campemens , tel fut le cortége de la pragmatique ; car il ne faut pas prétexter que les levées extraordinaires

d'hommes et de subsides sous Charles VII et Louis XI, eussent pour motif
l'aggression étrangère. Sans doute les incursions des rois d'Angleterre
sur le sol français ajoutaient au désordre intérieur et aux trahisons
des grands vassaux ; mais cette même invasion anglaise , à qui doit-on
l'imputer qu'à la sourde félonie , tramée par l'indépendance des sophistes ? Les parlemens et les universités , malgré leur tendresse pour
la pragmatique , n'avaient-ils pas fomenté en Normandie la reconnaissance de l'usurpateur Henri V, lorsqu'en 1401 les facultés parisiennes,
jalouses de toute concurrence , s'opposaient à l'érection d'une université rivale à Caen , et s'offraient pour y enseigner le droit civil sous
le bon plaisir de ce Lancaster ; lorsqu'en 1433 , le parlement obsé-
quieux déclarait bien et valablement enregistrées les lettres patentes du
roi étranger , pour cette érection ? Les parlemens et les universités
n'avaient-ils pas souscrit , en 1420 , à la levée des subsides , qu'on avait
souvent osé refuser au prince légitime , et que le monarque anglais
exigea de la France vendue ?

Tous les malheurs de la France, sous l'insensé Charles VI , le faible
Charles VII, et l'absolu Louis XI, n'avaient donc d'autre source que les
idées d'insubordination , enfantées par le schisme et reproduites dans
la pragmatique sanction.

Cette pragmatique n'était donc rien moins que l'expression de salut
d'une nation libre , rien moins que des garanties pour son indépendance. Elle avait frappé la religion au cœur ; c'en était assez pour
constituer les peuples en position offensive et le trône en état de siége.
Ainsi l'avait jugé celui de tous nos monarques qui sut le mieux gouverner la politique , ce gouvernail lui-même si mouvant des états. On
connait sa sentence favorite. Dissimuler, c'est régner : *qui ne sait dissimuler ne sait régner.*

Pourquoi , en effet, Louis XI , ce prince d'ailleurs si absolu , se
serait-il fait un plan de dissimulation , s'il n'eût pas pressenti que son
royaume était travaillé par un levain secret de fermentation et de révolte ? On aurait beau se rejeter sur le caractère de ce prince ; son
caractère put bien être soupçonneux ; mais il partageait en cela le
caractère de son siècle. Car, quoi de plus soupçonneux que l'esprit
féodal, que les corporations savantes , que les gens à priviléges tels
que les offrait le xvᵉ siècle. En avouant que Louis XI possédait en un
degré supérieur le sombre et farouche talent de la défiance habile , ce
ne serait donc avouer que sa supériorité sur les hommes et les esprits
de son siècle ; l'histoire elle-même en jetant les couleurs de l'odieux ,
sur cette supériorité incontestée , vient en confirmation de la preuve ,
que nous avons tirée , de la politique de ce génie , nécessaire à son
temps.

Louis XI , en un mot, fut tout ce qu'on voudra ; mais il ne fut que
ce que les mœurs de son siècle l'avaient forcé d'être. Quel autre prince

aurait déjoué les menées des grands vassaux de la couronne, acquis de nouveaux apanages, affermi la puissance royale mal assurée, imposé la discipline militaire, établi des postes publiques, réprimé la magistrature égarée, créé une véritable aristocratie, ouvert des opérations commerciales, réglé le mouvement financier, imprimé à des états-généraux une vigueur réparatrice, réduit enfin à ses justes limites la juridiction de l'université, et tout cela, dans un temps où les plaies faites à la dignité royale, étaient encore saignantes, les révoltes féodales le plus en honneur, les cours souveraines le plus entreprenantes, la milice le plus indisciplinée, la levée des subsides le plus difficile, l'industrie nationale le plus nulle, les grandes assemblées le plus dangereuses, les privilèges et les abus le plus accrédités ; dans un temps où la couronne n'avait pour conseillers, que des âmes vénales, que d'insidieux courtisans, qu'il aurait été mal aisé peut-être de remplacer par des confidens plus fidèles ? Qui aurait pu faire tout cela ? Il n'y avait que Louis XI qui pût ainsi maîtriser tant d'élémens de désordre ; il ne l'eût pas pu, s'il eût eu l'ambition des tyrans, qui rêvent leur agrandissement par le despotisme. Louis se contenta de régner, et il régna ; et il légua à sa race une monarchie imposante et forte, au lieu d'un régime populaire tel que l'invoquait le gallicanisme.

Or, ce succès même établit jusqu'à l'évidence que la liberté était loin du sol français au xve siècle. Elle n'existait point pour le monarque, toujours obligé de sévir et de s'armer contre ses propres sujets ; elle n'existait point pour les peuples, constamment victimes et de l'ambition révoltée et des exactions arbitraires, n'y ayant jamais de rébellion, sans un double despotisme, celui des factieux, qui de tous est le plus tyrannique, et celui du glaive qui abuse quelquefois pour conserver.

Si donc la liberté l'avait cédé, en France, au faux amour de l'indépendance, il était nécessaire de rectifier cet instinct indomptable, qui se fortifiait encore des préjugés nationaux ; les événemens avaient marché, les principes d'une sage condescendance de la part de l'Église, s'étaient mûris dans la chaleur de la polémique ; les idées d'un gouvernement démocratique s'étaient modifiées dans leurs résultats décevants. Le trône lui-même avait compris que s'il fallait tout refuser au système des réformes, il fallait accorder quelque chose au malheur des temps. De là, rapprochement entre les sujets et le souverain, entre le sacerdoce et l'empire ; de là la nécessité du concordat dont il a été parlé ; de là, la conséquence que, quand les peuples outragent leur liberté, c'est à l'Église qu'il appartient de la venger.

Mais, ainsi que nous l'avons dit, le retour n'en fut pas de longue durée ; il lui fut porté de nouvelles atteintes, sous les règnes de Charles VIII et de Louis XII : en même temps que les Hellènes réfugiés, et les lettres grecques s'établissaient à Rome sous la protection du pape, l'esprit gallican se remit à redouter cette houlette pontificale à l'ombre de laquelle grandissaient paisiblement les sciences et les arts, le clergé lui-même releva son front, humilié du triomphe de la papauté ; il protesta contre l'abolition de la pragmatique et l'organisation du concordat de Sixte IV. L'exemple ne resta pas sans imitation ; les fervens parlementaires en poussèrent la conséquence, jusqu'à refuser par arrêt l'admission usitée d'un légat apostolique. Le prétexte n'était que ridicule ; il ne fallait pas, disait le parlement de Paris du 17 août 1484, *entretenir des relations d'amitié entre deux cours qui jouissaient d'une paix profonde* (1).

Ces précédens contre le respect du à l'autorité pontificale étaient trop contagieux, pour ne pas se glisser dans l'esprit public. Bientôt, on ne craignit plus d'émettre, dans les chaires, les propositions les plus subversives de l'ordre spirituel ; celles qui furent le plus en honneur étaient ainsi annoncées : *que saint Pierre n'a reçu de Jésus-Christ aucune primauté, aucune puissance supérieure à celle des autres apôtres ; que les membres de la hiérarchie sont égaux pour l'autorité et la juridiction ; que toutes les décrétales des souverains pontifes sont des ordonnances frivoles ; que l'église romaine n'est pas chef de toutes les autres églises, etc., etc.* Vainement ces propositions anarchiques furent-elles condamnées pour la forme par les facultés françaises (2). Il y avait, au fond des pensées, une opinion généralement inclinée vers ce système de désordre qui prenait, de jour en jour, un prodigieux développement. Le règne de Charles VIII n'eut presque à s'occuper que de prédicans et de sophistes.

On peut voir alors que les répugnances de Rome pour les maximes gallicanes n'étaient que trop fondées. Quoique ces maximes ne renfermassent pas, à proprement parler, le venin de l'hérésie et de l'anarchie intellectuelle, il commençait à être démontré qu'elles étaient au moins inopportunes dans un temps où toutes les imaginations brûlaient d'un zèle novateur. Le Père du peuple, quoiqu'aidé du vaste génie d'un d'Amboise, ne redouta pas assez, ne vit point cette disposition des esprits. Il se livra trop à son noble cœur ; sa popularité, pour avoir bientôt soulagé des sujets, n'en rencontra pas moins des ingrats et des rébelles. L'université de Paris, avec ses vingt-cinq mille étudians, savait tout ce qu'elle pourrait oser sous un prince populaire. A l'ombre de cette popularité, elle se réservait un coup d'éclat, dès que l'autorité royale tenterait l'application du principe des réformes. La suspension accoutumée des leçons et des prédications universitaires éclata

---

(1) *Preuve des libertés Gall.*, pag. 238.
(2) D'Argentré, *Collect. Jud.*, t. 1. — *Mém. du coll. de Louis-le-Grand*, Du Boulay, 70.

à Paris au milieu des solennités les plus augustes de la religion, sans doute pour braver plus énergiquement une royauté clémente. Il ne s'agissait pourtant que d'introduire dans l'université des modifications nécessaires à ses privilèges abusifs, elle s'appuya sur les libertés gallicanes; mais elle prouva, dit un historien, que ces libertés tournaient *au mépris du souverain*, et que la France avait tout à craindre *en se voyant inondée d'une foule de gens de lettres sans subordination et sans règles* (1). Il est vrai que le duc d'Orléans déploya, contre les libéraux de l'école, de salutaires rigueurs; mais elles n'empêchèrent pas sa politique d'échouer, en Italie, sur des écueils pratiqués pour le même esprit qu'il poursuivait en France. Le conciliabule de Pise, assemblé en 1511, par la puissance du sabre contre les justes doléances de la puissance des clefs, fut une violence ouverte qu'on comprend difficilement de la part de la vertu paisible du monarque français; la déposition du pape par cette assemblée tumultueuse peut seule expliquer cette violence, elle était l'effet d'une sourde machination contre l'Église romaine. Or, la France fut la première à en recueillir les fruits; la Suisse et le Milanais, ses possessions ultramontaines, crurent le moment favorable pour s'affranchir. Le royaume de Naples fut à jamais aliéné de la maison d'Anjou, et la Navarre détachée de celle d'Albret; enfin le royaume français lui-même se vit frappé d'un interdit général. Peu importe que la passion personnelle du pape Jules II, ait dépassé les limites des censures canoniques, cela même montre à quel degré d'audace les esprits s'étaient portés contre le Saint-Siége; puisqu'un roi de la religion de Louis XII avait cru pouvoir se permettre de défendre à l'Église de France toute communication avec Rome. Dire, comme quelques historiens, que *ce bon prince ne fut pas maître des événemens* (2), serait justifier la difficulté de sa position et son royal cœur, mais nullement cette mesure acerbe que sa qualité de roi très-chrétien rendait encore plus hostile. Il y aurait dans cette forme de justification plus de matière qu'il n'en faut pour établir la preuve que la liberté du monarque et du royaume étaient également compromises, puisqu'un prince qu'on surnomma le père du peuple n'en fut pas moins obligé de s'attendre, durant tout son règne, à des secousses populaires, s'il ne se pliait à toutes les exigences du génie novateur.

Or, voilà au juste, le produit des libertés gallicanes. Il faut déplorer sans doute dans un pontife la fougue qui s'irrite et l'animosité qui s'invétère; mais que dire d'une majesté outragée qui mesure le sentiment de l'injure sur celui de la supériorité? que penser des représailles qui ne s'aggravent que par la gravité de l'offense? Avec un peu d'impartialité, on est porté à croire que Julien de la Rovère, en devenant

(1) Du Boulay, t. 5, pag. 830.
(2) *Hist. de l'Égl. gall.*, 4ᵉ édit., l. 51. t. 22,

pape, s'était senti trop romain, peut-être trop engoué de la maxime
poétique de la ville éternelle : *parcere subjectis et debellare superbos ;*
comme Louis XII, en ceignant le diadème, était devenu trop Français
pour ne pas épouser toutes les querelles de la France. On voit ces deux
hommes supérieurs tenir un langage pareil : l'un devenu *roi de France,
ne venge pas les querelles du duc d'Orléans ;* l'autre appelé au pontificat,
*condamne en souverain pontife ceux qu'il pardonne comme Julien de la
Rovère.* Tant la différence des positions fait-elle la différence des
hommes ! le premier avait à se reprocher de fâcheux antécédens, il
les fit oublier par une clémence prodigue ; le second avait préparé son
éloge et sa réputation dans les légations épineuses de son cardinalat, ce
ne fut que sous la tiare, que sa prudence exaltée parut tout-à-coup une
humeur entreprenante, assez ombrageuse pour offusquer l'œil critique
des Français. Ne voit-on pas que les rôles étaient intervertis ? Quoi
donc, le duc d'Orléans, d'un caractère séditieux, était-il né pour être
qualifié *père de la patrie?* et La Rovère devait-il s'attirer les épithètes
les plus passionnées, lui qui, avant d'être pape, *était fait,* de l'aveu
même de ses ennemis, *pour être un grand homme?* (1) N'est-il donc
pas évident que chez l'un comme chez l'autre, le naturel avait été
faussé par la violence des maux et l'exigence d'intérêts réciproques ?
N'est-il pas plus clair que le jour, que Rome ne redoutait la France,
que parce que la France redoutait Rome ? Ne peut-on pas dire enfin
que c'en aurait été fait de la popularité de Louis XII, si Jules II eût
été un pape un peu moins absolu ? Oui, sans doute, il faut reconnaitre
dans les déclamations des auteurs du temps contre Jules II, cet esprit
dominateur de l'indépendance sophistique, que nous avons vue tant
de fois se révolter contre les puissances, au moyen d'hypocrites
louanges données aux princes populaires. Louis XII fut l'homme des
sophistes, parce qu'il sourit aux factieux ; il obtint un calme, mais un
calme dangereux qui présageait les plus affreuses tempêtes. Quoiqu'en
ait dit Voltaire,

> *Celui qu'à nos aïeux donna le ciel propice* (2),

eut trop à pardonner ; si sa clémence fut inépuisable, elle ne le fut
que par la nécessité de couvrir d'impérieuses machinations ; il n'eut de
pouvoir que pour en obtenir grâce, à condition qu'après lui elles bou-
leverseraient le monde. Ainsi qu'un ouragan, couvé par la chaleur de
l'atmosphère sur de brûlantes plages, ne s'appesantit pas sur le sol
créateur de ses foudres, mais est destiné à porter au loin ses feux et
ses tonnerres, ainsi nous allons voir éclater en Europe la nue enflammée
qui s'était amassée sur les esprits agités de la France.

____

(1) Arnald, *Feron in Lud. XII.* — Guichardin ; l. 21.
(2) *Henriad.*, chant 7.

ANS
DE
J.-C.

La paix universelle avait été reconquise sur l'impiété par la fermeté des papes Sixte IV et Jules II. Le roi de France en avait hautement fait l'honneur à ce dernier (1). L'Europe était tranquille, parce que tous les chrétiens vivaient dans la foi et l'obéissance de l'Église.

Tout-à-coup une guerre, habilement ménagée par la politique toujours ombrageuse de la France, vient fondre sur le patrimoine de saint Pierre. François Ier, héritier d'un trône, obsédé de flatteurs, ne se doutait pas que la papauté fût inexorable sur l'article tant récriminé des maximes gallicanes; il estimait la réduire à des capitulations. Mais le vainqueur de Gênes sentit bientôt que son principal ennemi n'était ni dans le Milanez qui se soumettait à ses armes, ni dans la Suisse qni recevait ses lois, ni dans Gênes, qui abattait ses pavillons républicains, ni dans Naples qui tremblait au bruit de ses armes. Une entrevue confidentielle entre le père des fidèles et le fils aîné de l'Église devint suffisante pour éclairer le génie prématuré du héros de Marignan. François Ier entendit le pape Léon X, il regarda la France, et reconnut que son véritable ennemi était en-deçà des monts. Pour triompher du gallicanisme, le même front couvert de lauriers dans Bologne voulut s'incliner devant la tiare, *prêt à faire exécuter tous les ordres du père des chrétiens*. Ce mot d'un monarque vainqueur vaut déjà mieux que toutes les preuves, pour démontrer à l'univers qu'il a toujours suffi au sacerdoce et à l'empire de s'aboucher et de s'entendre, afin de procurer la paix des peuples.

François Ier fut donc soudainement changé. Il fut convaincu, à la parole du vicaire de Jésus-Christ, des dangers toujours plus imminens du gallicanisme (Concordat de Léon X). Pour conjurer la tempête déjà élevée sur le sol inflammable de la France, il fallut régler, par un nouveau corps de discipline, les limites des deux puissances alternativement jouées au profit de la démocratie ou de la féodalité. Le concordat de 1516, qu'on y fasse attention, ne se montra point hostile à ce qu'avait de salutaire la pragmatique. Les mêmes abus qu'elle signalait, il les supprima. Il n'abolit que ce qu'elle avait d'injurieux à la chaire de saint Pierre; c'est-à-dire, ce qu'il y avait dans la prétendue *liberté des élections*, *de trop populaire* (2), et dans la maxime de l'infériorité du pape au concile général, d'anarchique et de subversif. Rien de plus sage au reste que les dispositifs du concordat, où fut évitée avec soin toute expression sur ce dernier article, si à cœur pourtant à la cour romaine. On y rappela les priviléges des rois de France de nommer aux bénéfices vacans, priviléges qu'avait fait disparaître le gallicanisme. Or, Léon X et François Ier voulaient-ils moins la paix du monde que les fauteurs du conciliabule de Pise, quand, au

1516.

---

(1) *Lettre de Louis XII*, t. 4, pag. 51.
(2) *De Marca, de Concord.*, p. 886, etc.

lieu de ne donner, comme ceux-ci, au souverain, que *la voie de la prière auprès des collateurs, ils lui défèrent de plein droit la nomination de ses propres sujets* (1) ; lorsqu'au lieu de refuser au saint pontificat la juridiction sur tous les siéges, ils lui reconnaissent la suprématie dogmatique et disciplinaire pour toutes les provisions éventuelles? Ces principes conservateurs une fois sains et saufs, les hautes parties contractantes ne laissaient-elles pas assez de champ aux véritables franchises gallicanes, en laissant agir suivant les canons la hiérarchie locale? N'avaient-ils donc pas assez de popularité, ces 30 fameux articles qui règlent les grades, font l'échelle du mérite, appellent la science et la vertu au partage des charges, repoussent à jamais les grâces et les priviléges que l'abus n'aurait jamais viciés, si l'ingratitude ne fût pas venue jusqu'à l'hostilité ? Que diront les Gallicans de cette délicatesse minutieuse à articuler, à prévoir toutes les sortes d'injustices contre la possession et les droits acquis? La prévention la plus haineuse n'en doit-elle pas être subjuguée ? Qu'on daigne se souvenir de ce concordat mémorable : tous les talens encouragés célébrèrent l'accord de l'église et de l'empire ; toutes les intelligences raisonnèrent leur émancipation, du moment que l'arène des hommes et des rangs fut ouverte à l'activité du génie. Aussi l'histoire a-t-elle remarqué qu'après le siècle d'Auguste, celui des Médicis mérite la première place dans la république des lettres. Nous oublions tant soit peu ici le fil des événemens historiques : comme ce n'est qu'avec peine que nous les avons abordés, sous le règne de Louis XII, nous nous soulagerons volontiers avec le lecteur. Eh! qui ne s'arrêterait d'admiration, en voyant passer devant soi tant de célébrités, tant de genres d'érudition et de gloire, tant de personnages illustres qu'offre le siècle de Léon X !

Ici commence véritablement l'ère des lumières. Etouffées jusqu'alors par mille sortes de factions, elles n'avaient pu se développer sous la lourde morgue des parlemens, la pesante susceptibilité du corps universitaire, les empiétemens gigantesques de la dédaigneuse féodalité ; mais à peine le successeur de saint Pierre a-t-il dit anathème à ces trois genres d'esclavage, que le monde social se voit successivement éclairé par des génies lumineux qui, gravitant vers l'église romaine comme vers leur centre, jettent l'éclat de la science et de la vertu sur l'univers étonné. Déjà l'art de l'imprimerie avait trouvé des Mécènes illustres sous le pontificat de Sixte IV. Sous celui de Léon X, l'étude des langues anciennes se répand en Europe avec une rapidité incroyable. L'Ecriture sainte est enseignée dans ses sources : son interprétation, d'après le texte original, exerce bientôt tous les talens. L'Hébraïsant Tissard, français, ouvre une école publique de la mère des langues. Le génois Justiniani, dominicain, fait paraître des éditions de la bible

(1) *De Marca.*

en cinq langues. Ses disciples deviennent en peu de temps capables de le disputer aux Rabbins les plus consommés dans la science de l'hébreu. A côté, marchent les vieux favoris de François Iᵉʳ : un Guillaume Budé, un Étienne Poncher, un Le Petit ; suivent, couverts des lauriers académiques, des Hellénistes célèbres, les Vatable, les Guidacer, les Paul Paradis, les Danès, les Toussan, qui ont pour dignes émules les Amiot, les Postel, les Quinquarbre, les Duret, les Momnans, les Duchesne, les Dorat, les Gagnié, les Génébrard, les Demnys, les Passerat, les Tarin, les Marcile : voilà pour les langues et la dialectique. Vient ensuite le triple cortége de la toge illustrée par les Lizet, les Verjus, les Loine; de l'épée, honorée par les Montmorency, les Bayard ; de l'église, vengée par les Sadolet, les Lenoncourt, les Tournon, les Duprat, en qui l'austérité des mœurs ne le cède point à la profondeur des lumières. La popularité sur leur front modeste, s'avancent ensuite Ignace de Loyola, Salmeron, Rodriguez, la gloire de l'Espagne ; les Arioste et les Trissin, suffisent pour faire distinguer l'Italie sur leurs têtes couronnées. Les Reutklin, les Tetzel, les Latomus, les Caraffe, les Frégose, annoncent les talens rivaux de l'Allemagne émule. Les Josse Clictone et les Polus dédommagent l'Angleterre de son trop stérile pouvoir. La Martz et Luxembourg distinguent les Pays-Bas. La république de Venise se suffit avec les talens d'un Pierre Bembe. Erasme chante la gloire de la Hollande. Toutes les nations se font représenter par l'élite de leurs savans. On remarque des géans qui, de leur sourcil abstrait, mesurent avec le compas géométrique le monde et ses problèmes : tels les Poblation, espagnol ; le dauphinois Ronce Chiné, les Pascal Duhamel, les Charpentier, dignes précurseurs des Gassendi, des Robertval, des Varignon. Tout, jusqu'à l'art de guérir, veut porter son tribut à la pompe triomphale. On croit voir l'œil perçant d'Hyppocrate sans la paupière sérieuse et fixe d'un Florentin Vidius, des Jacques Sylvius, des Goupil, des Riolan, des Guipatin. Quel spectacle nouveau, quel changement dans les mœurs ! quelle puissance inconnue dans les esprits ! Eh bien ! voulez-vous savoir d'où cette influence ? pensez à Léon X, à François Iᵉʳ ; pensez au concordat. Ne dirait-on pas que ce concordat soit moins une convention locale qu'un manifeste, qu'un appel universel, destiné à éveiller tous les genres de gloire, à populariser tous les talens, à enchaîner toutes les passions basses et dangereuses, par le contrepoids de toutes les passions grandes et solides ?

Or, en effet, sous le régime du concordat, la société chrétienne goûtait les douceurs de la paix. L'Espagne brillait déjà de l'éclat le plus pur des vertus monastiques. L'Angleterre était l'île des Saints. L'Allemagne se recommandait par son antique fidélité à la thiare, et ne songeait plus aux maux éteints de la Bohême. La France offrait le spectacle d'une nation polie et heureuse. Le développement des sciences

y avait facilité celui des arts. Fontainebleau et le Louvre de Paris se
levèrent par enchantement pour publier le siècle du concordat. La
couronne agrandit ses domaines par la séduction magique du gouvernement de François Ier, et la paix intérieure fit oublier aux Français
quelques échecs éprouvés sur le sol étranger. Toutes choses, en un
mot, prospéraient en Europe, et l'histoire de la liberté n'a pas d'époque plus féconde que celle de ce pape, dont les manières et les
mœurs pleines de noblesse ont suffi pour caractériser un siècle.

Mais l'horizon se chargeait ; car, quelle puissance peut arrêter le
génie malfaisant de l'indépendance sophistique ? Un cri d'horreur retentit dans la France. Périsse notre liberté, périssent nos gloires, si
nous devons les recevoir du Vatican ! Telle fut la clameur gallicane.
Aussitôt le concordat de Léon X est traduit à la barre du parlement
français. Celui-ci n'hésite pas de lever le bouclier contre son roi ; et
cette félonie est osée au nom des franchises du royaume. Le concordat
leur est jugé contraire, alors qu'elles acquéraient par le concordat un
degré de plus d'authenticité, une sanction plus forte et plus vénérée.
Il n'est pas de notre sujet de suivre les procédures inconvenantes de
cette compagnie de magistrats, affectant trop souvent la souveraineté,
ni de dire les résistances osées par l'université, si bien servie pourtant
par le dispositif de cette convention. Il suffit de prendre acte des oppositions de ces deux grands corps de l'état. On verra qu'elles étaient le
signal des éclats de la réforme du 16e siècle.

L'histoire ne laisse aucun doute sur la connexion de cette double attaque contre la liberté religieuse. L'esprit d'insubordination n'a besoin
que de prétextes. Le concordat en offrit un. Luther se choisit lui-même
pour être le fécial intrépide. Ce fut ce moine saxon, plein de superbe
et de bile, qui fit la déclaration de guerre.

On en était en France aux premières difficultés sur l'enregistrement
du concordat. Charles-Quint montait sur le trône d'Allemagne, pour
opposer au gallicanisme menaçant une résistance colossale. Les Turcs
se débordaient sur les flancs démantelés de l'empire. La liberté européenne aurait demandé une communauté d'efforts contre l'hydre orientale ; cette communauté d'efforts, le concordat l'aurait assurée, car
toujours la France donna l'impulsion au reste de l'Europe.

Tout-à-coup, le religieux augustin de Wurtemberg se déchaine
entre l'église romaine. Toutes les nations de la chrétienté bénissent le
dogme des indulgences, malgré quelques abus glissés par une cupidité
sordide. L'allemagne seule est travaillée par la fermentation. Si on
songe aux communications fréquentes qui s'étaient établies entre la
France et l'empire germanique, depuis les fameux conciles de Bâle et
de Pise, on ne peut que reconnaître leur solidarité en matière de
théologie. L'on sait en outre que le commerce des belles lettres était
plus actif entre ces deux grands peuples, qu'entre tous les autres du

continent. Ce commerce n'avait pu que raviver les rapports et la politique entre les facultés françaises et les corporations transrhénanes. Ainsi, les mouvemens qui agitaient les esprits gallicans contre l'autorité de François Ier, devaient remuer puissamment les têtes saxones contre l'autorité de Charles-Quint. Le rapprochement en effet en est curieux. Ce que les Annates provoquaient de colère en matière de libertés gallicanes, les indulgences le provoquaient en matière de libertés germaniques. De part et d'autre, mêmes plaintes contre la chambre apostolique; mêmes doléances sur l'exportation des deniers nationaux, sur le préjudice porté au commerce, mêmes allégations contre la puissance sacerdotale de la part des séculiers : et comme cela devait naturellement s'ensuivre, mêmes murmures, mêmes craintes des abus séculiers de la part des clercs. La même insulte qu'avait essuyée le roi de France au parlement de Paris, en 1517, l'empereur l'essuya, en 1521, à la diète de Worms : l'un et l'autre durent se résigner à voir leurs décrets rester sans exécution. Bientôt aussi l'université de Paris trouva son écho dans l'université de Wurtemberg. Les parlemens français dressèrent-ils plus tard un mémoire circonstancié sur des griefs intolérables qu'offraient le régime canonique des bénéfices, les évocations des causes cléricales en cour de Rome, etc. . . . . . ! les électorats Allemands renchérirent sur l'odieux des imputations gallicanes par un mémoire détaillé sur la servitude que les ecclésiastiques imposaient aux peuples : exemptions, revenues, priviléges, tout était usurpation, etc. . . . . Tout jusqu'au ton et à l'inconvenance se ressemblait dans ces mémoires jetés impudemment sur les pas de la royauté. Tergiversations, subterfuges, sophismes, rien de différent dans une méthode où les formes du langage allaient de pair. En France, délibérations sur délibérations, refus sur refus. En Allemagne, diètes sur diètes, protestations sur protestations. On avait brûlé à Wurtemberg une bulle du pape Léon X, presqu'en même temps que des pamphlets dans Paris avaient défendu l'impression de la bulle du concordat. C'est, en un mot, dans les deux pays, la même allure de l'anarchie sophistique qui s'avance au nom de la liberté.

Mais déjà, la moitié de l'Allemagne a levé l'étendard de la révolte. Rome est appelée la grande Babylone : les catholiques sont harcelées dans leur humble foi. Les novateurs commandent avec l'accent surnaturel, et le prestige prévaut sur l'autorité. Les princes ne connaissent plus leurs sujets. Au nom de la liberté chrétienne, on abolit la messe à Wurtemberg; et cette abolition impie triomphe au milieu de mille gémissemens étouffés. On y mutile les cérémonies romaines; on y supprime les sacremens, et ces profanations sacriléges se commettent sous des yeux encore pleins d'un saint respect. On appelle les cénobites hors de leurs cloîtres, les vierges hors de leurs monastères : et ces asiles de la timide pudeur ou du repentir austère sont violés, la bible d'une

main et le poignard de l'autre ! Dans l'ivressse du scandale, Luther
s'écrie : *Il est autour de nous un loup enragé, une bête féroce qui est
l'anti-christ ; il est une troupe de soldats brigands ; il est de riches émissaires d'une faction sauvage ;* c'est contre toute cette engeance abominable qu'il faut diriger le couteau ! et le peuple ameuté écoute avec
transport que cette bête féroce est le pape, que ces brigands sont les
catholiques, que ces émissaires sont les évêques, les rois et les Césars.
Voilà les élémens de la liberté de la réforme. Vit-on préconiser jamais
avec tant d'emphase, le tyrannicide, le meurtre des princes, la guerre
civile !

Comme tout ce qui est séditieux, la réforme devait avoir sa marche
bondissante. Un jour de déclamations contre les puissances lui avait
suffi pour détacher les esprits de cette sujétion magique et douce qui est
l'œuvre du catholicisme. Charles-Quint sentit s'échapper sous sa main
colossale le dragon de la réforme. Il voulut l'étreindre par les édits
les plus sévères. Mais les menaces, le gibet n'arrêtent pas le fanatisme,
surtout quand il se fonde sur ce principe que nul n'a de maître en
matière de morale et de foi, comme l'enseignait burlesquement l'absolu
Luther.

Alors et en même temps, éclatent, dans les provinces transrhénanes,
les cris de l'arrogance la plus effrénée, non plus contre le pape seul,
mais contre tous les maîtres de l'empire. Déjà l'anarchie a commencé
dans l'école même du réformateur. Un Carlostad, un Muncer, un Stork,
ses disciples, ont plutôt fait des anabaptistes que des luthériens. Bientôt
le sang coule parmi les deux sectes jalouses. Il faut bien que la justice
méprisée élève ses potences. Mais en regard se dressent les tentes des
factieux : et la voix de la justice comme son glaive tombent impuissans
devant les masses soulevées. Le bannissement et la confiscation succèdent en vain aux menaces et aux exhortations, inutilement au fer
succèdent les bûchers. Les tisons d'un supplice mérité par le meurtre
ou la sédition apparaissent comme des palmes aux furibonds réformés.
Pouvoirs de la terre, quand la réforme tire ses conséquences logiques,
c'est à vous de vous déclarer vaincus, et ne vous en fâchez pas. C'est
pour vous régénérer que l'on vous outrage. D'autres martyrs vous
bénissaient, priaient pour vous, quand vous les immoliez à votre ido-
lâtrique fureur. Aussi finirent-ils par vous gagner à la religion et à la
liberté. Pour nos nouveaux martyrs, ils vous méprisent, vous jouent
et meurent en blasphémant. Pouvoirs de la terre : voilà la liberté de la
réformation de l'Église !

N'importe, la prédication de Luther trouve des partisans dans les
premières places de l'empire. La Saxe se déclare en pleine révolte, à
la tête d'un électeur de ce nom qui comptait à peine une génération
depuis l'usurpation de ses pères, simples margraves de Misnie. Les
autres principautés germaniques, sans résister ouvertement à Charles V,

déclinent aussi l'autorité impériale ; et pendant que Luther assouvit sa féroce jalousie contre l'anabaptiste Muncer qu'il expulse de la Saxe, celui-ci profite du soulèvement des peuples et prend le titre de *souverain universel*.

Rien ne peint le caractère de l'anarchie, comme les paroles de ce radieux déclamateur : paroles, au reste, dont les siècles de lumière, ne rougissent pas de se faire les traducteurs. Le Tout-Puissant, disait-il, attend de tous les peuples qu'ils détruisent la tyrannie des magistrats, *qu'ils redemandent leur liberté, les armes à la main, qu'ils refusent les tributs.* . . . . . (1) Et le peuple de Mulhausen, et toute la Thuringe, et la Souabe et la Franconie de chasser aussitôt ses magistrats, de piller les domaines des grands. Une armée nombreuse de révoltés s'amasse et commet tous les désordres d'une soldatesque effrénée. Sur-le-champ, la plus grande partie de l'Allemagne est soulevée. Les princes germains, sont eux mêmes obligés de se liguer pour leur défense. Dans cette extrémité, Charles-Quint oppose leur propre conduite à ces vassaux, pour les réduire au devoir : insensés, réformés eux-mêmes, ils avaient combattu les réformes ; mais toute solide que peut être cette récrimination, elle devint inutile. Définisse qui pourra le génie de la réforme. Une diète nombreuse, tenue à Nuremberg, répondit à l'empereur que la repression des novateurs est devenue impraticable, attendu leur accroissement (2) ; elle ajoute *cent griefs* contre le pape pour appuyer la résolution de laisser étendre le Luthéranisme, tout menaçant qu'il est pour l'avenir de l'empire. Vit-on jamais décision plus bizarre !

Cette inconséquence fut fatale à la paix de l'Allemagne. Pendant que le triomphe du Luthéranisme enlevait à l'autorité légitime et à la foi des peuples, les plus belles contrées de l'empire, le portefaix Carlostad, pour venger son dépit contre son maitre, courait en Suisse s'unir à Zwingle de Glaris. Déjà le désordre régnait dans les cantons de Zurich et de Berne. Ce fut alors que, pour y mettre le comble, on inventa la célèbre subtilité de la présence figurée dans l'Eucharistie. Ce contre-pied des sacramentaires était, au reste, la suite d'un défi que Luther avait donné à son disciple, défi accompagné de ce toast vraiment édifiant : *puisse-je*, dit Carlostad, *te voir sur la roue !* Et *toi*, reprit Luther, *puisses-tu te rompre le cou, avant de sortir de la ville d'Orlamonde !!* . . . . . (3) L'ecclésiaste de Wurtemberg, suivant sa basse envie, ne tarda pas d'éclater contre les Zwingliens qui, d'après ses propres principes, ne trouvaient dans l'Écriture que la scène figurative. Il voulait, lui, qu'on y lût la présence réelle avec l'impanation, ou tout au moins, avec la circonstance de la manducation, toutes choses assez

---

(1) Catrou, *Hist. des Anabap.* — Heidan, l. 10.
(2) Heidan, l. 1, p. 50, t. 4, p. 232.
(3) Hospin. ann. 1522, *Collecti Judicium*, n. 49

indifférentes pour des peuples imbus du droit de juger, de rejeter l'un comme l'autre. Ces peuples avaient, pour y répondre, la voie de la moquerie et du dédain. Les Suisses de Bâle, de Constance, de Neufchâtel, etc., etc., firent donc pertinemment justice de ces incidens; ils déchirèrent les écrits et la réputation de Luther. Qui n'admirerait les progrès de la civilisation sous l'influence de la réforme! S'il fallait encore quelque preuve de sa puissance pour propager la liberté, la suite des événemens la fournirait.

La théologie des sacramentaires était une matière trop inflammable, pour qu'une guerre implacable ne fût pas allumée de toutes parts : en Suisse, on courut aux armes. Les réformés brûlèrent les autels et les images des catholiques, après s'être entredéchirés. Ils interceptèrent les vivres et les provisions de villes paisibles, sous la protection romaine, c'en était trop, et les catholiques se virent forcés de venger cette impie violation du commerce public et de leur foi. Les Zurikois furent défaits en bataille rangée à Cappel, en 1531, par les catholiques qui offrirent le pardon et la paix à leurs indignes ennemis. Mais, ceux-ci n'acceptèrent que le pardon et refusèrent la paix. Alors, la Suisse fut séparée en deux camps; et cette séparation fut le chef-d'œuvre de la réforme. Telle est la date glorieuse d'où elle peut marquer la scandaleuse division d'un peuple uni par les liens religieux, et chez lequel une sage et douce liberté n'avait jusque alors rien laissé à désirer à la république helvétique. Le docte protestant Basnage qui regardait la réforme comme un ouvrage de lumière, aurait dû dire si elle était aussi un ouvrage d'union. Et si elle ne fut pas un ouvrage d'union, que furent ses lumières, que des brandons de servitude ou de despotisme? Il est vrai que ce critique pourrait alléguer qu'à cette époque encore ténébreuse de la réformation naissante, Jean Calvin, son astre radieux, n'avait point encore paru sur l'univers abusé. Il faudra donc attendre ce libérateur et les présens qu'il fera à la société.

Mais, en attendant, ne perdons pas de vue cette réforme si amie de la liberté. Après les excès causés par la dispute, vinrent ceux du libertinage. Le moine Luther avait défloré une religieuse, le curé Écolampade avait débauché une jeune fille; le pasteur Zwingle s'était marié, le professeur Carlostad avait célébré ses noces impures : les cloîtres, les couvens, les vœux tout avait disparu, sous l'influence des réformateurs. Le roi d'Angleterre possédé par une passion infâme, Henri VIII dut croire qu'un divorce ne serait pas chose plus délicate aux yeux du monde réformé que, toutes ces scènes sacrilèges. D'ailleurs le divorce de Louis XII passé naguère sans contradiction au grand honneur de l'esprit gallican, était un précédent qui pouvait enhardir ce prince éperdu. Henri VIII s'agita donc sur son trône, pour en faire descendre Catherine d'Arragon. Tout était mûr en Angleterre pour seconder ce prince. La Chambre des Communes avait été imbue, plus d'un siècle auparavant , des préjuges gallicans , sur l'indépendance. On l'avait vue en 1404 et 1410 , s'interposer en faveur des hérétiques Lollards contre les sentences canoniques qui les condamnaient, et invectiver en plein parlement contre la puissance pontificale , c'est-à-dire , qu'on l'avait ainsi vue cette chambre briser les barrières de l'autorité, au moment même où le parlement de Paris abolissait toutes les subventions de la chancellerie romaine , moment où , en vertu des libertés gallicanes, l'université faisait lacérer à coups de canifs la bulle d'un pape, moment où le grand schisme levait hideusement la tête au concile de Pise. Dès long-temps , l'esprit d'insubordination avait préparé les esprits. Henri VIII n'eut aucune peine à se mettre en état d'hostilité contre le Saint-Siége. D'autre part , les affaires d'Allemagne se compliquaient ; la diète de Spire élaborait la fameuse protestation contre son maître , d'où les protestans tirent leur noble nom. Tout cela fit croire que la puissance énervée de Charles V ne pourrait servir utilement la cause d'une pa rente répudiée. L'affaire du divorce s'avançait.

Néanmoins le pape Clément VII , vrai modèle de charité chrétienne , s'efforça de ménager l'insensée passion d'Henri ; on temporisa. Mais en vain l'habileté , la justice , la patience s'unirent-elles pour préserver la Grande-Bretagne du despotisme inséparable d'un schisme scandaleux. Il fallut que de folles amours prévalussent pour le malheur d'une nation.

Or , ainsi que cela a été dit , rien de plus favorable à ce schisme que l'exemple de la réforme saxonne. Quoique opposés d'ailleurs, les réformés et Henri VIII , s'accordaient sur ce point : que l'autorité du Saint-Siége était intolérable. Aussi , les Luthériens purent-ils servir au-delà de la Manche , au plan qu'ils réalisaient si bien , en-deçà du Rhin. Il n'importe si devenu à son tour réformateur , Henri VIII fit expier ce service à la réforme même : c'est le genre de liberté et de bonheur , que porte le schisme avec lui. Mais , il est important de remarquer que les Luthériens marchèrent d'abord de front avec l'Angleterre contre la chaire de saint Pierre. Insensiblement ils gagnèrent du pays , et l'île des Saints devint pour quelque temps le rendez-vous du luthéranisme. Par le moyen de cette fusion de mauvais catholiques et de protestans, on crut opportun d'exhumer des franchises de l'Église anglaise. On supposa qu'elles prohibaient comme celles de la France, l'exercice des pouvoirs délégués par le Saint-Siége. Les bulles et les investitures canoniques furent suspendues. L'article des annates, les mandats apostoliques, etc. . . . . , furent de nouveaux traits de ressemblance avec les fameux incidens invoqués par les Français contre le concordat (1). L'Angleterre appela au futur concile , comme la France avait appelé. L'infidèle et ambitieux archevêque d'York, Thomas Wolsey paya , le premier, l'apprentissage de ces voies d'appel contre l'autorité pontificale. Fait par elle

____

(1) *Actes de Rym r.* pag. 357

cardinal et légat, il expia son ingratitude dans le jugement porté par son infâme maitre qui le dégrada comme violateur des franchises appelées *provisum et premunium*. On connait sa juste fin dans la captivité. Si cet holocauste fait à la réforme ne fut pas d'une équité politique, il fut bien certainement une vengeance céleste.

Or, ce premier pas de fait, Henri, éperdùment amoureux de sa propre fille, Anne de Boulen, ne connut plus de bornes à sa passion ni à son despotisme. Sur un clin d'œil, le parlement anglais baisse son front devant cette idole. Un clergé encore tout romain ne sait pas résister à un signe menaçant. Les universités d'Oxford, de Cambridge, etc.,... se rangent d'elles-mêmes à la voix du tyran. Les foudres pontificales sont elles-mêmes foudroyées ; Rome est effacée des sacrés dyptiques. La suprématie spirituelle passe sur la tête du monarque incestueux et divorcé. Confiscation en masse est ordonnée des biens ecclésiastiques. Une vertueuse reine est exilée. Les moines et les religieuses sont chassés de leurs couvens. Ce n'est pas encore le règne ensanglanté de l'anarchie : c'est celui, non moins dur peut-être, de l'absurde ridicule et de l'anarchie couronné : à moins que M. Basnage ne vienne encore nous dire que c'est ici un autre ouvrage de lumières.

Jusque-là, néanmoins, les peuples de la Grande-Bretagne n'avaient pas senti la pesanteur du joug qu'ils portaient. Tant que le clergé seul fut rabaissé, inquiété, proscrit, il se trouvait assez de gens pour applaudir ; mais quand on vit tourner au profit d'un roi-pape les annates disputées à la papauté, les confiscations, les spoliations, dont chacun avait avidement espéré sa part, on commença à ne plus douter du degré d'abjection où on voulait entraîner une nation grande et généreuse.

Le serment de suprématie et d'apostasie fut donc enjoint à tous sujets du royaume anglais. Cette injonction touchait les Luthériens et les Catholiques, l'orgueil de Henri ayant autant en haine le superbe Luther que le sage Clément VII. Ainsi, les lois du parlement, bassement servile, condamnèrent au gibet, comme pareillement hérétiques, les réformés et les non-réformés : farce monstrueuse dans les annales de l'esclavage! Alors, la potence fut dressée, pour parler comme Luther, de la main du *bouffon enragé habillé en roi*. On commença par les réformés. On voulut donner le change à un peuple qui n'aurait pas tout d'abord renoncé à son vieux catholicisme, plus fécond en Angleterre que partout ailleurs en établissemens de bienfaisance, en monumens populaires. Le sang hérétique ouvrit donc ce lit rapide dont le sang catholique devait bientôt faire un fleuve bondissant. Les Thomas Morus, les Jean Fischer, l'un chancelier et l'autre évêque, furent, en leur qualité de premières têtes du royaume, les premiers catholiques immolés à une religion inventée dans les brutalités de l'amour incestueux. On tarda peu à voir catholiques et protestans attachés côte à côte et jetés vivans dans les flammes. Suivit le supplice de l'infâme Boulen elle-même, condamnée trois fois selon ses mérites : d'abord, comme *épouse infidèle*, puis comme *adultère*, sans avoir été jamais *reine*; enfin, comme *incestueuse et prostituée*. Vint l'exécution d'un chartreux de Londres, mais exécution que la plume se refuse à tracer. Indistinctement les regards du tyran désignaient ses victimes. A cette époque de la plus folle rage, plus de soixante mille personnes furent comptées en un même jour dans de noirs cachots . . . . .

Une aussi révoltante tyrannie ne pouvait que désespérer la patience des peuples *Ils ne surent plus à quoi s'en tenir*, dit Bossuet, *dès qu'ils virent qu'on avait méprisé la chaire de saint Pierre* (1).

Les provinces de Lyncoln et d'York, les comtés du Nord levèrent l'étendard de l'insurrection. Il fut empreint d'un crucifix, vrai symbole de liberté, comme le prouvèrent les croisades, mais qui n'est imposant et fort, que quand c'est l'église qui ordonne de le porter. C'en fut assez pour troubler de rage le farouche réformateur. Il lève des troupes pour opposer citoyen à citoyen; et de peur qu'une guerre civile déjoue son triomphe, il négocie avec Rome pour désarmer des sujets encore enclins à la foi romaine. Il espère les mieux écraser, le monstre, quand il les aura dissipés par des apparences catholiques, des airs d'accommodement. Les révoltes ne réussissent donc pas; elles avortent devant les embûches du tyran. C'est alors que la barbarie sans système, la cruauté de sang froid étendent leurs réseaux sur la malheureuse Angleterre. Cette barbarie ordonne une visite pastorale, pour trouver dans les plus minces détails des prétextes de la plus horrible proscription. Henri, de pape divorcé, devenu pape *conjucide*, s'il est permis d'user de ce terme, choisit pour son vicaire le forgeron Thomas Cromwel. Une bande de scélérats, dignes sides d'un pareil visiteur, parcourt à l'instant l'île des Saints. Prévenus en masse du crime de haute trahison, les habitans des monastères et des villes encore catholiques, tombent à la fois sous les coups du plus sanglant despotisme, de la plus dégoûtante férocité. La visite pastorale ne se termine que par le pillage de plus de trois cents couvens. Qui pourrait lire, sans se sentir bondir le cœur, l'assassinat public de la vertueuse comtesse de Salisbury, papiste septuagénaire, laquelle ne tomba sous la hache du bourreau qu'après avoir été manquée, mutilée à plusieurs reprises, emportant enfin ses cheveux et sa tête pendante sous le dernier coup ! ! . . . . . Qui voudrait penser à cet abbé de Glastombury, pendu, écartelé, haché en pièces par le bourreau, et exposé en cet état aux yeux du peuple ! ! Qui souffrirait le récit des profanations commises sur les tombeaux de saint Thomas de Cantorbéry et du saint apôtre Augustin ! ! Mais en voilà trop : on connaît à ses œuvres la

(1) *Hist. des Variat.*, l. 7, art. 71.

liberté de la réforme ; la seule différence que le naïf Erasme aurait pu trouver entre la comédie luthérienne et la tragédie anglicane, c'est que l'une avait fini par où l'autre avait commencé ; c'est-à-dire, par des débauches dignes de l'éternelle exécration des hommes. Du reste, partout le même cynisme de la brutalité, le même génie de l'audace, la même morgue du despotisme, la même indifférence pour le sang répandu, le même dédain pour l'humanité. Ç'avait été le *papisme* qui avait irrité la susceptibilité des parlemens français et des corporations littéraires ; ç'avait été le *papisme* qui avait soulevé la bile de Luther et intrigué la rapacité des princes germains ; ç'avait été le *papisme* qui avait divisé la Suisse en deux nations ennemies ; ce fut le *papisme* qui ensanglanta la terre des vertus, la belle Angleterre : le *papisme*, toujours le *papisme*. Veut-on voir de la tyrannie, du despotisme, de l'anarchie ? qu'on saisisse l'épouvantail du *papisme : no popery* s'entend en toute langue. Le Français le traduit par *jésuitisme*, le Belge par *congrégation*, le Piémontais par *ultramontanisme*, l'Espagnol par *la camarilla*, le Portugais par le *parti apostolique*. Qu'on choisisse de ces synonimes ; qu'on essaie ce papisme déguisé, et l'on verra si la liberté du monde ne se sentira pas blessée au cœur.

Il en aurait donc été de la France comme de l'Angleterre, si la haine contre le pouvoir pontifical eût trouvé sur le trône de saint Louis *un roi stupide et sacrilége, un basilic, un fou enragé*, tel que Luther le voyait sur le trône anglais. Mais le sceptre de saint Louis fut toujours vierge d'attaque contre la foi chrétienne, et c'est pourquoi sans doute la France compte tant de périodes de bonheur et de liberté sous sa race tutélaire.

En vérité, M. de Thou se trompe donc bien grossièrement quand il lui plaît de comparer à l'aimable et pieux François Ier le tyran de l'Angleterre, bourreau de ses femmes, larron sacrilége. *On ne peut*, dit cet auteur quelque part, *trouver deux princes plus semblables, parcourût-on pour cela une longue suite de siècles :* assertion téméraire qui ne trouvera jamais place dans les simples annales du sens commun ! François Ier n'eut au contraire rien de plus à cœur que d'arrêter dans ses états la propension schismatique que Henri VIII stimulait en furibond au-delà de la Manche. François Ier s'en ouvrit même à ce prince au plus fort de sa passion. Le roi de France protesta dans Boulogne que tous les griefs du monde contre la cour romaine ne lui feraient jamais oublier ses immortels bienfaits. Sans perdre de temps, et quand il voit s'envenimer la rupture entre Henri VIII et le pape, François Ier négocie avec ce dernier, et espérant, contre toute espérance, que l'aménité de Clément VII subjuguera ce voisin intraitable. Voilà pour le principe ; puis il aborde de front l'exécution du concordat : voilà pour les conséquences. Comme on voit, la conduite diffère assez dans les deux souverains. Poursuivant sa pointe, François Ier saisit juste le moment où le parlement anglais abolit les annates , objet de tant de sarcasmes dans les deux royaumes , pour établir cette convention fameuse où les annates n'étaient ni expressément abolies, ni expressément conservées. François Ier ne voulut pas reculer sans doute devant les déclamations dont elles étaient le prétexte ; et quand il aurait pressenti le scandale que donna plus tard ce fantôme de parlement anglais d'adjuger à son roi divorcé ces mêmes annates , si flétrissantes et si ruineuses (1), il n'aurait pu mieux faire que de se mettre d'avance en position contre l'esprit qui avait fomenté cette sale friponnerie. Le roi anglican prohibait-il l'entérinement des bulles pontificales , François les enregistrait ; et lorque Henri VIII ne rougit pas de s'affubler du titre absurde de chef de l'église , le monarque français choisit ce moment pour rehausser l'éclat et l'autorité du Saint-Siége , en demandant ses faveurs et ses brefs pour deux de ses sujets les plus distingués ; enfin, en même temps que Cranmer , digne satellite de Henri , s'empare de l'archevêché de Cantorbéry au moyen d'un parjure et d'une fade dérision , Jean de Lorraine et du Bellay montent sur leurs siéges nouveaux de Paris et de Rheims au nom de l'obéissance filiale (2). Voilà les princes dont de Thou donne la même idée ; voilà les rois , dont la conduite lui paraît semblable. Ce savant critique ne trouverait-il pas aussi conformité de caractère et de mœurs entre ces prélats français qui furent l'ornement de leur siècle et l'honneur des lettres , et le scélérat Cranmer , archevêque par la grâce de l'incestueux ?

Plus le contraste est frappant , plus la politique de François Ier doit paraître à tous les bons esprits salutaires. Or , c'est le concordat qui était l'âme de cette politique. Le concordat était donc la ressource de la France. Décidément , il fallut faire usage de ce bouclier levé pour la sûreté des deux puissances ; décidément , il fallut avouer l'influence nécessaire de la foi sur la liberté. Jusque-là , on n'avait manqué que de courage ou que de volonté. François Ier sentit qu'il était temps de faire montre de l'un et de l'autre. Ce fut alors que le concordat sortit du creuset de la dispute. Il reparut , purgé de tous les dangers qu'on avait semblé reconnaître. On vit cesser en France ces intrigues tumultueuses qui avaient alimenté tant de déclamations. Bientôt, il ne fut plus permis d'insulter à la tiare , sous le prétexte des libertés gallicanes. Les anathèmes reprirent leurs droits sur les respects des peuples : bientôt aussi la France sentit cet heureux retour. Elle fut en état de le disputer, à la fin du règne de François Ier, à tous les pays civilisés , par la sûreté de son commerce, par la sagesse de son gouvernement, et sa prospérité intérieure.

L'orage de la réforme Saxone grondait néanmoins. Elle ne se con-

---

(1) *Actes de Rymer*, p. 374.
(2) Marlot, t. 2, p. 778.

tentait pas de faire pleuvoir dans Paris une grêle de placards blasphématoires contre l'Eucharistie : une conjuration fut près d'éclater, en 1534, sur les catholiques ; pendant qu'ils seraient assemblés dans les églises, nouvelles vêpres siciliennes où le sang français devait couler de la main étrangère (1). Le lecteur remarquera sans doute la pudeur des réformés à se plaindre tous les jours de la St.-Barthelemy. Un roi, de la piété de François Ier moqué jusqu'aux portes de son palais, dans les objets les plus augustes de sa foi, ne pouvait contenir plus longtemps sa juste sévérité. Il fallut des exemples solennels et imprimer une vigueur nouvelle à l'exécution du concordat, seul remède au schisme et à la guerre civile.

Calvin le sentit. Quoique Français lui-même, il n'osa avanturer les traits de sa dialectique sur le terrain du concordat. Le rusé fils du tonnelier de Noyon porta donc plus loin ses conceptions sublimes (2). Par malheur pour sa bonne envie d'innover, il se trouva qu'elles n'étaient pas même éclairées au prisme de la nouveauté. Ses institutions chrétiennes ne firent que remettre en lumière toutes les divagations des anciens hérésiarques. Il n'eut l'honneur d'inventer ni le sens privé comme règle de la foi : Jean Hus et ses séides, Luther l'avaient précédé dans cette voie de l'insubordination et de l'audace ; ni la sottise iconoclaste, après Léon Isaurier, les Vaudois, les Albigeois n'avaient laissé aucun champ à cette fureur brutale ; ni les fades railleries contre la présence réelle et les anthropophages, Béranger avait ouvert cette lice aux esprits malencontreux ; ni les honteux brocards sur l'idolâtrie des saintes reliques, l'ivrogne Vigilance avait vomi sa sale écume sur les cendres vénérées des martyrs ; ni le blasphème atroce qui appelle Dieu *auteur* du péché, les Manès, les Gothescal avaient levé l'étendard du fatalisme ; ni enfin le séditieux plaidoyer contre l'Église romaine, les Donatistes, les Grecs, Marsile de Padoue, Jean d'Olive, Wiclef, etc..., avaient fait en ce genre d'habiles philippiques. Calvin ne pouvait donc prétendre qu'à la qualité de séide de cette horde de brouillons qui avaient scandalisé le monde. Mais, son brûlant orgueil ne lui permit pas de rester oisif au milieu des agitations des réformateurs. Son esprit méthodique lui fit croire à une célébrité possible dans le rassemblement de toutes les erreurs à la fois. Il rédigea donc ce corps de sophismes où il se donna, avec la suffisance d'un Néophite, le titre d'*instituteur chrétien*. Qui ne dirait un soldat valétudinaire, traversant tardivement, et après l'action, un champ jonché de morts, qui élèverait en faisceaux leurs armes éparses, et s'écrierait emphatiquement : je serai donc vainqueur ? Beaucoup de protestans du xıxe siècle ignoraient peut-être que leur oracle fut constamment un triom-

(1) Florimont, t. 1, p. 859 ; Théod. de Bèze, 1. 1.
(2) *Vie de Calvin* par Bèze.

phant plagiaire : ceux qui aiment la vérité parmi eux, et il en est sans doute un grand nombre qui ne seront pas fâchés de savoir que le luthérien Farel, les universitaires exilés de Meaux, Viret et Saunier, l'Augustin défroqué, Courant, avaient établi le *protestantisme* à Genève avant que le radieux Calvin y eût apporté sa *vivifiante lumière*, le grandiose de ses *inspirations* (1).

Quoiqu'il en soit, Jean-Calvin, ou Cauvin, transfuge de sa patrie, rebelle aux lois de son prince, avait choisi la ville de Bâle, où le gallicanisme avait laissé tant d'impressions schismatiques depuis la déposition d'Eugène IV. Il voulait y tenter la fortune de bel esprit (car on doit savoir que cette idée de lui-même le poursuivait partout). Mais tel est le sort des novateurs qu'ils portent avec eux l'épouvante et le trouble. Le duc de Ferrare, quoique lui-même réformé, ne put souffrir la présence du dogmatiseur Picard. Chassé de Bâle, il le fut de sa patrie, il le fut de Genève, et il le fut par le décret d'un synode protestant de Berne, qui voyait en lui, *non un réformateur, mais un maître qui, dans ses ouvrages réclamait la liberté chrétienne, et qui, dans sa conduite, était un despote inflexible* (2). Apparemment Calvin avait-il déjà fourni quelque essai de son *pacifique christianisme* (3). Il est vrai qu'il sut se venger de l'expulsion incivile des réformés, en venant à Strasbourg épouser furtivement la femme d'un anabaptiste. Rappelé bientôt par l'intrigue, il ne se contenta pas de cette vengeance galante, il fit éprouver à Genève son ressentiment. A peine a-t-il remis le pied dans cette ville, paisible et heureuse tant qu'elle fut chrétienne, que, nouveau Baltazar, il se précipite sur la maison de Dieu, franchit le sanctuaire, éteint le feu sacré, pille les tabernacles et les saints autels, chasse les Lévites du temple, et apprend que telle est la liberté de l'Évangile. Le peuple veut remuer, offensé dans les objets de sa vénération ; mais Calvin, à la tête de ses prédicans fait couler à flots le sang des citoyens ; dignes commencemens de la réforme des réformes qui devait désoler les plus belles portions du continent !

En vérité, on rougit pour elle de la voir se targuer de son instinct réparateur. Voltaire lui même en frissonna, on connait cette parole d'indignation : *Voyez-vous la réforme ne s'établir nulle part, sans faire couler le sang?* et il y a des hommes qui, après toutes les catastrophes qu'elle a causés, ont pu croire à ses bienfaits ! et on a osé dire à la France de 1824, encore tremblante sur ses vieux débris, *que la république de 1793 fut une des faveurs de la réformation!* Que n'a-t-on dit qu'elle était une misérable contre-épreuve de la boite de Pandore ? au moins l'espérance eût resté à l'avenir ! mais on ne l'a pas dit, on n'a même

(1) *Inst. Chrét. de Calvin.*, l. 4, ch. 17.
(2) *Syn. de Berne.*
(3) *Inst. de Calv.*, ch. 20.

pas pu le dire ; il n'y a d'espérance dans la réforme que par la confusion de toutes les notions de société, de liberté. Tout son avenir est
dans la démoralisation des masses ; et afin qu'elle n'en doute pas, l'institut de France, au nom de ses quatre académies, a couronné sa mortelle influence et couvert de lauriers M. de Villers. Comprend-on le
degré d'abjection où tombe incessamment l'esprit français!! (1).

Mais avant de passer plus loin sur le théâtre des guerres allumées par
la réforme, détournons un moment nos regards, et comparons aux pays
par elle dévastés les contrées heureuses qui la soupçonnaient à peine.

Le célèbre Montesquieu avait dit de l'Espagne et du Portugal que,
sans le pouvoir de l'église romaine, l'esclavage le plus dur aurait pesé
sur leurs peuples, n'y ayant point d'autre frein possible à l'arbitraire
des grands. Or, cette assertion de l'*esprit des lois* est justifiée d'avance
par le caractère de son auteur, et par quelque chose de moins contes-
table encore, la puissance des faits. Essayons-en une légère esquisse.

Les Espagnols et les Portugais sont orgueilleux de leur naturel, et
pourtant très-bornés dans leurs désirs. De cette façon, ceux que la fortune a favorisés n'ont que peu à faire pour s'élever au-dessus des masses
sobres et ilotes. Toutes les descriptions géographiques donnent en effet
les nobles de ces pays comme très-absolus, ils se croient supérieurs
aux nobles du reste du continent. D'ailleurs le long séjour des Maures
dans cette péninsule a fait de ses habitans une nation métisse, où l'on
distingue le mélange d'habitudes serviles et d'un caractère civilisé.
Aussi la monarchie absolue y a-t-elle poussé de profondes racines ; elle
les protège à la fois contre la molle indolence qui les abrutirait, et
l'insolence qui les rendrait séditieux. De là vient qu'ils aiment la royauté
qui contient les grands et impose aux petits. On sait que l'attachement
à leurs rois est le trait distinctif de la nation espagnole et portugaise.
Des quatorze monarchies que la première a successivement eues, aucune d'elles n'a eu à déplorer l'infidélité nationale à son prince ; les
Espagnols sont constans comme leur ciel et leur climat ; leur vie stable et monotone leur fait apprécier un gouvernement stable comme
elle ; ils n'ont pas cette légèreté française qui s'ennuie de tout, excepté
du changement, par le seul instinct de sa versatilité. L'amour de la
patrie est inné au Catalan comme au Celtibère, au Castillan comme au
Cantabre. Elle leur est chère par le prix qu'elle leur a coûté pour l'arracher au joug des Africains.

Avec une telle disposition naturelle, le christianisme n'avait pu que
contribuer à cet affranchissement ; c'est lui qui élève les âmes, qui fixe
les intelligences, qui prêche la force dans la durée par le spectacle
de sa perpétuité. Il s'était donc emparé dès le principe de la nation
Ibérienne, d'autant plus facilement qu'elle s'adoptait mieux au régime

(1) *Essai sur l'Infl. de la Réform.*, 1824, par M. de Villers.

chrétien tout de foi , de stabilité, d'avenir (1) ; non seulement l'Évangile y fut accueilli dans sa pureté, mais sa perfection même y fut goûtée par l'immense majorité des habitans. De là , ces établissemens presque innombrables de l'un et de l'autre sexe , qui couvrirent bientôt les plages souillées par la barbarie maure. Mieux que les autres états du continent , l'Espagne connut la sublime liberté qui consiste dans son propre sacrifice ; elle applaudit à la vie cénobitique dans laquelle l'âme s'épure , l'alliage du crime et du remords se sépare avant de former le plus difficile de tous les heroïsmes. Rire de la perfection du célibat était réservé à d'altiers philanthropes, qu'égare la voix de la nature , par cela seul qu'ils ne la comprennent pas ; mais le dédain mal habile des prédicans de l'humanité n'a point empêché la terre catholique de produire ses milliers de lys blanchis au climat des cellules monastiques. Fâchez-vous , philosophes ; prenez votre irascible pitié, mais ne le niez pas, n'essayez pas un mensonge, dont malgré votre axiôme il ne resterait rien ; ne niez pas ce triomphe de la liberté ramenée à sa perfection. Vous savez trop que la religion romaine est l'artisan de ces œuvres que vous trouvez à tout pas , soit pour vous enseigner l'hospitalité , soit pour partager vos chagrins , soit pour sucer vos douleurs !!

Or , un gouvernement qui est assis dès son berceau sur la vertu des peuples , sur l'esprit de dépendance spontanée qui est la première loi de la vie commune , un tel gouvernement était fait pour affronter les siècles. Quoi de plus libre qu'un semblable gouvernement où les sujets s'occupent plus de l'âme que du corps , plus du ciel que de la terre , plus de l'avenir que du présent , plus de privations que de jouissances ? Si la liberté a quelque atteinte à redouter, il semble qu'elle ne puisse venir de tels sujets : elle aurait lieu de la part des souverains, qui n'auraient pas grands efforts à faire pour abuser de la soumission. C'est ce qui paraît avoir été senti dès le vi^e siècle. L'Eglise crut nécessaire de leur opposer la religion comme une barrière. Il est de la justice de dire que les rois de la péninsule furent assez religieux eux-mêmes pour se prêter à cette limitation de leur absolue puissance. Un concile de Séville , en 590, avait déclaré libres à perpétuité les serfs affranchis ; un autre de Barcelonne avait arrêté les entreprises du prince en matière de promotion aux bénéfices ; un autre à Tolède , tenu près d'un siècle plus tard, statua, du consentement du roi et des princes, qu'à l'avenir aucun roi ne monterait sur le trône d'Espagne , qu'il ne promit , sous peine d'anathème , d'observer la foi catholique ; un concile de Léon , dans le xie siècle, tenu sur le vœu du roi Alphonse V, posa des limites encore plus étroites à la puissance royale, et des règles favorables aux intérêts des peuples (2) ; enfin au xiiie siècle, un concile

(1) Le jésuite Mariana, l. 7, ch. 13
(2) Ibid. l. 13, ch. 6.

de Lérida soumit aux censures canoniques Jacques d'Aragon , pour un
acte de tyrannie ; censures qui le forcèrent d'humaniser ses mœurs
et son pouvoir.

Ce fut par ce puissant correctif des anathèmes spirituels et des sermens
faits sur l'Evangile, que l'autorité absolue des monarques espagnols fut
sagement limitée. Dès-lors, l'harmonie ne pouvait qu'exister entre des
sujets soumis par naturel et par conviction, et le prince, maitre par raison et par conscience. La liberté devait donc régner dans un pays où la
foi chrétienne réglait tous les ressorts politiques , tous les mouvemens
des esprits. C'était la liberté des cœurs, telle que le christianisme la
créa aux jours de la rédemption. Or, cette liberté régna sous le régime
monarchique d'Aragon, de Castille, de Grenade , de Navarre, de Léon,
de Murcie , etc..., et l'Espagne a été justement orgueilleuse de se montrer à l'Europe réformée , vierge de toute anarchie. Long-temps avant
la réformation, cette péninsule avait tremblé sur le sort du continent ,
au seul bruit de la doctrine du tyrannicide, des appels des censures
pontificales , des brouilleries soulevées par la pragmatique française.

L'Espagne avait eu sa part aux *concordats des nations* faits par le pape
Martin V au concile de Constance. Elle avait puisé dans ces monumens
de la charité et de la sagesse pontificales, ces principes conservateurs
qui se sont perpétués dans l'Eglise et dans l'état. Ces principes des
concordats consistaient à rendre au siége apostolique la dépendance
filiale, au trône le dévoûment le plus entier, aux peuples la justice la
plus scrupuleuse , à tous les intérêts une direction tutélaire. Néanmoins
vers la fin du xvᵉ siècle, la monarchie espagnole ne se crut plus en
sûreté , dès qu'elle vit se relever le dragon qui avait infecté la Bohême ,
l'esprit d'indépendance religieuse ; elle ne se méprit pas sur les dangers
que cet esprit nourrissait en France. Les Pyrénées ne parurent plus
une barrière suffisante contre un séditieux voisinage. D'un côté, la
pragmatique avec son envahissante allure ; de l'autre un concordat
avec ses exigences sacrées ; sur le trône, la couronne laissée à ses
seules ressources ; dans l'intérieur, des sujets , des vassaux rebelles ;
Louis XI, traqué entre un parjure , nécessaire par quelque endroit, et
les démonstrations menaçantes d'un pontife méprisé : tout cela faisait
de la France un redoutable volcan. Ce fut dans ces circonstances que
Ferdinand d'Aragon et Isabelle de Castille établirent le tribunal de
l'inquisition. La réunion de deux peuples sous un seul diadème donnait
encore un degré d'opportunité. Il falait un pareil tribunal pour conserver la vérité sans fard, la foi sans détour, la liberté sans entraves et
sans réticences.

O honte du genre humain ! nous semble-t-il entendre les philanthropes
s'écrier : oser encore parler de ce drame sanglant de l'inquisition ! il
n'y a pas de terme dans la langue des hommes pour rendre la barbarie
étudiée de ce révoltant tribunal, et l'on vient le citer comme monument

ANS
DE
J.-C.

1418.

1479.

 de liberté ! Une telle sottise est un phénomène d'audace, qui lui-même mériterait d'éprouver la liberté de l'inquisition, sa roue, ses tenailles, ses immortels buchers !

Ne voilà-t-il pas bien les déclamations banales de nos philosophes ! c'est donc ainsi que les passions raisonnables s'emportent ? Il faut pourtant que la vérité se dise : elle gagne à un exposé fidèle ce que perd la critique passionnée.

Or, s'il nous en souvient bien, la vérité est que de turbulens hérétiques avaient levé la tête contre les rois et les papes, avant que Ferdinand et Isabelle prissent naissance ; la vérité est que la Bohême avait été saccagée par ces insurgés ; la vérité est, que l'enseignement de Jean Hus, de Jean Petit, de Jean Falkemberg se fondait dans un principe commun qui était de légitimer le meurtre des rois ; la vérité est, que cet enseignement anarchique était descendu des hauteurs de la Pologne jusqu'à l'université de Paris ; la vérité est, que Gerson, son chancelier, n'avait pas rougi de dire devant la majesté royale, que *les prétentions du diadéme étaient un sujet de secouer le joug et de déposer un monarque* (1). Tout cela était vrai avant l'inquisition ; ce qui était encore vrai, c'est que la cour de Navarre était déjà infectée de ce venin novateur ; ce qui était vrai, c'est que les princes d'Allemagne, les rois de Bohême et de Pologne avaient sévi inutilement contre les révoltés, faute d'un tribunal spécial pour juger l'hérésie ; ce qui était encore vrai, c'est que le concile œcuménique de Constance avait été le premier inventeur d'un tribunal d'enquêtes, pour la condamner dogmatiquement ; tribunal instruisant dans les formes, constatant la culpabilité juridique, mais laissant au bras séculier à disposer des conjurés suivant ses lois pénales ; tribunal semblable au jury français de nos jours, lequel assiste aux débats d'un procès, prononce sur sa conviction acquise qu'il y a crime ou innocence ; ce qui était encore vrai, c'est que le supplice de Jean Hus, première victime de cette inquisition n'avait eu lieu que par l'ordre du magistrat ; ce qui était vrai, en un mot, c'est que le trône comme la magistrature n'avaient d'autre moyen d'exister que dans leur défense ; que leur défense par le gibet ou par le feu était de soi indifférente, qu'enfin si les sectes rebelles renaquirent plus fières de leurs cendres, ce n'était point la faute des buchers de l'inquisition, mais bien l'effet de l'exaltation séduite et organisée. Voilà la vérité, telle que les préjugés les plus aveugles ne sauraient s'empêchede la voir.

Or, était-il mal aux rois et aux pontifes de redouter la marche séditieuse des dogmatiseurs ? était-ce un crime à la théologie de prouver logiquement qu'ils s'accordaient tous dans la doctrine sanguinaire du tyrannicide ? était-ce une superstition aux états germaniques et à la

(1) *Hist. Anon.*, p. 756.

France de se prémunir par quelques sévices contre l'insulte et la pro- ANS
vocation? était-ce de l'obscurantisme aux Pères de Constance d'avoir DE
fourni, dans l'établissement d'un jury canonique, le modèle des jurys J.-C.
civils de notre âge? était-ce de l'infamie aux magistrats de livrer aux
flammes des conjurés publics, incendiaires, relaps et contumaces,
jugés, condamnés selon les lois, fauteurs incorrigibles de la sédition,
criminels de lèze-majesté divine et humaine? pour tout dire, était-ce
barbarie à la société de s'opposer à son propre suicide? là est en définitive toute la question. Nous le dirons sans passion, comme sans préjugé. Ce que fait la société de notre siècle, la société telle que les
lumières l'ont constituée en France, contre les moindres délits de la vie
domestique, simple vol de confiance, par exemple, contre le moindre
écrit pastoral, même renfermé dans ses justes limites (1); contre
la moindre contravention spirituelle aux lois civiles; contre l'administration de certains sacremens que défend le bon plaisir d'un décret;
contre la moindre tentative à la sûreté de l'état, contrefaçon des
sceaux, fausse monnaie, indiscrétion dans le secret des postes publiques, etc., la société du xve siècle, avec sa foi naïve et son instinct
religieux ne le faisait que contre des conspirations flagrantes, des
impiétés moqueuses, des attentats manifestes à la paix civile. La justice
punit, tous les jours, de la peine capitale, le vol ou l'essai de vol avec
la plus légère effraction. L'inquisition ne connaissait que du crime de
rebellion, ne punissait même que la récidive. Les tribunaux ordinaires
sévissent de toute la force du glaive contre les complots arrêtés quoique non exécutés, ayant pour but d'exciter à la révolte. Le tribunal
exceptionnel de l'inquisition n'avait à poursuivre que des complots
trop souvent mis en action contre la puissance civile. La prison perpétuelle, la déportation sont les châtimens secondaires qu'inflige la jurisprudence présente; les cachots, la discipline, l'exil furent quelque
fois les seuls traitemens que l'Espagne appliqua aux plus grands forfaits.
Enfin, si les sorciers y subissaient la peine du feu par sentence de l'inquisition, les Anglais avaient enseigné dès long-temps par sentence de
qui la pucelle d'Orléans avait été brûlée comme magicienne.

Voilà donc que cette inquisition si barbare n'était qu'un tribunal,
comme le furent, le sont et le seront tous les autres tribunaux chargés de protéger la paix et la morale publiques! Comment donc a-t-on
pu tant déclamer contre les genres de supplice, les raffinemens de
cruauté, les tortures inhumaines, les moyens d'une exécrable question,
vrais ou prétendus de ce redoutable tribunal? Lorsqu'il est évident que
l'Espagne doit à sa vigilante sévérité d'avoir été préservée du prosélytisme hétérodoxe, qui a tant coûté de sang à l'Allemagne, à l'Angleterre et à la France, n'est-ce pas une raison suffisante pour absoudre

____
(1) Code pénal français.

ANS
DE
J.-C.

devant la postérité , l'usage d'une justice prévôtale, devenue indispensable par les circonstances et par l'événement ? Faut-il donc qualifier
les choses par leurs abus ? Ne voit-on pas constamment les fléaux du
ciel se mêler à ses bénédictions ? Qui oserait nier que les uns ne soient
pas assortis comme les autres à l'économie générale de la nature ?
Qui ne sait que les institutions les plus parfaites dégénèrent en passant
par la main des hommes ; qu'elles sont même d'autant plus marquées
au coin de la perfection, qu'elles sont plus susceptibles de prendre leurs
défauts : semblables aux meilleurs fruits que la plus légère altération
rend d'une amertume insupportable ?

1551.

Eh ! convenait-il bien aux censeurs de l'inquisition , philosophes inquisiteurs du xviie et xviiie siècles, de pousser tant de cris d'horreur,
quand ils devaient savoir que Calvin avait fait emprisonner , sans le
moindre mode de procédure, les réformés Gentilis et Blandras, bannir
Balsec et Castallion , brûler enfin Servet , tous novateurs au même titre
que lui (1) ; quand ils n'ignoraient pas que cet apôtre de Genève avait
fait les frais d'un plaidoyer logiquement incendiaire qui condamnait
tout hérétique présent et à venir au bûcher ; quand ils connaissaient
l'état de désespoir où fut jadis réduite la magistrature française , obligée de représenter au roi Henri II : que *l'erreur étant désormais in-
troduite, il n'y avait plus d'édits ni de lois qui pussent guérir le mal* (2) ;
quand ils ne pouvaient oublier que, vers le même temps, les fureurs
de la reine Elisabeth d'Angleterre avaient fait traquer les catholiques
au milieu des forêts , et ordonné contre eux une chasse dans les règles?
Pourquoi l'auteur de la Henriade (chap. 5.) ne voyait-il de fanatisme que
dans Madrid, dans Lisbonne, lorsque lui-même, pour ses hauts faits sans
doute , il se savait écroué , innocent philosophe , à la geôle de la Bas-
tille ? Pourquoi les Jurieu , les Burnet, les Basnage trouvaient-ils que la
perfection la plus raffinée , contre les infortunés *non conformistes* de la
Grande-Bretagne , de la Suisse et des Pays-Bas , fut *un ouvrage de lumières* (3), tandis que la salutaire rigueur de l'inquisition leur paraissait
le dernier excès de l'intolérance et du despotisme ? Ces consciencieux
critiques ne purent-ils donc point surmonter leur propre fanatisme !
On brûlait en Allemagne ; on brûlait à Genève ; on brûlait à Londres :
on brûlait à Dublin ; on brûlait à Edimbourg ; on brûlait à Paris , on
brûlait devant le saint office de Séville : que conclure de cet incendie
universel , sinon qu'il était le fruit de la réforme ? Toute la différence
était que l'inquisition obtenait , pour les peuples de la péninsule, la
liberté que revendiquait en vain l'Europe mutilée.

C'est l'inquisition , puisqu'il faut le dire, qui a évité à l'Espagne des

(1) Calvin, *Op* , p. 512 et suivantes.
(2) De Thou., t. 16, p. 375.
(3) Jurieu, *Syst.*, 1, ch. 22 à 33. — *Lettre past.* 1, années 1, 2, 3.

scènes, comme celles de Jeanne Grey, Marie Stuart, Charles Ier d'Angleterre traînés à l'échafaud ; la tyrannie officieuse d'un parlement, comme celui de Londres, les visites pastorales d'un Cromwel, les guerres furieuses de presbytériens, d'épiscopaux, d'indépendans, etc...; une expulsion comme celle de la maison des Stuarts ; une oppression, comme celle de l'Irlande ; un compromis funeste tel que celui des provinces unies, une défection telle que celle de la maison d'Orange, une pacification de Gand, une paix religieuse, une république telle que celle de Hollande, après 50 ans de rebellion contre la mère patrie ; une farce révolutionnaire telle que celle qui enleva la Suède au Danemarck, un changement sanglant de dynastie, tel que celui des Danois, des insurrections comme celles de la Livonie et des palatinats de Pologne, des réactions, comme celles de la Hongrie et de la Transylvanie : une conjuration d'Amboise, un massacre de Vassy, une Saint-Barthélemy, une ligue ; des cruautés, comme celles de Montluc, des actes de barbarie, comme celui d'un baron Desadretz, une guerre pareille à la guerre des Camisards ; enfin, une révolution, comme la révolution française.

Voilà tous les maux, toutes les horribles catastrophes dont la réforme désola presque tout le monde civilisé. Il paraît clair qu'il n'a tenu qu'aux sages rigueurs de l'inquisition que la catholique Espagne ne fournît sa part de pareils malheurs. D'après cette énumération des calamités versées à flots sur tant d'infortunés peuples, il serait plus qu'inutile de confronter les supplices tant exécrés du tribunal inquisiteur avec les scélératesses enfantées par le saint office de la réformation. La seule série des événemens que nous n'avons fait qu'indiquer, établit un contraste tellement hideux, que l'inquisition ne peut paraître qu'une imperceptible épisode. Le drame serait complet, la tragédie de la liberté européenne serait achevée, sans l'entre acte du saint office de Ferdinand et d'Isabelle.

Et pourtant, que de rôles de férocité n'offre pas cette tragédie ! Et pourtant, que d'inquisiteurs dans les rangs réformés, dignes modèles ou émules des Jean de Vargas et des ducs d'Albe ! Et pourtant, quels vaillans prosélytes du tribunal de Wurtemberg, que les landgrave de Hesse, les électeur de Saxe, les Gustave de Suède ! Et pourtant, quels incendiaires plus comparables aux Amar, que les anabaptistes de Munster, que les magistrats de Genève, que les Wolsey et les Cranmer, que les Cromwel, les Sommerset et les Warwich ! Et pourtant, en matière de carnage et de moyens de destruction, que peut-on opposer aux tenailles des protestans de la Souabe, aux provocations luthériennes à l'assassinat du pape, au bûcher de Servet et de Valentin, aux violences des consistoires calvinistes, *taxes, logemens, démolitions de maison, découverte des toits, pour forcer les catholiques à aller au prêche ; aux exécutions de Nîmes ; aux tours d'où on les précipitait ; aux abîmes, au puits de l'Évêché, dans lesquels on les entassait vivans ; aux cruels instrumens dont on se servait pour faire apostasier* (1), au fatal gibet de Tiburn, où les malheureux papistes anglais commençaient une longue mort qu'ils ne finissaient que sous le couteau, après s'être vu arracher vivans leur cœur et leurs entrailles pour être bouillis avec leur cadavre mutilé! Et pourtant, faut-il le répéter après tant d'autres, qu'y eut-il de pareil aux égorgemens de la grande fille de la réforme, la révolution de 1793! aux mariages républicains, aux noyades de l'égalité, aux décades forcées, à la guillotine en permanence, au brigandage de Grenelle, aux déportations des sansculotides, aux croix et poteaux de la vendée; aux chasses d'Auvergne, aux bateaux à soupape ! . . . . Arrêtez, lecteur! ces inventions infernales dispensaient le Français, assez malheureux pour être irréprochable, du saint office de la Convention, nous voulons dire des vociférations vandales de la barre nationale ! . . . .

Ah! sans doute, on n'osera plus, en présence des mânes qui crient vengeance, les invectives surannées contre l'inquisition d'Espagne! Elle a eu ses victimes sans doute; mais elle les a moins eues que reçues du glaive de la loi : elles furent des holocaustes immolés à la vindicte publique, tandis que les catacombes amoncelées par la réforme, ne l'ont été que contre toutes les lois naturelles et positives. Du côté de l'inquisition, la justice avec sa sévérité; du côté du schisme, la barbarie avec son injuste fureur.

L'inquisition a donc sauvé l'Espagne et le Portugal. Or, l'inquisition était l'œuvre de la foi : c'était un concordat sous un autre nom, puisque par elle se réglaient les rapports de l'Église avec l'État et leurs mutuels services. C'est donc à la foi que ces deux pays durent la conservation de leur liberté. C'est donc au manque d'influence de la foi que les autres nations prétendues civilisées durent leurs bouleversemens et leur servitude.

La France, la malheureuse France avait connu un peu tard les imprudens conseils de son esprit liberticide. Arrivait le concile de Trente, dont la seule convocation tant de fois éludée par les partis contraires, devait faire présager bien des orages. Le concordat de 1516 parut plus que jamais aux Français le signe du ralliement.

Dès cette époque, les parlemens et les universités, si constamment jaloux des libertés gallicanes, se trouvèrent réunis par instinct de conservation. Il ne fut plus question de pragmatique, d'antiques franchises, dès qu'on vit qu'elles avaient servi d'arsenaux aux rebelles de tous les pays. Aussitôt, à l'exemple des inquisitions de Madrid, de Lisbonne et de Rome, les corporations françaises déclarèrent la guerre aux mauvais livres et aux novateurs. On commença par la condamnation de la poésie licencieuse de Clément Marot, de tous les chants

(1) *Histoire des Variati.*, l. 10, § 22.

rimés en forme de vaudevilles, de ballades qui jetaient un faux enthousiasme dans le peuple ; des traductions captieuses de la bible, des com-
mentaires des livres canoniques, où était glissé le venin de l'insubordination. Suivirent les procédures dans les formes d'un tribunal inquisiteur, et les exécutions des bandes de pillards qui, sous le nom de
Vaudois, ravageaient la Provence. Pour la France du 16ᵉ siècle, toute
la question avec les hérétiques était la question de la liberté qu'ils
immolaient au fantôme du papisme. La France ne voulut pas qu'il fût
comme ailleurs le prétexte des dissensions civiles. Le moyen, c'était
de se rallier au concordat de Léon X.

De son côté, le concile de Trente se chargea de faire pour l'Europe
et tout l'univers chrétien ce que les catholiques de France avaient fait
pour leur patrie. Pour porter le dernier coup à l'hydre de la réforme,
le concile entre dans le plan d'attaque des sectaires. Il dresse ses vigou-
reux décrets de réformation, *non de l'église dans son chef et dans ses
membres*, mais des abus introduits dans la discipline ecclésiastique. Il
expose d'abord la doctrine catholique ; ensuite il abolit les usages qui lui
sont contraires. Il trace les règles de foi qu'il range par canons et qu'il
protège d'anathèmes ; puis il rédige des articles disciplinaires qu'il
nomme chapitres de réformation. Tels, les réglemens sur la vie, l'habit, les fonctions, la résidence des clercs séculiers et réguliers, sur
la pluralité simoniaque des bénéfices, leurs provisions abusives par
voie de patronage, d'accès, de regrets, de réserves, d'expectatives, etc. ;
tels, les statuts sur les causes ecclésiastiques, exemptions, immunités,
procédures contentieuses, évocations à la cour romaine, juridictions
locales et indépendantes de l'autorité civile, compétences du for ecclésiastique ; telles enfin les clauses sur le concours du bras séculier,
l'inviolabilité des canons, la souveraineté des princes temporels, l'autorité des pontifes romains : par où l'on voit que le concile, ainsi qu'il
en avertit lui-même, ne fait que consacrer la discipline de la vénérable
antiquité, les divers rapports des deux puissances, leurs points de
ralliement sur leurs limites respectives. Il apprend à l'univers que
l'église est irréformable dans ses dogmes, dans son unité ; et, pour
parler le langage gallican, *dans son chef et dans ses membres* ; que sa
doctrine n'a besoin que d'expositions proportionnées aux temps et aux
erreurs nouvelles ; expositions semblables aux rayons immobiles de
l'astre du jour, lesquels deviennent rouges quand il paraît à l'horizon,
pâles et obliques quand il s'élève sur son ellipse, perpendiculaires et
brûlans quand il passe au méridien. Le concile ne réforme pas, il cor-
rige ; il enregistre d'un seul trait toutes les solutions de problèmes que
la malice des hommes avait soulevés, toutes les conventions, tous les
concordats. Le concile de Trente est le concordat universel : la paix
y est signée avec toute la chrétienté.

Aussi l'Europe le comprit-elle. Les Vénitiens s'empressèrent de le recevoir; l'Espagne, le Portugal, la Pologne, le promulguèrent; la Flandre, le royaume de Naples, la Sicile, l'adoptèrent solennellement; l'Autriche et le Hanovre en admirèrent les décrets. Il faut remarquer que ceux-là seuls le rejetèrent, qui s'étaient faits *appelans* au futur concile général, les *protestans* d'Allemagne, de Suisse, d'Angleterre et de France. Admirable logique que celle de l'hérésie! elle invoque l'autorité; si elle paraît et qu'elle parle, elle lui jette ses brocarts! partant, admirable liberté!

Et de fait, n'en était-ce pas de la liberté bien admirable, lorsque, en dépit du concile de Trente, les bourguemestres, les stathouders des Provinces-Unies réunissaient le gouvernement des âmes à celui de la police des carrefours, cassaient, instituaient à leur gré les pasteurs! et les escarmouches furieuses entre les prédicans, Arméniens et Gomaristes remontrans et contre-remontrans, n'en étaient-elles pas une liberté bien naïve? n'en était-ce pas aussi, lorsque, pour parodier le saint concile, une reine bâtarde, une Elisabeth, la Thysiphone des mers, prononçait ses anathèmes du haut de sa chaire pontificale, exigeait, sous peine de mort, l'acte de foi de sa suprématie spirituelle, et femme éhontée, se donnait à tous les Anglais pour l'évêque des évêques? N'en était-ce pas bien, lorsque la réforme organisait des défections jusque dans la royale famille de Charles IX, renversait publiquement statues, croix, images et autels, dévastait les temples, les maisons, les terres des catholiques, les revenus ecclésiastiques; lorsqu'enfin, sous le drapeau souillé d'un Condé, elle arma une moitié de la France contre l'autre; qu'elle donna, par le lâche et infâme assassinat d'un Guise, le signal de faire main-basse sur tout catholique; prélude honorable des cinq guerres civiles qu'elle fit essuyer à la France? Tout cela, n'était-ce pas bien de la liberté? Attendons : c'est Voltaire qui va répondre.

> L'un poursuit un parent dans le parti contraire,
> Là, le frère en fuyant meurt de la main d'un frère;
> La nature en frémit! (1). . . . .

Pour ramener la liberté, il fallait un solennel hommage à la foi catholique; il fallait que la réforme fût vaincue; que Henri IV reconnût la vérité dans la religion romaine : aussi, continue Voltaire,

> Il reconnaît l'Église ici-bas combattue,
> L'Église toujours une et partout étendue,
> *Libre*, mais sous un chef, adorant en tout lieu,
> Dans le bonheur des saints, la grandeur de son Dieu.
> . . . .
> Dès lors, on admira ce règne fortuné
> Et commencé trop tard et trop tôt terminé.

______
(1) *Henriade*, ch. 10 et dernier à la fin.

Ce serait ici le lieu de s'étendre plus au long sur tous les malheurs que la réforme a causés au nom de la liberté. Il faudrait énumérer tout ce qui a péri dans les supplices et dans les guerres, depuis le premier bûcher que la vindicte publique alluma contre les hérétiques ; depuis le bannissement de Jean Leclerc, cardeur de laine à Meaux, jusqu'à l'abjuration de Henri IV. Il faudrait faire l'évaluation de tout le préjudice qui fut porté à la population, aux mœurs, aux arts, aux progrès des lumières, dans un état livré, comme la France et l'Angleterre, à toutes les fureurs des citoyens armés, acharnés les uns contre les autres ; mais assez d'autres ont peint ce hideux tableau de ruines : il nous suffit d'avoir montré que la liberté européenne n'a respiré, retrouvé vie et honneur que sous l'influence du catholicisme.

Il faut que la chose ait été bien constante pour la France en particulier, pour que le patron de la philosophie en ait fait le dénoûment de son poème épique, d'ailleurs si vilainement déclamatoire contre les pontifes et le sacerdoce.

Ce fut en effet en France que la religion catholique démontra de combien de sages tempéramens elle était capable envers l'erreur malheureuse ; vint bientôt l'édit de Nantes que le faux zèle n'approuva pas, mais que l'esprit de l'Evangile sanctionna. D'après cet édit, forte de cette sanction, l'hérésie était libre ; il ne tenait qu'à elle de jouir en France de la tolérance que les Juifs obtinrent toujours dans Rome même, et les Grecs dans Venise. Malgré mille exigences qui pouvaient compromettre leur cause, lorsqu'elles avaient tant de fois compromis la sûreté de l'état, les religionnaires ne trouvèrent-ils pas dans les successeurs de Henri-le-Grand des héritiers protecteurs ? Sous la régence, l'assemblée presque séditieuse de Saumur, en 1611, ne reçut-elle pas, en vingt-six articles, toutes les garanties désirables, sur les places de sûreté, sur leur entretien des deniers de l'état, sur les droits civils, jusque sur l'égale admissibilité des religionnaires et des catholiques à certains emplois ? etc.... Nonobstant toutes les démonstrations hostiles dont La Rochelle, Nimes, Anduze furent les théâtres, démonstrations qui allaient jusqu'à faire battre monnaie au coin du roi ; malgré trois guerres suscitées à Louis XIII, les prétendus réformés ne furent-ils pas protégés par plusieurs édits de pacification (1) ? Or, l'église romaine ne pensa jamais que ces édits pacificateurs fussent incompatibles avec l'esprit du catholicisme : au contraire, les rapports intimes de ce prince avec la cour pontificale prouvent assez que les vues des deux puissances étaient les mêmes. La religion donc, d'accord avec la royauté, avait ouvert au schisme toutes les voies de liberté possibles à sa constitution séditieuse. L'hérésie pouvait en demeurer là ; mais, l'hérésie s'arrêter !..... C'est le roc détaché de sa cime escarpée.

____

(1) *Lett. de M. le prince de Bourbon à M. le duc de Roha.., Mém,* 16.8.

On nous pardonnera de ne pas suivre les nouvelles excursions que fit en Angleterre l'esprit réformateur. Combien la liberté ne reçut-elle pas d'atteinte sous tout le règne d'un Cromwel, lors de la révolution qui décima l'Angleterre, après avoir sacrifié Charles Ier; dans ce changement de dynastie qui expulsa le catholique Jacques II, et avec lui

toute espèce de tolérance religieuse; sous Guillaume III, où les catholiques romains furent dépouillés des droits civils les plus ordinaires, les plus minutieux, et réduits à la condition d'ilotes. Inutile désormais de s'appesantir sur les écarts de la réforme anglicane qui offrit au monde l'exemple inouï d'un parlement religieux ou apostat, catholique ou réformé, selon l'humeur de ses princes; parlement à toujours déshonoré par sa versatilité à tourmenter les mœurs, les consciences, la liberté. Nous nous lasserions aussi bien de mentionner les progrès destructeurs que fit à la même époque dans les pays du Nord la confession d'Augsbourg. Nous ne pourrions voir qu'avec indignation tant de Luthériens incorrigibles colporter en vils fugitifs le poison de l'erreur en Norwége, en Hongrie, en Pologne, dans la Courlande, et jusqu'au sein de la Russie. Honteux pour la réformation, en la voyant troubler impitoyablement la foi de ces peuples qui comptaient leur possession du dixième siècle, et s'acharner à diviser les cours de leurs princes par tous les moyens que peuvent offrir l'hypocrisie et la révolte, honteux pour elle, nous serions obligés de répéter le mot de Voltaire : que la réforme ne s'établit nulle part sans faire couler le sang. Les scènes de Dantzick, sous le voluptueux Sigismond II, surnommé Auguste; ses amours pour Radzevil, les bassesses des Palatins, et la division des réformés en douze sectes sous les successeurs de Henri, duc d'Anjou, depuis roi de France, malheureux prédécesseur de Henri IV, tout cela nous représenterait la Pologne comme un royaume dévoré par une anarchie de plus d'un siècle. Les guerres de Ferdinand et de Jean de Sepus, les cruautés de Lazare Simenda nous rappelleraient dans la Hongrie les vexations que les catholiques subirent tant de fois dans le Midi de l'Europe. Enfin, les secousses alternatives du luthéranisme et du catholicisme en Transylvanie ne nous paraîtraient que l'esquisse légère de la tyrannie d'un Gabriel Battori, despote vandale et l'un des plus inflexibles wayvodes qui aient imposé leur joug à cette principauté. Assez de forfaits ont déjà été signalés; assez de désastres ont été dépeints. Laissons à la réforme même le soin de compter ses victimes dans l'église mutilée; hâtons-nous de la suivre dans l'état, pour y marquer encore sa place dans les commotions politiques.

On a vu, dans tout le cours de cet ouvrage, avec quel zèle l'église se déclarait pour la liberté des peuples. On a remarqué la vigueur de ses pontifes à faire respecter les institutions sociales des diverses nations. Après avoir ouvert dans les saints canons la carrière aux lois romaines qui régissent encore l'Europe, et la régiront sans doute long-

temps encore , l'église s'est montrée au lecteur à la tête de la civilisa- ANS
DE
J.-C.
tion européenne. Ainsi on l'a distinguée, dans l'île des Saints, présidant
à la confection de la constitution britannique , connue sous le nom de
grande charte. Ainsi on l'a observée, contenant ses violateurs dans les
limites de la puissance royale : le seul Jean Sans-Terre en a paru un
exemple éclatant. Ainsi enfin , pour ne citer que l'une des plus anciennes monarchies représentatives , les communes et le parlement d'Angleterre ont témoigné de leur prospérité, tant que les idées de réformation ne s'en sont pas emparées.

Mais après avoir fait irruption dans l'église, la réforme devait
faire irruption dans l'état. L'Angleterre en a fait la première épreuve.
Depuis le schisme de Henri VIII , que devinrent la chambre basse, la
chambre haute du parlement , que les vils instrumens du pouvoir
abso'u ? Dans quel autre pays civilisé vit-on , dans l'espace de trente
ans , quatre changemens de législation politique , occasionnés par autant de changemens de religion ? et depuis que les quarante sectes
métisses , nées de la réforme , se partagent les états britanniques ,
quelle est la position sociale de cette nation amphibie qui a cherché
sa vie dans le mélange du sacré et du profane ? Ne peut-on pas affirmer
que , dès cette époque , elle ne fut plus une monarchie , malgré ses
féodales étiquettes , mais une république véritablement organisée aux
clameurs du forum ? république servile dont le roi est le dictateur ?
Ses prétendus évêques ne sont-ils pas des tribuns populaires , quand il
s'agit de provoquer quelque sanguinaire mesure contre la liberté
des consciences catholiques ? Ses bénéficiers du second ordre ne sont-
ils pas autant de licteurs mercenaires qui prêchent la liberté individuelle à coup de dénonciations ou d'escroqueries ? Qu'est-ce que ces
lords opulens , chez qui vont s'engloutir toutes les richesses nationales ,
depuis le pillage des monastères et des propriétés ecclésiastiques ? ne
sont-ce pas des patriciens gorgés , des fléaux oppresseurs des classes
plébéiennes ? Et ce sénat de nobles millionnaires, n'est-ce pas le ventre
insatiable dont parlait Agrippa , qui ajoute à l'égoïsme romain cet
esprit de caste , qui ne laisse au peuple , pour prix de ses sueurs, que
la ressource désespérante du *paupérisme ?* Qu'est-ce, en un mot , que
ce peuple anglais, qu'un peuple d'ilotes traîné après le char d'un
despote mitré , au milieu d'une double haie de pères-conscrits et de
tribuns, qui le harcèlent de *bills* humilians , honteux ? Combien de fois
l'Irlande ne fut-elle pas transformée en un mont Aventin , où se re-
plièrent tous les Anglais jaloux de leur indépendance ?

La réformation de l'église avait eu pour effet immédiat de porter le
désordre dans la législation anglicane. Il fallut mettre les lois en harmonie avec une *église établie par la loi* ; par conséquent rompre la
chaîne des temps , répudier les leçons du passé , reconstruire par le
fondement un édifice politique dont la base devait être l'absolutisme

d'un bouffon ou la volonté impérieuse d'une comédienne, assise sur un trône encensé.

Tel est le point de départ qui fixe la généalogie de ces législatures intolérantes, sanguinaires, qui se sont succédées pendant deux cents ans, dans le gouvernement réformé du royaume-uni. On y suit ces pénalités périodiques, inventées constamment par le génie de l'oppression, lesquelles, comme autant de projectiles destructeurs, enflammèrent si souvent le sol anglais. Nous ne citerons ici que les principaux articles du code réformé, destiné à abrutir les masses : exclusion absolue de tous les emplois civils et militaires, « proclamée contre tout « catholique qui n'apostasiera point ; incapacité d'acquérir aucun im- « meuble ou de le prendre à ferme avec un bénéfice excédant une « somme déterminée, et pour un temps plus long que trente ans ; « annullation de tout bail amphitéotique qui rentrerait dans le droit « commun des autres transactions ; incapacité de tester, de plaider « au barreau, de voter dans les assemblées de paroisses, d'être juré, « tuteur de ses enfans ; défense d'enseigner, même dans les maisons « particulières; de prendre des apprentis; de se faire instruire à l'étranger; « droit aux protestans dépouillés par des pirates catholiques étrangers « de se faire indemniser par les papistes irlandais; prohibition à ceux-ci « d'avoir un cheval d'une valeur de plus de cinq livres *sterling* (cinq louis « d'or environ) ; dépossession d'un père catholique par son fils devenu « protestant ; prison perpétuelle contre un prêtre qui convertirait un « Anglican à la foi romaine ; peine de mort enfin si ce convertisseur « mariait son prosélyte (1) ! ! » Voilà les procédés légaux dont voulut user l'Angleterre pour policer ses peuples ! Voilà les découvertes philanthropiques pour améliorer la race humaine ! Voilà les efforts libéraux des généreux législateurs qui corrigèrent le grand Alfred ! Voilà les fameuses lois du *test* et de *corporation*, dont a retenti la politique anglaise, pour la plus grande gloire de son système représentatif !

Mais qui ne sent son âme se soulever à pareil récit ! En vérité, n'y a-t-il pas trop de quoi s'étonner de l'effronterie des Anglicans de toutes les époques à vanter leur liberté, leur grandeur, leur supériorité, leur tolérance ? Quelle pudeur aux Burnet et aux Hume de se donner pour les admirateurs de l'Angleterre !

La réforme parlementaire de cette nation eut donc le même génie que sa réforme spirituelle. De la violation de la liberté des consciences, on était passé à la violation de la liberté des corps. On avait soumis le droit divin, la foi au contrôle de la raison, on dut soumettre le droit civil, l'existence, au contrôle de l'arbitraire. L'opinion qui avait fabriqué l'Église, devait fabriquer l'État. Or, comme l'opinion n'avait respecté aucune barrière, pour faire irruption dans le sanctuaire, elle ne con-

____

(1) *Lettre de W. Cobbet.*

nut aucune limite pour maîtriser la société. Ce fut donc sur l'abnéga-
tion de tous les principes de tolérance que s'assit le nouveau système
représentatif de la Grande-Bretagne. Des sectes politiques qui en
naquirent, prouvèrent que la liberté était tombée du même coup
qui avait frappé la religion. Les *wighs*, les *torys* élevèrent étendard
contre étendard, comme les presbytériens et les épiscopaux avaient
élevé autel contre autel. Ni les uns, ni les autres ne connurent la liberté,
ne purent l'obtenir, à grands efforts de logique, par la même raison
que, malgré leurs raisonnemens, les conformistes et les non-confor-
mistes ne pouvaient trouver l'unité religieuse. Voilà le faible du gouvernement représentatif, fondé sur la reforme. Il est impossible que les
peuples se fassent représenter aux marches du trône, par les idées de
schisme et d'innovation, qu'aussitôt les opinions religieuses ne se
transforment en débats politiques, ceux-ci en ferments de discordes,
qui n'éclatent jamais sans amener la doctrine du plus fort, laquelle
aboutit elle-même, non plus aux majorités parlementaires, mais à la
souveraineté du peuple. Ainsi la réforme réduit enfin toutes choses à sa
conséquence dernière, à la souveraineté du peuple; dogme et politique, pontifes et Césars, autels et trônes, foi et légitimité. Or, nous
verrons bientôt quelles conséquences aura à son tour cette souveraineté, quels résultats elle offrira pour la liberté et la paix des empires.

Nous sommes au milieu du XVIIe siècle, et déjà le modèle des gouvernemens réformés avait vu tomber devant le dogme de la souveraineté du peuple, trois trônes, dans l'assassinat juridique de Charles
Stuart : déjà, sous le titre populaire de *protecteur*, le détestable Olivier
Cromwel s'occupait à dédommager le royaume uni par dix années de
la plus brutale tyrannie. Quels admirables essais de schisme politique !

Mais déjà aussi pour le bonheur de la France et la gloire de l'Europe,
grandissait le héros du grand siècle. Pendant une régence bien que
ferme, le cromwelisme avait fait invasion dans le royaume très-chrétien :
et c'était sous les couleurs du calvinisme qu'il s'y était glissé. Les protestans voulurent s'en défendre ; mais Louis XIV le savait. Et en effet,
sous Cromwel, le peuple souverain déchira sa constitution, après l'a-
voir trempée dans le sang royal, mutila son parlement par la suppression de l'épiscopat et de la chambre haute, attribua enfin au club de
ses communes la suprême autorité de la nation. Or, les protestans enseignaient que *le peuple fait les souverains et donne la souveraineté : que
le peuple possède dans un éminent degré la souveraineté qu'il communique.*
Vit-on jamais le principe et sa conséquence plus rationnellement
ajustés ! Et faut-il qu'un pasteur compatissant pour le *triste supplice des
rois* populairement jugés vienne délivrer la logique du grand siècle
de l'embarras de tirer une conclusion, lorsqu'il est déjà trop prouvé

que le cromwelisme ne fut qu'une premisse de la réforme ! Qu'on ne se fasse pas illusion , dit Jurieu , *c'est bien le peuple qui a l'autorité suprême, la seule qui n'ait pas besoin d'une raison pour valider ses actes* (1). Est-ce clair , Messieurs de la réforme ? Prenez garde , pourtant , que nous ne constatons qu'un fait , celui de la révolution anglaise : vous êtes les malheureux héritiers de ses fauteurs ; mais rien ne dit que vous leur soyez solidaires. . . . . n'est-ce pas ! . . .

Le schisme allait donc en France le train de *l'Église établie par la loi* au-delà du détroit. Louis XIV monta sur son trône à demi ébranlé. Il sut les exigences du parti calviniste, toujours ingrat malgré les traités : il compta les sacrifices de ses aïeux , pour obtenir une réconciliation toujours feinte : il vit le culte catholique suspendu en plusieurs contrées de ses états par le fait d'une secte toujours hostile : il entendit les alarmes de l'Église, adressant jusque sur les marches du trône le vœu de Louis XIII à la mère de Dieu , comme dernier refuge de la France ; il observa , d'ailleurs , l'entraînement français aux mœurs anglaises , l'engouement des philosophes pour les sophistes insulaires , la tendance politique à adopter l'enthousiasme , le fanatisme d'outre-mer , l'anglomanie enfin avec son libéralisme creux , sa rudesse séditieuse , son dur et froid patriotisme. Louis XIV connut tout cela : son œil pénétrant et grave l'approfondit.

On sait qu'il trouva dans sa gloire assez de ressources pour être clément, sans cesser d'être craint. Ce prince, maitre de la guerre , prince qui n'attaqua jamais une ville , sans la conquérir , qui fit taire l'Europe entière , agit envers l'hérésie, comme s'il ne se fût pas cru assez fort contre elle. Il tenta encore de la modération qui , pendant cinq règnes, avait été impuissante comme la sévérité pour désarmer les Huguenots. Il usa les dernieres voies de la conciliation pour faire rentrer dans l'ordre des Français séditieux qui, au moyen de priviléges extorqués à la bonté de Louis XIII, ne se faissaient plus sujets qu'à demi et s'étaient constitués en espèce de république au sein de la monarchie. Ce régime plein de noblesse et de dignité permettait aux calvinistes de jouir comme les autres Français de la gloire de leur roi, de la prospérité nationale et de la liberté solide qui faisait l'admiration du continent. Mais ce régime de la clémence de Louis XIV n'avançait rien. Les prédicans laissaient percer des thèses d'insubordination à travers leur soumission obligée. Voltaire qui les connaissait bien a dit que la réforme faisait, sinon la sixième partie de la nation , comme du temps d'Henri IV , au moins la saine partie, *qui demandait en son nom la séparation de l'Église romaine : démarche aisée , bien que hardie,* continue le philosophe, *si ce prince l'avait voulu.* (2)

(1) *Lettre de Jurieu* , 16 , n. 4 , p. 123. *Ibid.* 18 , p. 137. *Ibid.* 140.
(2) Voltaire, *Hist. Gén.*, t. 7, n. 54.

Louis XIV vit la portée de ce progrès au schisme : il pensa qu'une assemblée ecclésiastique l'arrêterait mieux que de sévères édits. Les comices de 1682 réunirent donc toutes les lumières de l'Église gallicane. Sa décision devait ôter tout prétexte de rupture : ce fût alors que les libertés gallicanes reçurent leur développement ou plutôt une extension qu'elles n'avaient pas , mais que les besoins du siècle rendaient opportune , sinon nécessaire. Le clergé de France s'y était proposé de s'entendre sur le sens de ses priviléges et de ses rapports avec le Saint-Siége , et *non de définir quoique ce fût en matière controversée.* Par ce moyen , le trône allait recevoir un nouveau lustre , puisqu'une assemblée célèbre aurait l'occasion de relever et d'asseoir sur sa véritable base la puissance temporelle , en faisant la part de celle qu'on aurait voulu compromettre (1). Par ce moyen aussi, le plan des hérétiques allait être indirectement renversé , puisque le schisme religieux étant écarté, le schisme politique ne devrait plus offrir de chances. Dès-lors et sans coup férir , Louis XIV aurait vu se ranger indistinctement tous ses sujets dans la ligne d'une sujétion prudente autant que commandée.

Tel était le vœu de Louis XIV , et quoiqu'en ait dit Voltaire , *celui de toute la nation.* Ce vœu fut trompé.

La déclaration des quatre articles n'était , dans la pensée de l'assemblée , dont l'illustre Bossuet fut l'âme , qu'une déclaration réglementaire , organique , dont le premier effet devait être de prévenir toute collision entre Louis XIV et Innocent XI. Mais l'issue n'en fut pas heureuse. Les âmes vraiment timorées s'effrayèrent de voir reparaître *le système de l'infériorité du pape* au concile général : elles tremblèrent de reculer aux temps orageux de la pragmatique. Les cœurs peu chrétiens se rejouirent au contraire de la résurrection de ce système , si favorable aux innovations , compagnes inséparables d'un âge régénéré par les progrès des lumières. Il y avait dans ce conflit assez de matières pour un schisme religieux etpolitique. Si la piété de Louis XIV eût été équivoque comme celle de d'Henri VIII , et l'ambition de Mazarin pareille à l'ambition de Cranmer : c'en pouvait être fait en France de la religion et de la liberté. L'Evêque de Meaux ne tarda pas à le comprendre. Il avait le double embarras , de soutenir la déclaration , comme orthodoxe , et de l'abandonner , si elle était offensive au concordat , au concile de Trente ; si , en un mot , elle se montrait dangereuse. Les deux partis n'étaient pas sans danger eux-mêmes. Défendre la déclaration , c'était aggraver de justes alarmes , dans un temps où le talent d'un évêque tel que Bossuet , pouvait décider une opposition intestine dans le sein du clergé , opposition dont les hérétiques et les philosophes ne manqueraient pas de se féliciter : laisser la déclaration , c'était avouer ses périls , con-

venir que la témérité les avait fait naître, et fournir encore aux ennemis de l'unité de nouveaux motifs, pour s'emparer du terrain de la
dispute; c'était, en un mot, ôter tout contre-poids aux sophismes sur
les questions vitales de l'époque. Bossuet usa des deux partis, voulant
sans doute épuiser les remèdes. Sa défense de la déclaration échappa
à sa plume, comme un de ces traits de puissance qui commandent la
conviction; elle obtint un moment de triomphe, en menaçant *du
schisme ses censeurs eux-mêmes*, de toute l'autorité de son éloquence (1). Mais le mal gagnait les veines du corps social. L'aigle de
Meaux fut bientôt obligé d'avouer son essor inutile : *devienne la déclaration ce qu'elle voudra, dit-il; nous n'entreprenons pas de la défendre*. . . . . . (2)

Ce fut dans cette extrémité, où poussait l'esprit de schisme, que
Louis XIV, recueillant toute la vigueur de son génie, médita un de
ces coups qui retrempent toute une génération, et qui font reculer
jusqu'au dernier retranchement l'audace le plus savamment conjurée.
La révocation de l'édit de Nantes ordonna à l'hérésie de rentrer dans

la poussière, et de mettre bas ses armes usurpées. Sur-le-champ, émigra
l'hérésie, réduite à quelques milliers de fanatiques, par les conversions
innombrables qui s'opérèrent alors. Délivrée par ce coup de foudre
de la nuée ténébreuse des Religionnaires, la France revit le jour serein
de la liberté. Le dogme liberticide de *la souveraineté du peuple* fut
par-là ajournée d'un siècle; et si on le voit reparaitre, ce ne sera
qu'escorté de la constitution civile du clergé de 1790, si féconde en
désastres. Vainement les ministres protestans prophétisent-ils la ruine
du papisme, inventent-ils des prestiges, des miracles, arment-ils les
Cévennes, au nom de la *Providence qui reproche aux Calvinistes de
France de s'être tus trop facilement* (3); vainement tout cela, il faut
que la révolution recule. Aussi bien la guerre des Camisards, pour
avoir été des plus sanglantes dans le Dauphinois, ne fut-elle qu'une
guerre de fanatisme aussi tôt éteinte que l'idée des faux miracles qui
l'avaient allumée. Au sein de la France heureuse, il n'en restait plus
de traces dès le commencement du 18e siècle.

Mais le schisme sut bien se venger des mécomptes que lui venait de
causer en France l'orthodoxie d'un grand roi. Au moment même où le
trône des Bourbons s'affermissait de tout ce que la vérité donne de
force à une monarchie déjà puissante par sa légitimité et tous les genres
de gloire, le trône des Stuarts s'affaissait avec sa légitimité et son nom
illustre sous le poids des sectes anglicanes, réunies, malgré leurs discordes, contre le catholicisme. Encore une fois, l'Angleterre répudia

(1) *Déf, App.*, l. 2, ch. 15.
(2) Ibid. *Dissert. prélim.*, n. 10.
(3) *Lett. post. de Jurieu* an 1686.

les bienfaits de la religion romaine ; elle ne fit que renouer la chaine ANS
des malheurs que son heureuse influence avait tant de fois interrompue. DE J.-C.
Alors, comme toujours, le principe de la *souveraineté du peuple* marcha de front avec la réforme contre le clément Jacques II, qui pourtant
ne demandait aux Anglicans généreux qu'un *bill de tolérance pour les
Romains Anglais*.(1). Devant le peuple souverain dut fuir une auguste
dynastie. Encore cette fois, la constitution d'un grand état fut revisée
par une émeute populaire. C'était la troisième ou quatrième édition de
la grande charte réformée. On ne contestera pas sans doute cette re-
vision du peuple souverain. Voltaire dit assez positivement que la
*nation, représentée par le parlement, fixa alors les bornes, si long-
temps contestées, des droits du roi et de ceux du peuple ;* mais le philosophe dit aussi que si *Jacques II eût été Mahométan ou de la religion
de Confucius, les Anglais n'eussent jamais troublé son règne* (2). Cela
ne veut-il pas dire que c'est la haine de la religion qui fait la souveraineté du peuple ? Grande leçon dont la France ne profitera pas !

Il n'a pas tenu au philosophe français que le monde ne crût que les
jésuites n'aient provoqué la chûte de la maison des Stuarts; car, dit-il,
*Louis XIV avait encouragé Jacques II à devenir absolu, et les jésuites
à rétablir leur religion et leur crédit.* Vraiment, il est amusant pour le
lecteur de Voltaire, s'il est à demi instruit, de voir figurer, dans les
causes de la révolution anglaise, la compagnie de Jésus, lorsque le
papisme seul était regardé avec horreur ; lorsqu'aux autres sectes ennemies se joignit la horde nouvelle des Quakers, sorte de républicains
trembleurs, dont l'enthousiasme convulsif suffisait pour inoculer l'amour
du changement. Voltaire savait bien que, du moins, les jésuites, en
Pensylvanie, n'avaient *ni religion ni crédit* à rétablir, quand, en 1773,
les Quakers américains firent éclater l'insurrection de Boston ; quand,
en l'année suivante, leur congrès de Philadelphie demanda, au nom
de la souveraineté du peuple, que l'Angleterre, sa métropole, fît
amende honorable de quelques griefs ; quand, au bout de deux ans,
la secte réformée de Guillaume Penn exécuta, non plus seulement un
changement de dynastie, mais un schisme violent avec la mère-patrie.
Voltaire savait tout cela ; mais l'imputation de la perte des Stuarts allait
si bien aux enfans de saint Ignace de Loyola ! précédent remarquable
qui aura ses termes de comparaison aux siècles de lumière !

Or, pourtant il faut voir ce que sont ces jésuites assez malencontreux
pour avoir osé fournir une page à la critique grave et mesurée de l'oracle des philosophes.

Beaucoup de gens ne savent pas bien que ces religieux ont eu l'université pour mère. La raison en est que les idées modernes sur ce corps

(1) *Rév. d'Angl.*, l. 12.
(2) Voltaire, *siècle de Louis XIV*, ch. 1.

enseignant ne signifient pas qu'il a pris lui-même naissance dans l'église, et qu'il est une création des papes. Mais que les préjugés daignent imposer silence à leur engouement égoïste : la vérité n'a rien à craindre du grand jour.

Le collége de Montaigu , celui de Sainte-Barbe à Paris , avaient suivi l'élan donné aux lettres par le concordat de Léon X et de François Ier. Ces maisons classiques s'étaient acquis une juste réputation dans la république littéraire. On y avait même su allier la supériorité des études avec l'austérité des mœurs : ce fut là que le pénitent de Loyola vint rectifier une éducation incomplète et laminer sa vocation à l'enseignement et aux œuvres de charité évangélique. Ignace forma son plan sur ses modèles. A la méthode universitaire , il n'ajouta que le double vœu de la pauvreté et du zèle pour le salut des âmes. Six maîtres ès-arts se joignirent à Ignace pour se vouer avec lui à l'instruction publique. S'emparer de la jeunesse pour recomposer la société chrétienne , parut à ces hommes déterminés la direction la plus pressante. Le concordat de Léon X avait ravivé l'ardeur , la curiosité , l'émulation du talent : il était urgent que Calvin ne profitât pas seul de ces moyens de séduction , et qu'une société religieuse se mît **par la** puissance de ses lumières et de ses vertus en travers du torrent qui allait fondre sur les jeunes intelligences. Telle est l'origine de la compagnie de Jésus , que la Providence sembla avoir préparée tout exprès pour servir de barrière à la bondissante réforme. Comme on voit , **les** jésuites et les protestans ne sont pas à une telle distance qu'on ne puisse bien expliquer déjà leur antipathie. Il n'est pas même jusqu'aux satyres des déistes et des philosophes contre cet ordre régulier de Jésus, qu'on ne trouve bien naturelles. Il y a plus de parenté qu'on ne croit communément entre le Réformé et le Philosophe ; qu'on les observe , et l'on verra si celui-ci n'équivaut pas à un Socinien déguisé , et celui-là à un Déiste du bas étage. Choisissons Voltaire lui-même pour point de mire : comment définir sa préférence affectée pour les Réformateurs qu'il appelle héros , pour les Huguenots fanatiques qu'il qualifie martyrs , pour les gouvernemens protestans qu'il admire , pour les régimes schismatiques qu'il accorde avec sa lyre extatique , autrement que par le système haineux de ses perpétuelles attaques du catholicisme ?

La société de Jésus se trouva donc par position en présence de cette secte républicaine qui avait juré la ruine de l'église romaine. Chacune des fractions qui se détachèrent de cette secte, conserva la prédilection de sa haine pour les enfans de Loyola , pour les disciples du savoyard Lefèvre , du portugais Rodriguez , des espagnols Laynès , Salmeron , Robadilla , du navarrois François Xavier. Il faut bien dire que nulle part cette prédilection ne fut aussi offensive qu'en France ; peut-être aussi est-ce l'absence du nom français dans la fondation de l'institut des jésuites, qui a motivé contre ces fondateurs espagnols une antipathie d'ailleurs naturelle aux deux peuples. Quoiqu'il en soit, les jésuites s'accrurent de tout ce que perdait en considération le système routinier de l'enseignement scholastique. Les oppositions du parlement et de la Sorbonne ne servirent qu'à leur élévation, en les obligeant à montrer dans leur défense des vertus et des talens qui se cachaient dans le silence des études et des bonnes œuvres. Les papes Paul III, Jules III, Marcel II et Pie IV, le concile de Trente, le roi de France Henri II, presque tous les princes avaient honoré de leurs éloges et de leur protection ces savans religieux. En moins de vingt ans, leur morale s'était répandue dans toutes les contrées de l'Europe, avait pénétré jusqu'en Ethiopie ; et à leur tête, l'illustre François Xavier avait policé le Japon et les Indes. Ces contrées du Tropique étaient d'autant plus appropriées à la propagation de la foi catholique, que la vertu y était plus en honneur ; mais il fallait réveiller le sentiment religieux des peuplades gangétiques par l'exposition de l'Evangile. Elles devaient y trouver toutes rajeunies leurs traditions sur l'existence de leur *Dieu créateur et éternel*, que leurs Brames et leurs Ramians n'avaient pu leur faire oublier, malgré la corruption dont ils avaient enveloppé le *Shasta* et le *Védam*, les deux plus respectables monumens de la société indienne. Les jésuites étaient de trop dignes missionnaires pour que cette exposition de l'Evangile manquât à leur zèle. Ils prêchèrent la liberté des chrétiens à des hommes asservis aux mœurs tartares, et ces hommes connurent la véritable civilisation. On conçoit maintenant l'horreur des Européens réformateurs et apostats pour les jésuites, leurs antagonistes.

Or ce titre d'antagonistes de la réforme, ces religieux l'ont éminemment justifié dans toutes les luttes qu'elle a suscitées au catholicisme. Avec quelle noble supériorité d'érudition et de langage ne les vit-on pas à Trente plaider la cause de l'unité chrétienne, en leur qualité de théologiens du Saint-Siége ! Lors de la conversion d'Henri IV, ne soutinrent-ils pas leur caractère contre l'odieux jeté sur leur respect pour l'excommunication qui liait encore ce prince hérétique ? ne méritèrent-ils pas enfin, de la Sorbonne elle-même mieux informée, un hommage public, lorsqu'en 1594, elle déclara *au parlement qu'il était utile de protéger d'aussi intègres auxiliaires* (1) ?

Il fallait l'affaire du jansénisme pour mettre dans tout son jour l'éclat que la compagnie de Jésus avait jusqu'alors renfermé dans les humbles vertus de l'apostolat. Mais aussi sera-ce là le point le plus culminant de sa position ; le point par conséquent le plus vulnérable aux traits de la malignité schismatique, et de l'envie des philosophes. Sans les jansénistes, les jésuites n'auraient peut-être jamais brillé dans le monde savant et raisonneur ; mais sans les jansénistes aussi, les jésuites n'auraient pas eu à combattre des erreurs capitales, faites pour démolir la

____

(1) D'Argentré, t. 1, *in Ind.*, p. 13.

société ; non plus comme celles des hérésiarques , par le renversement du dogme , mais par l'anéantissement de toute morale ; sans les jansénistes , les religieux de Loyola n'auraient pas eu pour ennemi les philosophes et les politiques , et la persécution des Jésuites n'aurait pas servi de prélude au bouleversement du monde par la révolution française de 1793.

L'histoire des cinq propositions de Jansénius , évêque d'Ypres , avait eu assez d'épisodes , avant l'époque des censures canoniques , pour exercer tous les talens sur les faux fuyans de l'erreur. Le calvinisme n'avait fait que se travestir en passant par les homélies janséniennes. Vaincu à Trente , il s'était comme refoulé dans sa patrie , par les Flandres. Alors parurent les lumineux écrits du père Deschamps , jésuite , qui, le premier de tous les théologiens démasqua l'*Augustin* flamand ; en vain à ces écrits puissants insultèrent les lourdes diatribes de quelques fuyards de la Sorbonne , telles que l'apologétique d'un Gerberon, les visionnaires d'un Nicolle , le journal d'un Saint-Amour, les lettres provinciales d'un Pascal , le *silence respectueux* de Port-Royal , en vain toutes ces publications de la presse hérétique ! l'ouvrage intitulé , *Jansenius hæreticorum plagiarius*, resta sans réplique , et convainquit de protestantisme la fade singerie d'un faussaire , qui n'attentait à rien moins qu'à donner à Calvin saint Augustin pour précurseur. Les jansénistes n'ont pu pardonner à la société de Jésus de les avoir dévoilés à l'Europe du XVIIe siècle , époque déjà si chatouilleuse sur l'article de l'orthodoxie ; la distinction restrictive du fait et du droit fut bien quelque temps une assez bonne fortune pour les suppôts de Jansénius ; mais enfin la vérité prévalut et la calomnie fut désormais l'arme des jansénistes. Le croirait-on ? les sous-entendus , les réticences si familiers aux schismatiques furent précisément ce qu'il fut résolu d'imputer à leurs orthodoxes adversaires , et comme les siècles discoureurs se piquent d'être siècles savans , la mystification janséniste n'en devait que mieux passer à travers les flots d'hommes superficiels , toujours nombreux en proportion des flagorneries pédantes des quêteurs de célébrité. Ainsi , ce que l'hérésie des Pays-Bas avait distillé de plus empoisonné , ce qu'elle avait pratiqué de plus infâme pour abuser la foi naïve des peuples , la science confiante des corporations et l'autorité paternelle des princes indulgens , c'est-à-dire les restrictions et les équivoques sur l'article des formulaires, cela dut rester, malgré le contre-sens , sur le compte des jésuites et passer en proverbe. Pourtant le malavisé Escobard n'était point encore paru pour prêter son nom aux déguisement des religieux grimaciers de l'abbaye.

Il ne faut pas, lecteur, reculer devant cette anomalie des idées dans nos temps modernes : nous approchons de ceux où la comédie quittera la scène pour s'inaugurer dans le langage après avoir joué les peuples dans les hauteurs de la politique. Bientôt paraîtra un homme qui ne rougira pas de se moquer ouvertement de son siècle , par cet éloge du mensonge poussé jusqu'au cynisme : *Mentons , mes amis , mentons ; il en restera toujours quelque chose.* (Voltaire.)

Oui , lecteur, c'est au moyen de cette goguenarderie sérieuse , qu'il faut vous accoutumer à regarder comme ennemi de la France celui de tous les ordres religieux qui a le plus contribué à étendre la gloire du nom français avec celui de Louis XIV ; accoutumez-vous à ce contre-sens : aussi bien , grâces à l'esprit janséniste vivant dans les philosophes, dans moins d'un demi siècle tout le monde le dira. Tenez pour hostile à la religion cette société qui a eu tant de part aux hommages reconnaissans des peuples convertis sur des terres inhabitées ; accoutumez-vous à ce contre-sens : aussi bien, avant peu , grâces aux clameurs hérétiques , cette société de missionnaires heureux, tout le monde la craindra. Tremblez pour les rois , à la pensée de ces jésuites assez pervers pour faire une guerre persévérante aux maximes séditieuses de la souveraineté du peuple , maximes inoffensives , s'il en fut ; car dans l'espace de deux siècles elles auront renversé ou ébranlé tous les trônes ; accoutumez-vous à ce contre-sens : aussi bien , grâces à la tendresse des flatteurs populaires pour les têtes couronnées , ces jésuites tout le monde les bannira. Ne jugez les traîtres , les impies , les anarchistes , que par les enfans de Loyola , ces séïdes de l'esclavage assez démagogues pour avoir su inspirer à la jeunesse de leurs écoles la passion de la fidélité aux races légitimes ; passion infâme , fidélité abominable , qui ajournera jusqu'en 1790 la salutaire terreur ; qui , après les convulsions de la république et de l'empire , donnera à toute l'Europe une période de quinze années des prospérités humiliantes ; qui retardera enfin la réalisation des plans généraux d'une révolution continentale ; accoutumez-vous à ce contre-sens : aussi bien , grâces au progrès de la raison publique sous les auspices du jansénisme les assassins des rois obtiendront deux fois l'exil des malencontreux jésuites ; accoutumez-vous à ce désordre des mœurs et du langage : aussi bien il faudra qu'au XIX siècle , lorsque la royauté sera battue en brèche par une démocratie furibonde , l'héritier de soixante six rois, signe de sa royale main une ordonnance d'interdiction de la société de Jésus , sans se douter qu'il prélude ainsi à sa propre interdiction par trois journées de barricades.

Le contrat était passé. L'hérésie calviniste et jansénienne avaient consenti à mourir dans les bras de la philosophie, pourvu que celle-ci appliquât directement à la politique les maximes anti-sociales qu'elles avaient fait pulluler dans la chaleur de la polémique , où les dogmes n'avaient eu qu'une importance bien secondaire. Troubler le monde , voilà la vérité horrible , la seule vérité que professa l'hérésie. Or, nous avons vu qu'elle s'était réduite à sa plus simple expression dans les principes du docteur Jurieu , sur la *souveraineté du peuple , lequel n'a pas besoin d'avoir raison pour valider ses actes :* il faut voir ensuite la censure explicite du clergé de France, où la religion de Jansénius est *traitée de sœur de la religion réformée, germana* disent les évêques assemblés, *ob erroris societatem* (1). Ce qui, rapproché des diatribes jetées, par ce même Jansénius dans un premier ouvrage, contre tous les rois de France depuis Clovis jusqu'à Louis XIII, prouve jusqu'à l'évidence que le principe de la souveraineté populaire était passé tout entier dans le jansénisme, duquel même dans la pratique il ne devait rester que ce seul axiome, fécond en toutes sortes de révolutions. Voyons maintenant en effet si la philosophie n'aura pas été l'écho fidèle de cet axiome satanique, quintessence inflammable d'un résidu impur, à laquelle il ne faudra pour embraser le monde que la plus légère étincelle. Nous allons faire la courte analyse de la doctrine, et l'étincelle légère partira de la cendre de Louis XIV.

1715.   L'image vivante de la majesté n'en imposait plus à une cour devenue avide de dissipation et de licence. La main ferme, qui avait si long-temps tenu les rênes d'un des états les plus florissans, n'en pouvait plus modérer le timon, que des bras énervés par la corruption laissait pencher aux abîmes. Les peuples avaient entendu trop souvent parler de leur souveraineté, pour n'être pas tentés d'en essayer les douceurs : le plaisir, la fortune, le luxe, devinrent donc le cortége de la nation française. Un prince, peu fait pour commander le respect, Philippe d'Orléans, spirituel, mais impie, instruit, mais corrompu, remplaçait, en qualité de régent, un monarque grave et austère, profond et politique, religieux et respecté. Les grands raillaient la religion, et assaisonnaient la débauche du peuple par l'exemple de leurs mœurs libres et impudentes. Enfin, la cupidité gouvernementale inventait pour systèmes financiers des systèmes ruineux. Tout conspirait pour le mieux à la démoralisation des masses, à l'égarement du pouvoir. C'est que le jansénisme était dans toute sa vie.

1° Réduites en effet en pratique, les cinq propositions contenaient tout ce qu'il fallait de relâchement pour autoriser les désordres les plus effrénés. Suivant la nouvelle morale offerte aux hommes d'un siècle dissolu, à l'un, *les commandemens de Dieu sont impossibles, parce que la grâce lui manque, quelque effort qu'il fasse pour se conserver juste.* La conséquence en est que ces commandemens sont un joug doublement insupportable, et parce qu'ils sont sévères sans proportion, et parce qu'ils sont alarmans pour les vices, sans être rassurans pour la vertu. Pense-t-on que les mœurs de la régence n'aient pas trouvé commode de déduire les autres conséquences de cette faiblesse humaine applaudie, de cette volonté de Dieu exagérée, de la vertu, en un mot, incertaine d'elle-même, et de Dieu délaissée ?

2° A l'autre, sa condition d'une nature corrompue lui assure que ce n'est pas sa faute s'il a tant de penchant pour le mal, et tant d'éloi-

____

(1) *Recueil des Bulles*, p. 133. et *Réfutation des délib. du Cl.*, p. 67

gnement pour le bien ; que la grâce encore lui manque, quand il devient criminel endurci , parce qu'*on ne résiste pas à une grâce intérieure*. Sa liberté est entre les mains de Dieu ; sa concupiscence est entre celles de la grâce. Il n'est le maître de rien , ni de ses fautes, ni de son repentir : quoi de plus séducteur que de pareils enseignemens ?

3° A celui-ci , on lui apprend que *ses mérites* ou ses iniquités , qualifiées à dessein du vague nom de *démérites, ne sont pas toujours l'effet de son franc arbitre* , mais souvent l'ouvrage d'une nécessité à laquelle on ne résiste pas plus qu'à la grâce ; produit d'un aveugle destin qui domine la volonté humaine , et la porte du côté des actions honnêtes , ou du côté des actes coupables, selon l'entraînement irrésistible que reçoit cette volonté soumise. C'est, en d'autres termes , dire au méchant : Que la vue de vos excès ne trouble pas vos plaisirs ; vous ne répondez point de ce qu'il y a de fatal dans vos égaremens ; vous êtes sous une loi de corruption qui a ses exigences insurmontables ; ne soyez pas inquiets des murmures de votre conscience agitée ; pensez que si elle est agitée, c'est qu'elle doit l'être, attendu que vos péchés étaient nécessaires. Voici le seul moyen qui vous reste de la calmer, encore ce moyen n'est-il pas sans fatalité. Livrez-vous sans soucis aucuns aux appas du mal , quand vous y serez poussé par un mouvement secret , comme aux charmes du bien , quand vous en éprouverez le besoin. L'un et l'autre sont indépendans de votre cœur mobile. Vous serez vertueux , quand le hasard vous y rendra , criminel quand vous ne pourrez vous soustraire à sa loi importune. Jamais morale plus passionnée pouvait-elle parler un langage plus pénétrant ?

4° A celui-là , on lui insinue qu'il sera irréprochable, pourvu qu'il croye bien à *l'action prévenante de Dieu dans tous ses actes* , de telle sorte qu'il n'ait rien à faire autre chose qu'à attendre dans un parfait quiétisme que Dieu opère en lui le commencement des actions louables ; tranquille et heureux , soit que l'inclination remue son âme vers l'innocence , soit que son âme reste à son égard froide et glacée. C'est là ce qu'il faut croire, pour être catholique , comme l'Augustin Hollandais. Ah ! l'aimable orthodoxie de Jansénius ! Qui n'aurait voulu être à ce prix orthodoxe, quand on pouvait dormir un paisible sommeil sur les plus honteux déréglemens ?

5° A tous enfin , le prédicant de la grâce fait observer qu'une *classe seule d'hommes participe au salut et au sang de Jésus-Christ, qui n'a pas été versé pour tous, et devient inutile à ceux qui ne sont pas prédestinés.* Le fatalisme , toujours le pur fatalisme , telle est la morale jansénienne. Quoi de plus favorable aux passions et aux crimes, puisque chacun peut se faire ce dilemme : ou je suis prédestiné , ou je ne le suis pas. Si je le suis , infailliblement la grâce triomphera un jour de mes égaremens ; je puis , en attendant, me livrer en toute sécurité aux penchans de mon cœur amolli. Si je ne suis prédestiné , infailliblement tous mes efforts vertueux succomberont sous le destin qui me poursuit et m'opprime. Je puis d'autant mieux m'abandonner aux plaisirs qui me charment, que mes privations me seraient moins comptées. Dilemme pernicieux, détestable, qui devait servir et a servi effectivement d'arsenal à tous les impies, à tous les libertins !

Faut-il s'étonner des désordres que légua une régence licencieuse de huit années, à la royauté à peine adulte de Louis XV ? Les écrivains observateurs du 18e siècle ont peint, en traits rapides, cette époque de dissolution et de perversité. Au génie qui avait atteint le beau, le sublime et l'utile dans tous les genres, dit M. Mutin sur Voltaire, durant les trente dernières années de Louis XIV, « on vit succéder le bel « esprit qui ne recherche que le joli, l'élégant et le frivole ; à l'amour « de l'ordre et du devoir, l'amour de l'insubordination et des plaisirs ; « à l'héroïsme du dévouement, la bassesse de l'intérêt personnel ; à la « vigueur des caractères, une lâche souplesse d'âme qui se plie « à tout, parce qu'elle a pour principe l'indifférence sur tout ; « à la dignité, à la gravité des mœurs, une légèreté moqueuse qui « vit de la vertu même et ridiculise jusqu'aux bienséances sociales ; à « la régularité de la conduite, les turpitudes de la débauche et du « libertinage ; enfin, à la retenue qu'imposait le respect de soi-même « et des autres, toute l'audace du scandale le plus révoltant. »

Or, le mal n'avait pu arriver à ce degré extrême, que les classes laborieuses de la société n'en souffrissent dans leurs modestes intérêts ; car les jouissances ne s'accumulent sur quelques têtes qu'au prix des misères accumulées sur un nombre infini d'infortunés. La France donc se voyait partagée entre quelques Grands, saturés de voluptés, et des populations immenses, oubliées, abruties, qui entretenaient de leurs sueurs les duvets de la mollesse, devenue par-là même plus ingrate, plus dédaigneuse. Ajoutez à cela les priviléges abusifs des castes nobles et titrées qui tenaient asservi à leurs volontés absolues le plébéien obscur, assez humilié d'ailleurs de ses perpétuelles privations, en présence de leurs fêtes éternelles. La secte des philosophes, caste métisse qui s'accommode selon les circonstances de la grandeur et de la popularité, mais qui était, encore à cette époque, à l'écart et mal partagée pour la coupe des plaisirs, s'était chargée sans peine de plaider la cause des sympathies populaires. Les philosophes dépeignirent à grands traits ce régime immoral qui déshonorait une nation faite, selon eux, pour être libre et polie. Ils dressèrent toutes les batteries d'une éloquence brûlante, pour miner à coups redoublés le mur de division, qui faisait de la France deux peuples, l'un renfermé dans un cercle de félicités, et l'autre, aposté à la circonférence, comme une sentinelle. Ainsi, les mœurs avaient péri par le jansénisme, la liberté par la ruine des mœurs. Si la religion n'eût été abandonnée, jouée, sacrifiée, on n'aurait jamais eu à déplorer ni les excès du jansénisme, ni les paradoxes

de la philosophie. La religion seule pouvait retirer la liberté du pré-
cipice. Un grand ministre de Louis XV le sentit. Le grave et prudent
cardinal de Fleury sut s'emparer un moment des esprits ; il les tourna
vers la religion. Aussi *les philosophes ne l'aimaient-ils pas*, remarque un
écrivain, *parce qu'il fit la guerre aux jansénistes* (1). Le peu de temps
que cet homme d'état resta aux affaires de la France, fut suffisant pour
la démonstration du principe que nous avons posé : que la religion est
amie de la gloire solide des peuples et de leur liberté.

La philosophie, pour le malheur de l'Europe, ne permit pas que cet
interrègne de la vertu fût long. Voltaire se hâta de suivre dans la voie
du sophisme, le fameux Fontenelle, qui, par sa froide impiété mérita
le nom de patriarche des philosophes. Jean-Jacques Rousseau, digne
émule de Voltaire, s'arma aussi du bras démolisseur de la fière raison.
L'un flattait l'esprit, quand l'autre surprenait le cœur. Le premier,
brillant et facétieux, immola la décence et jusqu'à la chasteté du langage, au plaisir burlesque d'invectiver comme la place publique,
de moquer comme la cour. Le dernier, puissant en émotions, sut rendre l'erreur et le vice intéressans, en les couvrant d'une flétrissure
délicate : pour les rendre plus dangereux, il les laissa deviner sous sa
plume chaste et naïve. Il n'y eût pas d'esprit qui ne désirât être fécond
comme Voltaire ; il n'y eut pas de cœur, qui n'aspirât à être épris à la
manière de Rousseau. Celui-là corrompit le jugement par l'art inépuisable de ne présenter que des abus à l'imagination de son lecteur.
Celui-ci corrompit le goût par son secret malheureux de faire préférer
la religion de la pensée à la religion de la conscience, la morale du
raisonnement à la morale de la foi, l'innocence du fard à l'innocence
de la candeur. De cette manière, l'homme fut tout entier à la disposition de ces deux despotes : il devint l'admirateur de toutes leurs dé-
raisons et bientôt l'esclave de toutes leurs folies. Rien ne tenait plus
dans la société, ni le respect, qui ne comprenait plus l'autorité, ni le
sentiment, qui ne reconnaissait plus de règle, ni la religion travestie,
ni la royauté insultée, ni la loi méconnue. L'anarchie était complète
dans l'intelligence, complète dans les mœurs.

Ce fut dans ce désordre intellectuel et moral qu'un ministre d'État,
étourdi important, se trouva prêt dans la personne d'un Choiseul, pour
commencer l'exécution des plans concertés contre la société européenne. La guerre fut déclarée d'abord aux jésuites, ennemis des philosophes, parce qu'ils l'étaient des jansénistes. Une compagnie de religieux, dont tout ce qu'on a pu dire, n'a pas empêché qu'ils fussent
savans et monarchiques, ne pouvait en effet marcher avec la souveraineté du peuple ; le peuple, ce bon peuple tant chéri des philosophes,
quoique Voltaire l'ait traité sans façon de *peuple vain*, et Horace de

______

(1) Geoffroi. *Coup-d'œil sur le dix-huitième siècle.*

vulgaire haïssable, le peuple n'était pas libre, quand il vivait paisible dans son amour pour ses maîtres, heureux dans la persuasion de ses croyances. Il était nécessaire de le rendre libre par l'insubordination, heureux par l'impiété. Mais, il ne convenait pas d'avouer tout d'abord ces incisifs moyens de guérir les hommes. On devait se retrancher toujours sur la religion et la royauté, et prétexter que ces deux forteresses du bonheur social n'avaient besoin d'autre garde que de la garde du peuple, qui les protégerait par l'attitude de la seule dignité humaine; les philosophes furent entendus et goûtés : ils tinrent la

 plume, et ainsi que nous l'avons dit : un janséniste écrivit le bannissement de la famille de Loyola, c'était en 1764.

On en était venu là par la pente naturelle au génie français, imitateur de tout ce qui est hardi, extraordinaire. Nous avons vu que, déjà sous le règne de Louis XIV, l'égoïsme français s'était abdiqué lui-même devant la puissance de l'anglomanie. Les Collins, les Tindal avaient contribué à l'inoculer en France avec le goût de leur philosophie réformiste. La route une fois ouverte par ces démolisseurs de la société, tout ce qu'il y eut d'adepte dans la république des lettres, s'empressa de suivre les enthousiastes Anglais. Les Helvétius, les Condillac, les Raynal, les Mably, les Fréret, les Boulanger, les Diderot, les d'Alembert, les Condorcet s'estimèrent heureux d'être les adorateurs de ces deux génies malfaisans. On vit dans Helvétius un métaphysicien dangereux, dans Condillac un rêveur subtil, dans Mably un déclamateur fougueux, dans Raynal un fou insociable, dans Fréret un extravagant libelliste, dans Boulanger un cynique chef de bande, dans Diderot un fataliste creux, un infatigable destructeur de la morale, dans d'Alembert un écrivain glacial, et néanmoins un propagandiste des plus ardens, dans Condorcet enfin un novateur bouillant, un logicien conséquent de la souveraineté du peuple, un ennemi acharné de l'autel et du trône. A chacun de ces sophistes, la religion anglicane dut apparaître, comme autrefois à M. Basnage, *un ouvrage de lumière* parce que cette religion était indépendante du pape, ainsi que les protestans et les jansénistes le voulaient en France. Il en était de même de la forme du gouvernement britannique, pour nos politiques, qui ne trouvaient rien de mieux en civilisation que des souverainetés délibérantes, ayant pour agens précaires des délégués qu'on appelle rois. Cette forme d'administration avait de quoi plaire aux philosophes français. Placés sur ce terrain, ces savans oublièrent la littérature pour régenter le monde. Entre les hommes, qu'ils jugèrent victimes des bienfaits de la tradition et de l'expérience gouvernementales, il ne s'agissait plus que de créer de nouveaux rapports. Renouvellement de la religion, renouvellement de la royauté : tel fut le double système de l'époque, et rien moins que cela ne pouvait satisfaire la philosophie. La religion catholique dut donc se préparer à des modifications réclamées par ce progrès des lumières, et le trône se réduire à des proportions analogues à l'état des populations, devenues moins serviles. On ne rencontra plus que des théologiens et des législateurs, sous la toge parlementaire, comme sous la targue académique ; sous l'habit brodé des courtisans, comme sous la cuirasse du soldat ; sous la souquenille du roturier obscur, comme sous le manteau des grands seigneurs. Ce fut surtout dans les parlemens que l'on vit s'exercer, principalement vers la fin du règne de Louis XV, une dictature aussi orageuse qu'elle était usurpée. Les affaires de la religion, les sacremens, le viatique et l'extrème-onction tombèrent tellement dans le domaine des cours séculières qu'il ne fut pas rare de voir le bourreau occupé à brûler des mandemens d'évêques, et les recors de la justice faisant communier les malades, la bayonnette au bout du fusil. En vain la royauté affaiblie de Louis XV, fit-elle un fréquent usage de sa prérogative, de ses lettres de Jussion, de ses lits de justice, moyens extrêmes de puissance, qui avaient jusqu'alors fait rentrer toutes les factions dans le devoir : en vain tout cela, la royauté elle-même se déclara souvent vaincue, obligée de faire amende honorable de ses coups d'autorité. Les parlemens exilés et rappelés ; telles furent les secousses, où s'énerva la puissance royale, et qui préludèrent aux bouleversemens futurs. Demander où était la liberté, lorsque la conscience était pénétrée de vive force, que la justice distributive était refusée par les tribunaux, changés en autant d'arènes politiques, serait ouvrir un compte avec le jansénisme et la philosophie, qui sauraient bien nous répondre : que ceux-là sont de vrais barbares qui ne reconnaissent pas là une liberté noble et généreuse !

Louis XVI allait régner ; mais un roi tel que Louis XVI n'était guère propre, malgré ses hautes vertus, à contenir l'extravagance de tant de sortes de théologiens, de tant de sortes de politiques. Son véritable amour de ses peuples lui fit faire des pas glissans sur le terrain de la popularité. Il admit dans son conseil des hommes qui, las d'être les admirateurs des Anglais, rêvèrent en être les rivaux. La reconnaissance de l'insurrection américaine parut donc à des ministres infatués de ce rêve, le moyen de précéder le royaume uni dans la voie des réformes. Pour Louis XVI, il ne voyait dans cette démonstration énergique que le vieil honneur français, que l'un de ces traits du caractère national, dont il appartenait à un roi de France de seconder le noble élan. Le protestant Necker, le premier des prétendus réformés qui ait su faire taire la loi de l'État qui leur interdisait l'entrée au conseil de la royauté, le ministre Necker voyait autre chose dans la guerre d'Amérique. Il parvint à faire goûter à la cour l'application de la souveraineté du peuple, enseignée par ses coreligionnaires. Ainsi la réforme s'assit sur les marches du trône. Environné dès-lors de jansénistes déguisés et de philosophes pleins d'astuce, il se trouvait placé dans une athmosphère empoisonnée, qui ne pouvait communiquer que la fièvre et le délire. Les premiers

accès de délire ne se firent point attendre. Ils se déclarèrent par le ma-
nège saccadé des emprunts financiers, sorte de banqueroute lente et
progressive qui, à la longue, ruine les États, par la réalisation in-
stantanée de ressources que les sueurs du peuple ne fournissent que
goutte à goutte. Véritable contre-sens gouvernemental qui n'évite un
moment la détresse que par les efforts de l'épuisement.

Les populations ne furent pas aussi aveugles que leurs maîtres : elles
virent la misère où ils ne voyaient que prospérités. La pesanteur des
charges éclaira bientôt tout le monde sur la prodigalité administrative.
Cette profusion fut facilement rejetée sur la tête qui portait la couronne : on se détacha ainsi et insensiblement du respect et de l'amour
qu'inspirait l'antique royauté. La religion restait encore pour contenir
dans la soumission des masses aigries. Elle demeura à l'écart, tant que
son influence put faire ombrage, mais elle se montra franche et généreuse, quand elle sut qu'on forgeait à la France les fers de la servitude.

On connaît la noble adresse du clergé gallican de 1788, qui porta aux
pieds du monarque le sacrifice de ses immunités territoriales, et l'enga-
ment de supporter tels subsides que les besoins de l'État imposeraient.
Si cette adresse n'eut pas le résultat qu'on en devait attendre, c'est que
rien ne réussissait au malheureux Louis XVI. Ce roi si digne d'être le
Titus de la France, trouva à peine dans tout le cours de son règne, une
journée, une heure, où il lui fut permis de réaliser le bien que médi-
tait son cœur. Il essaya alternativement de tous les ordres de l'État,
pour y chercher un appui à ses desseins réparateurs, de tous les moyens
de la popularité et de la dignité suprême pour réunir dans un amour
qui leur était commun, toutes les classes de ses sujets ; rien ne pouvait
ni tarder, ni accélerer sa perte : elle devait être la suite d'une série
d'incidens, habilement ménagés pour compromettre à la fois la religion
et la royauté. La royauté seule compromise n'aurait peut-être jamais
perdu son entière créance sur la foi des peuples. La religion jetée seule
aussi dans les débats de la polémique aurait triomphé sans doute de
toutes les attaques, ne fût-ce que par l'ascendant de ses bienfaits. Le
plan donc embrassait en même temps le trône et l'autel. L'infortuné
monarque qui le savait voulut faire un dernier appel à la conscience de
ceux de ses sujets qui devaient être moins initiés aux mystères de la
secte philosophique. Louis XVI se jeta donc entre les bras du Tiers-
État. Le blâmer de ce coup désespéré serait un crime, lorsqu'il
était prouvé que les moyens contraires tournaient également à sa
ruine. Qui n'éprouverait plutôt un dégoût mortel à la pensée de cette
âme héroïque, luttant sans cesse contre les pièges tendus à sa vertu,
soit qu'elle s'armât d'une mâle vigueur, soit qu'elle se renfermât
dans une flexible résignation ? Quel cœur ne se sent pas débordé d'a-
mertume, en pénétrant l'intérieur de ce cœur si français où chaque
coup que battait la vie, était une angoisse, prix de tous les genres de

sacrifices pour le bien public? Ah! siècle de fer, siècle des philosophes! il n'était donné qu'à toi de torturer l'âme paisible et confiante
du plus aimant des rois! sois voué à l'exécration des hommes, comme
tu l'es à celle de l'historien forcé de te nommer!

Le Tiers-État était pour Louis XVI une trop faible ressource, à cause
des sourdes intrigues qui devraient circonvenir les classes populaires.
Une conjuration de famille était plus qu'il ne fallait pour aliéner les
esprits mobiles, les sordides ambitions. Or, depuis long-temps, la soif
de régner poussait à la trahison les princes collatéraux de la maison
régnante. C'est qu'aussi depuis long-temps, l'irréligion était chez un
héréditaire. Louis-Philippe Joseph d'Orléans, réunissait à la cupidité
de ses ancêtres, s'il en faut croire les mémoires du temps, une extrac-
tion appropriée au rôle de vil conspirateur, avec tous les vices d'un
laquais, toute l'hypocrisie d'un traître. Quoiqu'il en soit, s'il eut assez
de perversité pour ourdir un complot régicide, il n'eut pas assez de
pénétration pour voir qu'il ne jouirait pas de son attentat. Heureux ses
descendans, si l'exemple de sa mort tragique, sur l'échafaud qu'il
avait aidé à dresser, leur apprenait que les idoles du peuple finissent
toujours par lui servir d'holocaustes!

Cependant, malgré cette conjuration, l'heure n'était pas encore
venue de la ruine de la royauté; car mille occasions s'étaient présen-
tées au nouveau Sylla d'usurper une couronne presque toujours chancelante sur la tête de Louis XVI. C'est que, comme il a été dit, il
fallait auparavant que la coalition des sectaires se fût bien entendue.
Il fallait, pour détruire plus sûrement la monarchie et par suite la
liberté, qu'un programme de dissolution religieuse fût dressé par tout
ce qu'il y avait de pervers et d'artificieux dans la propagande conjurée.

Le jour arriva où l'on vit éclore une constitution civile dite du
clergé, au sein d'une nation déjà déchirée par l'enfantement de toutes
sortes de réformes : réforme du principe monarchique par celui de la
souveraineté populaire ; réforme de la puissance exécutive par l'usurpation de la puissance constituante ; réforme de la magistrature, par
l'abolition des parlemens ; réforme de la noblesse, par l'exhérédation
du second ordre de l'état ; réforme des anciennes lois constitutives,
par un régime d'innovations perpétuelles : mais de toutes ces œuvres
de précipitation et d'anarchie, la plus subversive était la constitution
civile du clergé. La chaîne sociale tenait par ce côté seul : aussi bien
verrons-nous qu'à peine brisée par cet endroit, elle se dissoudra en
fracas, entraînant avec les autres le trône et la liberté.

1° Le premier coup frappé par l'assemblée nationale dite constituante, fut l'atteinte portée au droit divin de l'épiscopat. Au moyen
du déguisement le plus spécieux, elle prétendit qu'en réduisant le
territoire à une simple démarcation, elle ne voulait que coordonner
les siéges épiscopaux avec les nouvelles dénominations de départemens,

les diocèses avec les préfectures. Aux yeux de la multitude, ces mesures en apparence purement administratives, ne devaient pas paraître excéder le pouvoir d'une assemblée nationale: aussi n'y eût-il presque qu'une voix pour applaudir. Mais le venin était caché sous les fleurs de l'éloquence législative. En supprimant cinquante-trois évêchés, et un nombre disproportionné de paroisses, cette assemblée enlevait leur mission divine à cinquante-trois évêques, et de son autorité privée, la conférait aux prélats restans, dont les diocèses obtenaient un cercle plus élargi. Les philosophes pourtant n'avaient garde d'avouer leur usurpation sacrilège. Cette suppression d'évêchés et de cures n'était présentée que comme une opération financière en face d'un *déficit*, à l'extinction duquel devaient concourir tous les ordres de l'état. Il fallait bien prétexter de la nécessité des économies, quand on admettait le fait de la dilapidation de la fortune publique. Le mot d'économie ne pouvait aller mieux pour préparer les esprits à la spoliation du clergé; car, de cette manière, la cause de la religion se trouvait impliquée dans une double embuscade. Si la réorganisation des diocèses et des paroisses était acceptée directement de la puissance civile, c'en était fait de la juridiction canonique; elle cédait devant une *église établie par la loi*, telle que plus d'un écrivain en offrait le modèle chez les Anglicans: l'épiscopat n'était plus qu'une maîtrise précaire; la parole de Dieu, qu'une parole humaine; le troupeau, qu'un auditoire emprunté; le saint ministère, qu'un cheptel immoral, où la charge des âmes serait un trafic, et le salut une déception. Ainsi, le triomphe de l'impiété allait assurer le triomphe du despotisme. Si au contraire cette réorganisation était rejetée, on était certain que l'accusation d'avarice ferait fortune contre un ordre qui paraîtrait sans entrailles au milieu d'un état obéré. Infailliblement le refus de cet ordre serait proclamé et considéré comme un défaut de patriotisme, ce qui le rendrait impopulaire. Alors, c'en était fait de l'influence sacerdotale, qui ne tiendrait pas contre les diatribes et les brocarts, renforcés de tout ce que fournirait de spécieux le froissement réel de ses intérêts. La richesse du clergé devait passer pour un instrument de conspiration, son esprit de corps pour un dissolvant social; son existence, pour une anomalie; sa destruction, pour une réforme, ou tout au moins sa dislocation pour une garantie. Ainsi, encore l'église gallicane devait être la contre-épreuve de cette autre église dans laquelle, le jour où les parlemens et la royauté firent des articles de foi, l'Evangile ne fut plus qu'une dérision, la liberté plus qu'un souvenir.

2° L'assemblée nationale, poursuivant sa pointe, se jetait en second lieu sur le concordat de Léon X, qu'elle regardait, non sans raison, comme une barrière à ses projets destructeurs. Suivant elle, les élections d'évêques n'auraient plus leur source dans la présentation royale et l'institution canonique, ainsi que cela s'était pratiqué pendant plus

de deux cent cinquante ans , à la gloire et au bonheur de la France ;
mais les élections devaient émaner des citoyens actifs des départemens
et des districts : mode nouveau , mais infaillible , d'appeler à l'aide de
la vocation divine les plus obscurs comme les plus méchans des athées,
des Juifs , des protestans ; mode extravagant , mais politique , de soumettre à une bureaucratie soldée la noble foi des niais de carrefour ,
comme les suffrages consciencieux des habitués du théâtre ; sorte de
patronage , qui ne serait à dédaigner , ni des moralistes des mauvais
lieux , ni des chrétiens d'estaminets , ni des fidèles des loges maçonni-
ques. Ainsi encore , la religion allait être effacée par l'impiété envahissante , laquelle ne laisserait à sa rivale que le choix du supplice , ou
par le mépris officiel de son abjecte dégradation , ou par le contact
empoisonné de mille erreurs subtiles , ou par un décret d'insociabilité
radicale ; dès-lors , plus de liens parmi les hommes.

3° Venaient ensuite , dans le programme de la souveraineté constituante , *les appels comme d'abus* dont elle voulait que les juges civils
connussent en dernier ressort sur les matières spirituelles : d'un côté,
la condition de l'examen ou du refus préalable par le plus ancien
évêque ou le métropolitain , était à dessein articulée pour mettre plus
malignement au-dessus de ce qu'il y a de plus élevé dans la puissance
sacerdotale , le pouvoir révocable d'une cotterie laïque ; de l'autre
côté , la clause de la confirmation des élections par le pape n'était réduite à un simple avis que pour accoutumer la France à se passer
des rescrits ultramontains, et à y suppléer, comme nos voisins d'outre-
mer , par des verdicts législatifs , toujours l'usurpation séculière s'assu-
rant un nouveau jalon sur le terrain de l'autorité canonique. Dès-lors,
quelle subordination possible, dans une société encore toute catholique
par ses mœurs.

4° De l'avilissement de l'épiscopat , nos législateurs passaient à son
entier anéantissement , par l'institution *de plein droit* d'un conseil permanent de prêtres , qui ne laisseraient à l'évêque d'autre suprématie
que celle de recueillir des suffrages indépendans ; sorte de consistoire
en usage dans la réforme , où , comme les anciens , les simples prêtres
statueraient , par égale autorité , avec leur supérieur naturel , réduit
à la qualité de président précaire et amovible. Par ce renversement
de la hiérarchie , la prétention allait jusqu'à rendre ces *vicaires , de
plein droit,* supérieurs à ce chef imaginaire , puisqu'il était décrété
qu'il ne pourrait exercer aucune juridiction sans leur aveu, ni les destituer
qu'au nom de la majorité de son conseil : essai vraiment évangélique
de ce jeu de bascule introduit dans les gouvernemens démocratiques,
où , pour le malheur des peuples , l'ordre public subit la loi de l'opinion toujours dominée , au lieu d'être réellement l'opinion dominante.

5° Pour compléter enfin la ruine du sacerdoce en France , les philosophes apportaient leur tribut à la constitution civile. *L'église est*

dans l'état, s'écrièrent-ils ; *donc les biens de l'église sont à la nation.*
Voilà une première conséquence d'un principe qui n'avait d'autre base
que l'équivoque. La *population est liée très-étroitement à la puissance
d'un état,* s'écrièrent-ils encore, et *le célibat est contraire à la population :* donc, une bonne constitution doit interdire le régime monastique. Voilà une autre conséquence d'un principe qui n'avait de fondement que dans l'amour du scandale. On espéra revoir l'anarchie
anglicane et luthérienne par la similitude de mêmes scènes de prosti-
tutions sacriléges. Fidèle à ses conclusions, le pouvoir constituant mit
bientôt les biens ecclésiastiques à l'encan, et les religieux hors de
leurs paisibles retraites : imitation servile et qui n'eut pas même le
mérite du plus léger déguisement, de cette farce immorale que vit le
royaume britannique, aux jours de la liberté des Henri VIII et des
Cromwel !

Nous sommes donc arrivés à ce gouffre de débats, où la liberté
française va lutter, cinquante ans, contre la mort dont elle a reçu le
coup certain, par le seul retentissement de celui frappé en 1790 contre
les autels. Le premier serment civique du clergé n'avait pas fait changer de face aux affaires. Son refus du serment constitutionnel et schismatique ne fit que déterminer l'explosion révolutionnaire annoncée
par toutes les oscillations d'une politique légère et mobile. Louis XVI
ne voulut pas souscrire au décret d'exportation de tout prêtre inser-
menté. Ç'en fut assez : la royauté et la religion furent ensemble compromises par ce refus ; dès ce moment, la colère fut le seul conseiller
de la constituante. Bien des troubles partiels, fomentés par la conjuration d'Orléans, avaient préludé aux désordres ; mais il est remarquable qu'il n'était jamais devenu général, tant que la persécution de
l'église ne s'était pas déclarée. L'assemblée nationale se passa donc de
la sanction du roi, et la passion dicta des lois d'exception, telles que
l'exil, la réclusion des prêtres, sans doute pour la plus grande gloire
des gouvernemens représentatifs, et de la liberté des philosophes ;
mais l'effet de cette persécution fut de jeter dans les esprits une alerte
universelle. Bientôt des classifications odieuses divisèrent les législateurs eux-mêmes. Chaque nuance d'opinion eut son signe de ralliement.
Les Français ne furent plus des frères ; et pendant que les mots de
patrie et de civisme bourdonnaient gravement dans la place publique et
dans les assemblées, il n'y eut jamais moins de civisme, moins de patrie
pour des Français. Le soupçon, la défiance en firent des êtres parqués,
uniquement occupés à se tendre de réciproques embûches. Il n'y eut
plus dans les enceintes législatives que des impartiaux, que des orléa-
nistes, que des royalistes, que des constitutionnels, auxquels, en peu
de temps, succédèrent les jacobins, les feuillans, les cordeliers, les
rolandistes, les maratistes, les brissotins. Dans la société, on ne se
qualifia que d'aristocrates, de patriotes, de terroristes. L'assemblée

qui succéda à la constituante réunit dans son sein tous ces élémens d'anarchie. L'orage amoncelé n'attendait, pour éclater, que le murmure grondeur des comités sur le fanatisme des prêtres et des suspects. A ces mots, heureusement trouvés dans le répertoire des philosophes, des milliers d'exacteurs sont lancés sur la France, sous le prétexte des subsistances, et des grains accaparés. Toutes les conditions riches sont déclarées hostiles ; il n'y a pas jusqu'au système monétaire qui ne soit impitoyablement proscrit par les amis du peuple, législateurs désintéressés à trente-six francs par jour, espèces sonnantes. En revanche, on jette à ce peuple, jadis esclave avec ses prêtres et ses écus, une émission prodigieuse d'assignats au porteur, valeur reçue en *liberté*, et une loi agraire, où le plus grand lot s'appelait *Egalité*. Ce peuple, si civilisé par *la déclaration seule des droits de l'homme*, on le couvre d'un bonnet rouge, pour lui rappeler que s'il est souverain, ce n'est que quand le sang coule à flots. Enfin, le sceptre irrité de la république se lève *un et indivisible*, comme pour ôter à une nation, gémissante dans les fers, tout espoir d'affranchissement. Ainsi furent armées les passions les plus crédules, les plus basses. De la capitale de la France au dernier hameau, la populace la plus vile s'agita sans relâche comme une vague mutinée, précipitant sous son écume sanglante tout ce qui n'était pas laïque ou plébéïen. Les villes et les campagnes virent le carnage et le vol s'organiser en plein club, mot anglais mis en vogue par nos réformistes, parce que notre langue refusa peut-être de leur donner une qualification aussi barbare que l'étaient leurs émeutes délibérantes. Avant que la loi des suspects eût marqué du sceau de sa réprobation les familles les plus intègres, la délation et la violence les avaient désignées aux fureurs populaires. Les prêtres étaient, ou déportés à l'étranger, ou poursuivis dans les forêts, ou entassés sur les pontons des vaisseaux, ou cachés dans d'obscures retraites. Les temples étaient fermés, ou n'étaient ouverts qu'à des sacriléges. Est-il étonnant que les premiers momens d'apostasie aient porté un peuple sans frein à tous les excès ? Bientôt ces excès se retournèrent contre leurs auteurs même, par la nécessité de la propre défense, comme il arrive au milieu d'un tourbillon épais, où l'on ne sait de quel côté vient le vent impétueux. Il y eut des partis ; les partis s'accusèrent, triomphèrent tour-à-tour. Chaque accusation, chaque triomphe fit commettre mille égorgemens. Outre Paris, les seules villes d'Evreux, d'Etampes, de Corbeil, d'Avignon, furent le théâtre des plus horribles assassinats. Le sang coula à si grands flots dans cette dernière, que les eaux de la Sorgues, qui en arrose l'intérieur, en furent teintes et rougies. Le caractère de la révolution se dépeignit tout entier dans les rafinemens de cruauté dont on y usa envers les victimes. Comme de monstrueux anthropophages, les meurtriers, après les avoir mutilées dans les prisons, sans distinction d'âge

ni de sexe , les dépeçaient , les mangeaient à lambeaux , et en outra-
geaient les restes inanimés , par les actes de la lubricité la plus révoltante. Inutilement la France et l'Europe poussèrent-elles un cri
d'horreur ; l'assemblée législative reconnut hautement , et par une
mention honorable, Jourdan , surnommé Coupe-Tête, et ses complices,
pour de *braves brigands* , pour *des héros*. Une aussi solennelle absolution ne tarda pas à avoir ses conséquences. Mille décrets d'accusation
encombrèrent les prisons dites de la Haute Cour nationale. L'exécution
de ses arrêts fut laissée à une armée de bandits déguenillés , qui fut
nommée la *garde des sans-culottes*. Avec de tels satellites , la révolution
remplit la France d'émeutes, de guet-à-pens, de listes de proscriptions,
de comités sérieusement nommés de *salut public*. Les journées atroces
du 20 juin, des 3 et 10 août, des 2 et 3 septembre 1792 , pendant
lesquelles les hommes semblèrent transformés en Euménides, ne laissèrent plus de doute sur le plan d'insurrection générale , à la faveur
de laquelle devaient être égorgés la famille des rois et les citoyens
qui se laisseraient aller à la seule tristesse. On sait les mitraillades
qui inondèrent les cours des Tuileries du sang des fidèles Suisses. On sait
le pillage du palais de nos rois ; on sait les scènes infernales des places
de Grève et du Carrousel, où , comme à Avignon , à Bicêtre , à Lyon,
à Meaux , à Rheims , à Versailles , les hommes et les femmes , armés
de poignards , assassinèrent leurs concitoyens , se prostituèrent ensuite
à leurs cadavres nus , et allumèrent de grands feux, pour les brûler
et les manger sanglans. Ce fut alors que, cédant à la fureur populaire,
la Législative elle-même reculà d'horreur , et désespéra de la patrie ;
mais comme un abîme en invoque un autre ; comme le principe révolutionnaire est un écueil mouvant toujours maîtrisé par la tempête
sur des syrtes affreux , elle en appela , cette assemblée déjà trop factieuse , à une Convention nationale. Elle avait , par décret, suspendu
Louis XVI de la royauté ; elle laissa à des législateurs plus énergiques
*le soin d'assurer la souveraineté du peuple , le règne de la liberté et
de l'égalité ;* ce furent les expressions de ce club anarchiste. Ainsi ,
la Législative fut le premier acte du drame révolutionnaire. Que dira
la postérité de cette souveraineté d'un peuple en sabots , en bonnets
rouges , armé de piques ? souveraineté encore mal assurée par les
débris d'un trône , sur un pavé rougi de sang ? Que dira-t-elle , la
postérité , de cette liberté qui ne régnait pas assez par le massacre,
de cette égalité qui régnait trop peu par le sac et le pillage ?......
Ce que la postérité dira ? attendez, lecteur : un demi-siècle doit s'écou-
ler dans toutes sortes de commotions, avant que la France puisse
écouter avec calme le jugement de l'histoire : aussi bien , après le
sacrifice de cinq têtes royales au génie de la terreur, après dix ans
d'exécutions capitales, après un orageux consulat, un empire exacteur,
l'assassinat d'un Condé , l'armement de toute l'Europe , le ruineux

interrègne d'un empereur replâtré , le guet-à-pens mortel contre un
fils de France ; après une nouvelle révolution par trois jours de barricades parisiennes ; après un troisième exil de trois Souverains ; aussi
bien , après toutes les catastrophes , se trouvera t-il une assemblée de
législateurs , panégyristes de leurs devanciers , exaltant gravement
l'ère de la souveraineté du peuple , et replaçant sérieusement les débris
fumant de leur patrie sur ce volcan mutiné. Mais enfin , que dira la
postérité? car alors les Français seront les lointains neveux des patriotes de 1792 ; et d'ailleurs , il sera temps , plus que temps de
parler. Ce que la postérité dira! elle vouera à la malédiction des siècles
le protestantisme , le jansénisme et la philosophie. Elle dira qu'il faut
désespérer d'une nation , de sa liberté , tant que l'utopie de la souveraineté populaire lui imposera des démagogues pour maîtres , des
fléaux pour modérateurs.

C'était peu en effet que la destitution d'un monarque , pour cette
souveraineté , délibérant à coups d'assassinats. Il fallait qu'elle se ren-
forçât encore de tout le génie des monstres , que la France nourrissait
dans son sein palpitant; la Convention nationale , formée de 750 représentans , s'était montrée digne de sa mission en appelant à ses sanglans
débats , des hommes tels que les deux Robespierre , les Danton , les
Fabre d'Églantine , les d'Orléans , les Marat , les Brissot , les Manuel ,
les Péthion , les Condorcet , anthropophages partagés en deux clubs ,
dont l'un s'intitula *la Montagne* , nom qui fait peur à prononcer , et
l'autre se rangea sous l'étendard dit de la *Gironde* , autre dénomination
non moins barbare. Des deux côtés , l'on comptait des brigands qui ne
le cédaient en fanatisme républicain à aucun de leurs rivaux. Tous ces
hommes de boue et de sang comprirent leur mission qui était , ainsi
qu'il a été dit , de consolider la souveraineté du peuple. Or , un roi
détrôné et dans les fers déposait presque de la pusillanimité des précé-
dentes législatures. La Convention n'était pas faite pour reculer devant
toutes les conséquences d'un premier crime. Aussi , pendant que tout
le reste de la France se disputait l'indignation , provoquée par la captivité de Louis et les forfaits qu'elle causait , les députés de la minorité
factieuse de la nation se disputaient et la gloire du bourreau , et l'honneur d'un régicide. En moins de quarante jours , le *restaurateur de la
liberté* fut décrété d'accusation , condamné et exécuté. . . . . 1793.
L'histoire a oublié de dire si ces monstres , qui se firent tout ensemble
ses accusateurs , ses jurés , ses juges , ses exécuteurs , étaient de la société de Loyola.

Dès cette catastrophe , tout se déchaîna. Plus de conspirations ourdies dans l'ombre. Les complots se firent par acclamations. La Convention cessa de faire des décrets : par horreur sans doute du despotisme ,
elle se mit au-dessus de toutes les lois , n'enregistra plus que des arrêts
capitaux. Sa barre fut changée en une coulisse d'échafaud , et la légis-

lature en une scène tragique où les complices du 21 janvier ne parurent que pour se désigner au bourreau. Durant près de trois ans, les séances de la Convention ne furent qu'un long procès-verbal de meurtres et d'attentats applaudis. Plus de soixante conventionnels payèrent, de leur tête, et par la main de leurs complices, les scélératesses de la révolution. La France entière fut couverte de tribunaux dits révolutionnaires, qui n'avaient d'autre code que la fureur, d'autre procédure que des hurlemens, d'autre sentence que le sang et la mort. A cette phase de crimes en succédèrent deux autres, qui furent deux nouvelles époques de férocité. C'était la froide barbarie qui avait remplacé la fougueuse brutalité. La taxe du pain par le maximum et la déportation furent les pénalités favorites des assemblées qui ambitionnèrent successivement l'honneur de consterner la patrie. Le conseil des cinq-cents, celui des anciens, le directoire achevèrent par là l'approbre d'une nation, à laquelle il ne restait que quelques gouttes de sang et des squelettes vivans, desséchés par la douleur et la faim. Tels furent, pendant dix ans, les ravages d'une révolution faite pour la liberté. La servitude chez les Hurons et les Esquimaux du haut Canada fit-elle porter jamais d'aussi pesantes chaînes? Les régences de Tunis, les Divans d'Ispahan, le trafic du Sénégal et le culte des Fétiches, poussèrent-ils jamais plus loin la cruauté du despotisme, la volonté de l'abrutissement!

Il faut pourtant tout dire : à cette époque, où l'intelligence humaine avait été échangée en France pour la *rage de la hyène*, la souveraineté du peuple avait été assez heureuse que de faire subir cinq éditions, cinq métamorphoses à la constitution; et de plus était dressé un autel à la raison. . . . .

Or, écrire l'histoire des maux de la France durant le règne de la souveraineté du peuple, c'est presque écrire l'histoire des malheurs de tous les états où l'esprit de la prétendue réforme avait pu pénétrer. Soit en compromettant la paix des états catholiques, leurs voisins, soit en ameutant les masses aveugles contre les puissances établies des pays devenus protestans, elle avait allumé des guerres qui étaient de nature à ne s'éteindre que faute d'alimens, et après toutes sortes de déchiremens politiques.

Vers le milieu du XVIIIe siècle, époque où la philosophie étendait le plus son empire : rapprochement remarquable! ces guerres avaient pris un développement général sur le continent, mais principalement dans les provinces imbues des principes du schisme religieux. Partout la maxime du protestant Jurieu sur la souveraineté du peuple, fut mise en œuvre pour civiliser les hommes. Louis XV régnait : le scandale de ses parlemens usurpant sans fin la dictature, malgré les éclats de la puissance royale, ne contribuait pas peu à enhardir les factions chez l'étranger, là où les formes du gouvernement avaient admis des coteries privilégiées et puissantes, comme l'étaient en France les cours souveraines.

Dès 1734, la Pologne catholique, mais remplie de sectes luthériennes, avait fait éprouver au beau-père de Louis XV, les douceurs de la souveraineté populaire. Le prince Stanislas Leczinski avait été élu deux fois par les états, et n'avait pu régner sur des populations ivres de leur pouvoir. De là des guerres ruineuses avec la Russie et l'Autriche, intéressées à ne pas laisser gagner la révolte dans leurs paisibles provinces. De là des partis, des divisions intestines, toutes les calamités d'une anarchie, qui devait irriter l'orgueil moscovite en 1772, et appeler, sur le sol jadis si heureux de la vieille Sarmatie chrétienne, toutes les horreurs des batailles; anarchie qui, après lui avoir fait épouser en 1793 la cause des républicains français, devait l'exposer à perdre, au bout de cent ans de rébellion, sa nationalité fière, avec toutes les sympathies des peuples libres sous les sceptres légitimes.

Presque en même temps, après plusieurs soulèvemens, et d'innombrables assassinats, les Corses avaient tenu une assemblée générale et populaire, sous le prétexte de secouer le joug des Génois, et fini par se donner pieds et mains liées à un baron du cercle protestant de Westphalie, qui s'était fait roi.

La ville de Genève, toujours remuante depuis qu'elle avait cessé d'être catholique, avait été en proie à des troubles intérieurs que toute la puissances des cantons réunis n'aurait pas pacifiés, sans l'habile intervention du cardinal de Fleury, ministre de Louis XV.

La république de Gènes elle-même avait levé l'étendard de la révolte contre les Autrichiens ses vainqueurs. Cette fois, ç'avait été le parti aristocratique qui avait remué le peuple. Ses sénateurs sémi-despotes craignaient de ne pas garder sous le sceptre impérial une autorité qu'ils étaient assurés de se faire maintenir par le régime républicain, où ils savaient qu'ils avaient par leur or, leurs liens de caste et leur indifférence pour toutes les religions, la meilleure part de la souveraineté populaire. Pour se soustraire néanmoins à la domination de l'Autriche, il n'avait fallu rien moins qu'une révolution : le tocsin avait sonné. Des scènes de brigandage avaient signalé le triomphe des sicaires génois. Ce fut sur des ruines immenses et des milliers de cadavres que s'assit, en 1745, une république plus aristocratique qu'auparavant, pour le compte ces pirates de la noblesse, en attendant que de nouvelles commotions fissent prendre en 1792 à cet état populaire le titre de république ligurienne, titre sans doute plus propre à la liberté du pauvre peuple.

Incontinent après, les provinces amies déjà constituées en république, depuis l'édifiante réforme, avaient assemblé leurs états-généraux, sur l'inspiration du roi de France. Il s'était agi de délivrer la

ANS
DE
J.-C.

Hollande et les villes confédérées des fléaux de la guerre extérieure. Au lieu de cela , le congrès populaire avait fait une révolution. La Hollande embéguinée du système constituant , avait cru travailler à sa liberté en déclinant l'autorité de ses anciens régens : elle s'était donné, un prince d'Orange pour stathouder , ce qui équivalait à un dictateur. Il en avait coûté les horreurs de la guerre civile. Heureuses provinces , si leur sort n'eût pas été de subir toutes les conséquences d'un principe révolutionnaire ! Elles n'auraient pas porté le joug sanglant de la république française ; elles n'auraient pas reproduit servilement les scènes parisiennes de 1830.

1741.

Les mêmes calamités qu'avait enfantées la souveraineté du peuple chez les vieilles républiques du continent, se reproduisirent dans les royaumes que la prétendue réforme avait entamés.

La Hongrie , que deux cents ans de séditions , de haines intestines et de guerres civiles n'avaient pu reconcilier avec elle-même, grâces aux bienfaits de la religion luthérienne , s'était enfin reposée de l'anarchie causée en 1740 par la mort de l'empereur d'Allemagne, Charles VI, qui n'avait pas laissé d'héritier, sous le sceptre catholique de Marie-Thérèse. Dès ce temps là , ce royaume ne dut sa longue paix qu'à son union avec la nation autrichienne qui , elle-même, n'est demeurée si paisible au milieu de tant de déchiremens, que parce qu'elle est restée fidèle à son souverain, et si fidèle à son souverain, que parce qu'elle est catholique.

La Suède, autre État qui , depuis la réforme de Luther , n'avait assisté qu'à des scènes de désordre, où le despotisme avait été sans cesse disputé entre les princes et les comices; la Suède se crut obligée de se constituer en monarchie républicaine en 1743. Dès cette époque, les querelles sur la souveraineté devinrent plus vivés qu'auparavant Le sé-

1756.

nat fit avorter des conspirations qui tendaient à donner au prince le pouvoir d'un tyran , peut-être par la nécessité de réprimer l'insolence des sujets. Mais la puissance royale fut tellement énervée par l'échec de 1756 qu'elle ne put bientôt plus tenir contre le bras populaire. Adolphe-Frédéric fut remplacé en 1771 : Gustave III assassiné en 1792, et Gustave IV déposé en 1809.

A l'époque où la Suède luthérienne se défaisait si libéralement de ses premiers rois élus , l'Amérique réformée par la secte des quakers an-

1773.

glais disputait', à la Grande-Bretagne sa métropole , la souveraineté dont celle-ci avait fait un si sanglant usage contre le dernier rejeton des Stuarts, l'infortuné Charles-Edouard. Ainsi qu'il en a été déjà touché quelque chose , une première insurrection des trembleurs réformés , avait éclaté à Boston autrefois capitale de la Nouvelle-Angleterre. Un an après, en 1774, le peuple souverain s'était assemblé à Philadelphie, en congrès général qui avait allumé une guerre affreuse entre les colonies et la mère-patrie. Bientôt après , au milieu des ruines , celles-là avaient entièrement secoué le joug anglais. De là , des combats , des

luttes acharnées qui ne se terminèrent qu'au bout de sept ans de cala- ANS DE J.-C.
mités publiques. Alors même les États-Unis ne prirent place au nombre
des républiques bien constituées, que parce que la religion catholique
y fut appelée comme les autres pour assurer une liberté dont on sem
bla reconnaître que la source n'était pas pure.

L'Angleterre avait appris par cette rupture ce que porte avec lui le
schisme religieux, la ruine des intérêts les plus nationaux. Elle avait
précédé la France dans la voie des réformes, révisions de la grande
charte, séparation d'avec l'Église romaine ! Qu'en était-il résulté ? révolution, changement de dynastie, perte des plus riches colonies. Qu'a-
vait gagné le peuple anglais ? le cancer du *paupérisme*, plaie honteuse
qui enfante les crimes de la multitude par la corruption, et ne lui laisse
d'autre liberté que celle de mourir de faim, ou de vivre dans l'abjection, ou enfin d'entendre tonner contre sa misère le canon de l'arsenal
et de la tour de Londres. La France n'a fait que suivre la destinée des
réformistes, si la souveraineté du peuple lui a fait perdre ses colonies,
après l'anarchie de sa révolution.

A cette époque, où les nègres des Antilles voulurent imiter la rupture des États-Unis, les Français eurent beau fulminer l'anathème contre
des populations qui, après tout, pour être insulaires, n'en avaient pas
moins ce qu'on appelait dans les assemblées de la France, *les droits de
l'homme*. Des changemens trop précipités dans le régime de l'île de
Saint-Domingue, et surtout les principes d'impiété de la révolution
française, jetés inopinément aux religieux et pacifiques mulâtres, devaient allumer la guerre civile qui chassa pour jamais la domination des
malencontreux républicains.

On le voit, chez les deux pays où le système philosophique a jeté de
plus profondes racines, où la souveraineté du peuple et le gouvernement démocratique se sont donnés pour modèle à l'Europe, les essais
ont été d'une égalité parfaite, également féconds en bouleversemens ;
également contraires à la liberté des masses soulevées par instinct de
conservation, également ruineux pour les intérêts de la patrie.

Partout où la religion fut proscrite, la liberté la suivit dans son exil
et ses solitudes.

Il fallait donc rappeler la religion, pour que la France revît un
rayon de liberté. Mais, quel bras assez fort pour briser tous les fers
qui la tenaient captive ! Un homme, un étranger, un Corse débarque
subitement à Fréjus. Justement enflé de ses faits militaires, chargé de
lauriers d'Égypte, le général Bonaparte (la postérité le croira-t-elle !),
le général Bonaparte arrive bientôt à Paris, entouré de ses vieux soldats, et se jette sur la république, colosse aux jambes d'airain et aux
pieds d'argile : la contre-révolution est opérée. La main d'un Corse ca- 1799.
tholique suffit pour relever la France de son attitude suppliante et dégra-

dée. Mais, Bonaparte qui, comme un autre Cyrus, avait pu connaitre par lui-même les monumens de la vraie religion, comprend qu'il manquera un appui à son pouvoir, un fleuron à sa gloire, s'il laisse les temples à leur profanation, les peuples à leur impiété. Un seul moyen se présente au héros de Maringo, celui-là même dont usa jadis le héros de Marignan, un concordat avec le souverain pasteur de l'univers. Mais avant tout, il faut que le reste des cannibales qui ont ensanglanté la terre classique de l'honneur soit allé mourir ou sur des pirogues, au milieu des sauvages, ou de rage dans les prisons, ou sous le poignard des grands chemins, ou par le fer du suicide, ou par l'expédient du sublimé corrossif, ou sur un brancard de l'hôpital de Cayenne, ou dans les guérets solitaires de Saint-Emilion, ou dans le bassin de Marseille; car tel est l'arrêt qui attend la plupart des assassins législateurs. Délivrée alors de ses tyrans, la France respirera, et le concordat du héros de l'Egypte, digne émule des anciens Lagides, sera, pour celle-là, ce que fut, pour celle-ci, la version des Septantes sous les Ptolémée, une époque d'affranchissement et de bonheur.

Le jour dédié à la gloire de la vierge, protectrice particulière de la France, depuis le vœu de Louis XIII, ce jour de restauration arriva. Le 15 soût 1801 vit éclore un traité entre le pape Pie VII et l'homme qu'on pourrait appeler le légataire universel de la fortune (1).

Le consul Bonaparte voulut que cette convention ne fût que le corollaire du concordat de François Iᵉʳ et Léon X. Heureusement il ne craignait pas de paraître demeurer derrière les prétendus progrès des lumières. Il sentait qu'il portait dans son génie les hommages des philosophes. Il voulut que son œuvre ouvertement rétrograde fît reculer les esprits jusqu'à la renaissance des lettres, jusqu'au siècle religieux et imposant des Médicis. Il le voulut, et il l'obtint.

Bientôt en effet, la France offrit un nouvel aspect. Le chant des cantiques sacrés substitué dans les temples aux détonations d'une impiété furibonde; les autels ornés de fleurs et embaumés d'encens; les prêtres fraternisant avec leurs ennemis; les citoyens s'entre-cherchant pour se reconcilier; le son bruyant de l'airain ébranlé contrastant avec le souvenir du sourds et perpétuel tocsin, les habitans des campagnes sortant en cadence de leurs cabanes jusqu'alors espionnées, la capitale et les grandes cités faisant un chœur d'acclamations avec l'enthousiasme des provinces, le prestige de la gloire s'attachant à tous les pas du vainqueur de Saint-Cloud : tel fut le spectacle que présenta, à l'Europe en stupeur, la France régénérée par la religion. Comme on voit : on dut ce retour de la liberté au concordat de l'an x ; et c'est ici le cas de reconnaitre quel homme la Providence avait suscité. Si ses commence-

____
(1) Concordat de 1801, ou l'an X.

mens lui gagnèrent les cœurs, c'est qu'ils furent ceux d'un héros et d'un chrétien. On va voir combien ce même homme fut impuissant et malheureux, quand Dieu l'eut abandonné.

Napoléon ceignit le diadème des empereurs. Il ne douta plus que sa volonté ne dût être l'arbitre universel. De mauvais conseillers lui persuadèrent qu'aucune puissance, depuis la république helvétique jusqu'à la tiare, ne résisterait à ses lois. Il venait de subjuguer cent provinces, et la tentation de leur ajouter le nom si prestigieux de Rome était délicate. Il essaya d'abord de contrister cette ville éternelle par des décrets de servitude qu'il nomma *articles organiqaes ;* mais ses revers commencèrent là avec ses fautes.

Le culte public avait eu neuf années d'éclat sous son règne, malgré quelques vexations d'une administration ombrageuse, reste impur de la tyrannie républicaine. L'enseignement de la morale était devenu général, populaire ; les sentimens de justice, d'ordre, de subordination avaient été fortifiés à l'ombre de sa renommée. Le ravage de douze ans de licence s'était en partie réparé au sein de la paix domestique. La jeunesse obtenait déjà des guides sûrs, éprouvés ; le commerce, l'industrie avaient été ravivés par tout ce mouvement social. De l'an 1802 à l'an 1811, ce n'avait été pour le héros d'Austerlitz que victoire, que trophées, que chant de triomphe dans le lieu saint. Les aigles impériales avaient plané sur l'Europe avec le regard de la puissance. Napoléon avait donné un code complet de lois à la France, un maître à ses voisins, des rois à presque tout le continent. Lui seul avait réhabilité le nom français dans la chronique des premiers peuples du monde. La liberté individuelle et la liberté religieuse avaient obtenu répit de cette autre liberté qui insulte à tout, qui empoisonne tout, qui bouleverse tout, quand une robuste main n'est pas là pour la maîtriser ; je veux dire la liberté de la presse, présent mortel de la philosophie. Sous le règne de Napoléon, on avait plus de libertés publiques, parce qu'on en parlait moins, et les rêves convulsifs de son ambition ruineuse étaient bien compensés par la réalité de l'indépendance nationale et du respect de la loi.

Mais celui qui, de simple général, était parvenu à poser sur sa tête la couronne de Charlemagne, et avait pu prendre le titre de roi d'Italie, celui de protecteur de la confédération suisse, et enfin le nom de médiateur de la confédération du Rhin, celui-là aurait dû comprendre que, si son étoile avait brillé d'un éclat imposant, ce n'avait été que d'un éclat emprunté à la planète de la foi catholique. Pourtant, il ne le comprit pas ; il oublia la religion et ses bienfaits ; il emprisonna le pape, le frappa au visage, assembla un concile, et se brisa contre cet écueil. Pénélope ne défit jamais aussi vite sa toile que Napoléon sa fortune. En moins de trois ans, depuis sa tentative schismatique, il se vit répudié de la France et de ses généraux , poursuivi par l'Europe coalisée , fugitif sur une frêle embarcation , relégué dans une île escarpée et gardé par les Anglais , ses plus grands ennemis.

En 1814 , tout semble se renouveler ; une ère de bonheur sourit à la France. Pour appaiser la colère des rois ligués , les catholiques Bourbons , inconnus ou oubliés , paraissent au milieu de ses ruines. Dignes héritiers du noble Louis XVI , ils arrachent la patrie des serres de l'aigle du Nord. Ils jettent un long crêpe sur les excès dont elle fut souillée, et la France, la France si long-temps déchirée par les factions ou la guerre , revoit des jours calmes , et sent la vie revenir à son cœur. A l'exemple de Louis-le-Gros , ancien restaurateur de la liberté française , Louis , dix-huitième du nom , fit tout pour elle en face de l'Europe armée , et un autre peuple que les Français aurait reçu la charte de 1814 , toute imparfaite qu'elle était , comme un évangile politique , dans lequel se seraient fondus tous les partis. Le pardon et l'oubli commandé des plus grands forfaits , n'était-ce donc rien de la bouche des Bourbons , si long-temps malheureux de leur propre infortune , après avoir été les victimes de nos discordes ? que fallait-il donc de plus à la France mutilée ?......

Ce qu'il aurait fallu pour cimenter une réconciliation durable , ç'eût été de la part des Français un esprit plus national , un patriotisme égal du moins au patriotisme de leurs princes , qui savaient sacrifier tous les ressentimens personnels , qu'après tout la nature était en droit de réveiller à l'aspect d'une terre ensanglantée de leur sang royal ; ç'eût été de leur part aussi un peu moins de confiance dans leurs plans de concessions généreuses , dans leur système constitutionnel ; mais alors , comme toujours , on s'occupa peu des premiers besoins de la société , c'est-à-dire , de ses intérêts religieux qu'on laissa enchaînés au char des victoires ou gissans avec les débris de l'empire. Par-là , les principes de l'ordre social restèrent sans définition , ou n'en obtinrent pas de claire et de précise. Les esprits distinguèrent mal ce qui était de Dieu et ce qui était des hommes , dans une restauration qui , pourtant , avait tous les caractères d'un événement surhumain. Le culte sacré reprit , à la vérité , quelque éclat ; mais il fut plutôt le résultat des fêtes politiques qui appelèrent d'elles-mêmes la pompe imposante des temples , que l'effet bien direct d'une émancipation religieuse. Ainsi , le plus grand des faits historiques se réduisit insensiblement à la taille d'un petit changement dans le personnel du palais des rois. La charte de Louis XVIII , qui aurait pu être la pierre jetée sur l'abîme des révolutions, ne fut que le procès-verbal officiel des progrès de l'esprit révolutionnaire. Après l'oubli de la religion, oubli que répara mal l'honneur fait au catholicisme de le déclarer *religion de l'état* . parce que ces grands mots ne prouvent rien à une nation qui s'était laissé proclamer l'*existence de l'Etre suprême*. Après l'oubli de

la religion , le premier tort de la charte , si toutefois ce tort n'était
pas une conséquence nécessaire de la protection accordée à tous les
cultes , à toutes les opinions , ce fut de mettre en présence ce qu'elle
appela les illustrations de toutes les époques , et de les regarder d'un
œil égal. Il y eut donc sous la restauration et dès sa première heure ,
les illustrations de la république , ce qui ne voulait pas dire moins
que le parjure , le brigandage , la banqueroute...... Il y eut les illustrations de l'empire , ce qui ne voulait pas moins dire que la trahison ,
l'assassinat, la forfaiture. Or, quand on assigne, dans un acte solennel
et fondamental comme l'est une charte , pareille place à la fidélité et
à la félonie , on fait du socinianisme politique ; on oublie la première
condition de la vie de la société , qui est que les élémens contraires
ne s'y peuvent mêler , non plus que dans la vie des individus.

Aussi l'essai de la charte de Louis n'en fit-elle pas attendre les
conséquences ; elles se résumèrent toutes dans une nouvelle révolution,
qui s'opéra d'elle-même , comme par enchantement, sans résistance,
sans une goutte de sang , sans sédition. Fallait-il d'autre preuve que
la charte de 1814 ne s'était amassée que comme un grain de sable
devant le torrent révolutionnaire , et avait menti à sa destination?

Tout le monde sait que le déménagement de l'empire à l'île d'Elbe
était à peine fini , lorsque celui de la prétendue restauration recommença aux Tuileries : c'était le 20 mars. L'Europe de 1814 avait eu
juste le temps de se croire maîtresse de la révolution , que déjà celle-ci
avait relevé son étendard. Les Bourbons avaient pris eux-mêmes le
soin de jalonner sa route , en appelant aux postes administratifs ses
fondés de pouvoir. L'interrègne des Cent-Jours ne vint si facilement
troubler la sécurité de l'Europe , que pour arguer d'impuissance la
royauté constitutionnelle de 1814 ; car cet interrègne ne pouvait être
lui-même qu'une transition , parce que , s'il n'y avait plus alors de
royauté , il n'y avait aussi plus d'empire. La machine sociale avait
été disloquée par ces deux secousses contre nature. L'échec de la
Charte constitutionuelle constituait un jeu de table rase ; l'épreuve
n'en était pas douteuse , ç'aurait dû être une grande leçon !

Or , on sait ce qu'il advint , quand l'Europe en courroux se rua de
nouveau sur la France révolutionnaire. Le drapeau de saint Louis reparut escorté des baïonnettes ennemies. Et comme une première faute
avait dénaturé la puissance , dans la rédaction de la charte , il sembla
que les Bourbons fussent destinés à en subir toutes les conséquences.
Sans parler de l'amnistie plus qu'étrange jetée au front des fidèles compagnons de la légitimité fugitive , la charte de 1814 , morte-née , ou
tout au moins encore saignante d'un suicide , toujours la charte fut le
dernier mot d'une royauté , déjà tant énervée. Dès-lors , la théorie des
trois pouvoirs cessa d'être une utopie impossible , elle devint une arène
trop réelle des rivalités populaires et de hautes prétentions. Il ne resta

plus, de tant de professions de principes , faites au nom du peuple fran·
çais, constitutions, chartes , acte additionnel , il ne resta plus qu'un
cartel donné , comme en champ clos , à la majesté royale par la démocratie envahissante. Pendant ce combat, livré corps à corps , il ne pouvait exister en France qu'un pouvoir qui n'était ni celui de la royauté ,
ni celui du peuple ; un pouvoir bâtard, issu de tous les deux à la fois ,
pouvoir , ni politique , ni moral ; pouvoir exorbitant de mal faire
par le pouvoir exorbitant de mal dire, la charte ressuscitée sans correctif : mât brisé d'un vaisseau poussé sur l'écueil.

    Vit-on jamais , en effet, plus grossier tissu d'incohérences que cette
charte constitutionnelle, appropriée à une génération telle que celle
de 1815 ?

    Et d'abord , à côté du principe *de l'égalité de tout citoyen devant la
loi* , principe juste en soi, mais principe inapplicable à une société formulée , malgré ses crises , par une inégalité bien tranchée des rangs et
des fortunes , mais principe discordant par mille endroits avec le positif des conditions improvisées durant 25 ans de vicissitudes ; à côté de
ce principe rajeuni d'un souvenir, plutôt que remanié d'une expression ,
le privilège immatriculé de la grande propriété, véritable fief conférant
droit de seigneurie électoral au millième imposé de la population : ici ,
droit civil à 32 millions de français ; là , prérogative civile à 32 mille
électeurs (Art. 1er et 35 et 40). 1re *incohérence.*

    A côté d'une religion adoptée par l'état , toutes sortes de religions na·
turalisées , encouragées d'une protection égale : pasteurs agréés pour la
vérité , pasteurs agréés pour l'erreur, pasteurs agréés pour ce qui n'est
ni l'erreur ni la vérité; faveur aux prédicans, comme aux missionnaires ;
récompense aux apôtres du pour et du contre ; salaire pour tous :
partout dérision immorale (Art. 6, 5 et 7). 2e *incohérence.*

    A côté de la liberté indéfinie des opinions , le baillon menaçant :
ici , la licence de la presse inspirée par la timide répression du législateur; là l'anéantissement de cette industrie , promis aux embarras de l'a-
venir (Art 8.). 3e *incohérence.*

    A côté de la souveraineté résidant dans le roi de qui la justice, émane,
par qui les traités sont signés, les armées commandées et l'Etat en péril
sauvé , deux autres souverainetés contrôlant la majesté du trône , mar-
chandant les subsides , formulant l'indépendance , soufflant les tempêtes jusque dans les législatures : plus près l'autorité du commandement avec ses puissans attributs; plus loin , l'hypocrisie de l'insubordination avec son envahissante allure (Art. 13, 14 et 15 à 52.). 4e *incohérence.*

    A côté d'une aristocratie antique et fidèle au malheur, une aristo-
cratie jeune et sans dévouement : marquisats et comtés de la régence;
duchés et baronies de l'empire ; nobles du mérite militaire, nobles de
la légion d'honneur, nobles du lys , nobles de l'aigle , nobles partout ,

nobles de pêle-mème : corps monstrueux et sans âme ! (Art. 74 et 72.)
5e *incohérence.*

Enfin, pour réduire tous les autres contre-sens en un contre-sens
universel : à côté de 74 articles d'innovations gouvernementales, la
confirmation d'un nombre de lois immorales, révolutionnaires jetées
çà et là en forme de décrets, lesquels, pour n'être *pas contraires* à la
lettre de la Charte, n'en étaient pas moins hostiles à une sage liberté,
telle qu'avait prétendue la fonder le roi législateur (art. 68).

Or, voilà pourtant à quoi réduites des institutions semi-anglaises, et
faites pour un peuple abruti, furent lancées sur le sol français, encore
brûlant d'une explosion.....

Les faits tragiques néanmoins s'arrêtèrent là. Le génie révolutionnaire
profita habilement de cette trève, passée avec les principes conservateurs. Le monde voulut varier la scène : alors se forma la troupe des
jongleurs politiques, qui se partagèrent l'honneur de bafouer la
France. Certes, l'auteur de la Charte, si glorieux du titre d'*immortel*,
ne se douta jamais que cette adulation fût le prologue d'une farce im-
pudente. Il n'admettait pas que les parleurs de liberté jouassent jamais le
rôle si impopulaire et si déloyal de flatteurs des rois. Qui, en effet, ne s'y
serait trompé, en entendant les tonnerres d'acclamations, qui partout
accueillirent le noble octroi de la Charte constitutionnelle? On peut l'affirmer aujourd'hui, les admirateurs sincères de cette ectèse politique
se seraient donnés au moins au démon de Socrate, avant d'imaginer que
l'enthousiasme des constitutionels fût une bouffonnerie.

Et pourtant la tartufferie des mauvais français devait jouer pendant
quinze ans la patrie. Et pourtant la révolution n'avait fait que se travestir, en singeant la monarchie. Si le lecteur n'était pressé, nous
aimerions à transcrire les propres aveux d'un journal révolutionnaire,
le *Globe ;* mais nous passons. Qui au reste n'a pas lu et déchiré d'im-
patience la page cynique, qui insulte à un grand peuple !

Ainsi que cela a été touché déjà, le premier acte de la royauté deux
fois restaurée fut une pensée d'amnistie. C'était incontestablement son
droit : ce droit était même explicite dans celui que la Charte lui avait
laissé de faire grâce aux coupables. Une fausse délicatesse, ou peut-
être un mal-adroit calcul sur l'enthousiasme fit soumettre aux chambres
de la législature cette mesure de clémence. Des débats scandaleux en
résultèrent : le régicide trouva le moyen de souiller encore le sanctuaire des lois. Il fut traité avec une éloquence méticuleuse, et sa
condamnation, qui n'aurait dû être prononcé qu'avec un concert d'efforts, servit d'aliment aux passions hypocrites. L'horreur pour ce crime
de lèze-majesté finit par l'emporter; mais si l'on vit ce qu'avait d'empire contre lui le sentiment national, l'on vit aussi des convictions
contraires formuler des excuses à la trahison. Choses étranges que tout

cela ! Ce qui acheva de l'être, ce fut le dépouillement de tant de suffrages, de tant de discours qui auraient formé un volume de 400 pages
en faveur du régicide, dépouillement qui ne fournit qu'une opposition
nominale. Le moment n'étant pas opportun, la révolution se ravisa
pour ne pas effrayer par un vote conforme à son allure. Protée dangereux, il lui en coûte si peu d'adopter tous les travestissemens ! aussi la
loyauté royaliste s'y trompa-t-elle : elle ne connut pas ce premier acte
de la comédie de 15 ans.

Soit, pourtant, que les hommes réfléchis eussent pressenti, dans
cette démonstration plus qu'équivoque du libéralisme, un échec futur
pour les doctrines monarchiques ; soit que les séïdes de la dernière
usurpation eussent paru n'avoir foi en la légitimité que comme en une
légitimité *viagère*, ainsi qu'ils en avaient été hautement accusés dans
les fameuses séances de janvier 1816, un décret d'expiation du 21
janvier 1793 sembla le correctif nécessaire à l'audacieuse félonie.

Mais, en vain encore, ce décret fut-il pris à *l'unanimité* ; en vain la
France se leva-t-elle entière pour porter le deuil d'un grand attentat ;
en vain la voix de la religion fut-elle priée de se mêler à l'expiation
publique. Une chose manqua, ce fut le cri de la chaire. Le silence
commandé au lecteur du testament de Louis XVI fut une nouvelle
faute de la restauration. La France se montra consternée ; mais elle
se montra réservée dans sa consternation. Il sembla que les bourreaux de la victime royale avaient encore la force d'imposer des ménagemens pour leur mémoire. Or, la religion n'était là que pour
la flétrir ; car c'est sa mission de jeter l'opprobre sur l'iniquité. Ce
mot de l'écriture : *dispereat de terrá memoria eorum* (*Psalm.*, 108,
15), ce mot sera toujours applicable aux forfaits, quoiqu'en disent les
philanthropes. Devant donc des contemporains inexorables et une génération naissante qui ne savait comment participer à un courroux
posthume, quand le crime était prononcé à peine, il aurait fallu d'é-
loquens vengeurs de la vertu mutilée : les jeunes âmes devaient être
remuées, les plaies rouvertes, les vieilles consciences sondées et impitoyablement jugées. Ç'eût été l'impiété philosophique, toujours l'impiété qu'on aurait dû mettre en présence de sa victime ; et ces mille
voix lugubres, et ces poêles funéraires, et cette couronne sans tête,
et cette épée sans baudrier, c'étaient eux qui devraient parler à la
France. Il aurait fallu faire entendre les rugissemens du crime, emprunter au cercueil sa stupeur froide et menaçante, et mesurer l'abîme,
ouvert par la fosse sacrilège qui recélait le chef d'un roi décapité.
Voilà quel devait être l'accompagnement d'un deuil national, vrai
deuil de famille, où jusqu'au dernier enfant devait apprendre comment
un père auguste avait péri sous un fer assassin. Au lieu de cela, on
voulut que la vieille France dissimulât, cachât à la jeunesse les tur-

pitudes, les infamies de l'autre siècle. Celle-ci crut à sa précoce sa- ANS
DE
J.-C.
gesse, et prêta l'oreille à peine à quelques graves leçons de l'histoire.
Par ce moyen, le deuil expiatoire n'expia rien, et la société nouvelle
pensa n'être au cortège lugubre que comme ces pleureuses louées,
dans les funérailles romaines, pour pleurer à la place du chagrin domestique. Ainsi, le spectacle même des erreurs qui devaient la former,
égarait la société naissante. Ces erreurs, filles de la philosophie, ayant
échappé à la flétrissure, la révolution n'eut pas de peine d'ajouter à
ses autres déguisemens, celui d'un deuil obligé. Son drame marchait :
car les Jocrisses de la restauration s'applaudissaient de la scène.

Néanmoins, il fallut bientôt reconnaître que l'empire seul de la
religion pouvait rendre durable le retour de l'ordre social. Chaque
jour le trône et la patrie s'apercevaient davantage de leur isolement.
Il n'y avait qu'une difficulté, et elle était puissante, c'était de confier
à la religion une fusion politique qu'elle n'avait pas ménagée. La
royauté constitutionnelle pensa donc à donner à la morale une action
nouvelle sur ses peuples. Propager l'instruction religieuse, s'emparer
de l'éducation de l'enfance, multiplier les hommes du sanctuaire pour
rapprocher des masses leur influence salutaire, tel fut le plan de la
couronne de 1817 ; mais il était déjà trop tard : avec la charte, le pouvoir ne lui en restait plus.

Le concordat de l'an X était loin de suffire aux besoins de l'époque.
Le pape Pie VII et Louis XVIII tentèrent d'y suppléer par une nouvelle
convention. L'état de servage où les traditions de l'empire, bouffi de
gallicanisme, tenaient encore l'église, cet état faisait que la liberté
civile se ressentait des étreintes de ses chaînes.

Le concordat de Léon X parut donc, comme au seizième siècle, la 1817.
ressource sociale contre l'envahissement séculier, toujours synonyme
de despotisme. Naturellement, il forma le premier article du concordat
de 1817. Or, on sait toutes les déclamations de la tribune, tous les
pamphlets de la presse sur ce seul article. Les mauvais catholiques,
les protestans, certains royalistes qui ne valaient pas mieux, craignirent
pour la couronne les prétentions *présumées* de la tiare ; pour la société,
l'influence du clergé, et pour le clergé lui-même, la perte des libertés
gallicanes. C'est qu'apparemment, sous le règne de la philosophie,
sous la république et sous l'empire, cette tiare, ce clergé s'étaient
ligués pour démolir les trônes, déposséder les rois ; c'est que, sans
doute, la société avait eu plus à redouter de ses martyrs que de ses bourreaux, et la France catholique moins de susceptibilité pour ses franchises, que la secte calviniste ou la franc-maçonnerie. L'absurdité
était là ; et néanmoins, grâces à la presse constitutionnelle qui se mit
à faire débauche d'histoire ecclésiastique, grâces à la politique des
ménagemens, ces préjugés triomphèrent, en dépit du ridicule. Le
concordat passa pour un cartel de la milice sacerdotale ; car *on crut*

voir, dit ironiquement l'abbé Freyssinous (1), *une armée de Tartares qui viendraient ravager nos provinces.* Le concordat fut donc rejeté par vous, malheureux royalistes! Vous ne vîtes donc pas la révolution déguisée en libéralisme, descendre dans l'arène où vous plaçates la religion, l'y prendre corps à corps en votre présence? Vous teniez donc, royalistes, les tréteaux de la comédie de quinze ans? Osez donc vous lamenter sur la ruine de la royauté de 1830 !!......

1817.
Le nouvel échec de la monarchie, récemment restaurée, constatait outre mesure sa situation : rien ne lui réussissait, ni amnisties, ni lois expiatoires, ni traités. La charte gâtait tout entre les mains royales, toujours impuissantes pour contrebalancer des pouvoirs rivaux. Ce fut alors que cette monarchie se montra timide, comme elle avait paru cauteleuse. Ne s'étant point appuyée, dès le principe, sur les autels, que trop tard elle voulut honorer, elle demeura confondue dans la foule, où elle ne conserva que la prééminence de sa défaite. L'ajournement indéfini du concordat, n'en doutons point, fut pour l'Europe le spectacle de la royauté vaincue.

Il sembla en effet que la révolution eût attendu là les vieux Bourbons; qu'elle eût mesuré ses moyens sur ceux qu'ils prendraient pour se relever de leur accul constitutionnel. La France ne tarda pas à en juger. Louis XVIII, haute partie contractante du concordat, entreprit seul de le ratifier, pour sauver l'honneur de la majesté très-chrétienne. Les églises veuves commencèrent à obtenir des pasteurs; les rangs des lévites se repeuplaient, et la société voyait se former ses ouvriers, ses sauveurs. Que fit la révolution? Toujours égale à elle-même, elle jura d'en faire porter la peine à la royauté. Elle conçut un régicide, mais un régicide qui pût être radical, en tarissant le sang royal dans sa source dernière. En conséquence, le noble rejeton des rois, le neveu infortuné de Louis XVI, Charles-Ferdinand d'Artois, duc de Berry, tomba assassiné le 13 février 1820. Ce prince, trop populaire, dont la France n'était pas digne, trouva la mort au sortir d'un spectacle, et la révolution de publier que l'attentat était le fruit d'une conspiration royaliste : c'était une comédie que cette accusation. On la laissa croire pourtant; car les amis des rois eurent peur de leur ombre (2).

Cette nouvelle catastrophe devenait pour la monarchie constitutionnelle une grande leçon; mais il ne pouvait en résulter d'enseignemens durables sous le régime d'une charte qui protégeait les écrits séditieux,

---

(1) *Vrais principes des Libertés gallicannes*, art. *Concordat.*

(2) Un seul royaliste, l'honorable M. Clausel de Coussergues fut assez généreux pour faire justice d'une aussi ridicule imputation. Lui seul, se faisait fort de montrer que des hommes bien que revêtus des insignes de la fidélité, n'en étaient pas moins auprès du trône les agens d'une faction conjurée; on sait les scrupules honteux qui arrêtèrent cet élan de courage.

au moyen de la licence de la presse. Le seul avantage qu'en retira la royauté, fut de prolonger sa vie de dix ans, par le remède empirique de la censure, qui avait sauvé quatorze ans Napoléon. La révolution affecta de reculer devant cette barrière, derrière laquelle le calme reparut ; mais elle ne perdit pas de vue les Bourbons. Avec sa brutalité ordinaire, elle se jeta sur la catholique Espagne. Le trône en fut ébranlé, et le neveu de Louis XIV, Ferdinand VII, se vit bientôt prisonnier de ses propres sujets. La prédilection révolutionnaire pour les royaumes chrétiens est, on le voit, assez marquée.....

Il est vrai que cette sauvage diversion servit mal la cause des démagogues. La France, toujours dupe chez elle, se montra digne de les combattre sur la terre étrangère. Leur défaite donna au drapeau blanc un héros de plus ; mais le héros du *Trocadéro* et son glorieux pere n'auraient pas dû croire que la honteuse capitulation de Cadix fût jamais pardonnée par le libéralisme.....

Le libéralisme français vit bien qu'il ne fallait pas s'engager avec la royauté en batailles rangées, mais la démolir pièce à pièce, suivant le mot de Mirabeau, Français comme son auteur ; *décatholiser la France pour la démonarchiser* (1). Coïncidence étrange ! le même procédé, suivi en 1764 contre une monarchie assise sur huit siècles, fut employé contre la faible restauration ! Nos législateurs se rappelaient sans doute l'échafaudage grossier dressé contre les jésuites d'alors ; on n'avait pas oublié leur expulsion, et l'indécente joie des philosophes ; on n'ignorait pas que cet événement n'avait été que le prélude de la destruction du trône ; tout cela était présent à l'esprit de nos royalistes, et néanmoins il parut convenu entre eux qu'après un triomphe comme celui de la péninsule, le diadème ne pouvait qu'être solidement attaché au front des rois ; qu'ainsi, sans conséquence, quelques pauvres religieux de Loyola, échappés aux régicides, devaient porter les coups du libéralisme dépité. A l'œuvre donc la secte libérale : mensonges, contes absurdes, vexations, lois et décrets de la terreur, tout est essayé, tout est invoqué, et les royalistes de rire, et les nobles de clabauder, et la cour d'applaudir, et la royauté de laisser faire. C'était bien la comédie que cela ; mais qu'y faire aujourd'hui : c'était cela ; nous l'avons de nos yeux vu.

Il y eut plus encore : après que le libéralisme eut obtenu des royalistes qu'ils fissent chœur de déclamations contre les jésuites, on rivalisa de zèle dans les rangs monarchiques pour découvrir cet autre parti de factieux, dont la légitimité sentait les coups, sans en pouvoir saisir la ténébreuse trame. Les efforts ne furent pas longs : le *parti prêtre* fut

---

(1) La Harpe a judicieusement fait remarquer que les adjectifs en *ique*, ne peuvent avoir de verbe en *iser*. Mais qu'est-ce que les lois du langage devant les révolutionnaires ?

enfin démasqué. Ce n'était plus ce corps vénérable des pasteurs, vrais disciples des hommes apostoliques, tels que d'autres temps les avaient fournis. C'était un sénat de républicains, que ces suppôts de la prêtrise ! c'était un gouvernement dans le gouvernement que *cette religion de l'État !* c'étaient des ambitieux que les prédicateurs, des séditieux que les missionnaires ! quoi de plus dangereux qu'un évêque fait cardinal, qu'un curé nommé président d'un bureau de charité communale ; que ce budget ecclésiastique, arrivé tout juste à la portion congrue ! et cette congrégation, sans domicile, sans aveu, en était-elle moins une mine souterraine, prête à engloutir le trône ! Enfin, de tous les scandales, faits pour humilier la liberté des opinions et des consciences, l'existence de vingt-neuf capucins à Marseille, n'était-elle pas le plus flagrant ? Français, vous l'avez entendu cette bouffonnerie, au moment même où prêtres et pontifes gémissaient davantage sous le poids de la défaveur, où leurs temples étaient forcés par des funérailles impies, où leurs mœurs populaires versaient le plus de consolation dans les chaumières, oubliées par la philanthropie opulente. Vous l'avez entendu cette bouffonnerie sur le parti prêtre ! vous-mêmes, royalistes, vous-mêmes l'avez accréditée ! dites, si parfois, à l'aspect d'une procession, d'un bénitier pauvre, d'une croix vermoulue, le tremblement ne vous a pas saisis, comme ces Quakers anglais, quand ils croyent prendre le fil d'une prophétie. . . . . !

Jusques-là, néanmoins, la comédie ne s'était pas personnifiée. Il fallait des hommes tout spéciaux pour aider à la pièce, et donner aux rôles ce caractère de vérité qui anime la scène. Entre tous les dupes du libéralisme, on ne pouvait mieux choisir qu'un marquis pour antagoniste des jésuites courtisans, qu'un évêque pour délateur du parti prêtre. Or, il se trouva bien un marquis (1) ! il se trouva bien un évêque (2) ! mais, comment ces jongleurs abusés ne se seraient-ils pas trouvés, assez de royalistes ne se trouvèrent-ils pas pour applaudir ? L'un n'est guère moins comique que l'autre, aussi le dénoûment approchait-il ; dans un noble mouvement d'amour pour la liberté de l'enseignement, conséquence nécessaire de la liberté des opinions, si la charte eût été quelque chose, des prêtres, précepteurs de la jeunesse se voyent proscrire par cet évêque apostat. Alors tombent d'un seul coup les chaires élevées à la vieille fidélité, autant qu'à l'indépendance catholique. Il n'y a qu'à consulter les ordonnances du 16 juin 1828 et leurs considérans, pour voir sous quels masques se cachaient les plans révolutionnaires. On ne pouvait s'arrêter en si beau chemin : après les jésuites et les évêques contristés, quelques capucins à Aix, Géménos et Marseille, devaient ranimer la verve des faiseurs de scènes. Des hommes morts

____

(1) M. le marquis du Montlosier, auteur des *Questions*.
(2) M. Feutrier, évêque de Beauvais.

au monde, au nombre de vingt-neuf, offraient encore trop de prise à l'influence sacerdotale. Et d'ailleurs que de griefs à opposer à leurs mœurs sobres et pénitentes? Prient-ils dans un inaccessible galetas? c'est encore évidemment, avouent les royalistes, le crime de Daniel invoquant un autre Dieu que le Dieu de tout le monde : hors la loi, les capucins. . . . ., à la Fosse-aux-Lions! Gardent-ils le silence! c'est évidemment le silence de la conspiration : à de tels conjurés, la maréchaussée. Sortent-ils, affublés du sac de saint François, voilés de l'ascétique feutre? ce sont les sentinelles avancées du fanatisme : à ces vétérans de l'absolutisme, des tailleurs à la française ou l'exil. Assistent-ils à une procession, armés du scapulaire et d'un monogramme? ce sont les précurseurs gagés du règne monacal. Allons Français, allons légitimistes; faites à leur sujet de l'éloquence sentimentale, et vous, préfets bourbonistes, vengez votre siècle civilisé des affronts de vingt-neuf vers de terre! Il y a là matière d'ordre légal. . . . . Copiez les lois et décrets de l'assemblée constituante. Qu'ils disparaissent, les moines! et que la monarchie restaurée ne soit plus inquiète de son avenir pour le crime de *Géménos* ! . . . . !

Qu'en pensez-vous maintenant, royalistes, car ceci est de l'histoire? La révolution, de tout temps ennemie de Dieu et des rois, pouvait-elle mieux que vous travailler à son œuvre? et vous, pauvres religieux, à la barde cénobitique, qu'en pensez-vous, vous-mêmes? vous aviez cru vraiment à la liberté des religions par la liberté de n'en point avoir, à la liberté du cilice et des sandales, par la liberté de la débauche et du luxe! et vous surtout, que le bruit d'un grand nom de *Charte* avait attirés, vous pensâtes fouler le sol de la tolérance, en foulant le sol français? Eh bien! vous vous trompâtes! la constitution de la nation la plus spirituelle de l'Europe avait dit : *chacun obtient pour son culte la même protection*. Il fallait lire : chacun obtient, pour sa haine contre les moines, les mêmes encouragemens. A l'avenir, vous et les autres, prenez garde aux chartes constitutionnelles : *la charité croit tout*, excepté les comédies.

Parvenus que nous sommes à ce degré de mystification libérale, faut-il mentionner en traits rapides les tristes progrès de la révolte, à partir de l'année 1829, et quand la royauté, démantelée de ses remparts naturels, resta seule en face de ses perpétuels agresseurs? Faut-il dire le ton âpre et caustique de la presse de cette époque; les éloges du régicide introduits dans les discussions parlementaires, comme transitions heureuses, traits d'éloquence de bon goût; la formation de comités ostensibles, organisant l'opposition, catéchisant la félonie? Faut-il rapporter ces éclats législatifs, où la démocratie régentait la couronne; ces débats périodiques, où la contention faisait une arène de chaque séance de la législature; ces hautes défections où l'ambitieux égoïsme reniait l'honneur; ces attaques brusques, saccadées, d'une minorité factieuse, menaçant le gouvernement d'un souverain, *qui était ailleurs que sur le trône ?* Faut-il enregistrer ces formules hypocrites portant aux pieds d'un confiant monarque des hommages, qui finissaient comme des leçons ? A côté de tout cela, faut-il donner une place à l'aveuglement, à la crédule apathie de la cour en présence de tant d'élémens de ruine. Mais non, laissons parler les oracles mêmes de la révolution de 1830 : rien n'approcherait de la naïve peinture qu'ils ont faite de leur fantasmagorie politique : et c'est ici que vient naturellement la page du *Globe* du 22 avril 1834.

« Il fallait, dit la feuille révolutionnaire, que les Bourbons cessassent
« de régner en France : chaque jour qui s'ajoutait à leur domination,
« démontrait l'indispensable nécessité de leur déchéance ; les libéraux
« étaient dans l'alternative d'agir, ainsi qu'ils l'ont fait, ou de ne pas
« agir du tout. Ils ont été absolument contraints de dissimuler, de se
« créer des illusions et d'en inspirer à leurs ennemis, qui étaient aussi
« ceux de la civilisation ; il fallait jouer la comédie, et ils l'ont jouée.

« Il y a eu comédie pendant quinze ans ; car, pendant quinze ans, il
« y a eu des conspirations, soit actives, soit assoupies, pour renverser
« la dynastie des Bourbons, et les conspirateurs prêtaient et reprêtaient
« serment de fidélité à Louis XVIII et à Charles X, les uns comme mi-
« litaires, les autres comme députés, ceux-ci comme avocats, ceux-là
« comme fonctionnaires (Suivent des noms.). . . . . Tous
« ces figurans, nous pouvons en parler savamment, ont très-sérieuse-
« ment conspiré. . . . .

« Il y a eu comédie pendant quinze ans ; car, ceux des libéraux qui
« ne conspiraient pas, soit qu'on eût craint leur légèreté, soit qu'eux-
« mêmes se fussent refusés à jouer si gros jeu, savaient au moins à
« n'en pas douter que l'on conspirait, qu'il existait des *carbonari* or-
« ganisés en *ventes :* ils sympathisaient avec les conspirateurs, souhai-
« taient le succès de leur entreprise : et cependant, ils juraient leurs
« grands Dieux qu'il n'y avait de complot et de comité-directeur que
« dans l'imagination malade des hommes de la droite (royalistes) : ils
« accusaient chaudement leur police, leur bête noire alors, et les agens
« provocateurs de machinations, de basses intrigues pour compro-
« mettre des citoyens innocens et paisibles.

« Il y a eu comédie pendant quinze ans ; car des hommes qui détes-
« taient ou méprisaient la dynastie des Bourbons, protestaient dans des
« actes publics de leur dévoûment au roi et à son auguste famille. . . . .
« Ils s'indignaient officiellement, parce qu'on leur contestait le titre de
« *royalistes :* ils se disaient emphatiquement *royalistes constitutionnels :*
« ils dansaient au château des Tuileries des quadrilles en l'honneur de
« la royauté : dans les départemens, ils ornaient de feuillages et de ma-
« drigaux les lieux où passaient Charles X et les princes de sa lignée :
« ils leur faisaient, avec une politesse exquise, les honneurs, les uns de
« leurs manufactures, les autres de leurs fonderies.

« Il y a eu comédie pendant quinze ans ; car, pendant tout ce temps,
« les journaux, directeurs de l'opinion, les écrivains, les publicistes,
« les auteurs dramatiques, qui, en matière de comédie, étaient dans
« leur élément, n'ont pas cessé d'adorer à divers degrés l'idole cons-
« titutionnelle, de proclamer l'excellence de la fiction, *le roi ne peut
« mal faire*. Pendant tout ce temps, on a feint de croire à la haute sa-
« gesse et aux vues libérales de Louis XVIII, ce roi *législateur*, et à la
« générosité de Charles X, ce prince *ennemi de la fraude :* on n'a pas
« tari sur la bravoure, la loyauté, les sentimens constitutionnels du
« *héros d'Andujas.* Le *Constitutionnel* surtout (journal) qui était alors
« la personnification du vulgaire libéral, en appelait sans cesse des
« erreurs ministérielles au noble cœur du monarque. Il protestait de
« son attachement à la dynastie ; il lui prodiguait les complimens et les
« panégyriques : protestations et complimens dont il savait bien ce que
« valait l'aune.

« Il y a eu comédie pendant quinze ans ; car, partout dans les éta-
« blissemens publics et privés, dans toutes les écoles, où Louis XVIII,
« Charles X, les princes et les princesses de leur famille, *daignaient*
« porter leurs pas, on leur prodiguait des louanges vraiment nauséa-
« bondes, on invoquait leur hautes qualités, leurs lumières ; on im-
« plorait bassement leur protection, et tous les hommes, en grand
« nombre, qui ont aspiré à ces jongleries, ont, à part une imperceptible
« minorité, protesté depuis lors de leurs dedains pour les Bourbons ; ont
« préparé ou rêvé semblables fêtes pour les princes d'une autre dynastie.

« Il y a eu comédie pendant quinze ans ; car, ceux qui bafouent le
« plus amèrement la *race exilée*, ceux-là la cajolaient tant qu'elle pa-
« rut puissante : ils pliaient leurs consciences à ses goûts et à ses ca-
« prices ; ils se faisaient dévots ou au moins anti-voltairiens pour lui
« complaire : beaucoup d'entr'eux avaient chez eux un eucologe et un
« cierge prets à tout événement.

« Il y a eu comédie pendant quinze ans : car M. Casimir Perrier,
« qui s'est indigné, lorsque M. de Fitz-James a énoncé ce fait, était
« *lui*, sinon l'un des principaux acteurs, du moins parfaitement placé
« dans les coulisses pour tout voir et tout entendre : *lui*, qui se met
« en colère, quand on lui dit qu'on a conspiré, devrait bien savoir que
« M. Barthe, son collègue, a figuré dans la charbonnerie et ne s'en
« cache pas.

« Nous avons donc eu raison de dire que la restauration avait été une
« comédie de quinze ans..... C'est que, dans le régime constitution-
« nel, tout est fiction : c'est qu'une fois placé sur ce terrain, on est
« comme sur des tréteaux, et qu'ainsi, bon gré, mal gré, les hommes
« les plus honnêtes se trouvent *transformés en histrions.* »

Or, ces derniers mots sont plus que suffisans pour donner la mesure de ce que promettent et assurent de liberté les chartes, les constitutions. Néron était comédien, et Rome était son esclave.

Mais quoi! nous parlions de victoire! on chantait l'hymne de la conquête. Alger, la guerrière, voyait le pavillon blanc flotter sur ses imprenables remparts. Le nom des Bourbons retentit encore sur la plage d'Afrique, et nous écrivons que leur *race est exilée!* Quelle nouvelle catastrophe est donc venue soudainement rompre la chaîne des gloires et des prospérités de la France! Lecteur, étonnez-vous : mais lisez :

Un roi confiant a voulu commander à ses sujets, au nom de la sûreté de l'Etat : Charles X a cru que son salut, compromis par les envahissemens parlementaires, était encore dans sa main souveraine.

Il a rendu ces ordonnances pour comprimer ces envahissemens. Eh bien! cet acte d'autorité qui eût passé, sans mot dire, au plus mince Mérovingien, lors de leur plus faible pouvoir, ce même acte a causé la chute immédiate d'un des trônes les plus respectés de l'Europe. En trois jours, un peuple ameuté au nom de la charte, devant quelques baïonnettes, restées fidèles au drapeau vainqueur des Arabes, a chassé la royauté qui l'avait donnée. En une nuit, d'*honnêtes histrions*, puisque, dans le langage révolutionnaire, on peut être l'un et l'autre, ont improvisé une royauté nouvelle sur des cadavres fumans. Des barricades sanglantes ont servi de pavois. La charte elle-même a été lacérée, pendant que dormaient ses défenseurs de la veille : les restes en ont été ramassés, et sont devenus le thème des droits de révolte, et la garantie

de la dynastie naissante, sous le titre de *Charte de 1830.*

Voilà comment finissent les comédies révolutionnaires, avec cette différence de celles du théâtre, que celles-ci se terminent ordinairement par un mariage et un festin, et que les autres, au lieu de divertir le peuple, le font tuer. Voilà la liberté qu'on lui vend au prix de son sang. Encore si c'était la vraie liberté; mais, s'il survit aux émeutes que lui léguent les difficultés du dénouement, c'est pour périr de honte et de misère. Là-dessus, la révolution de 1830 ne laissera aucun doute.

Cette révolution, embarrassée d'elle-même, s'adressa à une tête royale, comme pour lui emprunter ce prestige qui commande, dans la personne des monarques légitimes, l'ordre et la sécurité. Le fils du conventionnel Egalité, de ce monstre d'odieuse mémoire, lui fut désigné, sans doute, parce que sa position de famille le rapprochait des maximes révolutionnaires qui venaient de triompher. Choisi déjà par son rang, et par l'abdication de Charles X et de son fils Louis XIX, pour être le lieutenant général du royaume, pendant la minorité de l'héritier royal, nommé Henri d'Artois, duc de Bordeaux, Louis-Philippe d'Orléans devait se trouver content de cette part dans les affaires d'un grand état, où l'exemple de son père, décapité pour son ambition, ne laissait pas de chances probables, à une illusion nouvelle. Louis-Philippe d'Orléans fraternisa avec les révolutionnaires, et en obtint la couronne comme bourgeois de Paris. C'est cet homme qu'on nomme, tout court, roi des Français. Voilà la révolution de 1830.

Or, écrivons, sous l'inspiration du moment, les émeutes mensuelles, que la capitale ou les provinces ont données en spectacle à la France depuis les journées des barricades, appelées *glorieuses*;

Écrivons les innombrables banqueroutes qui ont détruit la confiance, anéanti le commerce, ruiné la fortune publique, tari les sources de l'aisance populaire, compromis toutes les existences;

Écrivons ces énormes augmentations d'impôts; ces recouvremens vexatoires de ceux dits *indirects*; ces levées fréquentes de soldats; ces organisations tumultueuses des citoyens, en armée permanente : ces occupations militaires, ces guerres patriotiques, dans le quart des provinces, baignées du sang de leurs enfans;

Écrivons ces visites domiciliaires sans formes légales; ces profanations du culte de la religieuse Vendée, ces dévastations des Églises de la capitale, sous les yeux du pouvoir; ces destructions vandales des croix et des monumens des arts, nobles créations de la puissance des lys; ces orgies d'une police athée, introduisant de force dans les temples catholiques les cercueils des schismatiques, et commandant à leurs cendres de dormir officiellement du sommeil des Saints;

Écrivons ce monopole de l'instruction publique, survivant à tous les régimes, stigmatisé par la charte même des barricades; cette inquisition de la philosophie contre d'humbles Capucins de la Provence, contre d'austères Trapistes de la Bretagne; ces prisons remplies, ces longs cris de détresse des populations affamées; cette rareté de l'argent; cette désunion, cette défiance universelle qui fait qu'un Français redoute un Français, et se tient comme en ambuscade à côté d'un ennemi; cette fureur des écrits incendiaires, appelant tous les peuples à l'assassinat de leurs maîtres; ces procès périodiques, intentés à la presse de la vérité, comme à celle du scandale, par un pouvoir qui doit à la tolérance de la première le succès de sa création, et à l'intrigue de la seconde celui de son hypocrisie parvenue!

Écrivons tout cela, et après avoir supputé toutes les promesses avec toutes les réalités, toutes les espérances avec tous les résultats; après avoir trouvé le chiffre exact de toutes les déceptions, de tous les pièges, de toutes les calamités que la France a connus dans le seul espace de quatre années! demandons à notre patrie, si enfin, elle n'est pas heureuse et libre, sous une monarchie issue d'une révolution. Un jour elle répondra, peut-être, notre patrie ! ! !

CHAPITRE CINQUIÈME.

CONCLUSION.

ANS
DE
J.-C. Un passé de cinquante-neuf siècles s'est déroulé à nos yeux. Si le cœur souffre, à ce spectacle, où l'on voit le plus souvent les hommes s'entre-déchirer, après s'être repus de mille illusions, la pensée se recueille avec reconnaissance sur la salutaire intervention de la vérité religieuse. Reposons-nous donc, et regardons en arrière des temps, arrivés que nous sommes à ce point culminant, où le voyageur compte ses pas d'un regard, et voit s'agrandir son horizon de tout ce qu'il laisse de traces sur sa route escarpée. Nous avons visité, dans un lointain obscur, le berceau du monde. Qu'avons nous trouvé? l'humanité toute honteuse d'elle-même, et des fers de sa témérité. Près de là, nous avons vu la société des humains, essayant de sa première force, embarrassée de son pouvoir, et subissant bientôt les étreintes de la tyrannie héroïque. Puis, au travers de noirs tourbillons, nous avons aperçu la marche tumultueuse des nations adolescentes, armées par la discorde, se faisant précéder, à la conquête d'un monde imaginaire, par des discoureurs fougueux, et donnant à la terre le premier spectacle des guerres sanglantes en l'honneur de la dispute. A ses côtés, un grand nom s'est fait entendre à nous, c'était la liberté, qui se disait escortée des dépouilles des peuples, astre flamboyant, qu'une tente richement parée cachait à des esclaves, et auxquels il suffisait d'un rayon projeté longuement pour s'éblouir d'une indépendance soudaine. La royauté fut cet astre, qui appela les tempêtes, et s'éclipsa souvent devant elles. En avant, et sur nos derniers pas, nous avons entendu les longs échos du deuil, la société gémissante, incertaine de son avenir, accusant ses gloires comme ses fléaux, interrogeant la terre sur les lois du destin, tremblante sur son suicide, et néanmoins l'invoquant comme sa ressource : les lois devenues impuissantes : la puissance même se voilant devant le sarcasme audacieux : les passions érigées en principes, et la révolte en devoir.

Mais, il n'a pas été donné à ces malheurs de prévaloir sur toute la surface de la terre. Dans le monde physique, les plus furieuses tempêtes ne s'étendent point en tous lieux ; et il n'est pas rare de voir qu'à côté de régions ravagées par l'ouragan, un jour presque sans nuage n'éclaire des pays plus heureux. Dans le monde moral, l'histoire offre de pareilles vicissitudes.

Ainsi, nous avons pu remarquer sur notre route la bénigne influence de la vérité religieuse, se levant avec les premiers habitans de la terre. C'est sous son action puissante que l'homme stupéfait de la malheureuse souplesse de ses facultés naissantes a rendu à la liberté ses membres engourdis, sa volonté enchaînée. C'est de la vérité religieuse qu'il a pris conseil dans le débat intérieur qu'il a senti s'ouvrir entre les puissances de sa raison et de son cœur ; c'est la vérité religieuse qui a fait bondir son âme, en lui découvrant le spectacle dégoûtant de sa sujétion. Pour une vie d'instinct et d'abrutissement qu'elle voyait se préparer devant elle, après le funeste essai d'une indépendance sensuelle et brutale, la vérité lui a donné l'espoir d'une vie d'inspiration et de dégagement, capable de l'affranchir d'elle-même par le concours merveilleux de l'action divine qui la prévient et de sa correspondance subjuguée. Semblable au vaisseau que le calme du ciel laisserait pirouetter sur des écueils prêts à le briser, et qu'un vent favorable pousse à fendre les eaux qui arrêtent sa marche.

Tel fut le premier élément de la société, c'est-à-dire, l'action de Dieu sur les créatures intelligentes. Par là, la liberté humaine reçut une sanction céleste et une direction vraie. C'est de cette direction que partent tous les mouvemens du vieux monde, cherchant à classer son existence avec ses besoins, ses besoins avec ses droits, ses droits avec ses devoirs. Il s'en suivit ce commerce fréquent entre la terre et le ciel, aperçu presqu'au même moment, au levant des siècles, de tous les points habités.

La Chaldée ouvre ce grand drame, et aussitôt paraissent les pays des montagnes bégayant la langue de la reconnaissance pour le bienfaiteur souverain. La liberté d'alors fut envoyée du ciel et reçue par la piété.

Ce fut la liberté des intelligences : liberté, qui ne devait se traduire plus tard en liberté politique, que par leur développement successif : liberté sainte, qui commençait par la règle des devoirs, afin de rendre l'homme à lui-même, affranchi de ses propres passions, avant de présider à la règle des intérêts, et ne devait finir par s'appeler un droit social, qu'à la condition d'accomplir l'alliance des grandes nécessités de chaque peuple avec les obligations de chaque homme. C'est ainsi qu'en rendant l'homme à la société, la morale devait préparer l'industrie, l'instruction devancer les lumières, la religion, en un mot, servir comme de levain à la civilisation des temps les plus modernes, et par là, à l'œuvre d'une liberté universelle. Or, ce travail des intelligences coïncide avec la formation des nations diverses. Tout-à-coup et peu après le déluge, on aperçoit le ciel enflammé et la tempête se forme. De son sein sortent les premiers anathèmes contre l'esclavage de la raison humaine : c'est pour la liberté que l'orage gronde, que la nature murmure, que des lois sont promulguées. L'humanité prend alors la place dans l'univers qu'elle doit régir : elle y commande en souveraine. En moins d'un siècle, depuis sa sortie d'Egypte, le peuple d'Israël dote le plus beau pays du monde de la liberté la plus douce qui soit jusques alors connue. Les esprits y sont éclairés par un code complet de jurisprudence dont l'exécution est confiée à un sénat héréditaire de 72 vieillards ; grand exemple de sagesse pour les nations qui chercheront la stabilité du pouvoir politique, ailleurs que dans la transmission héréditaire de son exercice ! Là, les droits sociaux sont reconnus : ils ont pour formule quelque chose qui ne se conteste pas, qui a son siége dans le cœur, et qui s'appelle croyance. Les arts s'y développent en proportion des détails moraux qui s'en suivent. Israël vit paisible dans le respect, libre dans l'obéissance, heureux dans la persuasion, insensiblement il devient le modèle des peuples primitifs, qui tâchent d'imiter sa liberté ! Quelques traces que laissent les passions des hommes, l'état social se prononce partout avec des croyances : partout, suivant l'expresion de Cicéron, la cité réunit ses communs habitans sous les yeux de Dieu : et c'est son regard qui les fait s'entre-regarder comme citoyens : *Nihil principe Deo in rebus humanis gratius est quàm homines habere inter se societatem ordinatam quæ dicitur civitas* (1). Les lois qui régissent leurs besoins naissans, passent pour des inspirations divines. La foi devient l'âme de toutes les relations humaines. Les crimes n'y sont que des exceptions ; si les arts y sont encore grossiers, c'est que les habitudes y sont encore simples. Mais la liberté règne sur les familles, parce que la crainte du père commun n'en laisse pas sortir la vertu. En vain chercherait-on au milieu de ces premières notions de l'ordre, en vain chercherait-on les syllabes de la liberté ! écrites nulle part, proférées par aucune bouche, elles n'ont pas encore étonné la terre, et pourtant les hommes sont libres ! Dans cette période de civilisation primordiale, on ne trouve qu'une chose ; c'est ce que les nations nomment *Dieu*. La liberté *des temps sacrés* n'est pas distincte du culte qu'on lui rend.

On aurait beau chercher, ailleurs que dans la terre classique de la foi, les fondemens de la société civile, il faudrait toujours reporter les yeux sur la Mésopotamie, pour voir où commence l'émigration des premiers hommes. C'est de ce point central du vieux monde, presque également distant du golphe Gangétique que des monts de la Nigritie, du pays des Massagètes que de celui des Sarmates, de la Calédonie que de la Bétique ; c'est de ce point central que partent les colonies qui s'an-

<hr>

(1) Cic. de *Amicitiâ*. — Cic. l. 23, *De legibus*.

noncent les premières dans les fastes humains. Quand les pères de l'histoire, Hérodote et Xénophon n'en auraient pas marqué le passage sur les traces des patriarches, ainsi qu'ils l'ont fait, après les investigations les plus minutieuses, la chose devrait encore passer pour constante, puisque les pays qui commencent à articuler les noms de patrie et de loi sont à égale proximité des pays sacrés. A leur égard, l'Assyrie et la Phénicie, l'Arabie et la Perse, et toutes les nations les plus anciennes, sont comme des lignes convergentes autour d'un centre commun. Là, on voit poindre ces petites et innombrables principautés qui réunissent sous le sceptre grossier d'un seul les villes et les campagnes populeuses. Au nom de la divinité, n'importe lequel on lui donne, un homme y prend la place de tous les autres chefs de famille. Il y gagne d'abord par la persuasion une obéissance, qu'il conserve par le commandement. Son autorité y est paternelle, avant d'être redoutable : et ce n'est que quand la nécessité l'oblige à balancer la sévérité avec la clémence, que les châtimens publics et le dévoûment privé en obtiennent des règles plus fixes, des lois plus durables. Voilà les premiers rudimens de l'état monarchique, devenu nécessaire lorsque la crainte du Dieu invisible ne suffit plus. Ainsi, pendant que tout le reste du globe végète péniblement dans des habitudes sauvages, l'humanité s'élève et grandit autour des riches contrées, que civilisent les traditions sacrées.

Peu à peu la circonférence s'étend. Des princes de Babylone et de Perse divisent en tribus leurs sujets, aussitôt qu'ils apprennent que les Israélites se sont partagé la terre promise en douze parts. Les Perses étaient même classés encore en douze tribus, quand Cyrus en fit la conquête. Ce nom de tribus est tellement adopté dans les sociétés adolescentes, qu'il devient le terme générique des nations orientales. Ces nations étaient autant de petits royaumes où le chef ne s'appelait pas encore roi, mais ne réunissait pas moins sous son pouvoir un nombre de sujets qui lui accordaient toujours durant sa vie l'autorité suprême après Dieu, et l'y associaient souvent après sa mort par un culte sacré. De là ce goût si répandu dès la plus haute antiquité pour la construction monumentale des tombeaux : sorte d'observance religieuse qui déposerait, mieux que tous les écrits, des idées qui avaient présidé à la formation et au maintien des ces petites sociétés : sorte de civilisation qui, en policant les hommes par la mémoire, se montrait par-là même une tradition d'immortalité. Aux tombeaux succédèrent les autels et les statues. Autant de belles actions, autant de héros, et bientôt autant de temples. Ces récompenses de l'opinion qui ne faisait que rapprocher de la terre le règne de la divinité servaient à propager l'exemple des hauts faits qui étaient censés lui plaire, puisqu'ils tendaient à protéger le faible contre l'oppresseur. Les mœurs se formaient sur ces enseignemens publics dont de pieuses croyances étaient l'âme et le but. Il ne servirait de rien de dire que tant de statues, de temples, d'autels obscurcissaient les devoirs civils des hommes , en multipliant outre mesure les objets de leur culte et de leur imitation. Les myriades de dieux qu'ils se fabriquaient, prouveraient au moins que leur présence au milieu d'eux et de leurs affaires n'était pas importune ; et si , de plus , il était démontré que là où l'esprit humain fut le plus fécond en inventions de ce genre , la justice et les lois furent aussi le plus en honneur comparativement aux régions qui demeuraient stationnaires, qu'y aurait-il à opposer à notre principe : que la religion a été la base constante de la civilisation et de la liberté? Or, nous avons vu que de tous les climats de la terre, celui où les hommes ont le plus souvent prétendu ouvrir le ciel par des apothéoses , et où la distribution des devoirs sociaux a été le p'us tôt comprise, est, sans contredit, le pays oriental. Car sans parler de l'Assyrie et des provinces arabes où l'on convient que l'amour des idoles a prévalu dès le commencement, où aussi se font remarquer les premières idées du juste et de l'injuste , de la vertu et du crime , conçus au moins par la seule loi des contrastes ; sans mentionner la Phénicie et les plages sidoniennes , où la science nautique est développée, et avec elle mille industries nécessaires au commerce , pendant que l'encens y brûle de toutes parts sur les autels d'Hercule et des Baals, on trouve chez les Parsis et les Indiens les premiers colléges de législateurs et de savans , qui s'efforcent de faire aimer la patrie , de propager l'industrie , de régler les mœurs au nom de l'âme universelle qu'ils croient répandus dans la nature , et qu'ils honorent d'un culte suprême jusque dans chaque phénomène du monde physique. L'humeur religieuse de ces peuples devient bientôt telle qu'ils se font remarquer ou par une sévère équité, comme on le voit des Scythes, représentant long-temps après à Alexandre quel outrage ce serait dans leur nation que de passer pour brigands ; ou par la religion du serment, comme on peut en juger des anciens Chinois, chez lesquels il n'était pas rare de voir les prisonniers obtenir sur leur parole , que leurs prisons fussent ouvertes pendant les journées pénibles de travaux champêtres ou domestiques , pour y rentrer le soir et y passer la nuit. Tout cela proclame hautement que les erreurs dans la religion n'empêchaient pas le développement lent et progressif de son ouvrage , qui était la liberté des peuples. Ces erreurs même servaient à le hâter, en ce qu'elles tenaient l'homme d'autant plus fixé sur la nécessité de ne chercher la civilisation que dans le culte sacré. Il n'y a pas jusqu'aux superstitions de l'Egypte qui , dans leurs excès, ne prouvent l'empire des idées religieuses , pour régler les rapports des hommes. Les lois y étaient de la dernière rigueur , comme les cérémonies y étaient du dernier mystère. Les princes étaient ainsi que leurs sujets soumis aux tribunaux, et c'étaient les prêtres qui les présidaient. Ainsi tout l'Orient se montre le berceau de la liberté , par cela seul que de proche en proche , les vérités morales qui rendent l'homme sociable et meilleur se répandent dans ce centre

du monde avec des croyances ; et l'on peut appeler de ce nom tous les
cultes quels qu'ils soient, les rites les plus bizarres, les sacrifices les
plus remplis d'extravagances : tout cela n'est que l'abus des idées pri-
mordiales sur Dieu, et des hommages qu'il mérite comme Être souverain. Qui ne sait que l'abus révèle l'usage, en est même la démonstration ? Dans ces temps primitifs, on avait mis l'art dans les besoins, on
mit l'art dans les croyances : les chimères du polythéisme n'étaient
qu'un tissu d'imaginations. Il restait toujours quelque moralité aux
contes les plus absurdes : les mystères des Égyptiens, les métamorphoses des Grecs, les apothéoses des Romains : en un mot, toutes
les féeries païennes n'étaient que les oripeaux éblouissans de la vérité religieuse, chargés de la refléter en tous lieux, par un éclat fac-
tice aux regards de la multitude, à peu près comme dans nos siècles de
luxe, le clinquant doit faire les fonctions de l'or, pour satisfaire les
goûts somptueux des plus humbles fortunes. Les nations ne connaissaient
plus le vrai Dieu, n'avaient plus ses inspirations. Elles croyaient y suppléer par tout ce qui pouvait le mieux en retracer l'image. Si, comme
l'a dit si éloquemment Bossuet ; tout était Dieu excepté Dieu même,
cela ne prouve pas autre chose, sinon que Dieu était un besoin universel : en sorte qu'en reproduisant sous toutes les formes l'influence de la
religion, le monde païen a plutôt constaté la nécessité de son intervention, que dénaturé l'efficacité de son pouvoir.

Jusque-là Dieu avait régné sur l'homme, et son cœur avait été libre
sous les inspirations célestes. Les erreurs de sa raison avaient même
perpétué le règne de Dieu, en rendant son nom familier et populaire,
à travers les millions de fantômes que la poésie seule peut-être divinisa,
et que les masses ne prirent que pour intermédiaires de leur foi. L'on
sait assez qu'il y eut toujours une gradation dans les communications
avec les dieux, fondée sur leur hiérarchie ; mais, enflé par cette facilité
même de tenir la Divinité comme à terre, et au niveau de ses besoins
et de ses craintes, l'homme s'éprit de son propre pouvoir; à son tour,
il voulut régner sur ses semblables : c'est la pensée d'un des écrivains
sacrés : *Interdum dominatur homo homini in malum suum* (Ecclés. 8).
De là des efforts superbes, un incroyable enchaînement de volontés
fougueuses. Le cœur humain baisse alors, énervé par les passions, épuisé
par la fécondité malheureuse de ses désirs coupables. La raison ne tient
plus contre le débordement de tant de maîtres. Elle ne reconnaît plus
le ciel ; elle oublie la majesté divine. Enchaînée déjà par ses propres
besoins, la liberté de cette époque n'a de force que pour se débattre
avec impuissance. Sa faiblesse l'irrite ; sa brutalité l'emporte ; des
guerres sanglantes s'allument ; ses défaites s'appellent des triomphes ;
de ses pesantes mains elle se forge ses propres fers. La tyrannie les
reçoit et les impose. C'est que le nom de Dieu n'est plus révéré ; c'est
que les idoles même n'ont plus d'adorateurs ; c'est que la religion est

sortie du temple , que la folie y a substitué les héros. Dans ce désordre affreux , il faut diviniser quelque chose pour rattacher la société à ses fondemens. Le nom de *Roi* vole de bouche en bouche , et devient le talisman des nations. Ses droits sont définis pour la première fois sur la terre des Hébreux. Dieu consent à ceindre d'une auréole de puissance celui que la nature a fait grand au-dessus de ses semblables. Le roi devient une croyance , quand les tourbillons des combats ont obscurci le chemin des divins oracles. L'obéissance au *roi* devient un culte , quand le culte sacré est laissé solitaire dans ses temples. L'état monarchique se constitue alors dans l'univers sur les débris du régime tyrannique , enfanté par la discorde impie. Le monarque résume en lui la religion désormais avilie ; il est la religion personnifiée. Les peuples païens , comme le peuple de Dieu , lui donnent le titre suprême de seigneur. Quand ils l'approchent , leur front se courbe jusqu'à terre , et les genoux fléchissent à sa parole. La liberté n'est plus aussi parfaite ; mais ce n'est pas non plus de l'esclavage. A l'abri de ce nom magique de *Roi* , l'humanité infidèle respire : car elle croit à quelque chose , et dès qu'on croit , on n'est plus esclave. La liberté des *temps fabuleux* fut donc encore l'œuvre de la foi.

Ainsi que cela devait être , lorsque le pouvoir social se fut résumé dans un homme , cet homme fut , dans chaque pays , l'élément le plus actif de la civilisation. Il fixa sur un coin de leur terre les peuples voyageurs , et leur apprit à connaître une patrie. Il y eut moins de colonies errantes , parce qu'il attacha ses semblables à la terre natale. Les bornes qu'il mit à son territoire servirent de limites à son autorité. Le droit des gens, qui est le premier article de la constitution sociale, prit naissance dans le respect de ces bornes et dans les rapports nécessaires qu'elles imposaient. Il n'y avait pas à disputer sur l'origine de cette souveraineté , quand , se faisant si bien à elle-même la part de son domaine, elle ne le circonscrivait ainsi qu'avec le sentiment d'une union nationale , et que pour dire avec plus d'autorité aux passions turbulentes des voisins ce que Dieu lui-même avait dit à la mer , resserrée dans son rivage : vous viendrez jusque-là : *huc usque venies.* Voilà ce qu'avait pu , pour la société séparée de Dieu , l'institution monarchique : régler les intérêts matériels que la conscience ne savait ni ne pouvait plus défendre ; protéger le sol, les personnes et les propriétés que la confusion dans les idées religieuses avaient laissées sans direction et sans garanties. La monarchie fut donc l'état normal de la société policée et jetée dans les voies de la matière. Dans ces temps du déclin de la liberté , les esprits n'étant plus préoccupés des destins futurs , et de l'immortalité qui avait tant enflammé les premières générations , il ne pouvait plus être guère question que des calculs mesquins de l'animalité, bornée à sa vie d'accidens. Aussi ne nous sommes-nous pas étonné de la rapidité des événemens qui signalent ce règne de l'homme à la place de Dieu ; et peut-être que les païens en avaient le pressentiment quand ils supposèrent tant de métamorphoses , où l'homme était convaincu de son impuissance , et remplaçait toujours mal la Divinité , alors même qu'elle se montrait agissante dans ses mouvemens. Ainsi , nous avons vu , qu'après les premiers essais du régime monarchique , qui fut si favorable au retour de la liberté , tant que la sagesse des peuples le regarda comme un culte inviolable , le monde commença à n'être plus que le théâtre de secousses violentes. Nous avons vu les règnes des Saül , des David , des Salomon , jeter en passant le plus vif éclat sur les enfans de Juda. N'y eût-il sur la terre que le seul temple bâti par ce dernier monarque , ce monument aurait seul prouvé ce que peuvent la royauté et la foi pour les arts , le commerce , la paix et la gloire ; en un mot , pour la civilisation du monde. Nous avons vu un Sésostris mériter le nom de grand roi , pour avoir policé les cent régions où sa main laissa un autel. Nous avons vu un Psammitique régénérer l'Egypte , au nom de la philosophie ionienne. Nous avons vu les Sages de la Grèce , véritables rois des intelligences , constater la puissance morale d'un législateur , alors même qu'il ne veut pas ceindre de couronne. Nous avons vu un Numa , creusant les fondemens de la grandeur romaine , avec des mains embaumées d'encens. Enfin , nous avons vu un Cyrus à Babylone , un Epaminondas à Thèbes , étonner l'univers , l'un par l'inspiration soudaine de sa foi au vrai Dieu , dans un cœur qui reste païen , l'autre par son insurmontable horreur du mensonge , et l'un comme l'autre marquer leur règne rapide par une liberté qui leur survit longues années. Mais si nous avons pu distinguer tous ces jalons de la société : à côté, de tristes expériences , fruit de la domination insensée des autres rois païens , nous sont apparues changeant les rapports des peuples.

La guerre a sillonné avec du sang le champ de la liberté. La royauté a tout immolé au prestige de la gloire, pressuré les générations, attelé à son char l'espèce humaine , et broyé sur son passage triomphal les sentimens , les droits , jusqu'à l'espérance d'un avenir : ç'a été absolument le règne de la servitude , si poétiquement exprimé par ce vers connu :

Una salus victis nullam sperare salutem.

Un tel abus de la puissance a déconcerté la soumission des peuples ; ils se sont ligués contre elle au nom de la chose publique. La royauté a perdu insensiblement de son empire. Quand la foi a cessé d'être avec elle , elle est tombée en poussière sous les coups de la révolte , qui lui a reproché d'avoir confisqué sa liberté. La révolte s'est installée , a voulu élire ses maitres , et s'est nommée république. Là , le pouvoir, c'est le caprice de la fortune : d'une main sanglante , il passe dans d'autres mains sanglantes , et l'anarchie de la société le dispute à l'anarchie des forêts. L'esprit humain a beau se retourner, se replier sur lui-même, il ne trouve d'issue que par l'imprécation. Cette fois, les hommes frappent du pied sur la terre comme sur un tombeau ; ils invoquent les cendres de la liberté, l'appelant par son nom, parce qu'elle n'est plus : ç'en est fait. Le cri de *vive la liberté* n'est que la prosopopée des esclaves.

Ainsi s'est montrée à nous, dans les *temps historiques*, la progression de la liberté, constamment décroissante en raison de son éloignement successif des principes religieux. Héritière, dans cet âge du monde, de mille erreurs à la fois, elle a eu à lutter, pour établir son empire, et contre le déplacement des croyances, et contre le danger de les perdre toutes par l'abus de la soumission. Sans Dieu, la liberté s'est avouée impossible ; sans roi, elle s'est trouvée impraticable, et la plus fameuse des républiques ne semble s'être levée sur le sol romain, que pour détruire toutes les utopies futures d'états populaires libres ; lorsque, parvenue à faire l'attention du monde, au dernier période d'étendue et de puissance, donnant la loi à la Judée dégénérée, la paix aux Éthiopiens, son alliance à l'Egypte, à l'Inde sa protection, sa clémence aux Espagnes et à la Germanie, et des maîtres à toutes les nations connues, cette république, si bien constituée, confesse qu'un simple triumvirat suffit pour la dissoudre et l'anéantir, et que tout ce qu'elle a produit depuis que les Romains sont oublieux des Dieux, n'a été que libertés éphémères, dictatures improvisées. C'est Montesquieu qui se charge de le dire pour elle : la même impiété, dit ce profond penseur, *qui avait corrompu la délicatesse athénienne, finit par énerver la liberté romaine.*

Après avoir assisté au lugubre deuil des nations, aux funérailles de la liberté, sous les républiques, nous nous sommes retirés dans la solitude du désert. Nous avons entendu les sanglots de l'humanité s'élever vers les cieux ; ces sanglots disaient qu'il fallait remonter la chaîne pour faire sortir la liberté des catacombes. Or, les échos du désert se sont mis à répéter, comme à l'origine des peuples, le nom de Dieu. Une seconde fois, Dieu se révèle à l'homme éperdu ; mais aujourd'hui, c'est Dieu lui-même qui parle aux mortels de leur liberté. La terre a tremblé sous ses pas et rendu sa victime à la voix *du prince de la paix ;* l'humanité a tressailli : la vie est revenue à son cœur. Un nouveau monde se déroule à nos yeux, à la seule parole du Christ : le Christ est vraiment l'homme libre, il est la source de la puissance et de la sujétion. Il élève tout ce qu'il abaisse ; il éclaire tout ce qu'il enseigne ; il fait grandir tout ce qu'il touche. Les passions jettent à ses pieds leurs chaînes et leurs étreintes. Courbé par la honte, l'homme, le roi de la nature, peut relever son front. Qu'il voie de ses yeux la liberté incarnée ! comme elle est sainte dans son abandon ! comme elle captive par son regard ! qu'il la contemple donc, et qu'il l'adore : il en sera

possédé. Sa liberté ne sera plus le calcul de l'égoïsme, ni la stipula-
tion des sens : elle sera, comme au premier âge du monde, le simple
jeu de ses émotions : elle aura foi en elle-même, parce qu'elle aura foi
dans sa dignité propre. Son Dieu s'approche pour *converser*, et il lui
paraît sublime dans cet abaissement ; dès-lors, elle croira à l'émula
tion, et aspirera à devenir sublime comme son modèle. Pour l'orgueil
des passions, en échange elle aura la conscience de son être, elle s'hu-
miliera pour se surpasser. La séduction des vices, les appats du plaisir
ne feront qu'exercer sa constance et provoquer ses dédains. L'homme
sera libre, parce qu'il sera religieux ; parce qu'à côté des mystères, la
liberté sera désormais une croyance : elle recommencera par le nom
du Christ ce qu'elle avait commencé avec le nom de Dieu, c'est-à-dire,
la civilisation des peuples ; l'homme, en Jésus-Christ, sera véritablement rendu à lui-même et à la société. Les maitres apprendront que
leur puissance est une réelle servitude : les sujets que leur assujettisse-
ment est une gloire solide ; les deux principes qui font mouvoir l'univers, le commandement et l'obéissance, se concentreront dans toute
âme chrétienne, parce que toute soumission sera un acte volontaire ; et
tout commandement emportera avec lui un sacrifice. La *terre* ainsi *sera
réconciliée*. Ces promesses ont été faites : nous les avons entendues : et
l'effet ne s'en est pas fait attendre.

La persécution a commencé l'ère chrétienne : car, il fallait tout d'a-
bord que la liberté et l'esclavage fussent en présence. Pour que la victoire ne soit pas douteuse en faveur de la liberté, les apôtres de Jésus-
Christ s'arment de la croix, qui a été partout le signe distinctif de l'esclavage. Les apôtres se disent les premiers hommes libres, en annonçant
que la croix les a rendus tels. Et en effet, ils le sont, devant le Sanhédrin Israëlite, qui demeure interdit de leur abnégation : ils le sont,
devant les magistrats du temple, qui ne conçoivent pas que leurs sentences afflictives soient reçues avec actions de grâces ; ils le sont,
devant les proconsuls de l'Empire, qui ne savent comprendre, à la
fois, le respect des apôtres pour le tribut temporel de César, et leur
resistance opiniàtre aux menaces de son autorité ; ils le sont, à Jérusalem, où les prisons s'ouvrent d'elles-mêmes, pour les rendre à un
peuple avide d'apprendre, par quelle efficacité, la croix de l'infamie
rend l'homme si hardi devant le despotisme ; ils le sont, à Antioche,
où ils se mêlent à la foule ; à Athènes, où ils font taire l'aréopage ; à
Rome, où ils confondent le sénat. Partout, ils sont libres ; partout,
ils sont populaires, non de cette popularité, qui flatte la multitude ;
mais de cette popularité qui ne fait acception de personne, qui rapproche tous les rangs au seul nom de frères. Résumons les faits généraux.

Les chrétiens goûtèrent bientôt cette liberté, quand ils virent que la
persécution s'avouait, pour la première fois sur la terre, impuissante,

devant ses victimes. Les supplices inventés par elle, pour suppléer à la croix qui n'était plus ignominieuse, furent comme elle successivement la confusion de leurs ordonnateurs. La poix bouillante, les tenailles rougies, le chevalet, les bûchers, le plomb fondu apprirent au monde que les expédiens de la servitude allaient manquer à la tyrannie. La conversion des bourreaux, au nom chrétien, ne laissa plus aucun doute sur l'épuisement de leurs forces. Ils commencèrent par admirer la constance invincible des martyrs, qui bénissaient leurs coups : ils ne purent ensuite tenir à leurs regards, mourants avec douceur et noblesse ; ils crurent que le pouvoir leur était échappé des mains, en le prodiguant, et était passé dans ceux qui se montraient supérieurs à tous les châtimens. Ils allèrent trouver le despotisme, et lui dirent, comme les satellites du temple à la synagogue : que reste-t-il à faire aux chrétiens? *Quid faciemus hominibus istis?* Leur enseigne voit grossir incessamment leurs rangs sans cesse décimés. Quel entrainement peut donc ainsi leur faire braver tant de genres de mort? cela est clair désormais pour nous, vous-mêmes, nos maitres, vous ne le pouvez nier : *manifestum est et non possumus negare.* Ce sont eux qui sont puissans, puisqu'ils nous en imposent même, alors qu'ils ne sont plus qu'un holocauste : ce sont eux qui sont libres, puis qu'ils choisissent leurs fers, alors que par un seul signe de découragement, ils pourraient les faire tomber. Et c'est vous, et c'est nous qui sommes esclaves d'une brutalité qui s'énerve ! Et c'est vous, et c'est nous qui sommes vaincus, tombés sous nos propres coups. Regardez nos coutelas ! Ils ne peuvent plus se décider à se replonger, sous nos tremblans efforts, dans un sang qui devient fécond par son effusion même. Il faut plus de liberté pour affronter ainsi notre facile courroux, maitres, qu'il ne nous faut de rage pour l'assouvir ! C'en est fait ! pour en finir avec vous et avec eux, nous aimons mieux aller grossir encore les camps de tant d'athlètes. Les vôtres bientôt déserts verront vous quitter vos cruels triomphes : et n'eussions-nous que l'orgueil de conserver une supériorité, à laquelle votre aveugle puissance nous a tant accoutumés, nous devons vous quitter, sûrs de retrouver, parmi vos victimes, ce courage que vous ne pouvez plus nous entretenir, cette force que vous ne pouvez plus nous conserver. Chrétiens nous sommes : c'est leur liberté qui vient de nous inspirer celle de vous le dire ! Ainsi parlèrent leurs licteurs aux despotes de l'empire.

Nulle conquête en effet ne pouvait être plus authentique à la liberté chrétienne que la conquête des exécuteurs mêmes des supplices infligés aux chrétiens. Ce résultat avait l'effet d'une raison rétorquée. Les martyrs pouvaient hautement répondre ainsi à leurs persécuteurs : vous prétendez que nous sommes une *secte nouvelle propre à troubler votre puissance* (1). Comment donc se fait-il que vos exécutions contre

____

(1) Tac., Anna,, 15.

nous nous attirent vos plus fervens satellites? Si nous ne méritons que
vos dédains, pourquoi ne sortez-vous que confus de vos cirques ensan-
glantés de notre sang? Vous vous plaignez, disaient les Tertullien
(*Apolog.*, ch. 37) et les saint Justin; vous vous plaignez que nous
apportons, dans votre empire, une abnégation qui n'est que de la folie,
une liberté, qui n'est que de la révolte; et pourtant vos villes sont
pleines de nos frères disposés à mourir, vos places, vos palais retentissent de notre soumission et de la leur, et vous n'avez encore pu
compter dans vos cohortes rebelles aucun des chrétiens, ni dans vos
assemblées aucun mauvais citoyen qui nous appartienne, ni dans votre
sénat aucun traître qui ait reçu de nous des leçons, et pourtant nous
ne sommes que d'hier.

Telle fut, au premier siècle de notre ère, la gloire du nom chrétien.
La persécution y devint comme le défrichement de la société, qui se
montra dès lors rajeunie, pleine de sève, sous le tranchant. Le sang
des disciples du Galiléen fut la semence des hommes libres : leur vertu
comme une tige vivace, s'éleva à cette époque, au-dessus de tout ce
qu'on connut jamais d'héroïsme sur la terre. Les chrétiens étaient tellement libres, qu'ils renonçaient à leur liberté même; les promesses,
les offres, pour leur éviter des supplices, ne faisaient qu'irriter leurs
désirs. Le plus noble usage qu'ils croyaient faire de la liberté qu'on
voulait leur assurer était de la repousser par une liberté plus grande
encore. D'ailleurs, le courage était devenu indispensable, le désespoir
irrésistible, et la vertu seule redoutable : rien n'était grand comme
le martyre, rien n'était libre comme la vertu des chrétiens. Les tyrans
sentirent bien que leurs coups n'atteignaient pas la liberté chrétienne,
et qu'ils travaillaient par la violence à détacher de la servitude tout ce
qui avait compris le christianisme, et par conséquent à leur propre ruine.
Il était déjà trop tard, et cette liberté marchait, enseignes déployées,
sur les pas de leurs bourreaux. Ils connurent trop tard que le plus grand
échec de leur tyrannie comme le pas le plus avancé vers la civilisation
du monde, avait été de mettre en lumière la perfection de la foi et
de la morale chrétienne.

Il était cependant resté une ressource à la tyrannie, c'était de cacher
sa confusion sous un masque d'imposture, et de faire invasion dans la
société religieuse à la faveur d'un faux semblant de prosélytisme. Si
les empereurs romains ne furent pas les premiers à manier cette arme
contre l'humanité, il ne manqua pas d'âmes serviles, d'esprits superbes
qui essayèrent de la leur mettre dans les mains. Le génie de la servitude leur chercha leurs précurseurs jusque dans les rangs des chrétiens.
Les premières hérésies parurent, et avec elles les calomnies des payens :
aussi bien les premiers hérésiarques ne furent-ils que les premiers ca-
lomniateurs de l'Église. Un zèle mal entendu ou une secrète jalousie,
parmi les enfans des apôtres, fit qu'on essaya d'expliquer les mystères
de la religion. On crut pouvoir allier les idées philosophiques avec ses

dogmes positifs. Les imaginations ardentes de quelques chrétiens instruits aux écoles du paganisme ne surent pas se garder des fausses lueurs d'un accommodement; ils cherchèrent la raison des conflits sanglans que la persécution faisait naître entre l'extrême vice d'un côté, et l'extrême vertu de l'autre ; entre la barbarie étudiée des méchans et l'excessive résignation des bons : tentation délicate qui enfanta des systèmes sur le principe du bien et le principe du mal, systèmes qui furent mis sur le compte du christianisme même ! Les écarts les plus honteux , les déréglemens les plus immoraux s'en suivirent : les chré-tiens furent suspects, parce qu'on les confondit avec des néophytes scandaleux , qui portaient leurs noms. Jusque-là la calomnie avait triomphé ; mais les hommes apostoliques , en qui résidait la puissance d'enseignemens n'eurent qu'à parler, l'erreur fut confondue, et les vrais disciples distingués. Là commença l'hérésie , parce que là commença l'opiniatreté folle de dogmatiseurs emportés à tout vent de doctrine ; et comme l'erreur n'est que la calomnie de la vérité, la calomnie devint dogmatique , de morale qu'elle avait été dans son principe.

La liberté pouvait-elle être du côté de ces dogmatiseurs, que l'on voyait se diviser et se subdiviser entre eux après toutes sortes de sophismes, de disputes, de controverses contentieuses ? que devenaient leurs malheureux sectateurs , au milieu de tant de débats , que chaque jour, chaque heure reproduisait avec une fureur nouvelle? Quel plus triste signe d'anarchie que cette convulsion écumeuse d'un langage effréné , qui, comme les mille flots de la mer agitée, battaient sans re-lâche à toutes les oreilles, et formaient un long bruissement , pendant lequel les complaisans auditeurs ne savaient à qui entendre? Que de rumeurs dans les villes populeuses ! que d'éclats dans les assemblées ! que de ruptures dans les familles ! quelles guerres que ces guerres des sectes naissantes , où le plus souvent le prestige armait la crédulité et la rendait séditieuse au moindre signal ? L'enthousiasme et le fanatisme furent portés à un si haut point que l'empire romain n'eut bientôt à réprimer que des factieux intolérans dans les rangs des hérétiques. Ils avaient appris à secouer le joug de l'autorité apostolique, si imposante et si noble; celle des empereurs ne leur parut aussitôt qu'un pouvoir odieux C'est ce qui fit que le sénat enveloppa sous les mêmes lois de proscription et de mort tous ceux qui se disaient chrétiens. La liberté ne fut donc , pendant les deux premiers siècles du christianisme , ni chez les sectaires , soulevés constamment par des haines violentes; ni chez les princes , sans cesse sacrifiés par les révoltes , qui mirent plus d'une fois l'empire à l'encan. La liberté se tint réfugiée dans l'unité catholique à laquelle rendirent solennellement hommage les empereurs Nerva et Trajan. Les apologistes de cette unité eurent enfin accès auprès de ces deux grands monarques, et toutes les provinces romaines tant de l'Europe que de l'Asie , apprirent que l'Église méritait d'être distinguée de ses sectes turbulentes qui infestaient le monde , et que c'était

dans son sein que la puissance impériale reconnaissait ses plus pacifiques sujets. Aussi les règnes de ces deux empereurs furent-ils marqués
par le règne des lois et de la paix. Si leurs successeurs renouvelèrent
leurs sanguinaires édits, c'était toujours à l'hérésie rebelle qu'on les
devait (1). Enfin ses efforts expirèrent aux pieds du dogme catholique,
après avoir tenté vainement d'entraîner l'univers dans la servitude de
la raison humaine, nouveau creuset d'où sortit plus pure encore la
liberté des peuples. Car après les secousses successives qu'elle fit
éprouver à la puissance temporelle, celle-ci appela hautement à la foi
catholique des malheurs de l'Etat, et lui demanda ses conseils; avant
même de l'avoir adoptée, le meilleur des princes, Alexandre Sévère,
donna ce grand exemple aux têtes couronnées (2).

L'Occident commençait à respirer, à la faveur des dogmes chrétiens,
qui s'étaient montrés si féconds en enseignemens politiques. L'Eglise de
Rome avait humanisé la puissance impériale, en ne répondant à ses
premières violences contre les siens, que par une fidélité plus constante, au milieu de tous les fermens de discordes que le schisme
avait jetés au sein de l'état. Il n'était déjà plus possible aux sectes
rebelles de raviver la controverse, sans recourir à des expédiens de
cour. C'était loin de la ville éternelle, et auprès des proconsuls, infatués de leur lointain pouvoir, que l'hérésie devait pour, réussir à
troubler le monde, revêtir une nouvelle armure. Tout étant comme
épuisé dans les dogmes sacrés, soit par les mille contorsions que leur
avaient fait éprouver les premiers hérésiarques, soit par les innombrables réfutations, victorieusement élaborées par les premiers docteurs,
au nombre desquels on comptait les savans convertis du paganisme,
dès lors les nouveaux systèmes théologiques ne pouvaient être que
des erreurs rebattues, destinée au reste que nous avons vue attachée
à toutes les hérésies. L'arianisme, qui fit tant de mal à la société, se
montra donc moins comme une nouveauté, que comme une dispute
d'antichambre. Ce fut dans l'Égypte qu'il parut armé d'une dialectique
jalouse, d'une mélancolie sombre, et de la faveur proconsulaire. L'on
sait assez que le curé de Baucale, à Alexandrie, le fameux Arius ne
se jeta dans l'erreur qui combattit la divinité de Jésus-Christ, que par
envie contre son évêque Alexandre, appelé contre son attente, au
siège d'Alexandrie. Malgré le prestige de sa maigreur grave et sévère
comme celle d'un réformateur, il sentit qu'il avait besoin des eunu-
ques et des chambellans de l'empire d'Orient, puisqu'il date de l'a-
rianisme pour propager sa doctrine et son nom. En effet, la cour de
Nicomédie, premier siège des empereurs chrétiens en Asie, fut le
théâtre où Arius, poète et musicien jouait son rôle de séditieux contre

(1) Justin, *Apol*, 1. — Rufin. *Hist. Eccl.*, l. 4, ch. 9.
(2) Oros., *Hist.*, l. 7. — Euseb., *Hist.*, l. 6, 29.

l'Église et donnait la profane idée de représenter sur les tréteaux de la comédie, la religion chrétienne. Ce scandale ne tarda pas à produire ses effets dans tout l'empire des Césars. En plusieurs endroits, les statues impériales furent renversées, les généraux de la cavalerie assommées et traînées par les rues, presqu'en même temps que le fameux hérésiarque achevait, dans un coin de rue de l'antique Bysance, sa vie de révolte et d'orgueil.

Ainsi, l'hérésie ne releva son front, abattu par les victorieuses réfutations des premiers docteurs de l'Église, que pour faire irruption dans l'état. Constantin n'y vit d'autre remède que de réunir toutes les lumières de l'Église, dans une assemblée œcuménique. Celle de Nicée se montra le boulevard de la société, en fixant à la fois les limites du pouvoir temporel en matière de foi, et les bornes de la vérité catholique. La liberté des deux empires, que la mort de ce César chrétien laissa à ses enfans, fut toujours dans la suite, en rapport de leur respect pour ce concile général. Il fut tellement le mot d'ordre de la liberté, que l'Eglise et l'Etat durent y recourir chaque fois que l'esprit de secte causa de nouvelles secousses à la paix publique. Les édits de la puissance, les expédiens de la politique échouaient constamment sur les écueils d'une controverse furibonde. Les peuples ne voyaient de salut que dans la voix des pasteurs, ce fut alors que les conciles suppléèrent aux armées et aux batailles, aux lois et aux supplices. Toute l'Asie se mit à parler de concile. L'Occident l'imita, et l'Afrique n'eut que ce mot à opposer à la frénésie donatiste. Les conciles furent là, pour contenir les barbares que la division de l'empire romain attirait sur ses provinces disputées; pour concilier les différends des princes, entraînés hors des bornes de la justice, par leur humeur théologique, et pour confondre tous les séditieux de l'intérieur qui dissimulaient leur révolte sous le manteau du mysticisme. L'Église, comme une armée bien disciplinée, suivait partout les mouvemens hostiles des premiers. Leurs guerres se portaient-elles sur la Syrie, Antioche et Tyr étaient les camps retranchés de l'église; les Goths féroces descendaient-ils sur les pays des Visigoths? ils y trouvaient armés de la croix les pasteurs réunis contre leur fureur arienne. Les nom de Tolède, Tarragone, Lérida, Brague en Lusitanie correspondent dans l'histoire à des champs de bataille où la victoire resta au catholicisme, et prépara l'avenir des monarchies espagnoles. Les Germains impétueux se jetaient-ils comme des essaims, sur les Gaules? ils s'arrêtaient honteux sous les murs de Lyon, d'Arles, de Valence, de Narbonne. Les pasteurs chrétiens y débattaient les droits de la puissance séculière. Il fallait attendre que l'oracle eût parlé, et puis quitter les mœurs idolâtres et se faire catholique.

Les princes se faisaient-ils théologiens, dans la fausse idée de gouverner plus sûrement, en pénétrant de vive force les consciences, les

conciles étaient là, comme nous l'avons dit , pour redresser leurs sacri-
léges et folles entreprises. Les trop longues contestations sur les professions de foi arienne , n'eussent jamais fini pour le malheur de la
société , si les Constantin Pogonat et les Justinien II , n'en essent appelé
en dernier ressort à un concile général. Là , vinrent mourir ce qu'on
nomma l'hénotique d'nn Zénon , l'ecthèse d'un Héraclius , le type d'un
Constant , monstrueux avortons du glaive discoureur , qui avaient
causé tant de scandales dans l'empire Oriental ; scandales mortels pour
la liberté qui avait vu tomber vingt trônes en moins d'un siècle.

Les dissensions intestines des états romains mettaient-elles l'étendard
de la révolte entre quelque perfide main ? La ressource de l'Italie était
dans ses conciles. Le célèbre Justinien, auteur du droit romain, trouva
dans leurs canons les principaux dispositifs de cette compilation fameuse,
qui est devenue la jurisprudence du monde entier. Cet empereur qui
sentait les forces de l'empire défaillir insensiblement, malgré d'incroyables prodiges d'héroïsme dans ses chefs, tel qu'un Bélisaire, s'empressa de ramasser les règlemens qu'avait répandus çà et là la tenue des
synodes provinciaux. En adoptant ainsi les vieux axiomes du droit naturel
à ceux de leur sage discipline , il créa un puissant point d'arrêt à la
société , que des craquemens intérieurs avertissaient sourdement d'une
ruine prochaine. Quand les barbares du Nord se levèrent pour fondre
sur l'Occident , ils trouvèrent les conciles en possession du pays , et le
droit romain prêt à se survivre à lui-même par le moyen de ces sénats
toujours incorruptibles. L'esprit monarchique de l'église passa dans
les mœurs , et les nouveaux royaumes qui sortirent des cendres de
l'empire , n'eurent d'abord d'autres conseils nationaux que les assemblées synodales. Là , la royauté recevait de magnifiques hommages ;
là , les peuples étaient appelés à la loi d'un consciencieux respect pour
leurs maîtres ; là , les querelles nationales obtenaient leurs solutions
salutaires ; là , se classaient les intérêts de localité, les besoins naissans
de la patrie , restée solitaire après le démembrement général ; là aussi
commencèrent proprement les royautés continentales qui devaient tant
exercer d'influence sur les destinées de plusieurs nations , et qui , sans
l'ascendant de l'église , eussent infailliblement dégénéré en autant de
dictatures atroces. Les provinces de la Gaule se rangent les premières
sous sa loi tutélaire ; la monarchie s'y constitue si bien , qu'elle doit
affronter pendant plus de dix siècles tous les orages de la politique.
La Lombardie arienne met bas les armes devant cet entraînement religieux. La Galice apprend à son roi Suève que sa couronne est plus
respectable depuis qu'elle est ombragée de la croix. Récarède le catholique obtient des peuples ibériens les acclamations d'amour qu'un vain
prestige de gloire n'avait pu acquérir à ses impies devanciers. La vieille
Bretagne compte bientôt sept dynasties de Souverains adorés, là où de
sanguinaires proconsuls n'excitaient naguère que la révolte , en se

faisant précéder indistinctement de licteurs ou d'aruspices. Ainsi, tandis que les trônes d'Orient s'affaissaient l'un après l'autre sous le poids des hérésies toujours rebelles aux conciles, le diadème s'affermissait en Occident, par la raison des contraires, sur les têtes catholiques. Là, la société était lacérée en tous sens par des dissensions toujours renaissantes ; ici, les peuples grandissaient en civilisation, sous la bénigne influence des sympathies religieuses : il suffit de nommer Charlemagne. La différence de ces deux régimes devenait de plus en plus frappante. L'empereur Maurice, à Constantinople, l'avait sentie, quand il réclamait du fond de la Thrace l'intervention du pontife de Rome et d'un concile de Latran pour pacifier ses états ; mais il fut le dernier des monarques asiatiques qui sût commander à l'hérésie : aussi l'hérésie ne tarda-t-elle pas à envahir les marches du trône ; et le trône une fois livré à la dispute dogmatique, il ne restait plus de barrières à l'esprit sectateur. Il se résuma tout entier dans un visionnaire extravagant, dont tout le savoir-faire était d'insulter, des mêmes déclamations, l'église et les empereurs. Le Coran fut plutôt un libelle jeté au nez de la société qu'un traité de moral. Mahomet l'appuya de sa lance, et parvint, après dix ans de meurtres, à établir sa loi arabe dans les contrées travaillées depuis si long-temps par les disputes théologiques. Ce fut là le signal d'un redoublement de barbarie. Le plus dégoûtant esclavage s'étendit bientôt comme un vaste réseau sur l'Orient.

Ce fut aussi dans ces circonstances que le nom de Nicée fut répété comme une nécessité de l'époque. Un nouveau concile œcuménique y réunit les lumières de l'église pour contrebalancer au moins la sinistre influence de l'Egyre. Le schisme ne put prévaloir, malgré la connivence de Photius et de Mahomet. S'ils laissèrent après eux de longs fermens de discordes, ils démontrèrent par-là même que c'est l'erreur qui est véritablement intolérante, et qu'avec elle les peuples n'ont plus de liberté à conserver. Le fougueux Cérularius et le cruel Abubéka ne conspirèrent pas mieux : leurs impies tentatives échouèrent avec la même solennité devant un autre concile général tenu à Constantinople. C'était ainsi que les synodes venaient à l'appui des trônes chancelans du Bosphore. La royauté n'avait pas alors de meilleur sénat à opposer aux séditions intestines et à la guerre étrangère ; et telle devint la violence des sectes sorties de la Mecque, que les empereurs ne connurent d'autre guerre étrangère que celle qu'il fallut soutenir contre elles : heureux si les conciles eussent continué d'obtenir d'eux le juste empire qui leur avait été si salutaire ; mais les premiers, engoués d'une vaine bravoure, ils crurent pouvoir se mesurer avec la gigantesque légion de Mahomet ; ils répudièrent la religion, et incontinent ils furent inondés de Mahométans, hâletant de carnage. Le choc fut terrible. L'Occident se ressentit de la secousse qu'avait reçue la société en Orient. On avait tant abusé des bienfaits de l'église dans les deux hémisphères, que Dieu avait retiré un moment son bras de dessus les nations ; les conciles cessèrent de s'assembler ; l'ignorance se propagea ; la royauté fut débordée par des rivalités locales ; les mœurs se corrompirent ; la liberté fut confondue avec un faux besoin d'agrandissement et de gloire : de là les fureurs, les cruautés, les infamies de tout genre qui signalèrent les trois siècles de ténèbres que l'univers compta dans ses annales depuis l'ère chrétienne. Si la paix et la liberté vraies règnèrent quelque part, ce fut évidemment dans les pays où l'église pouvait parler aux peuples par ses rares synodes. Là, comme à Rome, comme à Calcut et Cliffe en Angleterre ; comme à Cordoue et Tolède, en Espagne ; comme à Soissons, Verberie, Compiègne et Narbonne en France ; comme à Ratisbonne et Francfort en Germanie : là, les conciles furent des modèles de législatures ; on y appela toutes les nations à la participation des mêmes droits ; on les définit avec calme ; on les promulgua avec autorité. Les questions les plus ardues sur les devoirs des princes y furent abordées avec une liberté telles qu'ils furent obligés de modérer d'eux-mêmes leur propre puissance. Enfin, malgré les malheurs des temps, les conciles furent les sénats de la liberté.

A cette époque, l'état social se montre sous deux formes bien distinctes. Partout où la religion chrétienne peut déployer son influence, on voit le monde politique se soutenir, se policer, et partout où celui-ci s'écarte des voies de la civilisation, l'œil de l'observateur rencontre la vérité religieuse enchaînée dans de puissantes entraves, ou couverte de riches flétrissures sous les oripeaux de la grandeur. En Orient, la puissance civile affecte l'amitié avec l'autorité sacrée ; mais elle ne fait que l'affecter, et aussi n'obtient des peuples qu'une soumission soupçonneuse, prête à changer de maîtres à la première équivoque. Aussi le diadème est-il mal assuré sur des chefs guettés constamment. Le pouvoir y descend comme dans une arène ; il y a autant d'ambitions que de prétextes. Les lois y deviennent impuissantes, parce que leur sanction y devient précaire ; tous les crimes s'y rendent utiles, parce qu'ils sont autant de moyens de sauver la chose publique aux prises avec les mauvaises passions ; le trône n'y est plus qu'un tréteau ; on y monte pour y jouer un rôle, qu'on quitte aussitôt qu'on est sifflé. La société d'Orient marche ainsi en braconier, du moment que ses princes ont fait les premiers pas dans le terrain du sacerdoce. La politique et les lumières de cette société sont celles des grands chemins ; c'est la politique et les lumières de l'esclavage. En Occident, au contraire, le pouvoir temporel se classe sur les ruines romaines, aux accents d'une joie fraternelle. Rome ne conserve qu'une chose de sa splendeur, et c'est le prestige de son intervention ; mais ce prestige, elle le conserve infaillible dans les démêlés des peuples et des rois. Elle parle à tous par ses conciles ; aux uns, elle dit que c'est la foi qui rend l'obéissance méritoire et sacrée ; aux autres, que leur couronne n'est surmontée d'une croix que pour les montrer aussitôt chrétiens exemplaires qu'hommes puissans , et cela suffit. L'Europe se lève , éblouissante de diadèmes respectés ; la royauté s'y multiplie comme les synodes. Il y a amitié vraie entre le pontificat et la royauté. Ils partagent les respects des peuples , comme ils en règlent les droits. Il faut se rappeler seulement la création des innombrables monarchies qui sortirent comme du néant depuis le pays des Merciens jusqu'aux rives du Tibre ; du détroit de Gibraltar aux sources du Rhin , et cela au temps où les conciles embouchaient le plus haut la trompette apostolique ; il suffit de se rappeler cette création pour juger l'époque ; époque éminemment providentielle qui va remplaçant çà et là l'action de l'épiscopat par celle de la royauté , avant que le premier ait perdu cet empire divin qui avait commencé la société nouvelle. Le Christ avait régné sept siècles par sa parole ; il voulut régner par l'épée des rois. La cessation des conciles prépare le nouvel âge de la royauté. La royauté chrétienne ira , s'il le faut , courir le monde , pour faire révérer la croix qui le civilise. Si l'empire d'Orient s'affaiblit par sa propre infidélité, les rois de l'Occident passeront les mers , fouleront les montagnes , au seul nom du Christ. Les barbares le verront et seront arrêtés dans leur marche guerrière. Autrefois ils avaient reçu la lumière au nom du Dieu du Calvaire ; les rois de la croisade la leur rapporteront sur le Calvaire même : un roi y restera comme un fanal de liberté.

Les empereurs de Constantinople avaient remué toute l'Asie par le scandale de leurs attentats à la pureté des dogmes. En vain , ils avaient cru qu'en signant avec du cinabre des professions de foi captieuses , ils maintiendraient leur douteuse puissance. La conséquence fut cette guerre atroce, suscitée de l'Arabie à l'Hellespont , par un chrétien aventurier, jaloux de porter lui aussi sa coupable main sur la vérité religieuse.

Le schisme de l'Égyre, l'Église grecque et le califat musulman se répondent comme deux échos sinistres ; se regardent comme deux rocs calcinés, sortis d'un même volcan. Le califat avait commencé d'incendier la terre , depuis Canton jusqu'aux colonnes d'Hercule : le schisme avait ramassé les étincelles pour embraser le reste de l'Asie , du Jourdain au Bosphore. La royauté d'Occident resta comme puissance sociale , et devint assez forte pour refouler tous les torrents enflammés d'Orient.

C'est un spectacle nouveau que de voir cette émigration presque générale du xi⁰ siècle , ces colonnes immenses de peuples divers qui reculent sur leur terre natale pour la saluer encore une fois , en marchant à la délivrance de Jérusalem. Les fils des anciens Saxons semblent faire voir , en passant dans la Chersonnèse Cimbrique , aux fiers Normands leurs vainqueurs , quelle patrie avaient fournie les premiers

maîtres de la Grande Albion. Les descendans des Vandales et des Bour- ANS DE J.-C.
guignons contemplent, dans leurs marches de pèlerins, le sol que fé-
condèrent les dures mains de leurs pères, avant de soumettre les Gaules
et les Espagnes. Tous ses peuples viennent se retremper à l'envi entre
les bras de leur mère patrie, comme pour faire un plus digne hommage
de leur liberté au maître des empires. Ils partent pour la première
fois mêlés comme des frères : l'Irlandais intelligent et le mou Celtibère
sont confondus avec le sobre Castillan et le débonnaire Aquitain : le Pa-
risien léger avec le froid Breton : l'Allemand taciturne avec l'Italien gai
et frivol : le Hongrois, l'Esclavon robuste et fier avec le Génois, l'E-
cossais industrieux et délicat. La croisade est le rendez-vous de l'Europe ; et l'Europe qui ne s'était jamais vue de si près, fraternise et se
range, dans un calme inconnu, sous un commun étendard, avec les
insignes royaux de plus de vingt monarchies.

Telle était l'aurore de la religion : l'épée des rois n'avait plus qu'à
s'ouvrir un passage triomphal : le premier combat livré aux Sarrasins
devant l'ancien boulevard de la foi, cette Nicée que n'auraient jamais
dù souiller de leur présence les ennemis de la divinité de Jésus-Christ, ce
premier combat sauva l'empire grec des Comnène à deux doigts de leur
perte ; et en moins de quinze mois, le Saint-Sépulchre fut en la possession
des armées chrétiennes. Aux cantiques de paix de la croisade victorieuse, l'Orient se tut, et les soudans d'Egypte crurent à une puissance
surnaturelle dans les exploits des Européens réunis contre le croissant.
Les nouveaux maîtres de la Palestine n'imposèrent ni chaînes ni tributs
aux vaincus, comme l'auraient fait des conquérants ordinaires. Ils ne
voulurent qu'expier les profanations des impurs Seljoucides n'élevèrent
un trône que pour marquer le passage de la royauté fidèle sur la
terre des holocaustes, et laisser à l'univers un mémorial impérissable
de ce que purent le sceptre et la main de justice, empourprés d'une
simple croix d'écarlate, pour la liberté du xie siècle. Les croisés savaient
qu'il ne s'agissait pas pour eux de fonder dans la ville déicide une longue
dynastie de monarques. Le roi de la croisade ne s'y montra jamais couronné. La royauté n'y parut un moment que comme pouvoir libérateur,
semblable à ces météores lumineux qui le soir décrivent à l'horizon
une courbe rapide pour annoncer au monde un beau jour.

L'on ne concevrait pas aujourd'hui cette abnégation de toutes choses
dans une armée de 600,000 combattans, parcourant, sans vouloir s'a-
grandir des terres conquises, à plus de 800 lieues de la patrie. Notre
siècle n'entendrait pas ce dévoûment d'enthousiasme creux, qui compte
marcher au martyre plutôt qu'à une conquête, qui ne calcule ni sur le
butin des vaincus, ni sur un établissement personnel, ni sur la gloire
des armes, ni sur aucune des grandes passions qui faisaient mouvoir les
hommes avant d'être chrétiens. Un suaire et un tombeau, voilà l'ambition de l'Europe croisée : et cette ambition d'une espèce nouvelle

remplít les chemins de l'Asie de vainqueurs qui prient, de triomphateurs qui récitent la miséricorde.

C'est que la guerre de l'Europe est une guerre de liberté. Il faut apprendre ou confirmer aux nations que la liberté et la croix sont deux sœurs qu'on ne sépare pas sans troubler la paix de la grande famille : que la civilisation ne sera jamais que l'écho de la prière. Les peuples se froisseront vainement les uns les autres; vainement comme des vagues mutinées s'amoncelleront les batailles et les triomphes sur la face du monde : plus vainement encore les chocs des intelligences feront-ils jaillir la science vive comme l'étincelle, l'indépendance éblouissante comme la liberté. Un anathème pèse sur l'humanité, ses efforts ne doivent être que des erreurs; ses succès, que des mécomptes. Qu'ils s'abaissent donc tous les siècles devant le siècle de la croix ! Que les hommes apprennent la liberté, non de la phantasmagorie de leurs sublimes pensées, mais de la puissance de la foi ! Qu'ils étudient le mouvement imprimé de l'Orient par les croisades ! Qu'ils observent cet ébranlement colossal des Arabes, faisant halte devant une royauté isolée; changeant des menaces de destruction en le *qui-vive* de la défense. Qu'ils expliquent comment ces Arabes devenus comme un torrent rapide, maitres d'une partie de l'univers, depuis le Thibet jusqu'aux Asturies espagnoles s'arrêtent court devant les hospitaliers de Jérusalem : comment ils hésitent sur le sens de la prophétie d'Ali, sur la conquête de la capitale du monde chrétien : comment ils se prennent à soupçonner que cet oracle pourrait n'être que le rêve d'un visionnaire : comment se trouve indéfiniment ajourné l'empire de ce croissant, qui avait promis de se substituer en tous lieux à la croix chrétienne : comment la mère d'un Emir de Babylone écrit que le coran sera impuissant à ses pieds : comment des philosophes musulmans s'avisent d'en déchirer quelques pages par déférence pour l'Évangile ; comment leur vertu devient stoïque à force de vouloir singer la morale chrétienne : comment, en un mot, des traités sont imposés par l'occident catholique aux califats d'Orient ! Que les hommes, sachant l'histoire, expliquent cette influence soudaine, progressive, sans les croisades, sans les brillants faits d'armes d'Édesse, de Tripoli, d'Antioche de Jérusalem ; sans les expéditions de Louis VII. toutes malheureuses qu'elles furent, sans les armées de Philippe-Auguste, quels qu'aient été leurs échecs, sans les flottes de saint Louis, de ce roi magnanime jusque dans les fers, et dont on ne répète le nom que pour embellir de grands souvenirs : et si ces hommes ne le peuvent, qu'ils disent comme nous, si les croisades ne déployèrent pas la bannière de l'Évangile dans l'intérêt de la civilisation : si elles n'arrêtèrent pas, du moins en les neutralisant, durant quatre générations, les débordemens des Tartares, jaloux d'imposer leur joug brutal : si les moyens et le but des croisés n'étaient pas la liberté : si leurs armes et les monumens hospitaliers de

leur foi, échelonnés comme des comptoirs, n'établirent pas un com-
merce plus doux entre des nations, auparavant condamnées à se haïr,
sans se connaître, si au christianisme seul n'appartient pas l'honneur
d'avoir préservé l'Europe du stupide empire du croissant.

Ce développement de la liberté chrétienne avait tourné les regards et
les sympathies des peuples vers la puissance spirituelle, comme vers la
première cause de leur sécurité. Cette puissance s'était accrue jusque
dans leurs intérêts privés, de tout ce qu'avaient perdu les haines locales
des grands, leurs éternels oppresseurs. La circonstance des croisades
avait été une occasion de rapprochemens et d'oubli, et amené un long
armistice entre l'orgueil féodal et la royauté humiliée : les papes avaient
exercé un pouvoir révéré.

Mais, ce pouvoir ne tarda pas à être mis à de trop rudes épreuves. Il
lui fallut bientôt protéger la royauté contre la royauté même. La juste
renommée que s'étaient acquise au loin les armes européennes, fit
croire à quelques princes croisés que c'était la seule puissance de leurs
bras qui les avait rendus redoutables. Aussi la fin des croisades doit
elle être considérée comme l'époque des ambitions couronnées.

Il ne manqua jamais d'adulateurs dans la cour des rois. On les vit s'é-
lever insensiblement jusqu'aux marches de l'autel. Conflit malheureux,
qui devint un nouveau système de perturbation dans l'état social.

Les rois pensèrent à s'agrandir ; et leur bravoure fut exaltée : les descendans de Robert-le-Fort voulurent l'Angleterre : les héritiers du
grand Alfred voulurent la France. les Barberousse de la Souabe n'aspi-
rèrent à rien moins qu'à faire revivre les Césars : les Alphonse de Castille
visèrent sur la Navarre : les Sanches dressèrent leurs plans sur l'Aragon.
Une commotion violente allait être la suite de ce travail intérieur et embraser de nouveau l'Occident. Les assemblées délibérantes, ou n'existaient
pas, ou n'étaient point un contre-poids suffisant à la volonté des monarques. Il fallait un pouvoir médiateur ; il n'y avait au monde que le pouvoir
pontifical, assez étranger à la politique pour exercer un patronage impérial, et pourtant assez populaire pour le rendre efficace. Les papes devinrent donc plus que jamais les arbitres naturels de l'Europe. Par l'ascendant de leurs vertus autant que par l'éclat de leur dignité, ils tempérèrent
par tout les maux divers qui pesaient sur la Société. L'Allemagne et les
deux Siciles furent sauvées de l'anarchie pendant deux siècles, grâces
à la vigueur des Calliste, des Innocent, des Alexandre, des Adrien, des
Grégoire, des Boniface, des Clément : nous n'avons pas oublié que l'Angleterre dut à l'intervention de l'un d'eux la conservation de sa grande
charte, la France celle de son indépendance, pendant les guerres seigneuriales de la Bretagne et du Languedoc, et toute la minorité de Saint
Louis ; la Navarre enfin, sa délivrance du fanatisme vaudois : mais ce
fut surtout quand la papauté eut quitté Rome, quand le schisme d'Occident l'obligea de se rapprocher du fils aîné de l'Église, et de siéger à

Avignon. Ce fut alors que la tiare se montra puissamment influente. La jurisprudence et les lettres, les universités françaises et les princes Valois s'accordent à exalter la munificence et le grand caractère de Jean XXII. Les parlemens anglais et un Edourd nous ont raconté la sage inflexibilité d'un Benoît XII. L'Église grecque et l'Église latine, la Hongrie et l'Italie nous ont dit avec l'accent de la reconnaissance, la douceur apostolique d'un Clément VI : les Génois et les Vénitiens nous répéteraient encore ce que l'Asie et les chevaliers de Rhodes, l'Espagne et la Franconie, Paris et Londres, Rome et la chrétienté pensèrent, et de la charité imperturbable, de la clémence insinuante d'Innocent VI, et de l'austère érudition d'Urbain V, et de la vertueuse élévation de Grégoire XI. Tous ces noms illustrent les annales de la liberté, autant qne celles de l'apostolat; et aucun de ces grands noms n'est choisi à dessein dans les sacrés dyptiques de l'Église romaine : ils se succèdent tous comme se succédaient tous les fléaux de leur siècle; ils forment comme une galerie de héros qui commencent à emboucher l'un après l'autré la trompette apostolique, et qui, après avoir rendu attentifs les peuples et les rois, fixent d'un œil d'aigle leurs ennemis et les terrassent d'un regard.

Il est vrai que pour exercer cette heureuse influence, les papes eurent bien des passions à enchaîner, et que la voix de la conciliation n'en fut pas toujours écoutée. Tantôt, c'étaient celles des rois qu'il fallait comprimer, pour adoucir le sort de leurs malheureux sujets : tantôt, c'étaient celles de leurs sujets rebelles, qu'il fallait contenir, afin d'alléger le fardeau de l'autorité. Contre de pareils scandales, tout ce que put inventer la charité la plus ingénieuse fut essayé par les pontifes romains : et quand la félonie audacieuse ou le despotisme aveugle eurent trop long-temps résisté à leur charité, ils prirent le langage du ciel en courroux. L'événement justifia presque toujours ce langage d'anathèmes; et si la morgue des grands, ou l'éloquence des rhéteurs de tous les pays n'eussent pas eux-mêmes exagéré ses effets, on ne les eût jamais vus exagérer sa portée. Des abus s'ensuivirent sans doute : mais, où n'y en avait-il point? n'en était-ce pas un bien flagrant que d'appeler du nom de foudres les sentences d'excommunication, qui d'abord n'étaient lancées qu'à regret, et pour hâter le repentir? C'était donc un défi jeté par les incrédules à un pouvoir qui était divin dans son exercice, comme il l'était dans sa source! Est-il si étonnant qu'un pouvoir pareil, assuré déjà du respect des peuples, se crût appelé comme les enfans de Zébédée, à punir de grands coupables, que sa mission était de ramener ou de confondre? Que les déclamateurs éclatent en invectives, si cela leur plaît : mais l'Église n'a pas de voile à jeter sur ces efforts extrêmes d'une puissance, hors laquelle après tout il n'y avait que faiblesse, que servitude. Du moins, ne fut-elle pas esclave, cette puissance-là, au temps où l'esclavage était partout menaçant; et c'est déjà, ce nous semble, une recommandation,

plutôt qu'un crime, auprès des admirateurs de la liberté. Oui la liberté partit de Rome ou d'Avignon, alors même qu'elles parlèrent avec
l'accent de la domination. Oui, les nations et les rois comprirent le
langage de Rome ou d'Avignon, en même temps qu'il s'enveloppa du
ton de la terreur. A côté de leurs anathêmes, l'histoire compta toujours
un bienfait : qu'on en dise autant de l'impiété, qu'on en dise vingt
fois moins de la philanthropie. Nous connaissons un philanthrope, qui a
mis bas les armes, malgré sa bonne envie de se mesurer avec la foi :
ce qu'il appelle les écarts de la puissance papale ne l'empêche pas d'en
publier la salutaire influence sur le bonheur de la chrétienté : et comme
si l'amende honorable ne pouvait se dérober à sa plume tremblottante,
il élève sa voix avant de cesser d'écrire, et dit, en gémissant : *heureux
l'Univers, si cette influence, les papes l'eussent conservée toujours!*

En luttant avec elle, la royauté n'avait fait que des fautes en politique : jamais elle n'en était venue jusqu'à ces fautes en morale, qui font
mépriser une autorité divine. La foi n'abandonna jamais les rois chrétiens, quelques écarts que fit leur raison ou leur cœur. Leur souveraineté ne prit point une part assez active dans les schismes, pour affli-
ger la société. Que ne se défendirent-ils aussi bien des fausses idées de
gloire? Leur diadème ne resplendissait-il pas assez de l'éclat que jetait
sur lui la tiare des pontifes? Dieu était-il donc de trop dans le respect
qu'ils voulaient obtenir des hommes? Leur décevante sagesse ne s'a-
percevait-elle pas qu'en se voilant la face devant Rome, leur royauté
s'éclipsait? Et devant les mille échecs de la politique humaine, ne
devenait-il pas urgent, pour reparaître avec avantage sur la scène du
monde, que leur royauté se rapprochât du pontificat, et scellât par des
traités, un accord mutuel, une franche correspondance? Oui, sans
doute, cela était urgent, et les concordats arrivèrent à point pour terminer les querelles du gallicanisme envahissant.

L'heureuse influence du pontificat, pendant près de quatre siècles,
avait fait naitre, dans les cœurs des princes, le desir de tirer les papes
du sein de leurs sujets, et cette préférence, ouvrit la porte à des
scandales funestes. Les peuples chrétiens n'avaient plus vu déposer des
pontifes de la chaire éternelle. Au spectacle de désolation le respect
perdit de son charme, la royauté ne fut plus aussi imposante, quand le
souverain sacerdoce parut lui-même rabaissé devant des juges. Tout se
tient dans les idées de la puissance : et c'est tomber dans le même in-
convénient, que d'avilir le prêtre pour élever le roi, que de désho-
norer le roi pour exalter le prêtre. Ainsi, avec la doctrine de l'inério-
rité des papes au concile général, se leva incontinent la doctrine de
l'infériorité d'un prince à son peuple. Mais tandis que la première re-
posait sur des promesses divines d'indéfectibilité spirituelle, l'autre n'a-
vait pour base que le calcul de l'anarchie fondé sur une fausse similitude. Et néanmoins le tyrannicide eut autant de fauteurs que le dogme

de l'infaillibilité, d'oracles. Dans cette extrémité, il n'y avait pour les rois qu'un moyen ; c'était de s'aboucher avec les pontifes, et de leur offrir l'appui de leur sceptre, il en devait résulter contre l'ennemi commun le suprême avantage de deux forces réunies. C'est là ce qui fit la matière des concordats, magnifiques traités, où la sagesse présida, et sans lesquels le sang des rois aurait ensanglanté les mains de leurs bourreaux, comme celui d'un Richard d'Angleterre, d'un Robert d'Allemagne et d'un duc d'Orléans ; véritables contrats synallagmatiques, où la royauté convenait des limites qui la séparaient du gouvernement spirituel, et où la triple couronne acceptait celles qui la devaient tenir éloignée de l'administration séculière : ce fut avec le quinzième siècle que parurent ces grands manifestes d'union, où les deux puissances se firent la part de leurs droits et de leurs engagemens, en face de l'univers, attentif à leurs démêlés déplorables ; là, reparait donc l'action de la royauté, comme élément de civilisation.

Ce fut, en effet, la royauté qui amena la solution du schisme scandaleux d'Occident. Par là, les peuples recouvrèrent la paix qu'avaient troublée les litiges des antipapes. Ce furent les nations, représentées au concile général de Constance, qui firent entendre les premières plaintes sur l'étendue que s'arrogeait le pouvoir des vicaires de Jésus-Christ : l'Église, en écoutant les justes doléances des rois, prononça aussi la première le mot de concordat : et de ce moment, l'Europe bénit une religion, qui savait ramener la liberté au milieu de tous, en la mettant sous la tutelle de ses maîtres.

Chaque nation eut son concordat ; parce que chaque nation avait ses rhéteurs et ses théologiens, qui exaltaient, dans un sens opposé, la puissance de laquelle ils tenaient leur influence, et qu'une ligne de démarcation était devenue nécessaire, du Danube au Tage, de la Tamise aux Appenins. La France eut donc son consordat : mais les idées de liberté, que portaient avec eux ces monumens d'une époque réformatrice, produisirent en France des effets tout particuliers. Les rois du continent jouirent long-temps des suites heureuses de leurs traités avec les papes : il n'en devait pas être ainsi des rois très-chrétiens : peut-être aussi, étaient-ils réservés par la Providence pour sauver la liberté, à la fois, des attentats des démagogues et des intrigues des cours.

Sous le nom de liberté de l'église gallicane, nom respectable tombé de la bouche auguste de saint Louis, aux temps où les hérétiques prétendirent refuser les décimes des fruits pour soutenir la dignité du culte sacré, sous ce nom parut la pragmatique de Charles VII, qui renfermait tous les germes d'usurpation. Les corporations françaises, telles que les parlemens et les universités, n'avaient garde de s'en emparer, à une époque où l'autorité royale était la plus précaire, et la leur, la plus entreprenante. Le gallicanisme prit soudainement la place de ce règlement, qui n'avait dû être que disciplinaire, et qui, à la faveur

parlementaire, devint le thème de la prépondérance laïque en matière ANS DE J.-C.
religieuse. De la pragmatique datent donc, à proprement parler, ces
monstrueux excès de pouvoir que les siècles suivans virent pulluler sous
la toge. Le peuple français vit s'élever la *ligue du bien public*, véritable mystification pour le pays, qui supporta les charges de cette révolte
instestine, et laissa partager aux corporations, armées de la pragmatique, le pouvoir insolent de faire des conditions à la royauté. Les
exactions d'une noblesse turbulente, les déclamations d'un libéralisme
hypocrite ou aveugle, causèrent à la patrie des déchiremens que l'autorité spirituelle était impuissante à réprimer, puisque leurs fauteurs
se couvraient du voile religieux. Louis XI fut donc, sur le trône de
France, l'ennemi nécessaire du gallicanisme. Il déploya contre lui l'é-
nergie d'un grand caractère, eut foi dans sa mission réparatrice, et fils
aîné de l'Eglise, défia les sophistes de son siècle. S'il ne put les vaincre, malgré son concordat avec Sixte IV ; s'il ne put en préserver ses
sujets soumis, qu'avec des armées permanentes et des impôts ruineux,
sa résistance servit au moins à démasquer la vaine popularité des galli-
cains, et finit par empêcher que la nation française devînt tributaire
des Lancastre d'Angleterre. C'est à la royale vigueur de cet antagoniste
des Anglais que la France dut la conservation de sa nationalité. Sans la
religion, sa politique eût été cruelle inutilement ; avec elle, ses cruautés provoquées désarmèrent tous les ennemis que lui avait suscités l'esprit démagogique : heureux le quinzième siècle d'avoir fourni au
monde un homme tel que Louis XI, puisque ce siècle avait été destiné à faire l'essai de la liberté des rhéteurs et des assemblées de monopole ! Quoi qu'en disent les historiens, il y aurait plus d'un rapprochement à faire, entre les modernes apologistes des gouvernemens
populaires, et les factieux meneurs du vieux gallicanisme. L'on sait assez
que ç'a été au nom des libertés gallicanes que la religion catholique et
le trône ont reçu depuis cinquante ans les plus mortelles atteintes, et
la France, subi toutes les tortures de l'anarchie. Malheureux le dix-neu-
vième siècle de mentir *au progrès*, et d'en être encore à la vieille lutte
du bien public, sans avoir pour contrepoids le respect des peuples pour
la majesté royale, et le respect des princes pour cette religion qui sait
dompter leurs cœurs ! Quelles nouvelles catastrophes ne présagent pas,
et ces systèmes qui placent le pouvoir dans la multitude, et changent
la royauté en fiction ; et ces concessions souveraines qui s'en vont, par
intervalles, frapper aux fondemens du sanctuaire, ou reconnaître comme
sacrés les préambules de la sédition !

Il n'en était pas encore ainsi, lorsque la royauté tirait son salutaire
empire de la foi des peuples. Un concordat avec Sixte IV avait aidé
à conjurer l'anarchie. La première pensée d'un grand roi fut de recourir à un concordat nouveau ; c'étaient Léon X et François Ier qui
devaient faire reculer de trois siècles l'esprit liberticide ; leur conven-

tion servit de date à la renaissance des lettres dans toute l'Europe. Le siècle des Médicis a pris ses inscriptions dans les annales du monde ; et la royauté de François Ier n'était pas tant une bonne fortune pour la France, qu'une puissance continentale. A voir l'élite de chaque nation emboucher la trompette du talent, on est obligé de convenir qu'à moins d'une influence soudaine, telle que celle de l'apparition des Apôtres, le monde social n'avait plus paru aussi unanime. C'est que, par le concordat de 1516, un pontife venait de dire à l'univers que son salut était dans l'éclat des trônes révérés, et un roi, que l'éclat de tous les trônes ne devait et ne pouvait être qu'emprunté, rayon projeté longuement du sacré diadème. C'en fut assez, toutes les couronnes se virent parées d'un prestige nouveau ; tous les peuples de l'Europe entendirent les mêmes hymnes de la renommée, pressée de porter au loin l'époque des belles inventions, des études hardies, des sages législatures : époque véritablement populaire où la puissance descendit chercher le mérite jusqu'aux derniers degrés de l'échelle sociale, où les créations utiles pénétrèrent, avec un doux régime, jusqu'à la roture tant de fois humiliée. Ce que n'avait pu faire l'esprit républicain de Venise, malgré ses plans de philanthropie ; ce que n'avait osé la banale Angleterre avec sa charte d'étiquettes féodales et ses mœurs plébéiennes ; ce que l'Espagne hospitalière, la pacifique Allemagne et la Hollande patriote n'auraient pu entreprendre pour l'émancipation des intelligences, des industries, des intérêts, la France le fit seule, parce qu'elle avait un grand roi, roi puissant par sa religion, roi religieux par sa puissance même.

Pour le malheur des peuples, les autres rois de l'Europe n'avaient pas renouvelé les rapports établis avec le Saint-Siége par les premiers concordats. L'esprit d'insubordination le comprit : obligé de respecter les barrières qu'un pouvoir fort de sa foi avait élevées en France, cet esprit se jeta successivement sur l'Allemagne, la Saxe, la Suisse et l'Angleterre. Issu des scandales du grand schisme, cet esprit jusqu'alors concentré dans la sphère étroite des écoles et des corporations, se dilata à la faveur de quelques abus, et plus encore des voluptés de quelques princes. Des bruits de séparation d'avec Rome se répandirent ; des maximes emphatiques sur l'absolutisme des rois se propagèrent, et ce mouvement intellectuel se nomma *Réforme*. En vain un moine furibond y rattacha-t-il des questions de controverse religieuse ; vainement aussi une tête couronnée affecta t-elle de conserver unis son diadème et la croix. Dans la personne de Luther, l'impiété s'était fait pape, et dans celle de Henri VIII, l'anarchie s'était fait roi. La Réforme ne fut pas une hérésie, à proprement parler, puisqu'au lieu de s'occuper de la société chrétienne, elle ne tendait qu'à disloquer la société politique. Se séparer de Dieu, se séparer des rois, et rompre ainsi la chaîne de la civilisation, tel fut toujours le fond de la Réforme.

Aussi, avec ses développemens, vit-on la guerre civile s'organiser, les conjurations se former, les peuples se soulever contre les peuples, les proscriptions et la mort se disputer les victimes, les premières révolutions fermenter, éclater, et précipiter les trônes.

Avant la rupture solennelle de la Réforme avec les idées religieuses, le monde n'avait pas vu la fidèle et paisible Germanie morcelée comme une proie en une infinité de districts, jaloux de la mère-patrie, et où autant de petits tyrans vinrent peu à peu rançonner la plèbe fanatisée. Le monde n'avait pas vu les états britanniques transformés en vils instrumens du pouvoir absolu, jusqu'à sacrifier toutes les institutions nationales au bon plaisir d'un despote encensé. Le monde n'avait pas vu la Suède secouer le joug du Danemarck, pour passer sous la terrible loi d'un novateur, tel qu'un Wasa; la Pologne, courber son noble front sous les tragiques faiblesses des Sigismond et de ses palatins; la Hongrie, accepter la solidarité du crime des Sepus et des Simeada; la Transylvanie, la Norwége et la Courlande subir le fanatisme atroce des waïvodes du Nord. Le monde n'avait pas vu la révolution de cinquante ans qui enleva les Provinces-Unies à la monarchie espagnole; la Suisse divisée en quatorze républiques, pour résoudre de quatorze manières le problème de la soumission et de l'autorité; l'Irlande et l'Écosse, changées en peuples ennemis par les fureurs des parlemens réformés, l'échafaud dressé enfin pour accoutumer la royauté au carcan et à la mort.

Or, tels avaient été pour la société les résultats immédiats de la Réforme. La religion, toujours vigilante, suscita le concile de Trente pour les paralyser. Du moins, par son influence, la France, le Portugal, l'Espagne, la Sicile et l'Autriche en furent-ils long-temps préservés. C'est que le concile de Trente ne fût, pour ses effets politiques, qu'une solennelle promulgation des principes du concordat; c'est que la royauté y fut dignement représentée, et y reçut un lustre nouveau, qui fixa les regards des peuples. Leur liberté fut en raison de l'attachement de leurs princes à la foi du concile, et il est assez remarquable que la civilisation eut une marche uniforme et paisible partout où le nom de Trente fut révéré, tandis que les représailles populaires, les changemens politiques, les législations souveraines ne s'opéraient qu'avec des flots de sang dans les pays où le concile n'était point reçu par les princes.

Ce fut donc cette résistance à la voix de la religion qui fit baisser sensiblement le pouvoir des rois. Quand ils se furent abandonnés à leur seule influence, il fallut bien qu'ils laissassent analyser leurs droits, qu'ils se prêtassent aussi à la solution du problème de la souveraineté, puisqu'ils l'avaient eux-mêmes soulevé par leur désobéisance à la puissance des siècles.

L'esprit réformé avait mené là la société, et déjà il ne rougissai plus de se qualifier esprit révolutionnaire; c'était sa dernière péri ◄

et le dénouement de son drame impie. Dès 1688, le luthéranisme et le calvinisme, le gallicanisme et le schisme de Henri VIII commençaient à n'être que des systèmes surannés, des erreurs historiques. Le mal avait pris d'autres noms, avec une intensité nouvelle : souveraineté du peuple, gouvernement représentatif ; voilà les mots d'ordre de la guerre à outrance déclarée à tous les rois. La liberté des nations se ressentit de ce coup porté aux maîtres de la terre. C'est proprement, dans les annales du monde, l'ère révolutionnaire. Les anciens rois d'Ecosse, descendans des Stuarts, sont obligés de céder pour jamais à une conjuration de philosophes. Louis-le-Grand voit ses sujets se prévaloir des traités de Louis XIII avec le calvinisme ; ils en deviennent menaçans pour sa couronne ; ses provinces se révoltent au nom de la conscience ; une grande mesure d'ordre social lui est commandée dans la révocation de l'édit de Nantes. La Pologne semble mourir avec le fameux Sobieski, et, grâces au luthéranisme, les rois qu'elle élit pour soutenir sa liberté, ne peuvent régner sur ses enfans désunis. La république hollandaise, quoique fille de la Réforme, ne se consolide pas, sans lutter contre les factions intestines et les guerres de religion. La république de Gènes expie sa révolte contre l'Autriche, dans les soulèvemens de la Corse et ses propres émeutes. Celle de Genève est obligée d'implorer la protection de Louis XV contre ses ennemis intérieurs. La France elle-même donne le scandale de ses parlemens, usurpant sans cesse la dictature. La Suède, lassée de changer de rois, finit par mépriser la monarchie, et essaye à son tour du régime républicain, après des scènes affreuses. Les Etats-Unis d'Amérique combattent pendant huit ans, au nom de la Réforme, les Anglais trois fois réformés, et se déclarent violemment république indépendante ; et toutes ces commotions politiques, véritable règne de la pensée révolutionnaire, se passent en moins de quatre-vingts ans, dans l'Europe ou le Nouveau-Monde.

Jusque-là c'étaient les peuples qui s'étaient trouvés directement compromis par les maximes hostiles à la religion. Partout où la royauté avait pu lutter avec avantage, elle les avait protégés contre leurs propres discordes ; mais l'impiété ne devait pas s'arrêter aux crises sociales ; elle avait encore à attaquer le dernier boulevard des nations policées. La royauté lui restait encore comme son point de mire.

Déjà l'on a vu combien l'esprit monarchique avait baissé en Angleterre devant le souffle impur de la première réforme. Les sectes métisses qui en naquirent, comme ses conséquences, lui portèrent les nouvelles atteintes, qui, successivement, l'ont fait descendre jusqu'à l'anarchie, pour la monter jusqu'au despotisme, de ces états contre nature, également funestes à la liberté.

Un enthousiaste atrabilaire, Fox, s'était, dès son apparition, déclaré hautement chef d'une secte ennemie de la puissance royale. Dès ce moment, plus de serment de fidélité, et les successeurs du grand, du catholique Alfred, en sont encore à le désirer vainement d'une nombreuse classe de sujets. Ainsi énervée, leur puissance circonscrite d'ailleurs dans un cercle étroit de moyens d'action, par l'effet des quatre réformes où l'autorité du roi avait été disputée par des parlemens ombrageux, ou des émeutes populaires, leur puissance fut déclarée tyrannique, alors même qu'elle n'était que docile aux admonitions des parties, constamment en butte aux soulèvemens de la classe des prolétaires, dont il a plu à la représentation souveraine de taxer l'affreuse misère, après l'avoir produite. Les rois de la Grande-Bretagne ne commandèrent désormais qu'à des sujets impatiens de tout joug, portèrent dans les insurrections toujours menaçantes, sinon toujours meutrières, la peine de ces législations atroces qu'ils n'avaient pas faites, et qui déconcertent l'antique vénération des Anglais pour la monarchie, en la voyant présider, contre sa destinée, à un système révolutionnaire d'où il ne sort pour eux que mendicité, qu'ilotisme, que dégradation; que révoltes périodiquement provoquées, que *bils* honteusement, minutieusement disputés à sa conscience et à sa faim; que mitraillades et canonnades savamment ordonnées de la tour de Londres. Nobles millionnaires, *Torys* impies, qui détestent la maison de Hanovre, et veillent sa fin, comme le moribond dont on attend la dépouille; tribuns fougueux, *Wighs* exercés aux clameurs de la place, *paupérisme* et Irlande, qui rêvent la dictature, ou visent au schisme politique : tels sont les ennemis qu'a créés à la royauté anglaise la souveraineté représentative issue de la Réforme. Il reste, il est vrai, l'*église établie par la loi*, au royaume britannique, pour lui ménager les douleurs de l'agonie : frêle appui, quand l'ancien culte, vrai patron des rois, tient déjà la corde au béfroi catholique!

Le jansénisme en France, fut un travestissement de la réforme. comme l'avait été le quakérisme au comté de Leicester et aux États-Unis. Le diacre Pâris fit le *trembleur* comme Guillaume Penn; et les scènes d'inspiration, qui se passèrent au tombeau de notre béat visionnaire, ressemblèrent assez aux pamoisons extatiques, qui transformaient en temples les cabarets de *Smithfield*. Le jansénisme devait donc être l'écueil de la royauté française, comme le quakérisme l'avait été de la couronne anglicane. Rien ne manqua à la similitude. Les savans français, placés une fois sur le terrain du jansénisme qui attribuait tout en dernière analyse à la fatalité, oublièrent la république des lettres pour régenter leur patrie. Vers la fin du règne de Louis XV, on ne vit que des théologiens sous la toge des législateurs : la guerre au pape se déclara en plein parlement, et devint un mot d'ordre national. On lacéra, on brûla par ordre du bourreau les lettres pastorales des évêques catholiques; les records de la justice exécutèrent, comme une sentence, l'administration forcée du saint Viatique. Le roi de France

s'aperçut trop tard que ses parlemens se transformaient en arènes politiques, où son pouvoir descendait sans vigueur et sans force. Il les
exila ; puis il les rappela. Enfin il lui fallut faire amende honorable de
ses coups d'autorité, trop habilement hasardés par son conseil, formé
de jansénistes et de philosophes.

Tel fut le premier échec de la royauté bourbonnienne, si puissante
tant qu'elle avait été très-chrétienne : la vieillesse crapuleuse de
Louis XV l'avait successivement laissé tomber des mains de Port-Royal
dans celles de l'Académie ; les francs-maçons venaient d'hériter des
encyclopédistes du privilége de lui insulter : aussi la France ne tarda-
t-elle pas à vérifier le mot du grand Frédéric : *Si je voulais*, avait-il
dit, *punir une de mes provinces, je la donnerais à gouverner aux philosophes* (1). Les premiers jours de leur règne, sous le trop loyal
Louis XVI, furent funestes aux intérêts nationaux, dont ils détachèrent
les colonies des Antilles, par une révolution pratique de la souveraineté populaire, leur hérésie favorite. A l'aspect de cette tempête lointaine qui ne s'était levée du fond de l'Océan que pour tomber sur le
continent français, l'Église poussa le cri d'alarme sur la ruine de la
métropole : mais les philosophes, ayant pris les devans, avaient ouvert toutes les avenues à l'ouragan grondeur. Les gémissemens de la religion ne purent rien pour la royauté dégénérée. Elle-même eut bientôt
à combattre les premiers mugissemens de l'orage. Les Français anglo-
manes ne concevaient pas de révolution possible, sans *une Église établie par la loi*. Ils jetèrent à leur patrie la *constitution civile du clergé*,
comme un projectile inflammable. Ainsi qu'aux jours des malheureux
Stuarts, après mille froissemens populaires, une étincelle sortit des marches du trône par la résistance intempestive du monarque, et fit sauter
en éclats sa tête et tout l'héritage des glorieux Capétiens. Le meurtre,
le brigandage, la spoliation ouverte, la guillotine en permanence,
débordèrent sur ce royaume sans chef, comme autant de laves em-
brasées. Une république sanglante de dix années s'établit sur des monceaux de ruines, comme l'avait fait la république anglaise de 1650.
Ce régime d'atrocités révoltantes, de cruautés sataniques, fournit dans
les Marat et les Robespierre des protecteurs comme les Cromwel : et
les sycophantes de la montagne rappelèrent dignement les satellites
puritains. De même enfin que Louis XV avait été, pour la France,
philosophe, le Jacque Ier de l'Angleterre réformée, et l'infortuné martyr du 21 janvier le Charles Ier du 30 de pareil mois, de même les
niveleurs affreux de 1793 copièrent trop fidèlement les massacres et
les horreurs du protectorat : tout se ressembla dans ces affreuses tragédies de la royauté, jusqu'au rapprochement qui, dans la popularité
de Louis XVIII, va faire voir la fausse restauration de Charles II ;

(1) Année littéraire.

prélude remarquable de cette scène palpitante de similitude, où la
déchéance d'un frère après trois journées de *glorieuses* barricades, re-
dit la déchéance d'un autre frère, après la *glorieuse* trahison des représentans de 1688.

Certes, l'histoire humaine n'offrit jamais d'événemens plus horrible-
ment identiques chez deux pays rivaux par leurs intérêts et par leurs
mœurs. Où vit-on deux nations se répondre si bien sur le cri de guerre
à la royauté? le génie de la destruction se montrer avec une entente
égale? les passions s'organiser avec le même sang-froid du crime?
le bourreau lever sa main de boue devant deux fronts chargés du
diadème, et d'un coutelas pareil abattre fièrement deux majestés et
deux peuples? Avait-on vu encore cela chez deux nations que
l'émulation des succès rendit toujours jalouses, que la gloire des armes
rangea sous des tentes ennemies, que la renommée héroïque signala
sur le ton de l'envie, que, malgré des efforts communs, un culte
différent sépara longues années; qu'enfin l'amour de la patrie avait
faites jusqu'alors irréconciliables? Il y a pourtant une raison de leur
sympathie dans leurs forfaits : grand serait l'aveuglement de ne la
trouver pas, cette raison, dans une commune infidélité aux saines
croyances.

La royauté avait donc perdu toute créance auprès des peuples, parce
qu'elle s'était livrée, pieds et mains, aux prôneurs des réformes religieuses. Par une juste conséquence, les peuples eux-mêmes avaient
perdu toute liberté, parce que le sceptre n'était plus qu'un roseau.

Les règnes dynastiques des maisons d'Orange et de Brunswick n'a-
vaient pas rendu à la couronne anglicane ce prestige ancien qui s'était
attachée à elle pour le bonheur des masses insulaires jusqu'aux scandale de 1558. Comme un autre Saturne, le génie révolutionnaire avait
eu beau dévorer ses propres enfans à chacune des quatre révisions
réformatrices, et apprendre par-là même sa monstrueuse fécondité
pour le sort d'une nation ; les tempéramens législatifs que la royauté
dynastique commença d'essayer en 1778 pour la Grande-Bretagne, ne
furent que de misérables correctifs d'une législation despotique. Les
adoucissemens apportés au code pénal de l'Irlande, par suite de la
révolution française, ne laissèrent pas moins cette intéressante portion
du royaume uni, sous la loi d'une oppression abjecte : c'est que les
Pitt, pas plus que les Blakstonne ou les Burnet, les George IV pas
plus que les George III, n'étaient assez forts contre le principe révolutionnaire. Les ravages en avaient même été si contagieux, que les
autres puissances continentales étaient menacées de périr; les irruptions des démagogues français sur la Hollande et le pays de Généralité,
venaient de faire trembler les états autrichiens. La même impulsion
d'anarchie ébranlait la liberté espagnole, sous le sceptre tremblant de
Charles IV. Les états romains s'étaient érigés en république, pendant

que le pontife de la capitale du monde mourait à Valence ; partout enfin où le catholicisme s'était conservé le plus vivace, il s'opérait une oscillation menaçante, tant le principe monarchique avait souffert d'altération !

Ce fut alors que parut la plus forte monarchie des derniers temps, sans doute, pour apprendre à l'univers sur quel patron chacune devait modeler son influence pour devenir salutaire. Semblable à ces planètes flamboyantes, qui viennent, par intervalle, redire au monde que leurs longues révolutions ne dénaturent point leur jaillissante lumière, le diadème de Napoléon se dessina sur sa tête avec des proportions et un éclat qui saisirent le monde d'une magique admiration. Ce front ainsi couronné se retourna vers le siècle de Léon X, et fit signe à la France que là encore était son salut. Un concordat avait été signé entre l'homme des victoires et le pape Pie VII, pour remettre en vigueur l'accord salutaire du sacerdoce et de l'empire. La république une et indivisible avait pu pressentir cet accord dans les premières négociations avec le souverain pontificat ; mais il fallait un sceptre et une épée, au lieu du bonnet phrygien et de la guillotine, pour parler de liberté à la France en stupeur. Le sacre de Napoléon, par les propres mains du prince des pontifes, lui donna cette épée et ce sceptre, qui aussitôt eurent un pouvoir enchanté. Il commença son règne par des décrets de réconciliation entre les partis, et de réparation envers les autels. Le prestige qui, dès ce moment, s'attacha à ces actes, fit que, s'il ne rallia pas sincèrement les premiers, il sut les contenir à une distance respectueuse, et que, si la France vit neuf années de calme intérieur, d'esprit national, de liberté politique, elle les dut aux neuf années de splendeur et de respect que les seconds obtinrent d'un monarque juste dominateur de son siècle. Ainsi avait paru Napoléon, pour apprendre aux rois à gouverner, et aux peuples à vénérer le diadème. Etranger à ceux-là par sa naissance, il sembla n'être sorti du sein de ceux-ci que pour retracer aux uns et aux autres leurs mutuels devoirs ; et, comme si la royauté eût mérité une leçon plus haute, il se désigna, lui, sur le volcan même de la souveraineté populaire, pour porter en maître la couronne, et laisser aux races royales, sur qui pèse tant de responsabilité, un exemple de la dignité et de la force qui doivent être leur perpétuel cortége, sous peine de perdre, avec leur liberté, celle de leurs peuples.

Napoléon lui-même fut brisé, quand l'exemple fut devenu assez solennel. Rien ne manquait à la restauration, pour que les légitimes possesseurs d'un trône aussi respecté n'y exerçassent un pouvoir protecteur et durable. Les Bourbons venaient s'y asseoir avec la double puissance de la majesté et des souvenirs. Pour être rendue à une liberté parfaite, sous le sceptre de ses anciens rois, la France n'attendait d'eux que de le porter de la même main que l'usurpateur. Il ne s'agissait point de constitution nouvelle. La fécondité révolutionnaire n'avait rien laissé à faire sur cet article d'imposture et de malheurs ; il s'agissait seulement de continuer le règne imposant de la morale et des lois que le concordat de l'an X et le ferme vouloir de l'autorité avait substitué aux orgies de la souveraineté du peuple. Au lieu de cela, et sans tenir compte de l'élan national de 1814 vers la monarchie pure, que les infortunes des Bourbons avaient d'ailleurs retrempée, au lieu de cela, Louis XVIII, plus philosophe que sage, rêva une monarchie réformée, et jeta aux passions mal éteintes l'aliment inflammable d'une charte constitutionnelle, véritable accès d'anglomanie, qui devait peu à peu affaiblir les ressorts de l'état, changer la royauté en fiction, et l'entraîner de nouveau sur le terrain de la révolte. A quoi bon ces phrases académiques, où l'auteur de cette charte anglaise soupçonnait véhémentement que *la violence constitutionnelle pourrait arracher à la faiblesse du gouvernement des concessions qui mettraient la liberté publique non moins en danger que le trône même?* A quoi bon ce préambule pompeux à de nouveaux malheurs, lorsqu'il recevait *tant de témoignages d'amour ;* lorsque, *comme une grande famille*, tous les Français ne formaient *de vœux que pour la paix et la conservation de l'autorité suprême de leurs vieux rois?* N'avait-il pas vu d'assez près la hideuse lèpre du *paupérisme* anglais, fruit des réformes monarchiques? Voulait-il implanter sur la noble terre de France le principe vivace des banqueroutes, exporté pour la première fois d'outre-mer par Neker l'Anglomane, je veux dire les dettes croissantes, compagnes obligées des gouvernemens représentatifs ? La liberté publique dont il parlait, ce roi de la restauration, entendait-il que sa charte l'entourât des conflits périodiques dont le parlement britannique donnait la représentation à un peuple dégradé? Non, sans doute, ce ne pouvait être l'intention du frère de Louis XVI. A quoi donc attribuer la promulgation de la charte, qui portait les germes de pareils désordres ? à l'oubli seul de la religion, qui attendait là, comme première sentinelle de la patrie ; car, qu'on ne s'y trompe pas, malgré les clameurs sur l'influence des prêtres pendant la restauration, la religion fut oubliée le jour où ses noms de catholique, apostolique et romaine devinrent article constitutionnel, *concédé, octroyé à des sujets* par l'autorité royale. Il y avait là assez de matière, non pour *renouer la chaîne des temps heureux* de la France antique, mais pour façonner une église nationale. La dénomination de *religion d'état* allait bien dans un concordat, et Napoléon ne l'aurait pas voulue dans les constitutions de l'empire. Cette dénomination n'allait donc pas du tout dans une charte, pleine de tant d'autres incohérences. La France monarchique ne voulait pas plus que Napoléon de religion d'état, et la raison est simple : c'était dire qu'elle était déjà surannée, incapable de convenir à un siècle en travail de réformes ; qu'elle ne pourrait désormais vivre que de la vie administrative et moyennant subvention; qu'au milieu *des progrès toujours croissans des lumières*, il lui fallait donner son signalement, passer à un bureau, et recevoir des lettres de naturalisation. Injonction maladroite d'une puissance aveugle, qui ne vit pas le parti qu'en tireraient les ennemis de la puissance même, en la poussant de degré en degré jusqu'à l'usurpation : faute impardonnable après tant de revers; coup fatal porté à la morale, à la liberté française, qui s'explique par le contre-coup de la suite des Cent-Jours et du rappel presque miraculeux de Napoléon, cette grande figure de la royauté.

Cet essai funeste de la charte suffit pour armer l'Europe : toutes les royautés du continent se liguèrent, et cette ligue s'appela la Sainte-Alliance; beau nom assurément, si la religion l'eût donné; mais vaine qualification devant la fureur princière de maintenir ou de créer les chartes réformatrices. Encore une fois, le ciel fit briller des jours calmes sur la France. Pourquoi était-il écrit dans ses décrets qu'elle n'en profiterait pas? La charte française reparut donc, après les Cent-Jours, escortée de baïonnettes étrangères, cortége doublement significatif de sa faiblesse à rallier les partis. La religion la vit revenir de l'exil avec les mêmes pressentimens qui l'y avaient accompagnée. Elle ne la regarda jamais comme un gage de liberté durable, attendu qu'elle provoquait la licence des mœurs, par sa protection à la licence des écrits, et le cynisme de l'insubordination par ses faveurs au cynisme des opinions.

Néanmoins, l'époque de la Sainte-Alliance fut l'ère des chartes fabriquées. La Pologne, qui avait compté tant de mauvais jours depuis l'abdication de son dernier roi, fut destinée à subir la toise d'une charte constitutionnelle : la Pologne, ce peuple aux proportions viriles, si digne de marcher sans étreinte!

La Belgique, que le catholicisme avait élevée au-dessus de la France même par la civilisation, et durant les guerres de la conquête, dut aussi accepter toute faite sa fusion avec la Néerlande protestante; la Belgique, cette nation aux formes indépendantes comme son langage, et qui avait grandi de toute la distance d'un empereur des Français à un stathouder de la Hollande!

La Bavière, le Wurtemberg, Naples et la Suède, ces royaumes dont les mœurs sont si diverses, furent aussi appelées à une organisation constitutionnelle.

L'Europe ne pensait pas travailler à la ruine de la monarchie, et par ces constitutions, elle y travaillait activement. A ses yeux, la religion était un élément qu'on pouvait combiner comme un autre avec toute espèce d'alliage politique. Ainsi, elle fut partout sacrifiée. Les débats, dont la France donna le premier exemple, la firent comparaître à la barre annuelle pour s'entendre gronder par ceux qui devaient en recevoir des leçons, et ce ton gagna de proche en proche, jusqu'aux portes do Munich. En vain le concordat de 1817 s'ajusta-t-il à la charte de 1814, comme un corollaire de celui de l'an X.

La charte surmontée d'un concordat était une architecture fausse, sans aplomb qui, au premier usage de l'un et de l'autre, menacerait ruine. C'était là que l'esprit démagogique attendait les vieux Bourbons. Ils voulurent exécuter les clauses de ce tardif concordat, Il n'en était plus temps. La haine de la religion catholique s'était formulée en diatribes amères, parties de presque tous les points à la fois. La royauté en fut punie par l'assassinat du dernier fils de France. Et comme si le génie révolutionnaire n'eût pas voulu laisser à la religion cause d'ignorance, il etendit sa main de fer presque à la même heure sur la catholique Espagne et sur son roi. Il n'y eut pas jusqu'à l'Angleterre qui ne ressentit de fâcheuses oscillations dans la tourmente, juste retour des vices modèles de son organisme. Le roi Charles X aurait dû être éclairé sur tant de revers de son infortunée famille : il se laissa dire que le parti prêtre était son secret ennemi, une facilité inconcevable, après tant de leçons, lui fit porter la main sur l'enseignement dogmatique. Cette fois la mesure de la patience divine fut comble : Dieu voulut que de la même encre dont un roi sacré venait de signer l'usurpation laïque sur le sacerdoce, des sujets en signassent un acte de rébellion ; cet acte ne fut pas stérile : deux ans s'écoulèrent à peine, et la royauté pourchassée, de défaite en défaite, ne trouva autour d'elle que sa charte qui ne fut elle-même qu'un bouclier d'imprimeur.

En ce moment que de révolutions éclatent ensemble ! Bruxelles s'agite comme Paris : Varsovie court aux armes et y invite le Wurtemberg et la Bavière. Les légations romaines répondent au même appel, qui fait lever les cantons de Neufchâtel et de la Suisse : la Confédération Germanique chancelle sur ses bases attaquées. Partout en Europe, le sang coule aux cris de *vive la liberté* ; et tel est l'effet tragique des réformes successives de la religion et de la monarchie !

On n'avait plus entendu les mots lugubres : *les rois s'en vont...* proférés comme une complainte, au sein d'une assemblée monarchique. La France devait ce nouveau signe de détresse au monde étonné. *Les rois s'en vont*, disait M. Lainé à la Chambre des Pairs, en voyant la révolution de 1830, comme l'étincelle électrique, saisir d'une sympathie subite tous les peuples voisins. *Les rois s'en allèrent* en effet aux cris de *vive la liberté*, répétés des colonnes du Louvre, des murs de Bruxelles, des casémates de Francfort, des créneaux de Modène, et des remparts de Varsovie. La liberté resta seule avec ses innombrables victimes et ses plus innombrables héros. Combien ne dùrent-ils pas être libres alors, les peuples qui pouvaient à l'aise pénétrer dans la demeure des rois, jouer avec les couronnes ; de leurs mains chargées de butin, s'étendre sur les couches royales, et peser sur les trônes sans appui de tout le poids de leur étourdissement ? Tant d'ovations civiques, tant de toasts fraternels, tant de tombeaux fumant du sang des braves; tant d'espérances, tant de succès, tant de si glorieux triomphes de la cause populaire pouvaient-ils être perdus pour la liberté? Quels obstacles d'ailleurs? Il n'y avait plus de cour dans les palais, plus de prêtres dans les rues, plus de prières dans les temples, plus de sécurité pour la richesse, plus de frein à la cupidité : du moins, si quelques restes de tout cela s'offrait aux bondissemens du vainqueur, il pouvait impunément le fouler à ses pieds. Allez, peuple, lui avait-on dit, la souveraineté est à vous : allez, montrez-vous grands dans vos pertes, généreux dans votre deuil : songez que, si vous ne retrouvez plus vos pères, vos femmes au foyer domestique, vous devez être heureux de votre solitude même, puisque vous survivez à une gloire chèrement achetée. Le commerce fermera-il ses avenues, les banqueroutes atteindront-elles vos comptoirs; le fisc doublera-t-il ses poursuites avec ses besoins, les hôpitaux, les bureaux de charité ne pourront-ils suffire à la détresse croissante; vos campagnes seront-elles désolées par la terreur de vos prodiges ; vos villes, vos capitales seront-elles le rendez-vous de l'émeute? qu'importe, peuples civilisés, vous aurez un moment joui de la souveraineté : à votre tour, vous aurez été roi! Or, pourquoi fallait-il que ses airs de liberté cessassent de rétentir aux oreilles du peuple? Règne bien court, liberté bien rapide que celle de dix jours, pour la nation française! Dix jours s'écoulèrent, décade onbliée sans doute par le génie de 1793. Dix jours s'écoulèrent, et le peuple se vit recouvert de ses guenilles, reconduit à sa carrière, avec son bonheur domestique de moins, et de durs maîtres de plus, et pour perspective, l'exil sur la plage africaine. . . . . .

Jamais le peuple ne vérifia-t-il mieux notre pensée, que le cri de *vive la liberté* est la prosopopée des esclaves!

Depuis la révolution de 1830, l'Angleterre et la France jetées en première ligne, comme sur un Océan agité, se rallient contre le danger commun. De là, ces efforts vraiment héroïques de libéralisme modèle chez les deux peuples. Là comme ici, législatures tumultueuses qui ne peuvent calmer l'effervescence des populations impatientes : on casse à Londres les vitres des nobles ducs et du Lord Maire, à peu près comme on poursuit à Paris la voiture d'un ministre ; et pendant que les législateurs et les héros de la rue se donnent ces airs de civilisation, ici comme là, une puissance inconnue entraîne les uns et les autres dans un même labyrinthe de déceptions. Là comme ici, on s'attend à voir tomber enfin aux cris de *vive la liberté*, les odieux monopoles de la richesse et des places, et ici comme là, les promesses se contentent d'être pompeuses. Là comme ici, des priviléges blessans continuent à être répartis aux puissans du jour, pour qui les vilains et les habitans de *bourgs pourris* sont plus que jamais les habitans de *bourgs pourris* et des vilains; pour qui les menaces les plus sonores contre l'*accise* et les *droits-réunis* sont des encouragemens parlementaires à voter de doubles chiffres d'impôts :

et ici comme là, la grande masse de la nation reste exclue du droit public, frappée d'impuissance politique rangée en catégories insultantes, d'où ne peuvent sortir ni maire, ni alderman, ni schérif, pas plus qu'un électeur ou un député ; masse pétrie sous les pieds de l'opulence parvenue et condamnée à payer plus cher l'air infect qui circule dans ses réduits, que lorsque la pretendue tyrannie lui donnait, en plein vent, le ciel à contempler. Pour l'Anglais, la taxe du paupérisme était encore au-dessous de l'habileté inventive de sa chambre des communes ; il lui fallait encore le maximum des salaires pour cette classe de cyclopes vivant dans les souterrains, et qu'on est convenu de nommer ouvriers de l'industrie. L'Anglais donc vient de s'entendre dire en pleine audience que sa nourriture générale devait être le *pain* et *l'eau*. Pour le Français, c'était trop peu que les contributions de la *patente* sur ses bras, de la *régie* sur son nez, des *centimes additionnels* sur son chemin, du *péage* sur ses ponts, de l'*octroi* sur ses provisions de bouche, du *timbre* sur ses contrats, du *poinçon* sur ses mesures, du *tarif* sur son sel : trop peu libre encore, le Français avait un grabbat et un âtre de bois non imposés, soudain ses libérateurs lui ont exhibé la contribution *mobilière*. Si c'est être libre, que de ne pouvoir sortir de sa demeure avant le lever du soleil, que de n'oser écrire sur une gazette publique les justes torts de ses représentans, sans risquer la déportation à Botany-Bey ; si c'est être libre, que de ne pouvoir gagner, de ses sueurs journalières, plus de 3 pences (six sols de France), alors que le boisseau de froment coûte 10 schillings (12 francs) ; libre, que d'obtenir, même en travaillant, une nourriture plus mauvaise que celle des criminels européens dans leurs prisons du continent ; libre, que de disputer aux pourceaux d'un évêque ou d'un gentleman les restes que ces animaux immondes oublient dans leurs auges ; libre, que d'être réduit à dévorer le cuir des chevaux morts ; libre, que d'être attelé à des bêtes de somme trainant des charges de gravier ! alors, le prolétaire Anglais peut se vanter d'avoir conquis une liberté exemplaire ; l'Irlandais surtout peut y prétendre de nos jours dans l'Yorckshire, dans le Lanscashire, dans le comté de Sussex. De même encore, si c'est être libre que d'avoir besoin d'un *port* d'armes pour passer sur sa propriété, d'un *congé* pour ouvrir sa cave ; libre de songer plutôt au *garnisaire* inflexible du fisc, qu'à d'honnêtes créanciers ; libre de payer pour nourrir des milliers d'enfans trouvés, que la misère des nourrices sait transformer en mendians ; libre de ne pouvoir s'alimenter, dans un quart des campagnes, que de millet grossier, de fade sarrasin, ou d'insipides tubercules ; libre de s'être battu à coup de pavés pour la liberté de la presse, avec la satisfaction de compter par milliers les procès de la presse ; libre de mériter la prison pour les mêmes chants patriotiques qui avaient mérité des pensions et des médailles ; libre, d'être assommé aux mêmes cris de liberté qui donnèrent une place sur l'airain des

héros au temple des grands hommes ; libre , en un mot , d'être enrôlé
de force dans une garde nationale , destinée à tenir en état de siége le
cinquième du territoire national , et à appliquer la loi martiale à des
compatriotes et à des frères ! alors le plébéien français , qui a vu la
révolution de 1830 , peut s'enorgueillir de la réunion de tous les titres
à la liberté parfaite. Le Vendéen surtout , le noble Vendéen doit se
faire inscrire contre les tables de la servitude ; car, si les relevés de la
détresse publique , dans les Iles Britanniques , présentent les malheureux insulaires comme abrutis par la douleur et la faim : les états de
condamnations , d'expropriations , de faillites , de secousses dans la
France de la révolution , ne laissent plus aucune place à l'arbitraire ,
au désespoir , à l'appauvrissement , à la mendicité organisée. Enfin si
une nation est libre , parce qu'au lieu d'une religion , elle compte
quarante sectes, divisées en autant de troupeaux de fanatiques haineux,
ou parce qu'au lieu d'un culte dominant , elle réunit dans sa protection
tous les bandits de la philosophie , et de la morale ; libre , parce que
tout le monde n'est pas maitre de sa confiance , ou parce que le monde
peut abuser de sa foi ; libre , parce que certains droits civils sont le
prix de l'apostasie , ou parce que certaines exclusions civiles sont la
rançon de la piété ; libre , parce que les intelligences sont enchaînées
à la mitre d'un roi , ou parce que les intelligences , sont déchainées
sous le sceptre d'un renégat couronné ; libre , parce que sous le premier ,
le protestant de *l'église établie* peut violer toutes les lois naturelles envers le catholique , ou parce que le catholique de la religion de la majorité ne peut pas même sous le second préserver ses temples de la
violence schismatique ; libre , parce que là les citoyens sont subdivisés
en wighs, en torys , en radicaux, en orangistes, ou parce qu'ici la souveraineté populaire a pour interprètes trois ou quatre partis contraires ;
libre , parce qu'on a un *bal d'opéra* pour ressource contre la famine ,
parce que le luxe se cottise pour transformer en un peuple de lépreux
un peuple d'indigens ; libre , parce qu'on a une bourse et une dette
publique , des banqueroutes et des suicides , des émeutes et des projets
de loi , des réfugiés étrangers , et des nationaux à l'ancre de l'étranger
factieux ; beaucoup d'usure et beaucoup d'agiotage , beaucoup d'ambition avec beaucoup de mauvaise foi ; beaucoup de cours d'assises avec
beaucoup de monstruosités judiciaires ; en un mot , si une nation est
libre , parce qu'elle a autant de tyrans que de législateurs , autant de
chaines que de lois , autant de fléaux que de changemens , autant de
servitude que de souplesse ; alors , alors l'Angleterre et la France peu
vent se donner la main comme les deux nations les plus libres de la
terre. Le lecteur n'a pas oublié tous ces faits chronologiques de leur
histoire , depuis que la réforme a fait triompher chez l'une l'esprit
schismatique , et banni chez l'autre l'esprit orthodoxe ; tous ces événemens réduits à l'éloquence des dates pressées de s'arranger en ordre

mathématique. Cette courte histoire s'est déroulée comme un panorama, où se voyent résumées toutes les crises d'une société policée, les phases successives de la puissance ou de l'impuissance humaine, les chiffres des calamités terrestres à côté des degrés ascendans de l'impiété, et les dividendes du bonheur public évalués sur les primes de la foi.

La situation des autres nations de l'Europe a été en raison de leur rapport avec l'Angleterre et la France réformées. La monarchie et la cause populaire y ont éprouvé et y éprouvent encore les mêmes vicissitudes : témoins la confédération germanique qui ne peut pacifier les cercles confédérés ; la Pologne qui est rayée du catalogue des royaumes, l'Italie qui fermente, le Portugal qui se soulève, l'Espagne qui s'agite ; la Belgique qui se creuse des abîmes, la Hollande qui compte ses pertes : pays que, comme on sait, la propagande anglo-française a sillonnés en tous sens.

C'est ainsi que, partout où il a été entendu, le cri de *vive la liberté* a mal remplacé les prestigieux accens de la religion romaine, qui avait su faire traverser aux peuples et aux rois tant de siècles de paix. Pourtant, nous savions qu'à ce mot de religion romaine, toutes les clameurs comprimées par la lecture rapide de cet ouvrage, éclateraient à la fois, et qu'alors s'ouvrait, pour nous, un champ-clos, où nous serions appelés à combattre des déclamations éloquentes sur les maux enfantés par le catholicisme. Qu'il soit permis néanmoins de rejeter sur la passion de l'homme tous les excès commis au nom de la religion, et alors sa responsabilité sera un peu moins engagée.

Il y a donc au monde une passion cruelle, dont le propre est de vouloir venger Dieu, qui s'attribue l'apostolat universel ; espèce de propagande de sacristie, qui veut que le monde entier carillonne comme son clocher, qui prend la torche de l'autel, pour le feu sacré des mystères, et la découpure de la tunique sacerdotale pour le sacerdoce même ; passion mercenaire, qui vit du temple et dans le temple, comme de son domaine et dans son domaine, sans se douter qu'il a des proportions de popularité hospitalières : qui s'adapte tous les semblans du culte, parce qu'elle ne lui croit que des dehors, et parvient à se cacher à elle-même le fonds pervers de sa souplesse ; qui gémit comme le fidèle, pleure comme le pécheur, parle comme le juste, et se croit aussi facilement l'un que l'autre ; passion, en un mot, qui se permet tous les tons de la vertu, toutes les privautés du zèle, et ne s'interdit qu'une chose, la tolérance. Aux traits de cette passion qui n'a reconnu le fanatisme, cette plaie de l'humanité, dernier tyran de son orgueil ?

Comme l'on voit, le fanatisme n'est pas la religion, dont le propre est de plaindre ses ennemis ; qui ne s'attribue d'autre mission que celle d'attendre leur repentir volontaire : espèce de phare, haut placé entre la terre et les cieux, qui peut éclairer partout sans rien consumer par les ardeurs de sa lumière, que tous les vents de la nuit retrouvent, comme le voyageur, le même après la tempête, le même pour rassurer l'un ; le même pour braver l'autre ; Providence généreuse, qui ne s'étonne ni de la dureté, ni de l'ingratitude, qui veut des hommages et non des bassesses, de la foi et non de la crédulité, un acquiescement raisonnable, et non une affectation servile ; qui proscrit les franges fastueuses du Pharisien, comme les rapines sordides du Publicain ; qui condamne la tristesse du visage, quand le cœur n'est pas humble, qui lance ses anathèmes au déguisement fallacieux, ainsi qu'au scandale flagrant : sauve-garde de toutes les vertus, en un mot, qui ne s'enfle point, qui s'interdit tous les airs de réforme pour n'en exercer que mieux la seule qu'elle ambitionne et qui se refuse jusqu'au soupçon du mal, pour ne s'accorder qu'une chose envers tous, la charité. A ces signes, la religion des miséricordes se distingue éminemment de la singerie du fanatisme. Or, c'est entre ces deux puissans mobiles des événemens humains qu'il faut maintenant choisir pour expliquer la conduite des hommes qui, pour la cause de la liberté, ont tourmenté les âmes, terrifié l'humanité, incendié quelques parties du globe, noirci enfin les plus belles pages de ses annales. Oublions ici notre méthode synthétique, par laquelle nous avons essayé de grouper tous ses triomphes partiels, pour n'en former qu'un seul faisceau, aux yeux de tant de spectateurs, qui n'eurent jusqu'ici peut-être que le tort d'en être admirateurs passionnés, avant d'en devenir connaisseurs impartiaux. Cherchons çà et là ces grotesques erreurs de l'homme qu'il a semées, sans ordre et de sa brutale main, à côté des œuvres immortelles de la vérité.

Puisqu'il s'agit de l'Église romaine, nous demanderons donc si les premiers malheurs de l'Afrique, au IV⁰ siècle, doivent être imputés aux évêques assemblées à Carthage, ou aux furieux Donatistes ; si leurs suicides affreux sont dus à la douceur de saint Augustin d'Hippone ; ou si la clémence des proconsuls pour leurs atroces violences, leurs innombrables assassinats ne venaient pas des prières et des gémissemens catholiques ? Nous laissons la réponse aux ennemis du fanatisme.

Nous demanderons si la frénésie iconoclaste des asiatiques du VIII⁰ siècle ne procédait pas en droite ligne de la fatuité impériale, de l'hypocrisie des courtisans, de la malice des novateurs. Si les troubles de l'empire, pendant tout ce siècle, n'avaient pas pour cause première les misérables sophismes des briseurs d'images ; si leurs sanglantes expéditions dans le sanctuaire, si leurs crimes, si leurs sacriléges n'avaient pas provoqué les trop cruelles représailles de la puissance civile irritée ? Nous laissons la réponse aux ennemis du fanatisme.

Nous ne demanderons pas si les premiers dix ans de l'Égyre musulmane ne sont pas la honte du genre humain et l'opprobre de l'histoire ; les ennemis du fanatisme ne la lurent sans doute jamais sans sentir bon-

dir leur cœur. A ces mots, leur langue est glacée. Nous n'oserions espérer une réponse.

Mais, nous demanderons si l'inquisition et la Croisade contre les
Albigeois et les pauvres de Lyon du xiie et xiiie siècle eurent d'autres
causes que les spoliations, les révoltes armées de ces prédicans, vrais
bandits à demi-nuds : si les buchers, les massacres, les guerres d'extermination, qu'un faux et malheureux zèle ordonna, n'avaient pas été
précédées de provocations sanglantes, telles que les meurtres des
missionnaires inoffensifs, les assassinats de légat du Saint-Siége ; si le
pillage et le sac du Languedoc par les troupes croisées n'étaient pas en
raison du sac et du pillage du Piémont, de la Savoie, de la Lombardie,
des Pays-Bas, de la Picardie ; si dans ces damnables représailles, les
formes de la justice et des procédures n'étaient pas toutes du côté des
armées catholiques ; si ces armées étaient bien elles-mêmes dans le but
des expéditions des inquisiteurs romains ; si la conversion des prédicans,
par la parole de Dieu, n'était pas leur motif essentiel ; si enfin, l'Église
sanctionna leurs exécutions, quand elles furent brutales, inhumaines,
ou bien si les papes, ses interprètes, entre lesquels Innocent III, ne
lancèrent pas ses anathêmes contre les actes arbitraires et les injustices
des grands seigneurs, qui, à la faveur de la secte, tyrannisaient leurs
sujets ? Nous laissons la réponse aux ennemis du fanatisme.

Nous ne demanderons pas si c'était l'Église qui mettait le fer aux
mains de Pastoureaux du xiiie siècle pour assassiner les Juifs. Si les *Vé-
pres siciliennes* étaient autre chose qu'une représaille de peuple à
peuple, pour venger une nationalité ; ni si les supplices des Templiers
du xive siècle avaient pour but principal la réforme de cet ordre de
chevalerie ? Les ennemis du fanatisme ne répondraient pas, s'ils le sont
aussi bien de la fausse politique.

Mais nous demanderons si les révoltes meurtrières des Hussites dans
la Bohême ne commencèrent pas le drame affreux des guerres de religion ? Si ces guerres de religion n'avaient pas pour caractère essentiel
de troubler les nations catholiques dans la possession de leurs croyances
paisibles ; si ces guerres d'extermination ne procédaient pas directement de la passion cruelle de forcer les consciences orthodoxes, et de
les ranger violemment à la loi de novateurs impitoyables ? Nous laissons
la réponse aux ennemis du fanatisme.

Nous demanderons si les croisades ordonnées par les papes contre
des princes chrétiens au xve siècle ; croisades qui, par conséquent,
sont, de tous les autres faits du fanatisme, le plus à la charge de l'Église
de Rome, si, disons-nous, ces croisades n'avaient pas à réprimer des
maux d'un genre tout particulier, et que les siècles précédens n'avaient
pas connus ; maux extrêmes dans la république chrétienne, tels que le
scandale des anti-papes qu'il plaisait au bras politique d'opposer comme
concurrens à la chaire éternelle ; tels que les usurpations législatives,

qui insinuaient des confiscations en masse sur les revenus de tout l'ordre clérical, ainsi qu'on le voit à cette époque dans la Chambre des communes anglaises ou qui sanctionnaient les plus violentes mœurs des rois spoliateurs, ainsi que les parlemens français ou les diètes germaniques en ont laissé les monumens? Et si ces croisades avaient réellement tous ces maux à guérir, nous demanderons si le remède était intempestif, si la société civile n'avait pas autant à les redouter que la société catholique; puis enfin si ces croisades n'étaient pas, comme tant d'autres choses, des ressorts qu'entraînait avec lui tout le rouage d'un monde schismatique, monté par le plus hideux de tous les fanatismes, par l'ignorance? Nous laissons à ses ennemis la réponse.

Nous demanderons si dans l'ordre de la liberté européenne, la grande comédie de Luther, était un noble correctif de l'abus des indulgences; si cette tourbe d'enthousiastes Saxons, qui s'en partagèrent les rôles cyniques, avaient le cerveau plus sain que les dominicains du Brandebourg; si les levées de boucliers qui mirent l'Allemagne à feu et à sang, sous les auspices de l'ecclésiaste de Wurtemberg, étaient plus pacifiques que la levée des deniers romains; si les scènes de désolation que jouaient entre eux et contre lui les impurs sacramentaires, visionnaires de bouc et de carrefour, avaient une meilleure source que les marchés vrais ou faux des pieuses collectes? Nous laissons la réponse aux ennemis du fanatisme.

Nous demanderons si les roueries de Calvin et les buchers que sa fougue alluma dans Genève avancèrent de beaucoup l'empire de la raison; si les révoltes sanglantes des Huguenots sous les cinq règnes catholiques de France, parmi lesquelles priment surtout les guet-à-pens de Saumur et de Nimes, et l'assassinat des Guise, étaient de salutaires exemples pour les pays encore plongés dans la superstition? Et si à côté de ces brutalités homicides, augmentées de quatre guerres civiles, le massacre de la Saint-Barthélemy doit être pris sur un si haut ton, en haine du catholicisme? Nous laissons la réponse aux ennemis du fanatisme.

Nous demanderons si la tragédie anglicane que jouèrent pendant deux siècles le libertin Henri VIII, Elisabeth la prostituée, le sanguinaire Edouard, les impures chambres des lords, les implacables chambres des communes, et le satanique protectorat d'Olivier Cromwel était bien le triomphe de la philosophie religieuse, si les buchers catholiques de la place de Smithfield, si la conjuration des poudres, allumés ou ourdies par les réactions des Stuarts, figurent autrement dans cette longue tragédie, que comme des actes de désespoir amenés incidemment sur la scène, semblables à l'étincelle qui s'échappe d'un vaste incendie, et va brûler des combustibles épars que prédispose la chaleur des flammes? Nous laissons la réponse aux ennemis du fanatisme.

Nous demanderons si la terreur aux mille bouches, si la guillotine en

permanence, si les orgies sanglantes de la déesse Raison feront faire de
grands pas à la France sur l'échelle de la civilisation? Nous laissons la
réponce aux ennemis du fanatisme.

Nous demanderons enfin s'il existe la moindre proportion entre les
maux occasionés par les superstitions soi-disant romaines et les calamités enfantées par les prestiges des sectes? Quel rapprochement il y a
entre l'usage crédule et grossier des amulètes, les invocations, les
sortiléges, les maléfices (toutes choses qui ne sont pourtant rien moins
que conformes à la religion), et le faux spiritualisme armé de la torche
et du glaive sous les étendards de la sédition? En quelles mains, en un
mot, la croix a le plus protégé de victimes, le plus fait de martyrs,
ou de celles qui la plantaient sur les dômes des temples, ou de celles
qui la renversaient?

Après toutes ces questions, et sans attendre même la réponse, il
nous devient facile, quant à nous, d'avouer tout ce qu'opposent à la
religion les ennemis du fanatisme. S'ils sont généreux, ils doivent voir
que le fanatisme de l'intolérance a fourni presque seul les chroniques
de l'infortune humaine. Que l'on dise ensuite, que l'on écrive en toute
langue : que le fanatisme a partout été mortel à la liberté! volontiers,
nous nous joindrons à cet anathême social. Et qui donc, plus que le chrétien, détesta les abus dans les choses sacrées? qui, mieux que lui, sentit le besoin de la liberté de conscience; lui que chaque siècle vit persécuté dans l'un ou l'autre hémisphère? Qui, moins que lui, s'étonna
des scandales provocateurs, lui qui compte sur eux comme sur des ga-
rants de sa foi? lui qui ne comprend son Eglise que comme un cercueil,
veillé par des loups ravisseurs? viennent, dit-il, le faux zèle et l'hypocrisie aux accents prestigieux; viennent les menaces de la puissance;
vienne la vie; vienne la mort; *nulle créature ne saura me séparer de
Dieu* (1). Nous ne savons si les ennemis du fanatisme, tels qu'un Ber-
nardin de Saint-Pierre, un Voltaire, un Marmontel, comprenaient ainsi
le christianisme; mais ce que nous savons, c'est que leur constance de
chrétiens ne fut pas à toute épreuve, et que, sous prétexte de se mettre
comme tels à l'abri du reproche de fanatisme, ils en servirent mieux
la cause que la leur; ce que nous savons, c'est que le christianisme
s'était élevé avant eux, contre lui, sans employer de vers ambitieux,
ni d'académique prose. Les sacrés canons, dans leur langage simple,
avaient flétri avant eux, les égaremens de l'intolérance. Il n'était pas
nécessaire d'aller aussi loin que le premier, ni aussi haut que le second,
ni aussi bas que le dernier, pour chercher des malheureux textes de déclamation. Le Paria de l'Inde arrive trop tard pour apprendre au
monde les trafiques honteux que la cupidité peut faire de la vérité religieuse, et pour jeter un odieux hasardé sur la hiérarchie qui possède

____

(1) *Epit. aux Rom.*, 8, 39.

son autorité sainte. La rapacité allusive des brames, faquirs et santons des Pagodes n'ajoute rien pour l'effet, à la valeur des contes sur la cabane indienne.

Depuis Simon le magicien, l'Eglise, à qui s'adressent tous ces traits, n'a cessé de tonner contre le commerce du culte sacré, et jette hors de son sein tout instigateur d'intolérance, tout fauteur d'observances vaines. Quel front, après cela, au poëte de la Henriade de rimer tant de vers sur Rome foudroyante, sur les prêtres féroces? A ces répétitions sonores sur la fureur sacerdotale, ne semble-t-il pas que son poëme épique soit lui-même plutôt l'action incessante d'un fanatisme contraire que la dette payée à un héros? Pourquoi du moins monter jusqu'à l'Epopée, quand on n'a pour inspirer sa lyre que des redites comme celles-ci?

> Mais lorsqu'au fils de l'homme Rome enfin fut soumise,
> Du Capitole en cendres il (le fanatisme) passa dans l'Église.
>
> . . . .
>
> Rome, depuis ce temps, puissante et profanée,
> Aux conseils des méchans se vit abandonnée.
>
> . . . .
>
> Je ne décide point entre Genève et Rome,
> De quelque nom divin que leur parti les nomme ;
>
> . . . .
>
> Loin du faste de Rome et des pompes mondaines,
> Des temples consacrés aux vanités humaines.
>
> . . . .
>
> Ces prêtres, dont cent fois, la fatale éloquence
> Ralluma tous ces feux qui consumaient la France ;
>
> . . . .
>
> Ces prêtres cependant, ces docteurs fanatiques,
> Qui, loin de partager les misères publiques,
> Etc., etc., etc. . . . .

D'un seul mot, la religion romaine renvoie le poëte à ses mille conciles ; et ces mille voix solennelles sont plus que suffisantes pour juger *entre Genève et Rome*, et faire pâlir tout accusateur de fanatisme catholique. Néanmoins, l'auteur des Incas s'est étonné de la révolution du Mexique. Il n'a pas accusé l'Eglise des atrocités espagnoles ; mais il a laissé croire qu'elle pourrait en souffrir aux yeux des critiques méchans, par cela seul qu'un pape a écrit une bulle en style de propagande. C'est descendre bien bas que de vouloir les rendre comptables l'un ou l'autre des ignobles passions d'agens subalternes d'un gouvernement lointain. L'Espagne elle-même toute suspecte qu'elle est aux impies, l'Espagne s'est hautement vengée des méfaits des siens, en les vouant à l'exécration de la postérité. Il suffit de lire l'histoire de Barthelemy Las Casas, que les plus fervents inquisiteurs n'ont pas cessé de recommander eux-mêmes comme un bon livre. Ainsi les Incas, comme tous les autres volumes que l'on a la faculté d'écrire encore sur le fana-

tisme, ne feront pas que la religion en soit plus la cause, bien qu'il
reste prouvé que la malice des hommes l'en fasse l'instrument. Courage,
au contraire, ô écrivains fervents, la religion aime à vous voir exercer votre verve littéraire à flétrir celui de tous les écrits qui lui nuit
davantage en ce qu'il affecte son esprit et son langage. Tout a été
prévu, comme tout était nécessaire, courage encore! le scandale des
erreurs devait amener celui de vos écrits; et votre superficielle critique ne justifia jamais autre chose que sa propre prophétie. *Necesse est
ut veniant scandala*, avait dit le divin censeur du Pharisaïsme; après
lui son apôtre en avait anoncé la damnable réapparition; *erit tempus
cum sanam doctrinam non sustinebunt..... prurientes auribus.* Croyez-
vous que vos maximes captieuses, à propos du fanatisme, n'aient pas
tourné à la gloire de la vérité, en déclarant votre passion secrète de la
déservir? Croyez-vous que de sententieux apophtegmes, comme ceux-
ci : *Tout livre* (de religion) *est l'art d'un homme; mais la nature est
l'art de Dieu; Dieu ne punit pas dans les enfans les fautes de leurs
aïeux qu'ils n'ont jamais vus, il ne faut chercher la vérité que dans la
nature; une fois trouvée, il ne faut pas la dire aux méchans :* Croyez-
vous que ces apophtegmes aient porté de bien rudes coups à la révélation? Croyez-vous que des sophismes pareils à ceux-ci, placés dans la
bouche d'un Saint :

> Dieu ne sait point punir des momens de faiblesses,
> Des plaisirs passagers pleins de trouble et d'ennui,
> Par des tourmens affreux, éternels comme lui. *(Henriade.)*

que ces sophismes, disons-nous, aient fait beaucoup fortune contre
le dogme catholique? Croyez-vous que le spectacle d'un roi religieux,
qui se laisse déconcerter par ses phrases romanesques d'un jeune libertin, et qui, vaincu par son audace, porte lui-même sa main absolue
sur une loi du sanctuaire, et l'abroge, en ces termes emphatiques : *il a
raison*, le violateur de nos temples : *et la raison est au-dessus de la loi?*
Croyez-vous que ce spectacle de déiste ait bien ébranlé les principes
chrétiens sur la consécration des vierges, et l'obéissance des cloîtres?
Loin de là, littérateurs fervens; tout cela déguise mal vos préférences;
tout cela achève de démasquer votre haine de la discipline religieuse,
et votre amour pour l'insubordination impie. Vous vous acharnez à
chercher, dans la poussière des mémoires historiques, des traits carac-
téristiques des passions, et il vous sourit d'en faire honneur au catholicisme; mais le résultat ne répond pas à votre espoir. Que matière
vous manque dans cette carrière de générosité, vous inventez alors des
contes où la sensiblerie pousse des cris bâtards, et devient l'expression
aigre-douce de l'intolérance : eh bien! songez que c'est là une espèce
de fanatisme qui sert les intérêts mêmes de l'Église, parce qu'il met eu
lumière toute la différence des passions basses que cache l'hypocrisie

et des vertus généreuses que la religion inspire. Courage donc , écrivains de la tolérance! Les hommes concluent que le fanatisme que vous poursuivez n'est que le masque du théâtre , et que d'après vous mêmes , la religion est la morale de la pièce.

Telle , en effet, s'est-elle montrée sur la scène politique. Le temps et les hommes ont eu beau changer cette scène : de quelques travestissemens qu'on ait voulu la charger, la religion y a su garder toujours le rôle de la liberté.

De cette liberté , jamais on n'en parla davantage qu'au siècle où nous vivons ; jamais le cri de *vive la liberté* ne fut plus retentissant : par ce cri devenu populaire , chacun croit offrir à la société malade un spécifique d'empirisme , pour parer à des accès d'étourdissement plus fréquents de jour en jour. La philosophie s'est évertuée à lui prôner l'égalité civique ; mais ce moyen curatif en apparence n'a contribué qu'à porter à son cerveau toutes les forces vitales et qu'à aggraver son délire. Nous avons vu le pouvoir, saisi de vertige , branlant la tête et se penchant pour écouter les conseils de la sédition : le calcul financier a préparé alors les topiques convulsifs de l'agiotage , et cet agent purgatif n'a produit qu'une contraction nerveuse dans tous les organes sociaux ; ce qui s'est caractérisé par un redoublement d'égoïsme personnel , par une frénésie d'ambition individuelle. On a demandé encore remède à la royauté, qui avait les yeux de la société pour tout voir, les oreilles pour tout entendre, la bouche haut placé pour tout dire dans l'intérêt commun , et la royauté environnée de tant d'empiriques sur son lit de langueur, n'a su que balbutier des ménagemens mortels , ou préférer des soporifères aux caustiques qui eussent sacrifié quelques germes malfaisans, et diminué l'intensité de son transport ; l'âge constitutionnel des monarchies est ainsi arrivée plus vite que leur nature ne le voulait : amies de leur repos, comme ces vétérans qui parcoururent divers climats , elles ont voulu jouir de nos jours, de leurs vieilles victoires ; elles ont compté sur le prestige de leur nom , au lieu de songer que leur rôle social est de veiller toujours ; penchées mollement sur des coussins dorés , elles n'ont conservé d'énergie et de force que pour faire un signe énervé , quand une victoire nouvelle se présentait à remporter sur la rébellion intestine : avec leurs concessions imprévoyantes , elles et nous, en sommes venus là , que la diplomatie , cette messagère du trépas royal , est allée partout, quêtant des atermoiemens sinistres ; partout son glas s'est fait entendre au cri de *vive la liberté ;* mais partout la religion s'est trouvée là debout pour dire à la société mourante : Moi aussi, je le profère ce cri sonore ! moi aussi je l'adopte ; rassasiez-vous, puisqu'il le faut à la coupe empoisonnée des maîtres qui se disent maîtres de votre choix ; mais aussi rassurez-vous , quoiqu'il arrive de vos dégoûts pour le régime monarchique , ou de l'impéritie des sceptres pour vous soutenir ; rassurez-vous , une chose ne mourra pas, je vous resterai pour vous rendre à la vie sociale ; je crierai plus fort que l'anarchie : *vive la liberté !* et la liberté vous demeurera.

Voilà la ressource de notre époque , et cette ressource , l'Angleterre qui nous vient toujours sous la plume , quand il est question de servitude , l'Angleterre la sait à l'heure où nous écrivons ces lignes.

N'est-ce pas à la religion qu'elle doit l'héroïque résignation de l'Irlande , ce foyer toujours alimenté par des mesures irritantes , par des lois de colère ? N'est-ce pas du papisme que les Anglais désunis et dégradés s'avisent d'emprunter les idées d'élévation que leur avait fait perdre le régime abrutissant de la réforme ? ne semble-t-il pas que ce soit en vain que leur parlement s'efforce de faire halte dans la voie de réparation où le pousse le besoin de l'union ? Il faut qu'il y marche à pas de géants , la faute en est à son code de Parias ; c'est lui qui a fini par réveiller la liberté endormie sous le vieux dôme catholique ; encore quelques conséquences à l'émancipation irlandaise , et tout le royaume britannique se réhabilitera dans la chronique des peuples libres.

Cette ressource , la Grèce la sait ; n'est-ce pas la religion qui est parvenue à réunir dans un appel catholique ce peuple tant dégénéré ; qui a rapproché les potentats , arbitres de sa destinée ; qui les a faits un moment sourds à tout dissentiment religieux , pour ceindre de la couronne attique un prince catholique de Bavière ? La religion n'a-t-elle pas montré par là que , alors même qu'elle n'est pas pour quelques-uns la colonne de la vérité , elle est pour tous une neutralité puissante.

Cette ressource , Constantinople même et l'Asie la savent ; un besoin nouveau d'indépendance s'y fait-il sentir , tous les esprits se portent naturellement vers les idées européennes : c'est que , malgré l'énorme abus de la civilisation européenne , elle fut dans son principe le produit de la religion ; et n'est-ce pas elle qui , sous les yeux mêmes du successeur de Mahomet , bâtit des églises au Dieu de l'Europe chrétienne : véritables jetées de liberté prochaine pour les hommes qui ont quelque entente des secousses de l'empire Ottoman ?

Cette ressource , l'Inde et les contrées du Tropique la savent ; n'est-ce pas la religion qui , toujours égale à elle-même , envoie sur les mers du Nord des colonies de missionnaires , pour réparer les pertes des premiers établissemens policés , et qui , après des difficultés que la seule humanité ne surmonterait pas , ramène aux mœurs douces de l'Évangile des régions qui le connurent une fois ?

Cette ressource , elle est connue au Brésil , au Mexique , jadis repaires affreux de vils esclaves sous le ciel du brahmisme. Les révolutions qui désolent ces climats voisins de la Zone Torride , ont beau rallumer ce sol inflammable aux passions , elle n'empêche pas que la religion y pousse des racines profondes ; comme elle ne tient nul compte des efforts de l'anarchie , elle police , presque malgré elles , leurs populations ardentes. Les cohortes conjurées se font la guerre et passent , mais la religion reste. Et aujourd'hui, les princes de la maison de Portugal, qui y portent la couronne, ne s'y soutiendront peut-être que par leur titre et leur exemple de catholiques ; l'expulsion de don Pedro de Bragance, dans ces temps tout récens, semble justifiée par la conduite de ce renégat, du moment que, par une manœuvre révolutionnaire, il a pu mettre le pied sur le Portugal, sa mère-patrie.

Cette ressource, elle est appréciée par le Portugal lui-même ; ce petit royaume auquel doivent leur liberté tant de peuplades des Tropiques et de l'Océanie, est dévoré par l'anarchie, depuis que des bandes de corsaires, troupes cosmopolites des guerriers républicains de tous les pays, ont fait entendre les clameurs de l'impiété triomphante. Ce petit royaume sent combien la religion lui manque pour se dégager de l'oppression imposée par son éternel suzerain, le gouvernement britannique.

Cette ressource, elle est comprise par la catholique Espagne ; ce n'est pas la religion qui a jeté les brandons de la discorde au sein de ses enfans, elle qui a fait rompre les vieux liens qui unissaient le sujet au monarque, elle qui a commencé cette lutte sanglante des partis. Nation constante et fière, qui ne verra s'abaisser des enseignes rivales sur la patrie que lorsque celle de la religion aura reparu à tous les yeux comme le signal de la reconciliation. L'Espagne le sait et l'usurpation aussi : il y a dans sa résistance à une femme, un instinct sûr qui ne la trompera pas.

Enfin, cette ressource, la France l'éprouve aujourd'hui. Pense-t-on que si la religion n'eût pas tenu les populations neutres dans le débat que la révolution de 1830 a fait surgir entre ce qu'on a osé nommer la classe des prolétaires et les bourgeois triomphans, pense-t-on que l'avantage fût resté aussi facilement à ceux-ci, et qu'un prince lié à ceux-là par tant d'antécédens de popularité eût réussi en trois ans à charger leurs bras de plus pesans impôts que tous les précédens régimes ? De bonne foi, si le *parti prêtre*, comme on le nommait avant d'avoir besoin de lui, se fût montré un vrai parti dans l'État, eût agi comme agissent les partis, avec les armes qu'ils trouvent sous la main, eût, en un mot, voulu faire payer un peu cher sa part de défaite, dans le sens des vainqueurs ; imagine-t-on qu'il n'aurait vu que de la lâcheté dans ses chefs, que de la tiédeur dans ses adeptes, que des mécomptes dans ses appels ? Peut-on bien se flatter, que son influence, tant exaltée quelques semaines auparavant, ait changé aussi vite que les couleurs de l'État, et soit tombée d'elle même avec autant de célérité qu'il en faut pour ajuster deux nuances à un lambeau d'étendard ? Non, ce n'est pas ainsi que s'effacent les puissans partis, quand ils passent à l'état des factions. On n'en est pas à savoir qu'un demi siècle d'attaques et de coups mortels ont à peine essayé la force du *parti-prêtre*. Si donc, ce *parti* si redoutable, s'est rangé à la loi des *vaincus*, il faut convenir qu'il a mis bas les armes sans en user, ou mieux encore, qu'il s'en est servi contre lui-même : résultat bien nouveau dans les révolutions, et qui devrait à l'avenir embarrasser les éditeurs de leurs vocabulaires ! Ce qu'a fait le clergé, car c'est son véritable nom, c'est ce qu'attendait de lui le catholicisme ; ce qu'il fit toujours, quand des préventions injustes, ou d'odieuses persécutions le mêlèrent aux factions. Le clergé a été en France, depuis trois ans, d'une soumission exemplaire, autant que d'une constante fermeté. Aux agitateurs, il a montré un front calme, et au pouvoir ombrageux une impassible dignité. C'est à elle, sans nul doute, que vingt-cinq millions de Français doivent la sécurité de leur unique asyle, au sein d'une tourmente qui s'en prend au malheur, pour en faire le crime, à la fidélité pour la tourner en parjure, à la patience pour la calomnier, à la trahison pour l'anoblir ; sécurité du culte de leurs pères, dans lequel seul les âmes attristées trouvent des consolations qui ne mentent pas, une liberté qui ne fait point pâlir. Le pouvoir lui-même, c'est à la dignité du sacerdoce français qu'il doit ce reste d'ordre sur lequel sa police spécule, cette habitude de respect qui accepte ses maîtres sans les toiser, cette insouciance, cette tiédeur des populations pour leurs flatteurs obligés, comme pour leurs remuans tribuns. Oui, nous voulons le dire, à la face du soleil ; c'est le sacerdoce catholique qui a dompté, en France, l'instinct du désordre social, que la révolution avait tellement développé, que l'Europe en a tremblé sur ses vieux fondemens, et qui aurait dévoré ses propres fauteurs ; à peu de distance du théâtre de leurs prouesses, et nous jetons ici le défi, à tout prôneur de la souveraineté du peuple, de s'expliquer, sans cette influence religieuse, pourquoi le peuple proclamé souverain ne s'est nulle part soucié de son sceptre, si nous en exceptons quelques villes, rendez-vous lucratifs des forçats libérés et des bandits de tout le continent ?

Or, le clergé français n'a fait, à une époque encore récente, que ce que nous l'avons vu faire dans le cours des siècles chrétiens ; partout il a montré le catholicisme ami des hommes, partout il les a éclairés, rendus à eux-mêmes et à la société. Avons-nous trouvé une vérité sociale que le catholicisme n'ait proclamée ? une sage législation qu'il n'ait inspirée ou perfectionnée ? un anathème à la servitude, dont il n'ait fourni la meilleure formule ? une seule ligne d'affranchissement qu'il n'ait préparée dans mille autres, et plus noblement, et avec plus d'autorité ? Où l'homme reçut-il jamais d'enseignement plus instinctif ? Où trouva-t-il mieux la raison de lui-même ? Où étancha-t-il mieux sa soif du grand et du beau ? Il y a dans les pages immortelles du catholicisme assez de tableaux de la bassesse de la créature, pour qu'une fausse élévation ne l'enivre pas d'une suffisance vaine, et assez de traits de sa vraie grandeur, pour que l'aspect de ses propres misères ne soit point un retour flétrissant. Il n'y a que le catholicisme qui ait trouvé ce contre-poids, qui tient en équilibre, depuis des siècles, et les passions qui s'égarent, et le désespoir qui exploite les crimes, et les législateurs qui conspirent les attentats, et les tribunaux qui honorent l'innocence, et l'obéissance qui fait la sujétion, et l'insubordination qui produit la révolte, et la générosité qui accompagne un vainqueur, et la résignation qui soutient un vaincu, et la pitié du riche et la constance du pauvre, et le vice si facile et la vertu si laborieuse, et la sensibilité qui répugne aux injures, et la charité qui les pardonne. La raison seule n'irait jamais jusque-là, ses efforts ne vont qu'à applaudir à ces révélations du catholicisme. Cet équilibre se peut rompre à certains intervalles de la vie des peuples; mais il faut y revenir toujours, car toujours, et sous tous les climats du globe, l'homme aux prises avec les événemens contraires, peut se dire à lui-même : j'ai là, dans l'enseignement catholique, la double face de mon être; j'y lis tout ce que j'éprouve, j'y vois tout ce que je sens. Me voilà réconcilié avec ma nature, dont les contrastes m'alarmaient, me confondaient, me laissaient, ou trop superbe, ou trop vil. Si j'ai un œil tourné vers des séductions qui me ravalent, j'en ai un autre qui regarde l'austère vertu qui m'anoblit. A mon cœur qui s'amollit, s'oppose mon esprit comme un grondeur reproche; la matière chante-t-elle le néant en concerts harmonieux ! mon intelligence, aigle rapide, s'envole vers les espaces de l'immortalité. Ma main ourdit-elle les complots, ma langue les exalte-t-elle dans leur triomphe? la main de Dieu a dessiné mon erreur, sa prévoyante voix en a calculé l'illusion. Plus je m'épuise à m'anéantir, plus il se hâte de me conserver; si je doute, il me rassure; si je crains, il me ranime; si je brave la mort, il m'en éloigne; si j'abuse de la vie, il me la prodigue. Etre toujours partagé, toujours aussi une portion de moi-même demeure sous les doigts de mon créateur, qui répare à l'instant les forces de cette lutte intestine; doigts perpétuellement levés qui me décrivent l'ombre éloquente du pardon, le jour où en moi la vertu succombe, ...

C'est ainsi qu'avec la religion, l'homme est rendu à lui-même, dès qu'il consent à s'interroger. Il ne se séduit plus, il s'éclaire; il ne s'abat plus, il se raffermit; il ne s'aigrit plus, il se calme; il ne se confond plus, il s'élève; il se connaît, il s'appartient; il est à lui, il est libre.

Tel est l'élément social qui surgit de l'ère chrétienne. Il ne faut pas que de modernes novateurs prétendent cause d'ignorance, ou se flattent de faire prévaloir sur lui des utopies, aussi mirérables qu'ambitieuses. Eux-mêmes, ne sont-ils pas les enfans du catholicisme? et leurs essais de raison ne sont-ils pas, comme malgré eux, tout imprégnés de cet esprit qui rendit la vie à la raison humaine? Que s'ils rêvent une civilisation en dehors de cet esprit de liberté qui les obsède, plutôt qu'ils ne le comprennent, que pourront-ils tenter à côté de cet autre agent qui poliça le monde, nous voulons dire, le sacerdoce catholique?

Si par civilisation, il faut entendre le progrès de l'humanité, le prêtre
est l'âme de la civilisation. Destiné dès son enfance à l'étude de
l'homme ; seul occupé de sonder cet abime ouvert à tous les penchans ,
il se forme insensiblement à la vie solitaire et mystérieuse qui le distingue plus tard de la foule bruyante ; il apprend à vivre à part, pour
juger tout sans préoccupation ; il ne voit plus comme les autres voient ,
ne sent plus comme les autres sentent, ne s'émeut plus comme les autres
s'émeuvent. A mesure que sa foi pénètre la science de Dieu , la science
de l'humanité impose à son cœur , et son cœur se ferme aux festins de
la terre , à proportion qu'il voit se raccourcir devant lui la perspective
humaine . Semblable au nautonnier habile , entraîné sur un radeau par
un rapide courant , il ne se méprend pas sur le mouvement qui le dé-
robe à de riants coteaux ; il ne songe pas à accuser d'inconstance le
rivage immobile qui le regarde passer. Le prêtre n'a pas de ces illusions
optiques, qui font tant de dupes : il voudrait en guérir l'humanité toute
entière. C'est pour quoi il la prend à son berceau , lui, sans famille ,
sans liens. Adolescente , il lui parle en père , alors qu'il en ignore les
joies permises ; adulte , il lui explique la fragilité de la pudeur , sans
en troubler le sentiment ; parvenue à l'age viril , il amortit ses premiers feux en partageant la flamme entre Dieu et la créature sur l'autel
nuptial ; débilitée sous le poids des ans , il est là pour lui promettre un
avenir ; moribonde, il est encore là pour lire au monde, qui la délaisse,
le testament de son espérance.

Le prêtre est donc le compagnon et le gardien de l'humanité. Ne
fut-il que cela , il serait encore pour elle le type le plus vrai de la liberté ; mais il est plus que cela , il en est l'attrait le plus communicatif,
l'inspiration la plus soudaine.

Regardez sa demeure : dans les villes , elle n'est point superbe
comme les monumens de la richesse ; elle n'est pas non plus obscure
comme l'échoppe de l'indigence ; elle est le terme moyen entre ces
deux extrêmes sociaux , afin que l'opulent puisse y aller entendre des
leçons sur la modération des désirs , sans crainte de déroger, et que
celui qui manque de pain ose y paraître , sans crainte d'irriter une
dédaigneuse magnificence. Dans les campagnes , c'est peut-être mieux
encore.

Le séjour du pasteur , car il s'appelle de ce nom si épique et si moral , le séjour du pasteur , s'il ne fut pas envahi par la spoliation ,
ou bien s'il est ressorti des ruines qu'en firent des mains vandales ,
c'est la muraille détachée des ailes du temple. Point d'autre frontispice
ne l'annonce ni le décore. Comme il en partage la destinée , on le voit
aussitôt que l'on voit les ogives de la prière ; le même œil qui contemple le dôme catholique découvre le foyer solitaire où pense un
homme que le peuple aime à nommer comme il n'en nomme aucun
autre. Le pasteur est dans sa maison silencieuse , ce que la Divinité est

dans son temple ; visible à tous, il n'est caché qu'aux profanes, et c'est de là qu'il exerce sa mission, son influence quotidienne ; debout dès l'aurore, il prie tandis que le sommeil captive l'humanité ; il a commencé sa journée, dans les labeurs de la méditation, avant qu'elle ait retouché le marteau de son salaire ; par ses pensées fécondes, il a résolu le problème social, avant que les théoriciens assoupis sur leurs raisonnemens aient songé à reprendre ses proportions inextricables ; il vient d'adorer Dieu encore cette fois, il a compris le néant ; ses jugemens sont tout prêts pour la solution des misères et des révolutions humaines. Et qui pourrait les retarder ces jugemens ? le pasteur n'a point d'affaires. Et qui pourrait les fausser ? il n'a point les enchantemens d'un ménage séculier, pour blesser son cœur, ni de chagrins domestiques pour le contraindre. Oui, ses jugemens et lui sont tout entiers à l'humanité. Aussi, est-ce à l'école qu'elle vient, lorsqu'elle aborde son seuil ; la première leçon qu'elle entend de lui est celle du sacrifice, et cette leçon est le véritable épitôme de la liberté ! Arrivez près du pasteur, quand la sonnerie du culte annonce au monde qu'un homme va traiter à jeun avec la Divinité. Quel homme contemplez-vous ? son maintien est grave, mais ses regards sont doux ; sa démarche est mesurée, mais ses gestes sont aisés ; sa parole est suave, mais ses accents sont mâles. Il y a dans cet être de la contrainte et de la liberté ; c'est qu'il est l'heure du sacrifice. Suivez-le, il va représenter l'homme tout entier ; il le prendra par le sentiment de sa misère, pour lui révéler toute son élévation. Ce sera lui-même, le pasteur, qui retracera tous vos contrastes, toutes vos vérités avec toutes vos erreurs. Quel enseignement libre que sa fonction de sacrificateur ! Vous le voyez !.... d'abord il baisse son front, et bientôt il le relève. Il apprend en effet que Dieu va descendre, sacrifiant sa gloire à ses douleurs. Un commerce saint s'établit entre l'homme céleste et le pontife mortel. L'humanité sera-t-elle rendue à la liberté encore un jour ? Voilà le secret qui s'échange entre l'autel et la prière, l'encens et le ciel. Sondain l'homme Dieu a profité du calme de son temple. Le prêtre n'a qu'à s'incliner, pour être présent au monde, l'homme céleste n'attend qu'une parole. Le pasteur vient de s'éclipser !... Il a paru l'auteur de toute liberté ; il y a eu un sacrifice divin, où l'homme est passé du côté de Dieu, où Dieu est passé du côté de l'homme. Celui qui fut *libre entre les morts* vient d'apprendre à la terre que la liberté doit avoir un autel, avant un pavois, et que celui qui y aspire doit la sentir comme un holocauste, avant de l'éprouver comme un triomphe. La leçon est sublime. Le prêtre la comprend, après s'être profondément prosterné, il ne s'abaisse plus comme un mortel ; il élève sa noble voix avec l'accent de l'immortalité ; il ne se tourne plus vers les hommes ; car, ils doivent être contents. Il ne saurait être question là de cette liberté mal définie, que les passions matérialisent, qui commence par le murmure

et finit par l'insubordination ; de cette liberté de convention qui dicte
ses caprices au pouvoir social, et qui n'en accepte qu'un exercice
changeant et mobile ; de cette liberté exclusive, qui n'a que des scru-
tins pour règles, des réactions pour garanties, des lois d'exception
pour arbitres; de cette liberté de nivellement, qui ne souffre aucune
supériorité, qui relâche tous les liens, qui maudit jusqu'aux distinctions du talent, de la fortune et de l'âge. De ces libertés factices, écueil
de l'imagination humaine, il ne saurait en être question là, où pour
apprendre à devenir vraiment libre, on enseigne l'abnégation, on dit
aux yeux que la liberté naît de son propre sacrifice.

En exposant à l'homme que c'est dans le sacrifice chrétien qu'il
trouve l'inspiration de sa liberté, le prêtre ne fait d'ailleurs que réunir,
dans une même action, toutes les traditions de patriotisme, toutes les
sortes de traits héroïques. Qu'est-ce en effet que le patriotisme, sinon
le sacrifice de soi, dès qu'il est exigé par l'intérêt de la terre natale !
Et l'héroïsme est-il autre chose qu'un acte éclatant, soutenu d'abnégation personnelle, qu'un amour ou une opinion qui s'immole au bonheur
du pays ? De tous les essais gigantesques des utopies civilisantes, voilà
ce qui est resté de positif : partout sacrifices, partout culte de la patrie.
Si donc le patriotisme et l'héroïsme sont les fleurons de la liberté, le
sacrifice chrétien, qui renferme tout cela à la fois à un éminent degré,
doit être sa plus belle image. Aussi, de tous les hommes, celui qui
l'entend le mieux, est le prêtre catholique qui vit d'une perpétuelle
abnégation ; nous ne l'avons vu que dans la retraite, suivons-le dans
l'action extérieure de son sacerdoce.

C'est sous le modeste nom de catéchiste qu'il appelle la génération,
demandant à vivre en société, à un cours de morale auquel n'atteignent
point les lois humaines. C'est dans le sanctuaire des jeunes cœurs que
sa main habile place le repentir des premières fautes. Les tribunaux
avec leur jurisprudence de tous les formats ne découvriraient pas en
cent ans un seul des vices dont la parole du catéchiste parvient en une
seule séance à révéler les germes dangereux et vivaces; mais, s'il les
découvre seul, lui seul aussi peut les guérir : pour arriver jusqu'à eux,
il lui a fallu tourner le chemin de la conscience, et ce chemin lui seul
le connaît. Combien de fois, l'enfant sentit tomber peu à peu sa paupière confuse sur son regard deviné ? Combien de fois, son front rou-
gissant décela-t-il le trouble de son âme, et la pensée d'un remords ?
Combien de fois, la famille vit revenir plus timide, plus embarrassé le
jeune adulte, héritier de son nom ? Qui lui avait donc appris ces signes
de respects à ses trop familiers parens ? C'est qu'il venait du lieu saint,
ce lieu unique où le cœur est enseigné; c'est qu'il venait d'entendre
un homme fait à tous les rebuts, se pliant à toutes les formes pour
s'approcher de sa pensée, jeune et cachée ; c'est qu'il avait vu, ce
qu'on ne voit point ailleurs, un docteur devenir enfant, un prédicateur

sublime se rapetisser au bégayement puéril, et parlant plus haut que
tous les intérêts domestiques à des oreilles qui n'en entendent guère
débattre d'autres; c'est qu'un éclair lui avait paru sortir d'une bouche
mortelle; c'est qu'il avait appris qu'il n'est pas de voiles assez épais
pour couvrir de consciencieux reproches, et que s'il est autour de lui
des juges que l'on peut corrompre ou tromper, il en est un qui reste
clairvoyant, incorruptible. Par cet enseignement, l'humanité s'est
inspirée d'un raisonnement prématuré que peut bien dissimuler une
écorce d'ignorance, mais que le législateur suppose et a besoin de
supposer, dès qu'il pense à déduire ses lois; ces corollaires du caté-
chisme, l'humanité ne les comprendrait point, si ses rudimens ne lui
venaient en aide. Toute justice expirerait là où la main du catéchiste
n'aurait pas laissé son empreinte, et les formules ambitieuses de liberté,
et les codes profonds, et l'éloquence des orateurs, et l'austérité des
magistrats, et la rigueur des peines; il y aurait toujours, à côté de la
sentence la mieux mûrie, un coupable qu'on n'atteindrait pas, et ce
coupable serait le repli de l'âme humaine.

Celui donc qui déroula ce repli, dota la société du plus sûr de tous
les tribunaux. Il fut le premier de ses législateurs. Il fit grandir l'humanité de toute la distance du doute à la vérité, et ce fut bien son abnégation qui le rendit propre à ce progrès; car il laissa ses études
sérieuses pour la séance matinale de l'enfance; car il surmonta ses
poignants dégoûts, chaque fois que sa parole resta vide; car sa douceur se soutint devant la stupidité, son sérieux devant la bagatelle,
sa patience devant la tiédeur, et son renoncement devant l'ingratitude.

Vous l'avez vu passer dans la grande ville, cet homme à l'habit distinctif. Où le portait donc ses habitudes ignorées? C'était encore l'humanité qui l'attirait.... Elle souffre, les plaisirs ont oublié sa demeure.
En revanche un mal contagieux, mortel, un fléau que tout fuit, la peste
a pris domicile sur son chevet désert.

A son passage, il a bien pu, le prêtre, entendre les cris d'une impiété
grimaçante; des chants sanguinaires ont bien pu assourdir son oreille,
quand il se dérobait aux groupes profanes : la révolte hennissante a
bien pu lui cracher l'écume de ses menaces, c'était un de ces jours
néfastes où la passion politique dictait des attentats impunis. Il n'en a
pas moins marché où le portait l'amour de l'homme. Il a tout bravé,
il a tout franchi : l'avez-vous aperçu qui frappait à une porte solitaire,
devant la multitude agitée sur la place, prônant la liberté à force d'im-
précations : lui seul s'est montré libre, de cette liberté qui travaille
pour la société. Par de long couloirs, tristes de leur solitude, il a été
conduit à une chambre silencieuse. Là gisait étendu, aux prises avec
d'incessantes douleurs, sur un lit chargé de tous les fantômes de la
mort, l'un de ces preux de la révolte, dont le bras avait démoli un autel,

avant d'être paralysé par le froid de la contagion, une angoisse mortelle au cœur. Il ne connaissait que le glas de son désespoir. Le prêtre est paru, et cette visite de l'étranger a relevé son courage. Tant de dévouement a inspiré la famille éplorée; ébahie, elle approche l'agonisant : personne ne se rend raison de ce manque de précautions avec lequel le prêtre l'aborde, respirant son air fétide, humant sa puanteur, absorbé dans le miasme impur qui le consume. Cette abnégation surpasse tout ce que l'on sait de l'affection et de l'amour, le prêtre lui vaut à la fois toutes ces consolations désormais fugitives, il s'oublie lui-même sans espoir de compensation mortelle.

C'est alors que l'humanité s'estime, sous le coup même du trépas; alors qu'elle se croit supérieure à tous les événemens comme à toutes les passions; alors qu'elle consent à le disputer à la matière; alors qu'elle se connaît faite pour la liberté, puisqu'il y a une religion capable d'en suggérer une telle à un autre homme. Tout est communicatif dans ce dévouement, et outre les rapports plus sublimes du repentir qui s'avoue et de la clémence qui pardonne, il y a encore entre le prêtre et le pestiféré, dans ce débat de la vie, cette mutuelle dignité que l'on trouve entre ennemis inconnus, qui sont charmés de s'être vus une fois, pour s'entendre à jamais. Si ce n'est pas là progrès de l'humanité, si ce n'est pas là liberté, qu'on nous dise où et quand ils s'annoncent par des signes plus éclatans, où et quand l'homme est mieux rendu à lui-même et à la société?

Aussi, est-ce de ce dévouement pastoral que tant d'autres dévouemens découlent sur la société, comme d'une source jaillissante. Qui inventa ces asiles hospitaliers où la misère abandonnée est recueillie avec ses innombrables maux? C'est un cœur de prêtre qui les conçut.... Qui forma ces jeunes servantes de la pauvreté, vrais prodiges d'abnégation que la persévérance lui assure, comme la vertu les lui avait conquises, cette élite des vierges, dont le monde eût fait ses plus beaux jours dans l'éclat de ses fêtes? c'est une main de prêtre qui les consacra. Que l'humanité aille comparer sa vie orageuse au silence volontaire des couvens; elle se sentira émue de l'influence de la parole sacerdotale qui l'inspira. Qu'elle aille y compter les victimes que le vice aurait moissonnées; les perfections que le respect humain aurait étouffées; les héroïnes qui remportèrent la plus difficile des victoires, celle de leur propre liberté. Elle conviendra de tout ce que peut pour son honneur le savoir-faire du sacerdoce; elle saura que sa journée finit comme elle avait commencé, par un bienfait social.

Cette influence inouïe, toutes les nations la ressentirent tour-à-tour. Il existe un royaume, en Europe, trop connu par ses essais de civilisation, qui devrait servir de leçon à tous les autres. Depuis qu'une liberté fausse, fille du libertinage couronné, cherche des progrès faux comme elle, en changeant la destination des monumens de la charité sacerdo-

ANS
DE
J.-C.

tale, qui couvrent encore son infertile sol, ce royaume, véritable Carthage du continent, s'est vu descendre incessamment au niveau des peuples les plus dégradés. L'aumône ne s'y donne plus, elle s'y négocie; les maux ne s'y guérissent plus, ils s'y enregistrent pour mémoire; les vierges n'y prient plus, des comédiennes s'y dessinent; les prêtres n'y paraissent plus, des forçats y fraternisent; l'humanité ne s'y console plus, le paupérisme s'y exerce. Vantez donc, philanthropes, vantez l'île reformée, exaltez sa prospérité abrutissante, son régime de schismatiques lois, gorgeant d'or et de biens des races seigneuriales, et parquant tout un peuple, comme un vil troupeau!....

En vérité c'est quelque chose de bien difficile à trouver, de par le monde, qu'une liberté mieux entendue que celle du catholicisme et du sacerdoce. Les calomnies et le ridicule auront beau les déprimer, on les trouve, on les trouvera toujours et partout inspirant les vertus qui adoucissent les mœurs, édifiant des monumens où la bienfaisance le dispute à la misère publique, l'amour des hommes à leur dépravation, le pur, le vrai civisme à l'égoïsme froid et banal. Que sert-il au génie de l'impiété d'exhumer des accusations surannées, des mensonges odieux, de dégoûtantes diatribes? Que lui sert-il de s'évertuer à donner le démenti à la civilisation catholique, en réformant le monde tel qu'elle l'a fait, changeant, bouleversant les institutions sociales qui ont vieilli avec le monde? tous les essais possibles d'innovation n'empêcheront pas ce premier élément chrétien de se combiner à eux par la force même de son actualité, de sa possession, et alors ces essais pourront bien s'appeler un progrès; mais ce ne sera jamais qu'un progrès bâtard, adultère, comme l'est tout fruit de la débauche; et à quoi bon ces débauches législatives, si elles doivent subir, malgré elles, des avortemens toujours hideux, ou des enfantemens toujours coupables, sans pouvoir jamais réaliser un remords, éviter une déception, assurer une espérance?

Nous en sommes tout assourdis, de ces saturnales de législateurs, sacrifiant sur tous les points de l'Europe du XIXe siècle, toutes les fidélités et tous les sermens, toutes les traditions nationales aux idoles de l'usurpation et de la félonie; pitié! horreur! que cela, pour nous catholiques qui comptons tant d'époques, tant de mouvemens de civilisation. Il n'est plus aussi puissant, il est vrai, le catholicisme; mais son action lente est aussi sûre que quand elle se révélait par des créations. Le besoin, au reste, d'une action plus efficace se fait sentir dans notre société veuve, à mesure que les restes matériels de son vieux pouvoir s'effacent sous le niveau des révolutions: qui ne comprend que celles-ci hâtent déjà ce besoin si pressant, en outrepassant les limites de la destruction? Qu'on rase donc les hôpitaux et les temples catholiques, ou qu'on se contente de les convertir en théâtres de vaudevilles, en profanes usages; c'est tout un pour nous, pour le catholicisme, pour le sacerdoce. Sur ces débris il fera son chemin, il plantera ses jalons sur chacune de nos ruines : nos dissensions, nos discordes civiles, nos erreurs politiques seront autant de matériaux sous sa main réparatrice; les sacrifices ne lui coûteront pas pour déblayer tout un monde de décombres. Déjà le sacerdoce et le catholicisme ne se montrent-ils pas tels à des regards attentifs? Que voudraient dire ce langage passionné de la génération naissante? Ce flux de paroles où se cherche la solution des maux de la société? Cet effort de la pensée à qui son expression ne suffit plus, et qui court après une autre forme, comme pour prendre un essor nouveau, et tout cela à propos de culte, de religion, de liberté? Ces pages brûlantes de néologisme religieux ne sont-elles point comme les premiers rayons du soleil dégageant sa transparence à travers la queue blafarde d'une tempête? Ces appels innombrables qui partent du centre à tous les points de la circonférence sociale, appels où la croix et le sacerdoce sont enluminés des plus belles couleurs, que désignent-ils, s'ils ne désignent la lassitude de théories impuissantes? et que présagent-ils, s'ils ne présagent le retour de l'intervention chrétienne? Attendez encore, vous qui voudriez la liberté, attendez quelques révolutions, telles que nos secousses éphémères, et vous verrez le catholicisme debout imposant comme le rivage aux vagues de la mer. Alors, la liberté sera le catholicisme, parce qu'il aura été le progrès de l'humanité. A ce progrès il faut une nouvelle et dernière période, qui sera sans doute le dénouement du drame social : le catholicisme seul doit la remplir cette période finale; car avec lui seul reparaîtront fondues dans une sainte fraternité les trois influences historiques et morales du monde, *Dieu, le roi, la liberté: Dieu*, qui reprendra ses droits sur la foi des intelligences, ainsi que les intelligences reprendront les leurs sur l'action de Dieu; le *roi*, qui aura retrouvé son sceptre dans le cœur des peuples, ainsi que les cœurs des peuples auront retrouvé le leur dans l'épée du roi; *la liberté*, qui aura usé toutes les erreurs de la puissance, ainsi que la puissance aura tenté toutes ses illusions de la liberté.

FIN.

TABLE DES MATIÈRES.

CHAPITRE QUATRIÈME.

—

TEMPS CHRÉTIENS.

═════════

CHAPITRE CINQUIÈME.

—

CONCLUSION.

FIN DE LA TABLE DES MATIÈRES

www.ingramcontent.com/pod-product-compliance
Lightning Source LLC
LaVergne TN
LVHW010303190726
843502LV00014B/1101